普通高等院校食品专业系列教材

食品营养学

耿 越 主编

科学出版社

北 京

内 容 简 介

本书主要介绍了食品营养学基本理论、植物化学物、食物的营养价值、加工和贮藏对营养的影响、合理营养与营养相关疾病、食物中的功效成分与保健食品及现代营养学的发展。编者力求尽可能全面地介绍食品营养学的主要内容，力争能满足食品专业本科主干课程的需求。

本书可作为高等院校食品科学与工程、食品安全、食品检验等专业的本科生教学用书，也可作为相关专业研究生、营养师、科研人员、临床医务人员以及食品营养相关人士的参考书。

图书在版编目(CIP)数据

食品营养学／耿越主编. —北京：科学出版社，
2013.7

普通高等院校食品专业系列教材
ISBN 978-7-03-037744-9

Ⅰ. ①食… Ⅱ. ①耿… Ⅲ. ①食品营养－营养学－高等学校－教材 Ⅳ. ①TS201.4

中国版本图书馆 CIP 数据核字(2013)第 121405 号

责任编辑：朱 灵
责任印制：黄晓鸣 ／ 封面设计：殷 靓

科学出版社 出版
北京东黄城根北街 16 号
邮政编码：100717
http://www.sciencep.com

南京展望文化发展有限公司排版
广东虎彩云印刷有限公司印刷
科学出版社发行　各地新华书店经销

*

2013 年 7 月第 一 版　开本：889×1194　1/16
2022 年 12 月第十七次印刷　印张：12 1/2
字数：384 000

定价：49.00 元

普通高等院校食品专业系列教材
《食品营养学》编委会

主　编　耿　越

编　委　（以姓氏笔画为序）

刘　源	上海海洋大学	陈雪君	杭州师范大学
单毓娟	哈尔滨工业大学	赵长峰	山东大学
耿　越	山东师范大学	崔　波	山东轻工业学院
章志量	杭州师范大学	韩晓英	山东师范大学
魏海香	济宁学院		

普通高等院校食品专业系列教材
筹备专家组

王锡昌	上海海洋大学	张兰威	哈尔滨工业大学
刘成梅	南昌大学	陆启玉	河南工业大学
叶兴乾	浙江大学	赵国华	西南大学
李和生	宁波大学	王鸿飞	宁波大学
辛嘉英	哈尔滨商业大学	李　燕	上海海洋大学
崔　波	齐鲁工业大学	耿　越	山东师范大学
朱　珠	吉林工商学院	任丹丹	大连海洋大学
刘光明	集美大学	蒋小满	鲁东大学
沈　波	杭州师范大学	郑艺梅	闽南师范大学
白　晨	上海商学院	赵　利	江西科技师范大学
马汉军	河南科技学院	姚兴存	淮海工学院

（以上专家排名不分先后）

前言

中国传统的中医药学对食品和营养的认识已经达到了极高的理论水平，为我国的食物养生、食物营养与保健的发展打下了重要的基础。现代营养学的发展起源于200年前的欧洲，随着基础化学、分析化学、生理学、解剖学等学科的不断进步，人们认识到生物体内含有蛋白质、脂肪、碳水化合物，到20世纪，随着维生素、矿物质在生物体内的不断发现，逐步建立起系统而又全面的现代营养学。值得我们骄傲的是在现代营养学建立的过程中有中国科学家作出的贡献，如杨光圻教授等对硒元素与克山病关系的研究，及硒元素作为人体必需微量元素的确定。

随着我国经济的迅猛发展，人民生活水平迅速提高，食品营养学已不仅仅是局限于书斋和实验室中的高深学术，而是与广大消费者的日常生活联系越来越密切，人们不仅希望获知"吃什么"、"如何吃"的知识，更希望知道如何吃得健康，如何吃得安全。

"民以食为天，食以安为先"。近五年来食品安全问题屡屡曝光，消费者对各种有毒、有害、假冒伪劣的食品深恶痛绝。但是不了解营养学的基本知识，盲目追求价高、稀有食品的消费倾向，追求高蛋白、高脂肪的不良习惯，同样会带来各种食源性疾病。如心血管疾病、肥胖、糖尿病、癌症等的发病率、病死率逐年上升与不正确和不健康的饮食方式有很大的关系，对个体和社会的危害不亚于有毒有害食品。

作为今后投身食品科学和食品加工行业的专业人才，必须懂得现代营养学知识，致力于传播营养学知识，并合理地利用相关知识生产、加工可以满足不同人群需求的、安全可靠的食品，本教材可以提供相关基础理论知识。

2012年7月27日在济南召开的编委会议上确定了本书的编写大纲。参与本书编写的各位老师，来自不同类型的学校，绝大多数从事营养学教学多年。编写分工也尽量发挥每位老师的特长，扬长补短，集各家所长。具体分工如下：第一章、第十章、第十一章由山东师范大学耿越编写；第二章和第九章第一、二、三、四节由杭州师范大学章志量编写；第三章、第四章的第一节由上海海洋大学刘源编写；第四章的第二节和第六章由哈尔滨工业大学单毓娟编写；第四章的第三节由山东济宁学院魏海香编写；第四章的第四节和第五章的第一节由山东师范大学韩晓英编写；第五章的第二节和第九章的第五节山东大学赵长峰编写；第七章由杭州师范大学陈雪君编写；第八章由山东轻工业学院崔波编写。

由于篇幅所限，本书没有收录食物营养成分表，相关的资料和数据请查阅有关书籍及资料。

本书力求能满足不同类型院校食品科学及食品工程专业基础课的要求，由于编者的水平所限，难免存在不足之处，恳请各位老师、同学提出宝贵意见，以利于今后改正。

感谢科学出版社的信任，感谢全体编者的奉献，感谢所有为此书付出关心和帮助的人。

耿　越
2013年2于泉城济南

目录

前言

第一章 绪论

第一节 营养学发展史的回顾 /1
第二节 营养学的基本概念和研究内容 /2
第三节 学习食品营养学的意义 /3

第二章 食物的消化与吸收

第一节 人体消化系统 /4
 一、消化系统的组成与功能 /4
 二、消化管平滑肌的生理特征 /4
 三、消化管的形态与结构 /5
 四、消化腺的分泌与功能 /6
第二节 食物的消化 /7
 一、机械性消化 /7
 二、化学性消化 /8
 三、生物性消化 /9
第三节 食物的吸收 /9
 一、吸收部位 /9
 二、主要营养物质的吸收 /9

第三章 能量

第一节 人体的能量消耗 /12
 一、能量单位 /12
 二、基础代谢 /12
 三、食物热效应 /13
 四、活动的能量消耗 /14
 五、生长发育等特殊生理状况的能量要求 /14
第二节 人体能量消耗的测定 /15
 一、能量消耗量的测定 /15
 二、食品能量的测定 /16
 三、能量系数 /16
 四、能量需要量的计算 /17
第三节 能量的参考摄入量及食物来源 /17

第四章 宏量营养素

第一节 蛋白质 /19
 一、蛋白质的组成、分类及生理功能 /19
 二、蛋白质的消化、吸收与代谢 /22
 三、蛋白质的营养学评价 /24
 四、蛋白质的需要量及食物来源 /29
第二节 脂类 /31
 一、脂类概述 /31
 二、脂肪的消化吸收 /33
 三、脂肪酸 /34
 四、膳食脂肪的营养学评价 /37
 五、脂类的食物来源及膳食参考摄入量 /38
第三节 碳水化合物 /38
 一、碳水化合物的术语和分类 /38
 二、碳水化合物的生理功能 /48
 三、碳水化合物的供给和膳食参考摄入量 /49
 四、碳水化合物的食物来源 /49
第四节 水 /49
 一、人体内水的含量与分布 /49

二、水的生理功能 /50

三、水平衡 /50

四、常见的饮用水 /51

第五章 微量营养素

第一节 矿物质 /53
    一、钙 /55
    二、磷 /56
    三、镁 /57
    四、钾 /58
    五、钠 /59
    六、氯 /60
    七、铁 /61
    八、锌 /62
    九、硒 /63
    十、碘 /63
    十一、铜 /64
    十二、铬 /65
    十三、氟 /66
    十四、钼 /67
    十五、钴 /67
    十六、锰 /68

第二节 维生素 /68
    一、概述 /68
    二、维生素 A /69
    三、维生素 D /72
    四、维生素 E /73
    五、维生素 K /75
    六、维生素 B_1 /76
    七、维生素 B_2 /77
    八、烟酸 /79
    九、维生素 B_6 /80
    十、叶酸 /81
    十一、维生素 B_{12} /83
    十二、生物素 /84
    十三、泛酸 /85
    十四、胆碱 /86
    十五、维生素 C /86

第六章 植物化学物

第一节 多酚类植物化学物 /89
    一、槲皮素 /89
    二、原花青素 /90
    三、大豆异黄酮 /91

第二节 异硫氰酸盐类 /92
    一、异硫氰酸盐的结构、类型 /92
    二、异硫氰酸盐的吸收、代谢及生物转化 /93
    三、异硫氰酸盐的生物学活性研究 /93

第三节 类胡萝卜素 /94
    一、番茄红素 /94
    二、叶黄素 /95

第四节 硫化物 /95
    一、结构、类型 /96
    二、生物学活性研究 /96

第五节 皂苷 /96
    一、大豆皂苷的结构类型 /96
    二、大豆皂苷的生物学活性研究 /96

第六节 植物甾醇 /97
    一、植物甾醇的结构、类型 /97
    二、植物甾醇的生物学活性研究 /97

第七节 叶绿素 /97

第七章 各类食物的营养价值

第一节 各类食物营养价值的评定和意义 /99
    一、食物营养价值评定 /99
    二、食物营养价值评定意义 /100

第二节 谷类食品的营养价值 /100
    一、谷粒的构造及营养素分布 /100
    二、谷类的营养成分 /100
    三、谷类食物合理利用 /102

第三节 豆类及其制品的营养价值 /102
    一、豆类的营养成分 /102
    二、豆类及其制品的合理利用 /103

第四节 蔬菜、水果的营养价值 /104
    一、蔬菜类主要营养成分 /104
    二、水果类主要营养成分 /106
    三、水果的合理利用 /108

第五节　肉类和水产类食物的营养价值 /108
　　一、畜禽肉及内脏 /108
　　二、水产品 /110
第六节　乳及乳制品的营养价值 /111
　　一、乳类主要营养成分 /111
　　二、乳制品 /112
　　三、乳类及乳制品的合理利用 /113
第七节　蛋和蛋制品的营养价值 /113
　　一、蛋和蛋制品的主要营养成分 /113
　　二、蛋类的合理利用 /115

第八章　加工和贮藏对营养的影响

第一节　加工对食品营养素的影响 /116
　　一、加工对碳水化合物的影响 /116
　　二、加工对蛋白质和氨基酸的影响 /118
　　三、加工对脂类物质的影响 /120
　　四、加工对矿物质的影响 /121
　　五、加工对维生素的影响 /122
第二节　贮藏对食品营养素的影响 /127
　　一、常温贮藏对食品营养素的影响 /127
　　二、低温冷藏法对食品营养素的影响 /127
　　三、气调冷藏法对食品营养素的影响 /130
　　四、减压贮藏法对食品营养素的影响 /131
　　五、辐照贮藏法对食品营养素的影响 /132
　　六、化学保藏法 /132
　　七、干制贮藏法 /133
　　八、罐藏贮藏法 /134
第三节　食品营养强化 /135
　　一、食品营养强化的概况 /135
　　二、食品营养强化的意义和作用 /136
　　三、谷物及其制品的营养强化 /138
　　四、油脂的营养强化 /139
　　五、乳及其乳制品的营养强化 /140

第九章　合理营养与营养相关疾病

第一节　膳食营养素参考摄入量 /141
　　一、DRI 产生的背景 /141
　　二、有关 DRI 的基本概念 /141
　　三、DRI 的应用 /142
　　四、DRIs 应用的前提 /142
　　五、营养素摄入不足或过多的危险性 /143
第二节　膳食结构与膳食指南 /144
　　一、膳食结构 /144
　　二、膳食指南 /146
第三节　营养调查 /147
　　一、膳食调查 /148
　　二、膳食营养评价 /149
　　三、人体体格测量 /150
　　四、人体营养水平的生化检验 /151
第四节　食谱编制 /152
　　一、食谱的定义、分类、原则 /152
　　二、食谱编制的方法和步骤 /153
　　三、食谱的评价与调整 /154
第五节　营养相关疾病 /154
　　一、蛋白质-能量营养不良 /154
　　二、肥胖病 /155
　　三、冠心病 /157
　　四、糖尿病 /159
　　五、恶性肿瘤 /161

第十章　食物中的功效成分与保健食品

第一节　概述 /164
　　一、保健食品定义 /164
　　二、保健食品的发展 /165
　　三、保健食品的功能 /166
第二节　食品中的功效成分 /166
　　一、主要功效因子类别 /166
　　二、主要功效因子 /167
第三节　保健食品的功能原理 /170
　　一、有助于增强免疫力 /170
　　二、有助于降低血脂 /170
　　三、有助于降低血糖 /172
　　四、有助于改善睡眠 /172
　　五、抗氧化功能 /173
　　六、缓解体力疲劳 /173
　　七、有助于减少体内脂肪 /174
　　八、有助于增加骨密度 /174
　　九、有助于改善缺铁性贫血 /175
　　十、有助于改善记忆 /175

十一、清咽 /175
十二、有助于提高缺氧耐受力 /175
十三、有助于降低乙醇性肝损伤危害 /176
十四、有助于排铅 /176
十五、有助于泌乳 /176
十六、有助于缓解视疲劳 /177
十七、有助于改善胃肠功能 /177
十八、有助于促进面部皮肤健康 /178

第十一章 现代营养学的发展 /180

第一节 概述 /180
第二节 主要研究方法和技术 /181
第三节 食品组学和代谢组学的主要研究应用领域 /182
　一、食物中营养素和活性成分的研究 /182
　二、营养素代谢调控作用的研究 /183
　三、代谢组学在食品品质鉴别中的应用 /183
　四、代谢组学在食品产地鉴别中的应用 /183
　五、代谢组学在食品安全中的应用 /184
　六、饮食对表观遗传学的影响 /184
第四节 发展前景及展望 /184

主要参考文献 /186

附录 /187

第一章 绪 论

第一节 营养学发展史的回顾

在我国5 000多年的文明历史中,饮食文化源远流长,我国是最早提出膳食指导的国家。《黄帝内经·素问·脏器法时论》云:"五谷为养,五果为助,五畜为益,五菜为充,气味合而服之,以补精益气"。这就是说,人们必须要以谷、肉、果、菜等类食物的互相配合以补充营养,增强体质。又提及:"谷肉果菜,食养尽之,勿使过之,伤其正也。"也就是说,谷、肉、果、菜等虽是养生之物,但若过食偏食,非但不能补益,反而有伤正气,于健康不利。

成书于东汉的《神农本草经》中,记载了许多食物既可以食用,还可以药用。中国古代对营养的认识局限于食品的物质层次,从整体角度对食品是否可食,是否具有药效进行区分,如中医学对各种食物进行寒/热/平等类别划分。

欧洲文艺复兴和工业革命使欧洲的实验科学有了突破,对营养成分进行深入的分析。1783年Lavoisier发现了氧,并证明呼吸是一种燃烧过程。1842年Prout将人体主要成分归类为蛋白、脂肪和糖三类,为食物的化学分析奠定了基础。1850年Liebig认为所有含蛋白质的食物均含有氮,而氮的多少与营养好坏有关。19世纪以后,有学者对人体内含有的矿物质进行了分析,如铁、钙、磷等。1850年Chatin从甲状腺中分离出碘,还进一步明确钙与人体骨质发育的关系。1912年Funk通过对患者观察和动物实验,发现了"生命胺",这是第一个维生素,以后称之为硫胺素。至第二次世界大战结束后,已发现的维生素有水溶性和脂溶性两大类共16种。微量元素的问题同时提到日程上来。1935年,Underwood发现牛羊的消瘦病是由于牧草中钴元素缺乏所引起。以后陆续在动物实验中发现多种机体所必需的微量元素。如Richert、Schwartz分别提出钼、硒,是人及动物所必需的,Mertz证实铬是大鼠所必需的。1973年世界卫生组织已认定14种元素为机体所必需,称为必需微量元素。

在漫长的人类历史中,早期因为对营养知识的无知而付出过沉重的代价。最典型的是航海中发现的坏血病。1498年葡萄牙航海家Vasco da Gama首先发现坏血病,航海中160人中有102人死亡。1740年英国海军上将Anson带领6艘战舰和1 955名水手作环球航行,4年后返回英国时丧失了五艘战舰,死去1 051名海军将士,均系患一种出血不止的疾病,即坏血病。但法国海军在同一年代,却因指定的口粮中每人配给酸果汁一桶,而未发生同类事件,战士幸免于难。1928年Gyorgyi从柠檬中分离出维生素C,坏血病的致死原因才真相大白。其实早在1405~1433年,我国郑和曾多次带领船队下西洋,人数多达2.7万人,最远的航程达今天的肯尼亚与坦桑尼亚,但未有死于坏血病的报道,其原因就在于沿途停泊,随时补给蔬菜,及船队在甲板上有种植蔬菜的做法。这是当时中国航海的奇迹。

18世纪末到19世纪初,因为维生素缺乏仍引起大量人群病死。在地中海沿岸国家、美国南部种植园以玉米为主食的地区,癞皮病(pellagra)猖獗,以皮肤粗糙、腹泻及精神失常为特征,严重时引起死亡。当时认为是一种传染病,后来Goldberger发现这种疾病与病区的食物有关。1937年Elvehjem从酵母中提取出烟酸,才了解这是一种维生素缺乏症。类似情况在亚洲也曾发生过。工业革命后,以蒸汽机为动力的大型碾米机出现,使米碾得很白,亚洲广大以米为主食地区即出现广泛的脚气病(beriberi),患者数千万计,直到Eijkman在动物实验中证明米糠可治疗鸡或鸽子的软脚病,该病的治疗才得以突破,后从米糠中分离出了硫胺素。

中国营养学家在现代营养学的研究中作出过突出贡献,以硒与人体营养的研究最为出色。克山病是一种原因不明的地方性心肌病,在我国分布广,死亡率高。杨光圻等在人群调查中首先观察到克山病与缺硒有关,并且证实克山病是一个与人体硒缺乏有关的生物地球化学疾病,并以亚硒酸钠预防取得成功。杨光圻所在的中国医学科学院克山病防治科研小分队,于 1984 年在第三届"硒在生物学和医学中的作用国际讨论会"上被国际生物无机化学家协会授予施瓦茨奖。

第二节　营养学的基本概念和研究内容

1. 营养　人类从外界获取食物满足自身生理需要的过程称为营养(nutrition)。也可以说是人体获得并利用其生命运动所必需的物质和能量的过程。它研究人们应该"吃什么","如何吃"才能更好地保证机体健康,保证机体正常的生长、发育、繁育以及其他各种活动和劳动。"吃什么"是研究如何选择和搭配食物;"如何吃"与食品加工密切相关,即对食品原料如何加工处理。

2. 食品　2009 年 6 月 1 日起施行的《中华人民共和国食品安全法》第九十九条规定:"食品,指各种供人食用或者饮用的成品和原料以及按照传统既是食品又是药品的物品,但是不包括以治疗为目的的物品。"

按此定义食品分为:

$$\text{食品} \begin{cases} \text{食物原料——食料(foodstuff)} \\ \text{食品(food product)} \end{cases} \text{食物或食品(food)}$$

此外,食品还包括传统上既是食品又是药品,即药食同源的物品。

一般来说食品的作用有三方面:

- 为人体提供必要的能量和营养素,满足人体的营养需要。
- 满足人体的不同嗜好和要求,如色、香、味、形态、质地等。
- 某些食品对人体产生不同的生理反应,如兴奋(wakefulness)、镇静(calmness)、过敏(allergies)等。

能源是生命活动的基础,蛋白质是构成细胞的主要成分,约占人体体重的 16%,又由于新陈代谢平均每隔 80 d 就要更新一半蛋白质,所以人体必须进食足够的蛋白质,与此同时,也需摄取含有足够的其他营养素的食物。

3. 营养素　营养素(nutrient)是人体用以保证生长、发育、繁育和维持健康生活的物质,已知有 40~45 种。从营养学和食品科学或食品加工的角度来说,应尽量使这些营养素不受破坏。依化学性质和生理功能,主要包括蛋白质、脂肪、碳水化合物、矿物质、维生素、水六大类,也有把膳食纤维作为第七大营养素。

可以将营养素分为宏量营养素、微量营养素和其他膳食成分三大类,分别为:蛋白质、脂肪、碳水化合物;矿物质、维生素;水、其他生物活性物质。

4. 营养价值　营养价值(nutrition value)指在特定的食品中的营养素及其质和量的关系。一般认为含有一定量的人体所需的营养素的食品,就具有一定的营养价值;含有较多营养素且质量较高的食品,则营养价值较高。

食品营养价值的高低与食品中营养素的种类是否齐全,数量多少,相互比例是否适宜,是否易于被人体消化、吸收和利用有关。一般来说,食品中营养素含量越高,比例越接近人体组成,容易消化吸收,则该类食品的营养价值越高。

5. 营养素密度　营养素密度指食品中以单位热量为基础所含重要营养素的浓度。包括维生素、矿物质和蛋白质三类。

$$\text{营养密度} = \frac{\text{一份食物满足某种营养素 RNI 的\%}}{\text{由该份食物满足能量 RNI 的\%}} = \frac{\text{食物中某种营养素含量/该营养素的 RNI}}{\text{该食物提供的能量/能量的 RNI}}$$

RNI,推荐摄入量(recommended nutrient intakes)

能够提供丰富的营养素,而相对热量较低的食物,如瘦肉、牛奶、绿叶蔬菜、乳制品、鱼类等为高营养密度食物。提供少量的营养素,而相对有较高的热量,如油炸食品、蛋糕、糖、酒等为低营养密度食物。

6. 营养标签　　营养标签指在预包装食品标签上向消费者提供食品营养信息和特性的说明，包括营养成分表、营养声称和营养成分功能声称。营养标签强制标示的内容包括能量、核心营养素的含量及其占营养素参考值（NRV）的百分比。2013年1月1日实施的《食品安全国家标准预包装食品营养标签通则》规定，核心营养素包括蛋白质、脂肪、碳水化合物和钠，要求标明其占营养素参考值百分比。生产企业要确保标注内容真实、客观，不得标示虚假信息，不得夸大产品的营养作用或其他作用。

7. 食品加工　　加工的目的：① 为了贮存和运输；② 适应人们不同的饮食习惯和嗜好；③ 满足特殊的需要。

食品加工包括肉制品加工、调味品加工、水果制品加工、酒类加工、淀粉及其制品加工、糖果制品加工、饮料加工、水产品加工、禽蛋制品加工、乳制品加工、豆制品加工、蔬菜制品加工、综合加工技术等。

随着生活水平的提高，以及家务劳动的社会化，新的加工食品，如方便食品、快餐食品、婴幼儿食品、模拟食品、强化食品、疗效食品和宇宙食品等应运而生。

这种将食品原料经过不同的加工、处理、调配制成各种加工食品的过程可统称为食品加工（food processing）。

食品加工一方面要最大限度地保持食品中的营养素不受损失，另一方面必要时还可添加一定的营养素，以满足人们的需要。

8. 营养不良与平衡膳食　　广义的营养不良（malnutrition）应包括营养不足或缺乏以及营养过剩两方面，由不适当或不足饮食所造成。通常指由于摄入不足、吸收不良或过度损耗营养素所造成的营养不足，但也可能包含由于暴饮暴食或过度的摄入特定的营养素而造成的营养过剩。

从营养科学来讲，能使营养需要与膳食供给之间保持平衡状态，热能及各种营养素满足人体生长发育、生理及体力活动的需要，且各种营养素之间保持适宜比例的膳食，叫平衡膳食。

不同种类食物富含的营养素不同：动物性食物、豆类富含优质蛋白质；蔬菜、水果富含维生素、矿物盐及微量元素；谷类、薯类和糖类富含碳水化合物；食用油富含脂肪；肝、奶、蛋富含维生素A；肝、瘦肉和动物血富含铁。这些营养素之间相互配合，相互制约，只有均衡全面足够的膳食才能够满足人体的所有营养需求。

第三节　学习食品营养学的意义

营养学是研究人体营养规律及改善措施的科学。主要内容包括营养学基础、各类食品的营养价值、不同人群的营养、营养与有关疾病及社区营养。食品营养学（food nutrition）主要研究食物、营养与人体生长发育和健康的关系，以及提高食品营养价值的措施。随着经济的迅猛发展，我们已从满足吃饱的基本要求，开始转向如何吃出"健康"和"安全"。

当前与膳食因素密切相关的主要疾病有心脑血管疾病、糖尿病、肥胖等。不健康的生活方式与心脑血管疾病等非传染性流行有必然的联系，且不以人们的意志为转移，非药物可控。不健康的生活方式是完全可以改变和避免的。其中对营养学知识的了解、掌握和应用是非常重要的。

食品营养学是研究人体如何以最有益于健康的方式来利用食品的科学。通过学习食品营养学可以知晓如何选择、搭配有利于自身健康的食品，珍惜自身健康，而不是盲目追求时尚、高端，满足一时口腹之欲。同时通过学习可以传播、普及食品营养学知识。通过营养信息的交流，帮助个体和群体获得食物与营养的基本知识，培养健康的生活方式，推动大众食品消费的科学化，使膳食结构更加合理，饮食更为多样，达到膳食平衡的目的。

无论是主动学习还是被动接受食品营养学知识，最终目的是要树立正确的营养理论，提倡合理饮食，改善不良饮食习惯，提高我国居民营养健康水平，提升中华民族的整体素质。

第二章 食物的消化与吸收

食物提供人体所需的能量,以及健康细胞生长繁殖所需的养分。机体消化食物和吸收营养素的结构总称消化系统。消化(digestion)是指机体通过消化管的运动和消化腺分泌物的酶解作用,使大块的、分子结构复杂的食物,分解为能被吸收的、分子结构简单的小分子化学物质的过程。包括机械消化和化学消化。通过机械作用,把食物由大块变成小块,称为机械消化;通过消化酶的作用,把大分子变成小分子,称为化学消化。前者指通过消化管壁肌肉的收缩和舒张(如口腔的咀嚼,胃、肠的蠕动等)把大块食物磨碎;后者指通过各种消化酶将分子结构复杂的食物水解为分子结构简单的营养素,如将蛋白质水解为氨基酸,脂肪水解为脂肪酸和甘油,淀粉水解为葡萄糖等。食物经消化后营养物质通过消化管黏膜上皮细胞进入血液和淋巴的过程称为吸收(absorption)。消化和吸收是以摄取营养为目的相辅相成、紧密联系的两个过程,从而为机体的生命活动提供能量。

第一节 人体消化系统

一、消化系统的组成与功能

消化系统由消化管和消化腺两大部分组成(图2-1)。消化管包括口腔、咽、食管、胃、小肠、大肠和肛门等各段;消化腺则有唾液腺、胃腺、肠腺、胰腺和肝脏等。消化系统的主要功能是消化食物、吸收营养素和排出食物残渣。此外,消化黏膜上皮制造和释放多种内分泌激素和肽类,与神经系统一起共同调节消化系统的活动和体内的代谢过程。

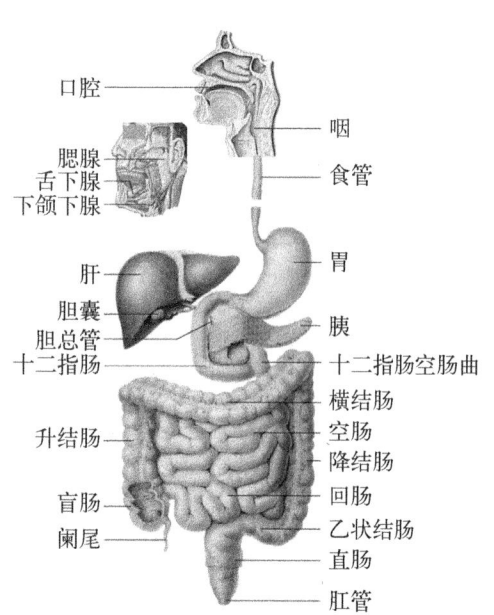

图2-1 消化系统解剖图

二、消化管平滑肌的生理特征

消化管中咽、食管上端和肛门的肌肉是骨骼肌,其余消化管肌肉均为平滑肌。消化管平滑肌虽然具有肌肉组织的共同特性,如兴奋性、传导性和收缩性,但与骨骼肌、心肌并不完全相同,有其自身的特殊性。

1. 低兴奋性 与骨骼肌和心肌相比,消化管平滑肌的兴奋性低,收缩弛缓,收缩的潜伏期、收缩期和舒张期的时程均较长。

2. 富有伸展性 消化管平滑肌能适应实际的需要而作很大的伸展,在进食之后,它可以比平时伸长数倍,胃表现得最为明显,可容纳数倍于自己原体积的食物,而心肌和骨骼肌的伸展性不能超过原来长度的50%。对一个中空的容纳器官来说,这一特性可以使它多容纳食物而不发生明显的压力变化。

3. 紧张性 消化管平滑肌经常保持一种微弱的持续收缩状态,称为平滑肌的紧张性或紧张性收缩。由于这种紧张性的存在,能使消化管内经常保持着一定的基础压力,并使胃肠道保持一定的位置和形态。消化管的各种收缩运动,也都是在平滑肌紧张性收缩的基础上进行的。平滑肌的紧张性是肌源性的,切断支配平滑肌的外来神经后，紧张性仍然存在，但在整体情况下，消化管平滑肌的紧张性在一定程度上受中枢神经系统和激素的调节。

4. 自动节律性　消化管平滑肌在离体后，置于适宜的环境中，仍能进行自主的节律性运动，但较心肌缓慢且不规则。一般认为其节律性运动的产生也属肌源性的，在整体情况下受中枢神经系统和激素的调节。

5. 对化学、温度和牵张刺激敏感　消化管平滑肌对不同性质的刺激，敏感性不同，对化学、温度和牵张刺激很敏感，而对电刺激较不敏感。对某些化学物质的刺激特别敏感，如微量的乙酰胆碱能引起其收缩，微量的肾上腺素则使其舒张；迅速改变温度可引起消化管平滑肌收缩的改变；突然轻度的牵拉刺激也引起平滑肌强烈反应。消化管平滑肌对上述刺激敏感的特性，并不依赖神经支配。

三、消化管的形态与结构

消化管是从口腔至肛门的连续性管道，依次分为口腔、咽、食管、胃、小肠和大肠。消化管管壁（除口腔和咽外）由内向外分为黏膜、黏膜下层、肌层及外膜四层。其中黏膜由上皮、固有层和黏膜肌层组成，是消化管各段结构差异最大，功能最重要的部分，黏膜肌层是消化管壁所特有的结构。

1. 口腔（mouths）　口腔是消化管的起始部。口腔是指唇、腭、面颊和口腔底之间的空间，向上它与鼻腔相通。向后口腔与两个颌弓后的咽腔相连。口腔中重要的器官有舌、牙和唾液腺。口腔周围的咽、唇和脸颊也是非常重要的。口腔主要完成咀嚼功能，以机械性消化为主，唾液腺分泌唾液协助消化。舌尖两侧对甜、咸敏感，舌头中部周围对辣味敏感，舌头两侧对酸最敏感，舌根对苦最敏感。口腔通过嘴与外部世界相通，口腔内部温度恒定、湿度高，有许多狭窄的地方，是微生物生长的理想地方，目前已经确定的在口腔内生存的细菌有300多种。

2. 咽与食管

（1）咽：咽（pharynx）上起颅底下至第六颈椎平面，长约12cm，前后扁平，上宽下窄，略呈漏斗形的黏膜肌性管腔，下端相当于环状软骨下缘与食管口相连，是呼吸道和消化道上端的共同通道。分为鼻咽（nasopharynx）、口咽（oropharynx）、喉咽（laryngopharynx）三部分。

（2）食管：食管（esophagus）在平时是呈现扁平状，当有食物通过时便会扩大。食物并非靠着地球重力落入胃中，是借由食管壁的肌肉进行像波浪般蠕动，强制将食物推入胃中，此外食管还会分泌一种黏液，让食物可以很容易地通过。在正常情况下，食物从咽部到达胃的贲门所需时间是：液体约4 s，固体食物6~9 s。如果有外伤、异物、炎症或肿瘤，食物下咽就会发生困难。食管除运送食物外，在最尾端与胃相接的地方有一个括约肌确保胃酸不会逆流至食管中。这是因为，这一段食管内的压力一般比胃内压力要高，有"高压区"之称，故起到了天然"阀门"的作用。口腔中的食物经过复杂的吞咽活动被送到食管，当食物进入食管末端时，胃的贲门突然打开，一旦确保食物通过，又马上关闭。

3. 胃（stomach）　胃作为"人体食物处理器"负责把食物磨碎成细小的颗粒，它分泌的胃液也展开多种作用，经过胃部收缩搅拌、挤压混合，将食物变成食糜。接着靠胃的蠕动将食糜推出胃部进入小肠。

（1）胃的解剖：胃分为贲门胃底部、胃体部、幽门部三个区域。胃壁从外向内分为浆膜层、肌层、黏膜下层和黏膜层。胃腺一般有三类：即贲门腺、幽门腺和泌酸腺。前两者分别分布于贲门区和幽门区，均分泌黏液。泌酸腺主要存在于胃体和胃底的黏膜内，有三类细胞，即主细胞、壁细胞和黏液细胞，除均可分泌水和无机盐外，每种细胞各有其特殊的分泌物：主细胞分泌胃蛋白酶原，壁细胞分泌盐酸和内因子，黏液细胞分泌黏液。胃接受交感神经和副交感神经支配。交感神经来自腹腔神经节，副交感神经为迷走神经，胃有丰富的血管和淋巴管。

（2）胃的生理：胃具有运动和分泌两大功能，通过其接纳、贮藏食物，将食物与胃液研磨、搅拌、混匀，初步消化，形成食糜并逐步分次排入十二指肠为其主要的生理功能。此外，胃黏膜还有吸收某些物质的功能。

4. 小肠　小肠绒毛的面积很大，壁很薄，而且其中富含毛细血管和毛细淋巴管，在此处除了大部分甘油和脂肪酸进入毛细淋巴管，经淋巴循环，最终进入血循环外，其余的各种营养成分都由毛细血管直接进入血循环。

(1) 小肠的分部：小肠长5～7 m，是消化管最长的一段，小肠（small intestine），一般根据形态和结构变化分为三段，分别为十二指肠（duodenum）、空肠（jejunum）和回肠（ileum），是食物消化和吸收的最重要场所。

(2) 小肠壁的结构特点

1）环状壁和绒毛：小肠黏膜，特别是空肠，具有许多环状皱襞和绒毛。绒毛根部的上皮下陷至固有层，形成管状的肠腺，其开口位于绒毛根部之间。绒毛和肠腺与小肠的消化和吸收功能关系密切。环状壁和绒毛大大扩大了黏膜的表面积，可达200 m² 以上。巨大的表面积使营养物质能够在1～2 h内得以迅速吸收。小肠绒毛的壁很薄，只由一层上皮细胞构成，而且绒毛中有丰富的毛细血管，这种特点有利于营养物质的消化和吸收（图2-2）。

2）黏膜上皮：绒毛部上皮由吸收细胞、杯状细胞和少量内分泌细胞组成；其中吸收细胞（absorptive cell）最多，绒毛表面的吸收细胞游离面在光镜下可见明显的纹状缘，电镜观察表明它是由密集而规则排列的微绒毛构成。每个吸收细胞约有微绒毛1 000根，每根长1～1.4 μm，粗约80 nm，使细胞游离面面积扩大约20倍。

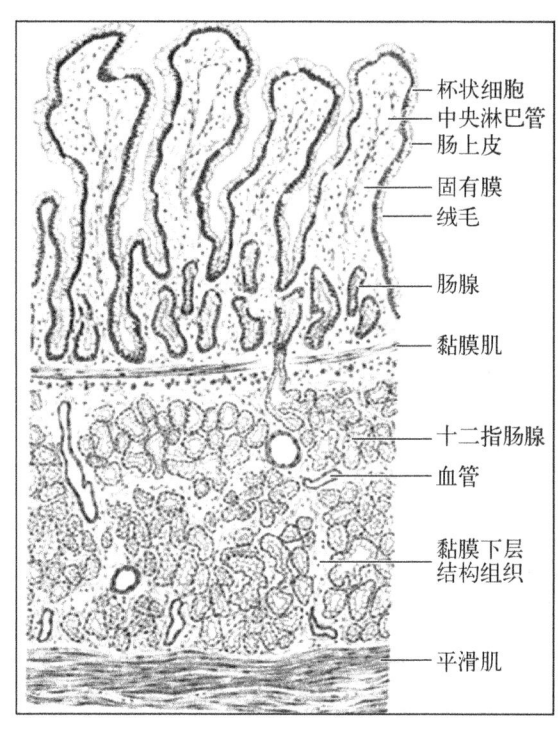

图2-2 小肠微绒毛结构

3）黏膜下层：黏膜下层为疏松结缔组织，含较多血管和淋巴管。十二指肠的黏膜下层内有十二指肠腺（duodenal gland），为复层管泡状的黏液腺，其导管穿过黏膜肌开口于小肠腺底部。此腺分泌碱性黏液（pH8.2～9.3），可保护十二指肠黏膜免受酸性胃液的侵蚀。最近研究表明，人十二指肠腺还分泌尿抑胃素（urogasterone），释入肠腔，具有抑制胃酸分泌和刺激小肠上皮细胞增殖的作用。

4）肌层：由内环行与外纵行两层平滑肌组成。

5）外膜：除十二指肠后壁为纤维膜外，小肠其余部分均为浆膜（图2-3）。

5. 大肠 大肠是人体消化系统的重要组成部分，为消化管的下段，食糜进入大肠后，大肠担负着回收水分的重要任务。

(1) 大肠的分部：成人大肠全长约1.5 m，起自回肠，包括盲肠、升结肠、横结肠、降结肠、乙状结肠和直肠六部分。全程形似方框，围绕在空肠、回肠的周围。大肠在外形上与小肠有明显的不同，一般大肠口径较粗，肠壁较薄。盲肠和结肠的特征性结构：① 结肠带，在肠表面，沿着肠的纵轴有结肠带，由肠壁纵行肌增厚形成。② 结肠袋，由肠壁上的横沟隔成囊状的结肠袋。③ 肠脂垂，在结肠带附近由于浆膜下脂肪聚集，形成许多大小不等的脂肪突起称肠脂垂。

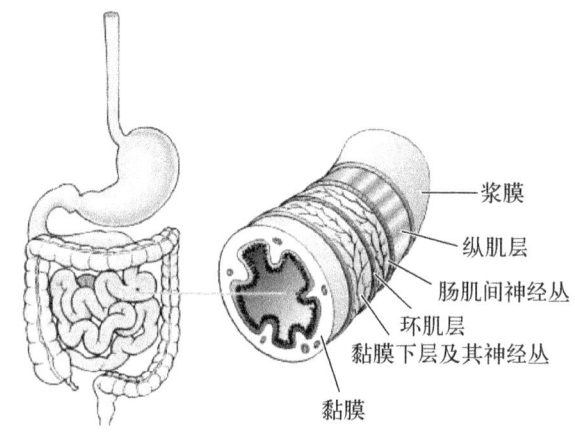

图2-3 小肠壁结构

(2) 大肠的功能：大肠的主要功能是进一步吸收粪便中的水分、电解质和其他物质（如氨、胆汁酸等），形成、贮存和排泄粪便。同时大肠还有一定的分泌功能，如杯状细胞分泌黏液中的黏液蛋白，能保护黏膜和润滑粪便，使粪便易于下行，保护肠壁防止机械损伤，免遭细菌侵蚀。

四、消化腺的分泌与功能

1. 消化腺的分泌 消化腺是分泌消化液的器官，属外分泌腺。消化腺包括唾液腺、胰腺、肝脏、胃腺和肠腺。均可分泌消化液，除胆汁外，消化液中含有消化酶。每人每天由各种消化腺分泌的消化液总量达

6～8 L。

唾液腺所分泌的唾液输入口腔。成人每天分泌 1～1.5 L，唾液中含有的唾液淀粉酶，能使淀粉分解成为麦芽糖。另外，唾液中还含有溶菌酶，有杀菌作用。

胃腺是胃壁黏膜内陷形成的，可以分泌胃液（主要由盐酸和胃蛋白酶构成），能初步消化蛋白质。肠腺分泌小肠液，弱碱性，含有肠致活酶和多种消化酶，含有消化淀粉、蛋白质、脂肪的酶（肠淀粉酶、肠麦芽糖酶、肠肽酶、肠脂肪酶），成年人每日分泌肠液 1～3 L。有的酶可能不是肠腺分泌，而是脱落的肠上皮细胞溶解后进入肠液的。离幽门越远，小肠液的分泌量越少，酶的含量也越少。

胰腺分泌的胰液，经胰管注入十二指肠。胰液呈碱性，含消化蛋白质、淀粉和脂肪的酶（胰淀粉酶、胰蛋白酶、胰脂肪酶）。

肝脏是人体最大的消化腺，肝脏能分泌胆汁，呈碱性，虽然不含消化酶，但可帮助脂肪的乳化，使脂肪变成脂肪微粒。肝细胞分泌的胆汁，均先运到胆囊中暂存，待有食物进入十二指肠，引起胆囊的收缩，把胆汁挤压出来，经总胆管注入十二指肠总胆管的末端与胰管合并而共同开口于十二指肠，该处也有括约肌的控制，平时紧缩，在进食时才会舒张而打开，使胆汁和胰液经此流入小肠。

2. 消化腺分泌的过程　　消化腺细胞分泌消化液的过程是主动活动过程，包括三个主要步骤：① 腺细胞从其周围的血液中摄取原料；② 在腺细胞内合成分泌物并贮存起来；③ 当腺细胞受到适宜刺激时，则将分泌物排出。消化液的各种消化酶的分泌过程、胃液中盐酸的分泌过程均是这种主动活动过程。整个分泌过程需要消耗能量，能量主要来自腺细胞内的 ATP。

3. 消化液的功能　　消化液（digestive juice）主要由消化酶、电解质和水组成。消化液的主要功能是：
① 改变消化腔内的 pH，适应消化酶活性的需要。
② 分解复杂的食物成分为结构简单、可被吸收的小分子物质。
③ 稀释食物，使之与血浆渗透压相等，有利于吸收。
④ 通过分泌黏液、抗体和大量液体，保护消化道黏膜，防止物理性和化学性的损伤。

第二节　食物的消化

食物在消化过程中包括机械性消化、化学性消化和生物消化三种形式。机械性消化、化学性消化和生物性消化三种功能同时进行，共同完成消化过程。

一、机械性消化

食物经过口腔的咀嚼，牙齿的磨碎，舌的搅拌、吞咽，胃肠肌肉的活动，将大块的食物变成碎小的，使消化液充分与食物混合，并推动食团或食糜下移，从口腔推移到肛门，这种消化过程叫机械性消化，或物理性消化。

1. 食物的粉碎　　食物入口，首先要经牙齿咀嚼、切断、撕裂、磨碎，使食物和消化液接触。口腔中的舌的味觉可避免吃下有害的物质，在咀嚼食物时，又可借助舌的运动，将食物与唾液拌和成食团，以便吞咽。食物入胃后，还受到胃液的化学性消化和胃壁肌肉运动的机械性消化。胃部会搅动（强烈的蠕动），将来自食管的固体食团搅碎为半固体的食糜。贲门括约肌控制食管的固体的食团流入胃部的速率，亦能防止食团倒流。幽门括约肌控制胃部的半固体的食糜流入十二指肠的速率。

2. 食物的运送
（1）吞咽：食物在口腔中存在时间短，一般是 15～20 s。吞咽是一种复杂的反射性动作，它使食团从口腔通过食管进入胃。根据食团在吞咽时所经过的部位，可将吞咽动作分为下列三期。第一期：由口腔到咽。这是在来自大脑皮层的冲动的影响下随意开始的。第二期：由咽到食管上端。这是通过一系列急速的反射动作而实现的。第三期：沿食管下行至胃。这是由食管肌肉的顺序收缩而实现的。食管肌肉的顺序收缩又称蠕动（peristalsis），它是一种向前推进的波形运动。在食团的下端为一舒张波，上端为一收缩波，这样，食团就很自然地被推送前进，推至食管下端，胃的括约肌舒张，食物进入胃。

(2) 食物在胃肠道内的运动：当咀嚼和吞咽时，食物对咽、食管等外感受器的刺激，可通过迷走神经反射性地引起胃底和胃体肌肉的舒张，被称为胃的容受性舒张(receptive relaxation)。容受性舒张使胃腔容量由空腹时的50 ml，增加到进食后的1.5 L，同时胃具有紧张性收缩(tonic contraction)的运动形式。这种收缩使得胃腔内具有一定的压力，有助于胃液渗入食物内部，促进化学性消化，并协助推动食糜移向十二指肠。食物入胃后约5 min，蠕动即开始。胃的蠕动(peristalsis)一方面使食物与胃液充分混合，以利于胃液发挥消化作用；另一方面，则可搅拌和粉碎食物，并推进胃内容物通过幽门向十二指肠排放。食物入胃后5 min即有部分食糜被排入十二指肠。食物由胃排入十二指肠的过程称为胃的排空。在三种主要食物中，糖类的排空时间较蛋白质为短，脂肪类食物排空最慢。对于混合食物，由胃完全排空通常需要4～6 h。

食糜由胃进入十二指肠后，即开始了小肠内的消化。小肠内消化是整个消化过程中最重要的阶段。在这里，食糜受到胰液、胆汁和小肠液的化学性消化以及小肠运动的机械性消化。进入小肠的食糜，含有未消化完全的蛋白质和多肽，经由胰蛋白酶的作用，将之分解为分子较小的多肽，然后在肽酶的作用下，彻底分解，产生氨基酸。胃液中不含水解糖类的酶类，小肠是糖消化的主要场所，肠液中有胰腺分泌的胰淀粉酶。胰淀粉酶接替唾液淀粉酶的未完成的工作，把尚未消化的淀粉分解为麦芽糖，进一步在酶的作用下分解成为葡萄糖。小肠的运动形式包括紧张性收缩，蠕动，分节运动。在十二指肠与回肠末端常常出现与蠕动方向相反的逆蠕动。食糜可以在这两段内来回移动，有利于食糜的充分消化和吸收。食物在小肠内停留的时间一般为3～8 h。

(3) 排便反射：食物残渣在大肠内停留的时间较长，一般在十小时以上。当肠的蠕动将粪便推入直肠时，刺激了直肠壁内的感受器，冲动经盆神经和腹下神经传至脊髓腰骶段的初级排便中枢，同时上传到大脑皮层，引起便意和排便反射。

二、化学性消化

消化腺所分泌的各种消化液，将复杂的各种营养物质分解为肠壁可以吸收的简单的化合物，如糖类分解为单糖，蛋白质分解为氨基酸，脂类分解为甘油及脂肪酸。然后这些分解后的营养物质被小肠(主要是空肠)吸收进入血液和淋巴液。这种消化过程叫化学性消化。

1. 碳水化合物的消化　　碳水化合物吃到嘴里就遇到唾液淀粉酶(ptyalin)，又称 α-淀粉酶(α-amylase)。α-淀粉酶能催化直链淀粉、支链淀粉及糖原分子中 α-1,4 糖苷键的水解，水解后的产物为葡萄糖、麦芽糖、异麦芽糖、麦芽寡糖以及糊精等成分组成的混合物。在相对较短的时间内，食物由食管蠕动进入胃。当胃酸及胃蛋白酶渗入食团或食团散开后，pH 下降至 0.9～2.0 时，不再适合唾液淀粉酶的作用，对碳水化合物几乎不消化。

碳水化合物消化的主要场所是小肠。肠腔内碳水化合物消化的主要水解酶是来自胰液的 α-淀粉酶，称胰淀粉酶(amylopsin)，其作用和性质与唾液淀粉酶一样，消化结果是使淀粉变成麦芽糖、麦芽三糖(约占65%)、异麦芽糖、α-临界糊精及少量葡萄糖等。小肠黏膜上皮细胞刷状缘上含有丰富的 α-糊精酶(α-dextrinase)、糖淀粉酶(glycoamylase)、麦芽糖酶(maltase)、异麦芽糖酶(isomaltase)、蔗糖酶(sucrase)及乳糖酶(lactase)，它们彼此分工协作，最后把食物中可消化的多糖及寡糖完全消化成大量的葡萄糖及少量的果糖和半乳糖。生成的这些单糖分子均可被小肠黏膜上皮细胞吸收。

在小肠不能消化的部分，到结肠经细菌发酵后再消化吸收。

2. 蛋白质的消化　　食物蛋白质的消化，是在多种蛋白酶的作用下实现的。胃液中盐酸为胃蛋白酶作用提供了必要的酸性环境。盐酸进入小肠后，可以引起促胰液素的释放，从而促进胰液、胆汁和小肠液的分泌。胃蛋白酶原在胃酸或已激活的胃蛋白酶的作用下，被激活变为有活性的胃蛋白酶。胃蛋白酶可将各种水溶性的蛋白质水解成氨基酸和胨。胃蛋白酶对乳中的酪蛋白尚有凝乳作用。胰液的蛋白酶主要有两类：内肽酶(胰蛋白酶、糜蛋白酶和弹性蛋白酶)和外肽酶(羧肽酶 A 和羧肽酶 B)，胰腺蛋白酶在小肠的水解产物中，仅 1/3 为氨基酸，其余为寡肽。原因是肠消化液中水解寡肽的酶较少(图 2-4)。

3. 脂类的消化　　唾液腺能分泌一种极为有效的脂肪酶以消化脂肪。唾液脂肪酶在婴幼儿的消化中扮演了极重要的角色，因为他们的胰腺尚未发育完全，不足以产生足够的胰脂肪酶。脂肪的消化主要是在小肠。由于脂肪不溶于水，而体内的酶促反应是在水溶液中进行，所以脂肪必须先乳化才能进行消化。小肠分节运动使食糜与消化液充分混合，并增加食糜与肠壁的接触，为消化和吸收创造有利条件。小肠的蠕动通常重叠在节律性分节运动之上，两者协同作用，分散细小的乳胶体。胆盐在脂肪消化中起重要作用，它首先是净化脂肪，并减少它的表面张力，然后使脂肪乳化成非常细小的乳化微粒。胰液含有脂肪酶，脂肪在脂肪酶的作用下进行分解。分解的产物是甘油二酸酯、甘油一酸酯、脂肪酸和甘油。低于12个碳原子的短链脂肪酸直接被小肠黏膜内壁吸收。长链脂肪酸再被酯化成甘油三酯，与胆固醇、脂蛋白、磷脂结合，形成乳糜微粒进入淋巴系统，最后进入血液，运送到身体各个组织。

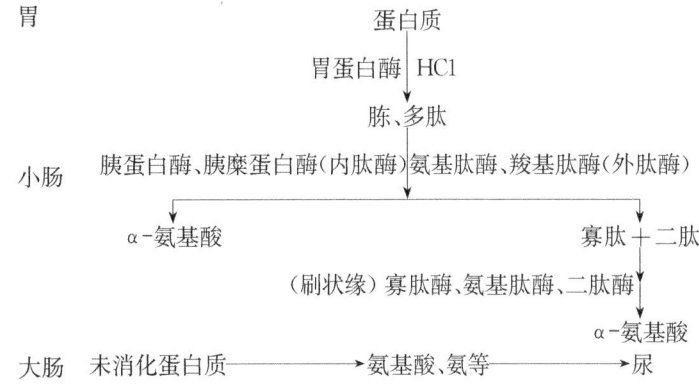

图 2-4　蛋白质的消化过程

三、生物性消化

生物性消化指消化管内的微生物对食物进行消化的过程。微生物产生的酶使食物中的营养物质分解。肠道内有许多细菌，目前就已经鉴定出500多种正常肠道微生物，其数量高达10^{14}，约是人体体细胞和生殖细胞之和的10多倍。粪便中死的和活的细菌约占粪便固体质量的20%～30%。这些微生物具有人体本身器官没有的功能，如降解膳食中一些人类自身无法消化的营养成分，比如果胶、纤维素、半纤维素、抗性淀粉等植物性多糖，产生单糖、短链脂肪酸等利于宿主吸收的营养物质。消化管微生物含有能分解食物残渣的酶，可以消耗、贮存并重新分配能量；介导生理生化途径，可以通过自身复制来维持和修复整个体系，保持整体的动态平衡。肠道微生物降解和发酵非可消化碳水化合物，释放出部分能量，可以再次被宿主吸收和利用的过程称为微生物消化。通过微生物的代谢来消化纤维素和食物残渣等物质，扩大了人类可利用原料的范围和提高了能量利用效率。大肠内的细菌能利用肠内较为简单的物质合成维生素B复合物和维生素K，它们由肠内吸收后，对人体有营养作用。

第三节　食物的吸收

消化管内的吸收指食物的成分或其消化后的产物，通过上皮细胞进入血液和淋巴的过程。消化过程是吸收的重要前提。

一、吸收部位

消化管不同部位的吸收能力和吸收速度是不同的，这主要取决于各部分消化管的组织结构，以及食物在各部位被消化的程度和停留的时间。在口腔和食管内，食物实际上是不被吸收的。在胃内，食物的吸收也很少，胃可吸收乙醇和少量水分。小肠是吸收的主要部位，肠绒毛内部有毛细血管、毛细淋巴管、平滑肌纤维和神经纤维网等结构。动物在空腹时，绒毛不活动。进食则可引起绒毛产生节律性的伸缩和摆动。这些运动可加速绒毛内血液和淋巴的流动，有助于吸收。一般认为，糖类、蛋白质和脂肪的消化产物大部分是在十二指肠和空肠吸收的，回肠有其独特的功能，即主动吸收胆盐和维生素B_{12}。食物到达回肠时，大部分营养成分通常已吸收完毕，因此回肠主要是吸收功能的贮备。小肠内容物进入大肠时已经不含多少可被吸收的物质了。

二、主要营养物质的吸收

在胃肠道中被吸收的物质不仅是由口腔摄入的物质，由各种消化腺分泌入消化管内的水分、无机盐和某些有机成分，大部分将在小肠中被重吸收。大肠主要吸收水分和盐类，一般认为，结肠可吸收进入其内的

80%的水和90%的Na^+和Cl^-。例如,人每日分泌入消化管内的各种消化液总量可达6～7 L之多,每日还从口腔摄入1 L多的水分,而每日由粪便中丢失的水分只有150 ml左右。因此,重吸收回体内的液体量每日可过8 L。这样大量的水分如果不被重吸收,势必严重影响内环境的相对稳定而危及生命,急性呕吐和腹泻时,在短时间内损失大量液体的严重性就在于此。在正常情况下,小肠每天还吸收几百克糖,100 g或更多的脂肪,50～100 g氨基酸,50～100 g离子等。实际上,小肠吸收的能力远远超过这个数字,因此,小肠的吸收具有巨大的贮备力。

1. 水分的吸收 前已述,人每日由胃肠吸收回体内的液体量约有8 L之多。水分的吸收都是被动的,各种溶质,特别是NaCl的主动吸收所产生的渗透压梯度是水分吸收的主要动力。细胞膜和细胞间的紧密连接对水的通透性都很大,因此,驱使水吸收的渗透压一般只有3～5 mOsm/L。在十二指肠和空肠上部,水分由肠腔进入血液的量和水分由血液进入肠腔的量都很大,因此肠腔内液体的量减少得并不多。在回肠,离开肠腔的液体比进入的多,从而使肠内容物大为减少。

2. 无机盐的吸收 一般来说,单价碱性盐类如钠、钾、铵盐的吸收很快,多价碱性盐类则吸收很慢。凡能与钙结合而形成沉淀的盐,如硫酸盐、磷酸盐、草酸盐等,则不能被吸收。

(1) 钠的吸收:成人每日摄入250～300 mmol的钠,消化腺大致分泌相同数量的钠,但从粪便中排出的钠不到4 mmol,说明肠内容物中95%～99%的钠都被吸收了。由于细胞内的电位较黏膜面负40V,同时细胞内钠的浓度较周围液体为低,因此,钠可顺电化学梯度通过扩散作用进入细胞内。但细胞内的钠能通过基侧膜进入血液,这是通过膜上钠泵的活动逆电化学进行的主动过程。钠泵是一种Na^+—K^+依赖性ATP酶,它可使ATP分解产生能量,以维持钠和钾逆浓度的转运。钠的泵出和钾的泵入是耦联的。

(2) 铁的吸收:人每日吸收的铁约为1 mg,仅为每日膳食中含铁量的1/10。铁的吸收与机体对铁的需要有关,当服用相同剂量的铁后,缺铁的患者可比正常人的铁吸收量大1～4倍。食物中的铁绝大部分是三价的高铁形式,但有机铁和高铁都不易被吸收,故须还原为亚铁后,方被吸收。亚铁吸收的速度比相同量的高铁要快2～5倍。维生素C能将高铁还原为亚铁而促进铁的吸收。铁在酸性环境中易溶解而便于被吸收,故胃液中的盐酸有促进铁吸收的作用,胃大部切除的患者,常常会伴以缺铁性贫血。

(3) 钙的吸收:食物中的钙仅有一小部分被吸收,大部分随粪便排出。主要影响钙吸收的因素是维生素D和机体对钙的需要。维生素D有促进小肠对钙吸收的作用。儿童和乳母对钙的吸收增加。此外,钙盐只有在水溶液状态(如氯化钙、葡萄糖酸钙溶液),而且在不被肠腔中任何其他物质沉淀的情况下,才能被吸收。肠内的酸度对钙的吸收有重要影响,在pH约为3时,钙呈离子化状态,吸收最好。肠内磷酸过多,会形成不溶解的磷酸钙,使钙不能被吸收。脂肪可以与钙形成不溶性的皂钙,但是这对钙的吸收影响不大,原因是皂钙在胃液极低的pH环境中溶解,直到回肠也难以再形成。钙的吸收主要是通过主动转运完成的。肠黏膜细胞的微绒毛上有一种与钙有高度亲和性的钙结合蛋白,它参与钙的转运而促进钙的吸收。

3. 糖的吸收 单糖、双糖都有甜味,日常生活中的糖属于这一类。单糖直接在小肠中消化吸收;双糖经酶水解后再吸收;一部分寡糖和多糖水解成葡萄糖后吸收。糖类只有分解为单糖时才能被小肠上皮细胞所吸收。各种单糖的吸收速率有很大差别,己糖的吸收很快,而戊糖则很慢。在己糖中,又以半乳糖和葡萄糖的吸收为最快,果糖次之,甘露糖最慢。单糖的吸收是消耗能量的主动过程,它可以逆着浓度差进行,能量来自钠泵,属于继发性主动转运。碳水化合物经消化吸收后,在肠壁和肝脏几乎全部转变为葡萄糖,在肠黏膜上皮细胞的纹状缘上存在着一种转运体蛋白,它能选择性地把葡萄糖和半乳糖从纹状缘的肠腔面运入细胞内,然后再扩散入血。

4. 蛋白质的吸收 无论是食入的蛋白质(100 g/d)或内源性蛋白质(25～35 g/d),经消化分解为氨基酸后,几乎全部被小肠吸收。经煮过的蛋白质因变性而易于消化,在十二指肠和近端空肠就被迅速吸收,未经煮过的蛋白质和内源性蛋白质较难消化,需进入回肠后才基本被吸收。各种氨基酸都是通过主动转运方式吸收,吸收速度很快,它在肠内容物中的含量不超过7%。氨基酸吸收的路径几乎完全是经血液的,当小肠吸收蛋白质后,门静脉血液中的氨基酸含量即行增加。曾经认为,蛋白质只有水解成氨基酸后才能被吸收,但近年来的实验指出,小肠的纹状缘上还存在有二肽和三肽的转运系统,因此,许多二肽和三肽也可完整地被小肠上皮细胞吸收,而且肽的转运系统吸收效率可能比氨基酸更高。进入细胞内的二肽和三肽,可被细胞内的二肽酶和三肽酶进一步分解为氨基酸,再进入血液循环。许多实验证明,小量的食物蛋白可完整地进入血液,由于吸收的量很少,从营养的角度来看是无意义的;相反,它们常可作为抗原而引起过敏反应或中毒反应,对人体不利。

5. 脂肪的吸收　　在小肠内,脂类的消化产物脂肪酸、甘油一酯、胆固醇等,很快与胆汁中的胆盐形成混合微胶粒。由于胆盐有亲水性,它能携带脂肪消化产物通过覆盖在小肠绒毛表面的非流动水层到达微绒毛上。在这里,甘油一酯、脂肪酸和胆固醇等又逐渐地从混合胶粒中释出,它们透过微绒毛的脂蛋白膜而进入黏膜细胞(胆盐被遗留于肠腔内继续发挥作用)。长链脂肪酸及甘油一酯被吸收后,在肠上皮细胞的内质网中大部分重新合成为甘油三酯,并与细胞中生成的载脂蛋白合成乳糜微粒(chylomicron)。由于膳食的动、植物油中含有 15 个以上碳原子的长链脂肪酸很多,所以脂肪的吸收途径以淋巴为主。低于 12 个碳原子的短链脂肪酸直接被小肠黏膜内壁毛细血管吸收进入血液。

6. 胆固醇的吸收　　进入肠道的胆固醇主要有两个来源:一个是食物中来的,另一个是肝分泌的胆汁中来的。由胆汁来的胆固醇是游离的,而食物中的胆固醇部分是酯化的。酯化的胆固醇必须在肠腔中经消化液中的胆固醇酯酶的作用,水解为游离胆固醇后才能被吸收。胆固醇的吸收受很多因素的影响。食物中胆固醇含量越高,其吸收也越多;食物中的脂肪有提高胆固醇吸收的作用;食物中不能被利用的纤维素、果胶、琼脂等能降低胆固醇的吸收。

思考题

1. 什么是消化和吸收?
2. 试述人体消化管的组成,消化管活动有哪些特点?
3. 试述消化腺的组成,消化液的组成与功能。
4. 简述小肠壁有利于吸收的结构特点。
5. 简述脂类的消化过程。
6. 简述蛋白质的吸收过程。
7. 影响钙吸收的主要因素有哪些?

第三章 能量

人体通过分解代谢将营养素分解为小分子物质,通过合成代谢将小分子物质合成为自身的大分子以及所需要的其他生物分子,这两种代谢途径所包括的物质转化都属于物质代谢。以物质代谢为基础,与之相伴而发生的蕴藏在化学物质中能量的释放、转移和利用,统称为能量代谢(energetic metabolism)。

人和其他任何动物一样,都必须通过摄取食物从外界获取能量,以满足一切生命活动和从事各种体力劳动的需要。机体即使处于安静状态也要消耗一定的能量,例如心脏跳动、血液循环、肺的呼吸、腺体分泌及肌肉收缩等过程均需要能量。如果没有能量来源,生命活动也就无法进行。能量既不能创造也不能消灭,只可以从一种形式转变为另一种形式,在人体内亦是如此。人体所需要的能量主要来源于食物中的产能营养素,包括碳水化合物、脂质和蛋白质,这些有机物的最初来源是植物吸收太阳能转变为化学能而贮存下来的物质。含有这些化合物的食物在体内经过一系列的氧化反应被分解,能量逐步释放出来,一部分以热能形式散失、维持体温,一部分以高能磷酸键化合物(ATP、GTP 等)、高能硫酯键化合物(乙酰-CoA)等形式贮存,且可在细胞间转移,当组织需要时,再释放出来以供利用。

如果人体摄入的能量不足,机体就会动用自身的能量贮备甚至消耗自身的组织以满足生命活动的能量需要。相反,如果能量摄入过剩,体内会出现相应的贮存。人体能量的主要贮存方式是脂肪。长期摄入过多的能量,人体会出现脂肪堆积造成超重甚至肥胖。

第一节 人体的能量消耗

成年人的能量消耗主要用于维持基础代谢、食物的生热效应和体力活动这三个方面的需求。对于婴幼儿、儿童、青少年来说,应加上生长发育的能量需要;对于孕妇来说,还应包括子宫、乳房、胎盘、胎儿等的生长发育及母体体脂的贮备;乳母则需要合成和分泌乳汁。

一、能量单位

营养学上的原有基本能量单位是卡(calorie,cal),由于卡值太小,通常采用千卡(kcal)。目前能量的国际单位是焦耳或者千焦(kilojoule,kJ)。卡和焦耳之间数值换算关系为:1 cal 相当于 4.184 J。

二、基础代谢

1. 基础代谢的定义和推算　基础代谢(basal metabolism,BM)是机体用于维持体温、心跳、各器官组织和细胞基本功能等最基本生命活动的能量消耗。基础代谢在每日能量总消耗中所占的比例最大(60%~70%)。人在熟睡时,能量消耗比基础代谢约减少 10%。按联合国粮农组织(FAO,1990)的方法,测定前应空腹 12~14 h、清醒、静卧、室温 20~25℃、无任何体力活动和紧张的思维活动、全身肌肉松弛、消化系统处于静止状态。

基础代谢水平用基础代谢率(basal metabolic rate,BMR)来表示,反映单位时间内人体基础代谢所消耗的能量,单位有:$kJ/(m^2 \cdot h)$、$kJ/(kg \cdot h)$、MJ/d。

基础代谢率的高低与体表面积基本成正比。人体的体表面积可以查表,也可根据身高和体重按相关公式计算。由体表面积乘以相关年龄的基础代谢率可计算出一天基础代谢的能量。

$$基础代谢 = 体表面积(m^2) \times 基础代谢率$$

20世纪80年代中国科学家对中国成年人的体表面积进行测定,提出了18～45岁成年人体表面积(S)计算公式:

$$S(m^2) = 0.00659 \times 身高(cm) + 0.0126 \times 体重(kg) - 0.1603$$

自20世纪90年代起,世界各国大都采用世界卫生组织(WHO)建议的直接按体重计算BMR的方法(表3-1)。近年来的研究结果表明,亚洲人的基础代谢率可能比欧洲人约低10%。我国也有研究报道,对成人和儿童实测的基础代谢率比用WHO建议的相同年龄组基础代谢率计算公式算出的结果均有一定程度的偏差。在目前没有足够的中国人群基础代谢率数值的情况下,中国营养学会仍采用WHO建议的计算公式,并根据中国和亚洲其他一些国家实测的结果,将公式计算出的结果减5%作为中国18～49岁成年人群及50～59岁老年前期人群BMR的调整。正常人的基础代谢水平比较恒定,波动范围10%～15%。

表3-1 按体重计算BMR的公式

年龄(岁)	男		女	
	BMR(kcal/d)	BMR(MJ/d)	BMR(kcal/d)	BMR(MJ/d)
0～	$60.9m - 54$	$0.255m - 0.226$	$61.0m - 51$	$0.255m - 0.214$
3～	$22.7m + 495$	$0.0949m + 2.07$	$22.5m + 499$	$0.0941m + 2.09$
10～	$17.5m + 651$	$0.0732m + 2.72$	$12.2m + 746$	$0.0510m + 3.12$
18～	$15.3m + 679$	$0.0640m + 2.84$	$14.7m + 496$	$0.0615m + 2.08$
30～	$11.6m + 879$	$0.0485m + 3.67$	$8.7m + 829$	$0.0364m + 3.47$
>60	$13.5m + 487$	$0.0565m + 2.04$	$10.5m + 596$	$0.0439m + 2.49$

注:m为体重,kg　　数据来源:WHO technical report series 724. 1985

2. 影响基础代谢的因素

(1) 环境温度:在一定的体温基础上,人体散发出的热量与体内产生的能量相等。当环境温度超过20℃时,在安静的状态下,人体的能量产生量是恒定的。但是,环境温度下降后,为了维持体温的稳定,机体增加营养素的生物氧化而产生热量,基础代谢水平提高。

(2) 体型和机体构成:体型影响体表面积,体表面积越大,机体向外界环境散发的热量越多,基础代谢水平也越高。体内的瘦体质(lean body mass,LBM)或称去脂体质(fat-free mass,FFM)是代谢的活性组织,包括肌肉、心脏、脑、肝脏和肾脏等,消耗的能量占基础代谢水平的70%～80%,而脂肪组织是相对惰性的组织,能量消耗明显小于前者。体型瘦高的人基础代谢水平高于矮胖的人,主要是前者体表面积大和瘦体质比例较高造成的。

(3) 年龄和性别:婴幼儿生长发育快,基础代谢水平高,随年龄的增加基础代谢水平逐渐下降。一般成年人的基础代谢水平低于儿童,老年人又低于成年人。女性瘦体质所占比例低于男性,脂肪的比例高于男性,所以基础代谢水平比男性低。妇女孕期或哺乳期因需要合成新组织,基础代谢水平增加。不同个体间基础代谢水平差别的83%左右来源于瘦体质、年龄和性别。

(4) 内分泌和应激状态:许多激素对细胞代谢起调节作用,当甲状腺激素、肾上腺激素等水平异常时,可影响机体的基础代谢水平。交感神经活动和一切应激状态,如发热、创伤、心理应激等均可使基础代谢水平升高。

此外,气候因素、种族、睡眠、情绪等因素都可能影响基础代谢。尼古丁和咖啡因也可以刺激基础代谢水平升高。

三、食物热效应

食物热效应(thermic effect of food)也称为食物的特殊动力作用(specific dynamic action),是指由于进食而引起的能量消耗增加的现象,始于摄食开始不久,一般3～4h后恢复正常。食物热效应最初发现于膳食蛋白质,但现在已经认识到,摄入各种宏量营养素都会引起生热效应。

出现此种现象有两方面的原因:① 食物消化、吸收、代谢和贮存过程中需要额外消耗能量;② 各种食物中所含的能量,只有转变成ATP的部分才能被机体利用,其余的则作为热能向体外散发。进食碳水化合物可使能量消耗增加5%～6%,进食脂肪增加4%～5%,而进食蛋白质增加30%。一些特殊的食品成分,如辣椒、胡椒等也具有很强的生热效应。一般混合膳食的热效应约增加基础代谢的 10%，每日约 628 kJ。

食物热效应只能增加体热的外散，对于人体是一种损耗而不是一种收益。当只够维持基础代谢的食物摄入后，此项额外的能量来源于体内的营养贮备。因此，为了保存体内的营养贮备，进食时必须考虑食物热效应额外消耗的能量，使摄入的能量与消耗的能量保持平衡。在食物热效应中，人体激素水平和交感神经系统发挥着重要作用；不同个体间食物生热效应的差异也很大。在环境温度较低的情况下，食物热效应所释放出的热量温暖机体，相应减少了需要用于维持体温的能量消耗；而在环境温度较高的情况下，食物热效应所释放出的热量成为不可利用的能量。

四、活动的能量消耗

活动的能量消耗也称运动的生热效应（thermic effect of exercise，TEE），是人体总能量消耗的第二大组成部分，代表高于基础代谢水平的体力活动所产生的能量消耗。对一个中等活动强度的人来说，活动的能量消耗占总能量需要的 15%～30%。

影响活动能量消耗的因素：① 肌肉越发达者，活动能量消耗越多；② 体重越重者，能量消耗越多；③ 劳动强度越大，持续时间越长，能量消耗越多；④ 与工作的熟练程度有关。其中劳动强度和持续时间是主要影响因素，而劳动强度主要涉及劳动时牵动的肌肉多少和负荷的大小。人体能量需要的不同主要是由于体力活动差别所造成的。大学生各种活动能量的消耗见表 3-2。

表 3-2 大学生各种活动能量的消耗 ［单位：$kJ/(m^2 \cdot min)$］

活动种类	能量消耗	活动种类	能量消耗
晚睡	3.07	自习	3.54
午睡	3.26	考试	3.83
课间休	3.29	抄黑板报	4.10
卧床看书	3.36	站立听课	4.12
看电影	3.37	实习	4.19
看示教	3.38	脱衣	8.81
上业务课	3.39	穿衣	9.33
开会	3.39	整理床铺	9.46
指挥唱歌	11.06	洗衣	9.86
扫地	11.35	棒球	16.85
步行	11.30	排球	17.02
广播体操	11.58	跑步	22.16
擦地板	11.78	篮球	24.18
擦窗	8.29	足球	24.93

数据来源：何志谦. 人类营养学. 2000

五、生长发育等特殊生理状况的能量要求

婴幼儿、儿童、青少年的生长发育需要能量，主要包括机体生长发育中形成新的组织所需要的能量，以及新生组织进行新陈代谢所需要的能量。3～6 月的婴儿，每天用于生长发育的能量占摄入热能的 15%～23%。孕妇的子宫、乳房、胎盘、胎儿的生长发育及体脂贮备均需要能量，母乳合成和分泌乳汁需要的能量约 836 kJ/d。表 3-3 为每克体重增长所需要能量的估计值。

表 3-3 不同人群体重增长所需要能量值的估计

人群	能量值(kcal/g)	能量值(kJ/g)	人群	能量值(kcal/g)	能量值(kJ/g)
婴儿营养不良恢复期	3.5	14.6	早产儿	4.9	20.5
	4.4	18.4		5.7	23.8
	4.6	19.2	正常婴儿	5.6	23.4
	5.5	23.2	孕妇	6.4	26.7
	7.1	29.7	成人神经性厌食恢复期	6.4	26.7
			成人多食者	8.2	34.3

数据来源：葛可佑. 中国营养科学全书. 2004

第二节 人体能量消耗的测定

人体能量的需要量实际就是能量的消耗量,如果能量摄入和消耗基本持平,成人的体重维持不变,儿童、青少年机体能正常生长发育;由于饥饿或疾病等原因造成能量摄入不足,会导致机体发育迟缓、体力下降、工作效率低下、身体对环境的适应能力和对疾病的抵抗能力下降;体重太低的女性,性成熟延迟,容易生产低体重婴儿;年老时能量摄入不足会增加营养不良的危险;而能量摄入超标,轻则引起身体发胖,体态臃肿,重则引起高血压、冠心病、糖尿病和某些癌症等,所以测定、计算人体能量需要量具有重要意义。

一、能量消耗量的测定

能量消耗量是估算能量需要量的依据。机体能量消耗的测定有直接测热法和间接测热法。直接测热法测定出人体能量损失量,间接测热法推导出能量产生量。能量产生量和能量损失量在理论上是相等的。

1. 直接测热法 直接测热法的原理与测定食品总能量的方法一样。在特制的隔热小室内,被测对象可以静卧或从事各种特定的活动,人体散发的热量被空气吸收,然后使这些空气通过热交换装置,测定受试者在一定时间内散发的热量,即通过直接测定人体在整个能量代谢过程中散发的所有热量,计算特定时间内机体的能量消耗。这种方法需要大型的设备装置,实验室建造昂贵,应用受到限制。

2. 间接测热法

(1) 气体代谢法:机体在能量代谢中,依靠呼吸功能从外界摄取氧,以供各种物质氧化的需要,同时也将代谢终产物 CO_2 呼出体外。碳水化合物、蛋白质和脂肪在生物体内氧化分解时,O_2 的消耗量、CO_2 及热的产生量是固定的,因此,可以据此进行间接的能量测定。一定时间内机体 CO_2 的产生量与同时期 O_2 的消耗量之比值称为呼吸熵(respiratory quotient,RQ),即:

$$RQ = \frac{V_{(CO_2)}}{V_{(O_2)}}$$

碳水化合物、蛋白质、脂肪氧化代谢时,由于它们分子结构的差异,消耗的 O_2 和产生的 CO_2 各不相同,因此三者的呼吸熵也不相同,分别为 1.0、0.8 和 0.7。我国普通居民的混合膳食,呼吸熵一般为 0.7~1.0。如果膳食中碳水化合物的量比较高,呼吸熵接近 1.0;如果脂肪占膳食中的比例比较高,则呼吸熵接近 0.7。

通常将某种营养物质氧化时,消耗 1 L 氧所产生的能量称为该营养素的氧热价,氧热价在能量代谢的计算方面有重要意义。表 3-4 列出了三大产热营养素的氧热价和呼吸熵。

表 3-4 三种营养素的氧热价和呼吸熵

营 养 素	耗氧量(L/g)	CO_2产量(L/g)	氧热价(kJ/L)	呼吸熵(RQ)
碳水化合物	0.83	0.83	21.0	1.00
蛋白质	0.95	0.76	18.8	0.80
脂肪	2.03	1.43	19.7	0.71

数据来源:张镜如,乔健天.生理学.1996

在实际应用中,一般受试者都是混合膳食,此时呼吸熵相应的氧热价为 20.2 kJ/L。因此,只要测定单位时间内的耗氧量就可以计算出能量的消耗量。

$$能量消耗量 = 20.2(kJ/L) \times 耗氧量(L)$$

(2) 双标记水法:给实验对象喝少量双标记水(婴儿剂量 0.3 g/kg),然后每 1~2 天收集一次尿样,用同位素质谱仪测定尿样 ^2H 和 ^{18}O 的丰度。根据 ^2H 和 ^{18}O 的消失率计算能量消耗量。该方法的原理是:给予受试者口服一定量的氘(^2H)和氧(^{18}O)后,机体内的水被这两种同位素标记,随之在体内达到平衡。^2H 参与水代谢,^{18}O 参与水与 CO_2 的代谢,并通过碳酸酐酶催化作用使之处于水和 CO_2 之间的同位素反应平衡状态。^{18}O 的消失与水和 CO_2 的排除相一致,同时 ^2H_2O 的消失却只反映水的代谢,因此

CO_2的产生量即是$H_2^{18}O$和^2H_2O代谢之差,由此可以测定出CO_2的产生量。然后再根据呼吸熵求出O_2的消耗量。

(3) 心率监测法：用心率监测器和气体代谢法同时测定各种活动的心率和能量消耗量,推算出心率-能量消耗多元回归方程,根据心率计算出能量消耗量。新近研制的连续心跳速度电子测定仪,可使测定工作快速、简便,但是误差较大,因为心理因素也可以影响心率。

二、食品能量的测定

食品能量的测定通常采用弹式量热器(图3-1)。在结实的钢制容器中放入试料,排出筒内的空气,密闭,注入加压的氧气,然后用电火花将试料瞬间点着燃烧,产生的热量被周围的水吸收,通过准确测定水的质量和温度上升的数值,计算出试料的燃烧值。弹式量热器的温度精度一般可以达到$1/1\,000℃$。

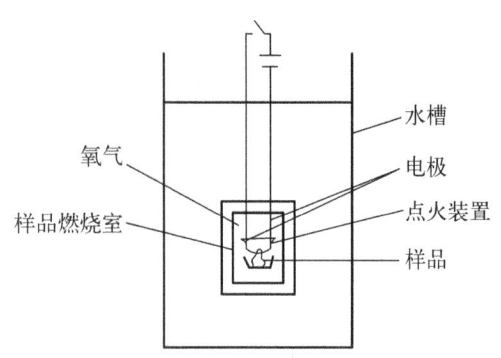

图3-1 弹式量热器工作原理

采用这种方式测定出的热量,称为食品的总能量(gross energy)。摄取某种食品,将排泄的粪便干燥后,采用同样的方式、装置测定出其燃烧值,从总能量中减去随粪便排出的来源于该食品的能量,得到食品的可消化能量(digestible energy)。进一步将排泄的尿液干燥后,测定出燃烧值,从可消化能量中减去相应部分,得到食品的生理燃烧值(physiological fuel value),也称食品的代谢能量(metabolizable energy)。

食品的人体代谢能量远低于其总能量。一方面由于能量营养素的消化吸收不是完全的;另一方面消化、吸收后的能量物质也不能被人体完全利用,部分代谢产物如尿素、尿酸和肌酐等仍可以释放能量。

三、能量系数

在食品所有营养成分中,原则上讲只有碳水化合物、脂质和蛋白质对食品的能量构成具有实际意义。大量饮酒使得乙醇成分在总进食量中占有很大的比例,这时乙醇就成为食物能量源。在食品营养学上常将碳水化合物、脂质、蛋白质和乙醇作为能量构成成分,而忽略其他成分的能量贡献。

营养素在体外的燃烧过程和在机体内的代谢反应有着本质上的不同,但是,只要终极产物相同,全部反应过程的能量变化就应该相等。由于燃烧过程是一步性的极端激烈的氧化过程,如果要求能量变化相同,就必须保证相对应的营养素在机体内的全部代谢反应的每一步都不发生物质量的损失,全部参加生成终极产物的反应。但实际上这是不可能的。

每克碳水化合物、脂肪和蛋白质在体内氧化产生的能量值称为能量系数,也称"食物的热价"或"食物的能量卡价"。对于体外完全氧化反应(燃烧)来说,碳水化合物、脂肪和蛋白质的终极产物是CO_2、水和NO_2。每克碳水化合物、脂肪和蛋白质在体外弹式量热器内充分氧化燃烧所释放出的热能值分别为17.15 kJ、39.54 kJ和23.64 kJ(即分别为4.07 kcal、5.97 kcal和5.74 kcal)。一般认为食物中碳水化合物、脂肪和蛋白质的人体平均消化吸收率分别为98%、95%和92%。碳水化合物和脂肪在体内可以完全氧化成CO_2和水,其终极产物和产生的能量值与体外燃烧相同。但是蛋白质在体内不能完全氧化,其终极产物除CO_2和水外,每克蛋白质代谢所产生的含氮有机物(尿素、肌酐和尿酸等)在体外量热器中继续完全氧化,还可以产生5.44 kJ(1.3 kcal)的热量,所以,三种产能营养素的能量系数分别为:

$$碳水化合物 \quad 17.15\ kJ \times 98\% = 16.81\ kJ$$

$$脂\quad 肪 \quad 39.54\ kJ \times 95\% = 37.56\ kJ$$

$$蛋\quad 白\quad 质 \quad (23.64\ kJ - 5.44\ kJ) \times 92\% = 16.74\ kJ$$

另一方面,每克纯乙醇在机体内产生的能量相当于29.29 kJ。

能量系数也称Atwater系数。除了特殊情况外,一般都是利用该能量系数来表示、换算食品的能量值。

该系数是 Atwater 根据美国人的食物结构、主要食品在体内的能量生成量和消化吸收率推导出来的,可能与中国人的实际情况存在微小的差异。

四、能量需要量的计算

直接测定成人在自由活动情况下的能量消耗量仍十分困难。由于 BMR 占总能量消耗的 60%～70%,所以它是估算成人能量需要量的重要基础。WHO(1985)、美国(1989)、日本(1990)修订推荐摄入量时均采用了"要因加算法"(factorial approach)估算成人的能量需要量。即以 BMR 乘以体力活动水平(physical activity level,PAL)计算人体的能量消耗量或需要量。对儿童、孕妇、乳母等特殊生理情况还需考虑其特殊需要。

我国曾将劳动强度分为极轻体力劳动、轻体力劳动、中等体力劳动、重体力劳动和极重体力劳动五个级别,每个级别之间的能量需要量差值为 836.8 kJ～2 510.4 kJ(200 kcal～600 kcal)。进入 21 世纪后,以往被定义为极重体力劳动已向重体力劳动转移,极轻体力劳动人员参加体育运动和娱乐活动的时间增加。中国营养学会顺应国际发展趋势,也建议将我国居民的体力活动水平由五级调整为三级,制定了相应的 PAL(表 3-5),但不排除极少数例外。为了符合国际惯例,将食物的生热效应并入体力活动的能量消耗,并且也用基础代谢量乘上 PAL 而得到能量需要量。

表 3-5 建议我国成年人活动水平分级

活动水平	职业工作时间分配	工作内容举例	体力活动水平	
			男	女
轻体力活动	75%时间坐或者站 25%时间站着活动	办公室工作、修理电器钟表、售货员、酒店服务员、化学实验操作、讲课等	1.55	1.56
中体力活动	25%时间坐或者站 75%时间从事特殊职业	学生日常生活、机动车驾驶、电工安装、车床操作、金工切割等	1.78	1.64
重体力活动	40%时间坐或者站 60%时间从事特殊职业	非机械化劳动、炼钢、舞蹈、体育运动、装卸、采矿等	2.10	1.82

应注意的是,人们在工作中消耗的能量并不能代表其一天的能量消耗水平,因为即使同一工种的人下班后的业余活动也不相同,这样总的能量消耗会有很大的差异。表中的体力活动水平指人体一天 24 h 消耗的总能量与基础代谢率之间的比值。此比值最好能达到 1.75 以上。

第三节 能量的参考摄入量及食物来源

中国营养学会在 2007 年根据营养调查数据,并考虑消化吸收率等因素,提出了我国居民膳食能量推荐摄入量(见附表 1)。能量的推荐摄入量与各类营养素的推荐摄入量不同,它是以平均需要量(estimated average requirements,EAR)为基础,不增加安全量。

三大营养素除了供能还有其他生理功能,机体对蛋白质、碳水化合物和脂肪都有一定的需要量。能量代谢与氮平衡关系非常密切,即使蛋白质摄取量充裕,如果能量的摄入低于消耗,蛋白质供能所占比例过高,机体仍可能处于负氮平衡。中国营养学会根据中国经济现状、居民饮食习惯以及膳食与健康的调查资料,还提出了膳食能量营养素摄入比例的建议:碳水化合物供能占总能量的 55%～65%,脂肪占 20%～30%,蛋白质占 11%～14%。

碳水化合物、脂类和蛋白质广泛存在于各类食物中。粮谷类和薯类含碳水化合物较多,是我国居民膳食能量的主要来源;油料作物中富含脂肪,大豆和硬果类含丰富的油脂和蛋白质,是膳食能量辅助来源之一;蔬菜、水果类含能量较少。但动物性食物含较多的动物脂肪和蛋白质,也是膳食能量的重要构成部分。膳食结构以植物性食物为主,动植物性食物保持均衡适宜,既满足机体对能量的需要,又避免高能量和高脂肪,是合理营养与健康的关键。

思考题

1. 什么是基础代谢?
2. 影响基础代谢的因素主要是哪些?
3. 什么是食物的热效应?
4. 什么是食物的能量系数?
5. 如何测定或估算某一人体或人群的能量消耗量?

第四章

宏量营养素

第一节 蛋白质

蛋白质(protein)是由20多种氨基酸通过肽键连接起来的生物大分子。蛋白质一词最先来源于德国,指蛋清一类物质,其英文则源于希腊文proteios,是"头等重要"的意思。蛋白质是生命的物质基础,主要含有碳、氢、氧及氮四种元素。此外有些蛋白质还含有硫和磷,在少量蛋白质中还含有铁、铜、锌、碘等微量元素。

一、蛋白质的组成、分类及生理功能

1. 蛋白质的组成 氨基酸(amino acid)是组成蛋白质的基本单位,由于它是羧酸分子上的α碳原子的氢被一个氨基取代的化合物,故又称α-氨基酸。人体蛋白质均为L-α-氨基酸,共有20余种。

根据氨基酸的结构和性质,可分为六类:① 脂肪族氨基酸如甘氨酸(glycine,Gly)及丙氨酸(alanine,Ala);② 含羟基和硫氨基酸如丝氨酸(serine,Ser)等;③ 芳香族氨基酸如苯丙氨酸(phenylalanine,Phe)等;④ 酸性氨基酸及其氨基化合物如天冬氨酸(aspartic acid,Asp)和谷氨酸(glutamic acid,Glu)等;⑤ 碱性氨基酸如组氨酸(histidine,His)等;⑥ 环形氨基酸如脯氨酸(proline,Pro)。

2. 氨基酸及其种类 根据机体氨基酸的来源,营养学上氨基酸分为必需氨基酸、条件必需氨基酸及非必需氨基酸(表4-1)。

表4-1 氨基酸的营养学分类

必需氨基酸	非必需氨基酸	条件必需氨基酸
组氨酸(histidine, His)	丙氨酸(alanine, Ala)	半胱氨酸(cysteine, Cys)
异亮氨酸(isoleucine, Ile)	精氨酸(arginine, Arg)	酪氨酸(tyrosine, Tyr)
亮氨酸(leucine, Leu)	天冬酰胺(asparagine, Asn)	
赖氨酸(lysine, Lys)	天冬氨酸(aspartic acid, Asp)	
蛋氨酸(methionine, Met)	谷氨酸(glutamic acid, Glu)	
苯丙氨酸(phenylalanine, Phe)	谷氨酰胺(glutamine, Glu)	
苏氨酸(threonine, Thr)	甘氨酸(glycine, Gly)	
色氨酸(tryptophan, Trp)	脯氨酸(proline, Pro)	
缬氨酸(valine, Val)	丝氨酸(serine, Ser)	

(1) 必需氨基酸(essential amino acid,EAA)和非必需氨基酸(nonessential amino acid,NEAA):组成人体蛋白质的20多种氨基酸中,已确定有8种人体自身不能合成或合成速度远不能满足机体需要,必须从食物中获得,这一类氨基酸称为必需氨基酸,包括赖氨酸、亮氨酸、异亮氨酸、蛋氨酸、苯丙氨酸、苏氨酸、色氨酸和缬氨酸,而组氨酸对婴幼儿是必需的。非必需氨基酸并非机体不需要,只是因为体内能自行合成,或者可由其他氨基酸转变而来,可以不必由食物供给。

(2) 条件必需氨基酸(conditionally essential amino acid):氨基酸除了必需氨基酸和非必需氨基酸之外还存在着第三类氨基酸,称为"条件必需氨基酸"。这类氨基酸有两个特点:第一,它们在合成中用其他氨基酸作为氮的前体,并且只限于某些特定的器官,这是与非必需氨基酸在代谢上的重要差别;第二,它们合成的最大速度可能是有限的,并可能受发育和病理生理因素所限制。例如,半胱氨酸在体内可部分代替蛋氨酸,因

为机体就是利用蛋氨酸来合成半胱氨酸。同样,由于苯丙氨酸在代谢中参与合成酪氨酸,故酪氨酸亦可代替部分苯丙氨酸。因此,当膳食中半胱氨酸及酪氨酸的含量丰富时,体内即不必耗用蛋氨酸和苯丙氨酸来合成这两种氨基酸,则人体对蛋氨酸和苯丙氨酸的需要量可分别减少30%和50%。正因为如此,人们将半胱氨酸和酪氨酸称为"条件必需氨基酸"或"半必需氨基酸"。在计算食物必需氨基酸组成时,常将蛋氨酸、半胱氨酸、苯丙氨酸和酪氨酸合并计算。

(3) 限制氨基酸(limiting amino acid, LAA):如某一种或几种必需氨基酸缺少或数量不足,将使食物蛋白质合成为机体蛋白的过程受到限制,也因此限制了此种蛋白质的营养价值。将食物蛋白质中各种必需氨基酸的数量与人体需要量模式进行比较,相对不足的氨基酸称为限制氨基酸。缺乏最多的限制氨基酸称第一限制氨基酸,余者类推。如谷类第一限制性氨基酸为赖氨酸,其次为蛋氨酸和苯丙氨酸;而大豆、花生的第一限制性氨基酸为蛋氨酸,其次为苯丙氨酸;此外小麦、大麦、燕麦和大米还缺乏苏氨酸(第二限制氨基酸),玉米缺色氨酸(第二限制氨基酸)。几种常见食用植物蛋白质中的限制氨基酸如表4-2所示。

表4-2 几种食物蛋白质中的限制氨基酸

食物名称	第一限制氨基酸	第二限制氨基酸	第三限制氨基酸
小麦	赖氨酸	苏氨酸	缬氨酸
大麦	赖氨酸	苏氨酸	蛋氨酸
燕麦	赖氨酸	苏氨酸	蛋氨酸
大米	赖氨酸	苏氨酸	—
玉米	赖氨酸	色氨酸	苏氨酸
花生	蛋氨酸	—	—
大豆	蛋氨酸	—	—
葵花籽、芝麻	赖氨酸	—	—
乳酸	蛋氨酸	—	—
明胶	色氨酸	—	—
鱼	色氨酸	—	—
乳、蛋、肉	—	—	—

数据来源:Dorothy A Wenck, et al. Nutrition: the challenge of being well nourished. 2nd ed. 1983

(4) 必需氨基酸模式:构成人体各种组织蛋白质的氨基酸间有一定比例,为了满足蛋白质合成的要求,膳食蛋白质所提供的必需氨基酸除数量充足外,各种必需氨基酸之间应有一个适宜的比例。这种必需氨基酸之间相互搭配的比例关系称为必需氨基酸模式或氨基酸计分模式。FAO/WHO联合专家委员会分别于1973年、1985年和2007年提出了不同年龄人群每日必需氨基酸需要量及氨基酸需要量模式。氨基酸需要量模式是指每克蛋白质中含有各种必需氨基酸的毫克数,为方便起见,将其中含量最少的色氨酸作为1,而计算出其他必需氨基酸的相应比值(表4-3)。

表4-3 每日必需氨基酸需要量估计 [mg/kg(BW),毫克/公斤体重]及人体蛋白质氨基酸需要量模式

氨基酸	0.5岁	1~2岁	3~10岁	11~14岁	15~18岁	>18岁	人体氨基酸模式(mg/g)	比值
组氨酸	22	15	12	12	11	10	27	2.25
异亮氨酸	36	27	23	22	21	20	35	2.92
亮氨酸	73	54	44	44	42	39	75	6.25
赖氨酸	64	45	35	35	33	30	73	6.08
蛋+胱氨酸	31	22	18	17	16	15	35	2.92
苯丙+酪氨酸	59	40	30	30	30	25	73	6.08
苏氨酸	34	23	18	18	17	15	42	3.50
色氨酸	9.5	6.4	4.8	4.8	4.5	4.0	12	1
缬氨酸	49	36	29	29	28	26	49	4.08
总计	377.5	268.4	213.8	211.8	200.5	184	421	

注:① 此表所示婴儿EAA需要量与人乳的模式稍有不同,表中含硫氨基酸和色氨酸需要量要高些。② 表中数字来自WHO Technical Report Series 935,2007

膳食蛋白质中EAA的模式越接近人体蛋白质组成,被人体消化吸收后,就越易被机体利用,以满足合成机体蛋白质的需要,其营养价值就越高。如果一种氨基酸过多或过少,都会影响另一些氨基酸的利用,所以当EAA供给不足或不平衡时,机体蛋白质的合成就会受到影响。几种中国食物和人体蛋白质氨基酸模式见表4-4。

表4-4 几种中国食物和人体蛋白质氨基酸模式

氨基酸	人体	全鸡蛋	鸡蛋白	牛乳	猪瘦肉	牛肉	大豆	面粉	大米
异亮氨酸	4.0	2.5	3.3	3.0	3.4	3.2	3.0	2.3	2.5
亮氨酸	7.0	4.0	5.6	6.4	6.3	5.6	5.1	4.4	5.1
赖氨酸	5.5	3.1	4.3	5.4	5.7	5.8	4.4	1.5	2.3
蛋氨酸+半胱氨酸	3.5	2.3	3.9	2.4	2.5	2.8	1.7	2.7	2.4
苯丙氨酸+酪氨酸	6.0	3.6	6.3	6.1	6.0	4.9	6.4	5.1	5.8
苏氨酸	4.0	2.1	2.7	2.7	3.5	3.0	2.7	1.8	2.3
缬氨酸	5.0	2.5	4.0	3.5	3.9	3.2	3.5	2.7	3.4
色氨酸	1.0	1.0	1.0	1.0	1.0	1.0	1.0	1.0	1.0

数据来源:王光亚.食物成分表.1991

注:计算中大豆、全鸡蛋(红皮)来自上海,鸡蛋白来自河北,牛乳产自甘肃,猪瘦肉、牛肉(里脊)、小麦标准粉来自北京,大米为浙江早籼标二米

3. 蛋白质的分类 蛋白质的化学结构非常复杂,一些蛋白质的结构尚未阐明。目前根据蛋白质的性质及化学组成、溶解度和形状进行分类。在食品营养学上则根据其营养价值分为三类:完全蛋白质、半完全蛋白质和不完全蛋白质。

(1)完全蛋白质:完全蛋白质含有人体生长所必需的各种氨基酸,且氨基酸比例接近人体需要。其作为唯一蛋白质来源能满足机体健康及生长发育需要。动物来源的蛋白质大多为完全蛋白质,如乳类中的酪蛋白和乳白蛋白;蛋类中的卵白蛋白和卵磷蛋白;肉类中的白蛋白、肌蛋白和大豆中的大豆蛋白等。

(2)半完全蛋白质:半完全蛋白质含有人体所必需的各种氨基酸,但氨基酸组成比例不平衡,以其作为唯一蛋白质来源时,能维持机体生命,但不能满足机体生长发育的需要,如小麦中的麦胶蛋白。

(3)不完全蛋白质:不完全蛋白质所含必需氨基酸种类不全,缺少一种或几种人体必需的氨基酸。当仅用这种蛋白质为唯一蛋白质来源时,它不能维持生命,也不能促进生长发育,如玉米中的玉米胶蛋白,动物结缔组织、蹄筋胶质及动物皮中的胶原蛋白。

4. 蛋白质的生理功能 蛋白质是组成一切器官和细胞的重要成分之一,它除了提供机体部分能量外,还参与体内的一切代谢活动,没有蛋白质,就没有生命。

(1)构成和修补人体组织:蛋白质是构成生物细胞原生质的重要组成成分,如胶原蛋白、弹性蛋白等在骨骼、肌腱和结缔组织中成为身体的支架,细胞核蛋白在生长增殖过程中发挥一定作用。

人体组织中的蛋白质始终处于合成和分解的动态平衡之中,人体每天约有3%的蛋白质参与代谢,不同年龄的人合成代谢速率不同,婴幼儿和儿童蛋白质的代谢速度最快。机体生长发育及补充新陈代谢所损失的氮,都需要从食物中获得,食物只有提供含必需氨基酸种类齐全、配比适当的蛋白质,才能保证机体的生长和发育。

(2)合成生理物质:机体新陈代谢必不可少的许多激素如胰岛素、肾上腺素、甲状腺素等都是含氮物质,这些物质的合成必须有足够的蛋白质供给;酶的本质是蛋白质,如体内淀粉酶、蛋白酶等,起催化和调节机能作用;运输氧气的血红蛋白也是蛋白质;一些维生素是由氨基酸转变而来,如色氨酸可转化成尼克酸。

(3)调节体液和维持酸碱平衡:机体细胞内、外体液的渗透压必须保持平衡,而电解质和蛋白质的调节对维持该平衡起重要作用。当人摄入蛋白质不足时,血浆蛋白浓度降低,渗透压下降,水无法全部返回血液循环系统而积蓄在细胞间隙内,出现水肿。同时,蛋白质分子中有羧基和氨基,属两性物质,能与酸或碱进行化学反应,维持血液酸碱平衡。

(4)增强免疫力:人体的免疫物质主要由白细胞、抗体、补体等构成,合成白细胞、抗体、补体需要充足的蛋白质。吞噬细胞的作用与摄入蛋白质数量有密切关系,大部分吞噬细胞来自骨髓、脾、肝、淋巴组织,体内缺乏蛋白质,这些组织显著萎缩,合成白细胞、抗体和补体的能力大为下降,使人体对疾病的免疫力降低,易于感染疾病。

(5) 提供能量：当碳水化合物或脂肪所供热能不足或蛋白质摄入量超过体内蛋白质更新的需要时，蛋白质也是热能来源。每克蛋白质可提供 17.1 kJ(4 kcal)的热能。但蛋白质在体内的主要功能不是供能，而且，利用蛋白质作为供能的来源是很不经济的。

二、蛋白质的消化、吸收与代谢

1. 蛋白质的消化与吸收　蛋白质未经消化不易吸收，一般情况下，食物蛋白质被胃、肠中多种蛋白酶水解成氨基酸及小肽后方能在小肠中被吸收。

(1) 蛋白质的消化

1) 胃的消化：蛋白质的消化从胃中开始。胃腺分泌胃蛋白酶原，在胃酸或胃蛋白酶的作用下，活化成胃蛋白酶，能水解各种水溶性蛋白质。胃蛋白酶主要水解由苯丙氨酸或酪氨酸组成的肽键，对亮氨酸或谷氨酸组成的肽键也有一定作用。水解产物主要是䏡和胨，肽和氨基酸则较少。此外，胃蛋白酶对乳中的酪蛋白还具有凝乳作用。

2) 小肠的消化

① 胰液对蛋白质消化的作用：胰液由胰腺分泌进入十二指肠，是无色、无臭的碱性液体。胰液中的蛋白酶分为内肽酶与外肽酶两大类。胰蛋白酶和糜蛋白酶(胰凝乳蛋白酶)属于内肽酶，一般情况下，均以非活性的酶原形式存在于胰液中。小肠液中的肠激酶可将无活性的胰蛋白酶原激活成具有活性的胰蛋白酶。酸、胰蛋白酶本身和组织液也具有活化胰蛋白酶原的作用，具有活性的胰蛋白酶可以将糜蛋白酶原活化成糜蛋白酶。

胰蛋白酶、糜蛋白酶以及弹性蛋白酶都可使蛋白质肽链内的某些肽键水解，但具有各自不同的肽键专一性。例如，胰蛋白酶主要水解由赖氨酸及精氨酸等碱性氨基酸残基的羧基组成的肽键，产生羧基端为碱性氨基酸的肽；糜蛋白酶主要作用于芳香族氨基酸，如由苯丙氨酸、酪氨酸等残基的羧基组成的肽键，产生羧基端为芳香族氨基酸的肽，有时也作用于由亮氨酸、谷氨酰胺及蛋氨酸残基的羧基组成的肽键；弹性蛋白酶则可以水解各种脂肪族氨基酸，如缬氨酸、亮氨酸、丝氨酸等残基所参与组成的肽键。

外肽酶主要是羧肽酶 A 和羧肽酶 B。前者可水解羧基末端为各种中性氨基酸残基组成的肽键，后者则主要水解羧基末端为赖氨酸、精氨酸等碱性氨基酸残基组成的肽键。因此，经糜蛋白酶及弹性蛋白酶水解而产生的肽，可被羧肽酶 A 进一步水解，而经胰蛋白酶水解产生的肽，则可被羧肽酶 B 进一步水解(图 4-1)。

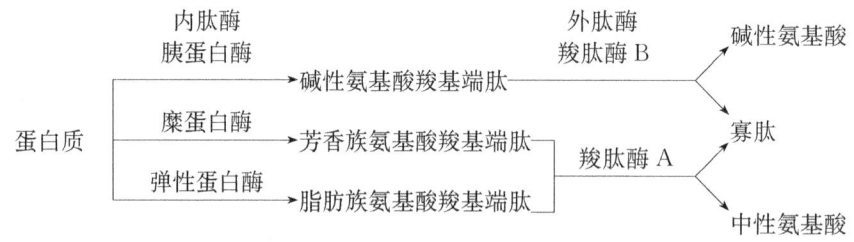

图 4-1　小肠中食物蛋白质的酶解

② 肠黏膜细胞的作用：胰酶水解蛋白质所得的产物中仅 1/3 为氨基酸，其余为寡肽。肠内消化液中水解寡肽的酶较少，但在肠黏膜细胞的刷状缘及胞液中均含有寡肽酶。它们能从肽链的氨基末端或羧基末端逐步水解肽键，分别称为氨基肽酶和羧基肽酶。刷状缘含多种寡肽酶，能水解各种由 2～6 个氨基酸残基组成的寡肽。胞液寡肽酶主要水解二肽与三肽。蛋白质消化过程中的酶及其作用见表 4-5。

肠道中被消化的蛋白质不仅来自食物，参与消化过程的消化酶本身也是一种内源性蛋白质，肠黏膜上皮更新废弃的组织蛋白也被消化。据估计，如果一个成人每日食入 90～100 g 蛋白质时，另有约 70 g 内源性蛋白质也参与消化过程，其中除约有 10 g 在粪便中损失外，每天实际上有 160 g 的蛋白质被吸收。被分解的蛋白质所形成的各种氨基酸，在以下三个方面被机体所利用：① 这些游离氨基酸的一部分被合成为组织蛋白质，以补充分解了的同类蛋白质；② 进入分解代谢过程，例如分解为甘氨酸或脂肪酸，其含氮部分成为尿素；③ 一部分氨基酸被合成为蛋白质以外的含氮化合物，如嘌呤、肌酸等。

表 4-5 蛋白质消化过程中的酶及其作用

	名 称	作 用 对 象	水 解 产 物
内肽酶	胃蛋白酶	水解由苯丙氨酸或酪氨酸组成的肽键及亮氨酸或谷氨酸组成的肽键	胨、䏡、多肽和氨基酸
	胰蛋白酶	水解由赖氨酸及精氨酸等碱性氨基酸残基的羧基组成的肽键	产生羧基端为碱性氨基酸的肽
	糜蛋白酶	水解苯丙氨酸、酪氨酸等芳香族氨基酸的羧基组成的肽键	产生羧基端为芳香族氨基酸的肽
	弹性蛋白酶	水解缬氨酸、亮氨酸、丝氨酸等脂肪族氨基酸组成的肽键	产生羧基端为脂肪族氨基酸的肽
外肽酶	羧基肽酶A	水解羧基末端为各种中性氨基酸残基组成的肽键	氨基酸和寡肽
	羧基肽酶B	水解羧基末端为赖氨酸、精氨酸等碱性氨基酸残基组成的肽键	氨基酸和寡肽
寡肽酶	氨基肽酶	水解各种2~6个氨基酸残基组成的寡肽,肽链的氨基末端	二肽、氨基酸
	羧基肽酶	肽链的羧基末端	二肽、氨基酸
	胞液寡肽酶	二肽与三肽	氨基酸

数据来源：邓泽元.食品营养学.2007

(2) 蛋白质消化产物的吸收：天然蛋白质被蛋白酶水解后,其水解产物大约 1/3 为氨基酸,2/3 为寡肽。寡肽在肠道的吸收远比单纯游离氨基酸快,而且吸收后绝大部分以氨基酸形式进入门静脉。肠黏膜细胞的刷状缘含有多种寡肽酶,能水解各种由 2~6 个氨基酸组成的寡肽。水解释放出的氨基酸可被迅速转运,透过细胞膜进入肠黏膜细胞再进入血液循环。肠黏膜细胞的胞液中也含寡肽酶,可以水解二肽与三肽。一般认为,蛋白质首先被刷状缘中的寡肽酶水解成二肽或三肽,吸收进入肠黏膜细胞后,再被细胞液中的寡肽酶进一步水解成氨基酸。有些二肽,比如含有脯氨酸或羟脯氨酸的二肽,必须在胞液中才能分解成氨基酸,甚至其中少部分则以肽形式直接进入血液。蛋白质水解释放出潜在的生物活性肽,能够发挥生理调节作用,影响机体的免疫、血脂、胆固醇、血压以及血糖等,蛋白质的生物活性肽在蛋白质营养中具有重要意义。

各种氨基酸都是通过主动转运方式吸收,吸收速度快,它在肠内容物中的含量从不超过 7%。实验证明,肠黏膜细胞上具有载体,能与氨基酸及钠离子先形成三联结合体,再转入细胞膜内。三联结合体上的 Na^+ 在转运过程中则借助钠泵主动排出细胞,使细胞内 Na^+ 浓度保持稳定,并有利于氨基酸的不断吸收。

小肽与游离氨基酸具有不同的转运系统：小肽转运系统是一非依赖 Na^+ 系统,吸收速度快、耗能低、不易饱和,吸收能力大。而游离氨基酸的吸收：中性氨基酸转运系统对中性氨基酸有高度亲和力,可转运芳香族氨基酸(苯丙氨酸、色氨酸及酪氨酸)、脂肪族氨基酸(丙氨酸、丝氨酸、苏氨酸、缬氨酸、亮氨酸及异亮氨酸)、含硫氨基酸(蛋氨酸及半胱氨酸)以及组氨酸、胱氨酸、谷氨酰胺等。此类载体系统转运速度最快,所吸收蛋白质的速度依次为：蛋氨酸>异亮氨酸>缬氨酸>苯丙氨酸>色氨酸>苏氨酸。部分甘氨酸也可借此载体转运；碱性氨基酸转运系统可转运赖氨酸及精氨酸,转运速率较慢,仅为中性氨基酸载体转运速率的 10%；酸性氨基酸转运系统主要转运天冬氨酸和谷氨酸；亚氨基酸和甘氨酸转运系统则转运脯氨酸、羟脯氨酸及甘氨酸,转运速率很慢。因含有这些氨基酸的二肽可直接被吸收,故此载体系统在氨基酸吸收上意义不大。

2. 蛋白质的代谢 蛋白质经消化后转变成氨基酸,所以蛋白质的代谢也就是氨基酸的代谢,主要是合成机体需要的蛋白质,其次是在分解代谢中可以产生能量。

(1) 蛋白质的合成：人体的各种组织细胞均可合成蛋白质,但以肝脏的合成速度最快。蛋白质的合成过程,就是氨基酸按一定顺序以肽键相互结合,形成多肽链的过程。蛋白质的合成由两个步骤组成：转录和翻译。由于人体有精确的蛋白质合成体系,因此机体在大多数情况下,都能准确地合成某种由独特氨基酸构成的蛋白质。

(2) 氨基酸的分解代谢：氨基酸分解代谢最主要的反应是脱氨基作用。氨基酸的脱氨基作用在体内大多数组织中均可进行。脱氨基的方式有：氧化脱氨基、转氨基、联合脱氨基和非氧化脱氨基等,以联合脱氨基最为重要。氨基酸脱氨基后生成的 α-酮酸可进一步代谢：① 经氨基化合成非必需氨基酸；② 转变成碳水化合物和脂类；③ 氧化供能。氨基酸脱氨基产生的氨具有毒性,脑组织对其尤为敏感,正常情况下可在肝脏合成尿素而解毒,少部分氨在肾脏以铵盐的形式由尿排出。

在体内,某些氨基酸可以进行脱羧基作用并形成相应的胺类,这些胺类在体内的含量不高,但具有重要的生理作用。如:谷氨酸脱羧基生成的 γ-氨基丁酸是抑制性神经递质,对中枢神经系统有抑制作用,在脑组织中含量较多；半胱氨酸氧化再脱羧生成的牛磺酸,是结合胆汁酸的组成成分,对脑发育和脑功能有重要作用;组氨酸脱羧生成的组胺在体内分布广泛,是一种强烈的血管扩张剂,并能增加毛细血管通透性,参与炎症反应和过敏反应等;色氨酸脱羧生成的5-羟色胺广泛分布于体内各组织,脑中的5-羟色胺作为神经递质,具有抑制作用,而在外周组织,则有血管收缩的作用。

(3) 蛋白质在体内的动态变化:食物蛋白质在消化管中被多种蛋白酶及肠肽酶水解为氨基酸,被小肠黏膜细胞吸收。进入体内的氨基酸由门静脉进入肝脏,再送至各组织的细胞内进行利用。

进食后血液中氨基酸浓度很快升高,实际上氨基酸从消化管进入血液后5~10 min就能被全身细胞所吸收,血液中氨基酸的浓度相对恒定。进入人体细胞后的氨基酸,快速转化为细胞蛋白质,因此细胞内氨基酸的浓度总是比较低,即氨基酸并非以游离形式贮存于人体细胞,而主要以蛋白质的形式贮存于细胞内。许多细胞内的蛋白质在细胞内溶酶体消化酶类的作用下又很快分解为氨基酸,并再次运输出细胞回到血中。正常情况下氨基酸进入血液与其输送到组织细胞的速度几乎是相等的,处于一个动态平衡状态,组织与组织之间以及新吸收的氨基酸同体内原有氨基酸之间共同组成氨基酸代谢库。肝脏是血液氨基酸的重要调节者,一部分氨基酸可在肝脏进行脱氨基作用后进行代谢或氧化产生能量,或转化成脂肪贮存起来。蛋白质在体内的动态见图4-2。

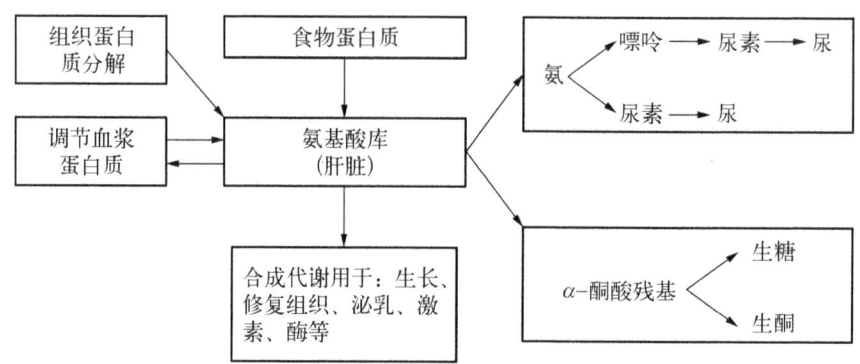

图4-2 蛋白质在体内的动态变化示意图

三、蛋白质的营养学评价

各种食物蛋白质组成成分不同,营养价值也不一样,评价食物中蛋白质营养价值高低受很多因素影响,主要是食品中蛋白质的含量、组成与性质。总的说来,一是从"量"的角度,二是从"质"的角度来进行综合评价。

1. 食物中蛋白质的含量 食物中蛋白质含量(protein content)的高低,固然不能决定一种食物蛋白质营养价值的高低,但评定一种食物蛋白质营养时,应以含量为基础,不能脱离含量单纯考虑营养价值。因为即使营养价值很高,但含量太低,不能满足机体需要,也无法发挥优质蛋白应有的作用。

由于各种蛋白质含氮量比较相近,约占蛋白质质量的16%,其倒数即为6.25。食物蛋白质含量常用凯氏(Kjeldahl)定氮法测定总氮量来测算。

食物粗蛋白质含量=食物含氮量(%)×6.25

若要准确计算不同食物的蛋白质含量,则可以用不同的系数求得。常用食物蛋白质的换算系数见表4-6。

表4-6 常用食物蛋白质的换算系数

食 物	蛋白质换算系数	食 物	蛋白质换算系数
稻米	5.95	燕麦	5.83
全小麦	5.83	乳	6.38
玉米	6.25	芝麻、葵花籽	5.30
大豆	5.71	蛋	6.25
花生	5.46	肉	6.25

数据来源:葛可佑. 中国营养科学全书. 2004

2. 蛋白质消化率 蛋白质消化率(digestibility)是指一种食物蛋白质可被消化酶分解的程度。蛋白质消化率越高,则被机体吸收利用的可能性越大,营养价值也越高。食物中蛋白质的消化率可由人体或动物实验测得,用蛋白质中能被消化吸收的氮的数量与该种蛋白质含氮总量的比值来表示。

$$蛋白质表观消化率(apparent\ digestibility) = \frac{食物中被消化吸收氮的量}{摄入氮} \times 100\%$$

$$= \frac{食物氮 - 粪氮}{摄入氮} \times 100\%$$

$$蛋白质真消化率(true\ digestibility) = \frac{食物氮 - (粪氮 - 粪代谢氮)}{摄入氮} \times 100\%$$

粪代谢氮是受试者在完全不吃含蛋白质食物时粪便中的含氮量。实验首先设置无氮膳食期,并收集无氮膳食期中的粪便,测定其氮含量,即粪代谢氮;然后再设置被测食物蛋白质的实验期,再分别测定摄入氮和粪氮。粪氮至少有三个来源:未消化的膳食蛋白质、小肠黏膜脱落的蛋白质和由血液扩散到肠腔中的尿素氮。以粪氮减去无氮期的粪代谢氮,才是摄入蛋白质中真正未消化吸收的部分,据此测定的才是食物蛋白质的真消化率。显然,表观消化率比真消化率(即消化率)低。

由于粪代谢氮测定十分繁琐,且难以准确测定,故在实际工作中常不考虑粪代谢氮。最近,WHO提出,当膳食中仅含少量纤维时不必测定粪代谢氮;当膳食中含较高膳食纤维时,对成人可按每天12 mg/kg的数值进行计算。

蛋白质的消化率受人体和食物等多种因素的影响,前者如全身状态、消化功能、精神情绪、饮食习惯和对该食物感官状态是否适应等,后者有蛋白质在食物中存在形式、结构、食物纤维素含量、烹调加工方式、共同进食的其他食物的影响等。

通常,动物性蛋白质的消化率比植物性的高。如鸡蛋、牛乳蛋白质的消化率分别为97%、95%,而玉米和大米蛋白质的消化率分别为85%和88%。这是因为植物蛋白质被纤维素包围不易被消化酶作用。经过加工烹调后,包裹植物蛋白质的纤维素可被破坏或软化,可以提高其蛋白质的消化率。例如食用整粒大豆时,其蛋白质消化率仅约60%,若将其加工成豆腐,可提高到90%。几种食物蛋白质的消化率见表4-7。

表4-7 几种食物蛋白质的消化率 (%)

食物	消化率	食物	消化率	食物	消化率
美国混合饮食	96	玉米	85	大豆粉	86
燕麦片	86	玉米+大豆	78	大豆分离蛋白	95
大豆	78	玉米+大豆+牛奶	84	黑小麦	90
巴西混合饮食	78	小米	79	小麦粉(白)	96
中国混合饮食	96	鱼肉	94	面筋	99
玉米(全)	87	奶酪	95	全麦粉	77
鸡蛋	97	花生酱	95	精白米	88
菲律宾混合饮食	88	花生	94	棉籽	90
印度大米+豆类饮食	78	豌豆(成熟)	88	大米粉	75

3. 蛋白质的利用率 蛋白质的利用率指食物蛋白质被消化、吸收后在体内被利用的程度。测定蛋白质利用率的指标和方法很多,各指标分别从不同角度反映蛋白质被利用的程度。主要包括:

(1) 蛋白质的生物价:蛋白质的生物价(biological value,BV)以食物蛋白质在体内被吸收的氮与吸收后在体内贮留真正被利用氮的数量比来表示,即蛋白质被吸收后在体内被利用的程度。

$$BV = \frac{氮在体内的储备量}{氮在体内的吸收量} \times 100 = \frac{食物氮 - (粪氮 - 粪代谢氮) - (尿氮 - 尿内源氮)}{食物氮 - (粪氮 - 粪代谢氮)} \times 100$$

式中,尿内源氮是机体在无氮膳食条件下尿中所含有的氮,它们来自组织蛋白质的分解。尿氮和尿内源氮的检测原理和方法与粪氮和粪代谢氮一样。

在测定 BV 时多用初断乳的大鼠,给予不能完全满足需要的、含量较低的待测蛋白质(约为10%)。常见食物蛋白质的生物价见表4-8。

表4-8 常见食物蛋白质的生物价

蛋白质	生物价	蛋白质	生物价	蛋白质	生物价
鸡蛋蛋白质	94	大米	77	小米	57
鸡蛋白	83	小麦	67	玉米	60
鸡蛋黄	96	生大豆	57	白菜	76
脱脂牛乳	85	熟大豆	64	红薯	72
鱼	76	扁豆	72	马铃薯	67
牛肉	76	蚕豆	58	花生	59
猪肉	74	白面粉	52		

生物价对指导蛋白质互补以及肝、肾病患者的膳食很有意义。对肝、肾病患者来讲,生物价高,表明食物蛋白质中氨基酸主要用来合成人体蛋白,极少有过多的氨基酸经肝、肾代谢而释放能量或由尿排出多余的氮,从而大大减少肝、肾的负担,有利其恢复。

(2) 蛋白质的净利用率:蛋白质的净利用率(net protein utilization, NPU)以机体的氮贮留量与氮食入量之比,表示蛋白质实际被利用的程度。因为考虑了蛋白质在消化、利用两个方面的因素,因此更为全面。

$$NPU = \frac{氮储留量}{氮摄入量} \times 100 = BV \times 消化率$$

除上述用氮平衡法进行动物试验外,还可以分别用受试蛋白质(占热能的10%)和无蛋白质的饲料喂养动物7~10 d,记录其摄食的总氮量。试验结束时测定动物体内总氮量,以试验前动物尸体总氮量作为对照进行计算。

$$NPU = \frac{受试动物尸体增加氮量 + 无蛋白饲料组动物尸体减少氮量}{摄入食物氮量} \times 100$$

(3) 蛋白质的净比值:将大鼠分成两组,分别饲以受试食物蛋白质和等热量的无蛋白质膳食7~10 d,记录其增加体重和降低体重的克数,求出蛋白质净比值(net protein ratio, NPR)。

$$蛋白质净比值 = \frac{平均增加体重(g) + 平均降低体重(g)}{摄入的食物蛋白质(g)}$$

(4) 蛋白质的功效比:蛋白质功效比值(protein efficiency ratio, PER)是用幼小动物体重的增加与所摄食的蛋白质之比来表示将蛋白质用于生长的效率。由于所测蛋白质主要被用来提供生长之需要,所以该指标被广泛用作婴儿食品中蛋白质的评价。

$$PER = \frac{动物体重增加克数}{摄入食物蛋白质克数}$$

此法通常用生后21~28 d刚断乳的大鼠(体重50~60 g),以含受试蛋白质10%的合成饲料饲喂28 d来测定。该法简便实用,已被美国公职分析化学家协会(AOAC)推荐为评价食物蛋白质营养价值的必测指标,其他国家也广泛应用。

由于同一种食物蛋白质,在不同的实验室所测得的 PER 值重复性不佳,故通常设酪蛋白对照组,并将酪蛋白对照组的 PER 值换算为2.5,然后进行校正。

被测蛋白质 PER = (实验组蛋白质 PER/对照组蛋白质 PER) × 2.5

几种常见食物蛋白质的 PER 值为:全鸡蛋 3.92、牛乳 3.09、鱼 4.55、牛肉 2.30、大豆 2.32、精制面粉 0.60、大米 2.16。

4. 相对蛋白质值 相对蛋白质值(relative protein value, RPV)是动物摄入待评蛋白的剂量——生长曲线斜率(A)和摄入参考蛋白的剂量——生长曲线斜率(B)之比,即:RPV=(A/B)×100。

将受试食物的蛋白质按3～4种不同剂量喂养刚断乳大鼠(6只/组),将大鼠体重增加克数对受评蛋白的进食克数(X)求得回归方程,如方程为$Y_1=2.35X_1-0.36$,斜率为2.35。同时用同样方法以乳白蛋白(参考蛋白)喂养动物,求得参考蛋白回归方程,假定是$Y_2=4.12X_2-0.28$,则待评蛋白的相对蛋白质值为:RPV=(2.35/4.12)×100=57。

由待评食物蛋白测得的回归方程,斜率越大,蛋白质利用率越高。表4-9为几种食物蛋白质的相对蛋白质值。

表4-9 几种食物蛋白质的相对蛋白质值

	乳清蛋白	酪蛋白	大豆蛋白	麸蛋白
动物数	26	36	26	42
截距	−24.1	−29.7	−17.5	−20.0
斜率	13.09	9.08	5.68	2.17
相对蛋白质值	100	69.4	43.2	16.6
相关系数	0.955	0.980	0.988	0.960

5. 氨基酸评分法 氨基酸评分法(amino acid score,AAS)也称化学分或蛋白质分,是将被测食物蛋白质的必需氨基酸组成与参考的理想蛋白质(鸡蛋蛋白质)或人体氨基酸需要模式进行比较。食物蛋白质氨基酸模式与人体蛋白质构成模式越接近,其营养价值越高。氨基酸评分则能评价其接近程度,是一种广为采用的食物蛋白质营养价值评价方法。氨基酸分不仅适用于单一食物蛋白质的评价,还可用于混合食物蛋白质的评价。

$$氨基酸=\frac{1g\ 受试蛋白质中限制性氨基酸的毫克数}{需要量模式中该氨基酸的毫克数}\times 100$$

食物蛋白质的第一限制性氨基酸评分值即为该食物蛋白质的最终氨基酸分。显然,由于婴儿、儿童和成人的必需氨基酸需要量不同,对同一蛋白质的氨基酸分亦不相同。不同人群需要的氨基酸评分模式见表4-10。

表4-10 几种食物和不同人群需要的氨基酸评分模式　　（单位:mg/g 蛋白质）

氨基酸	人 群				食 物		
	1岁以下	2～5岁	10～12岁	成 人	鸡 蛋	牛 奶	牛 肉
组氨酸	26	19	19	16	22	27	34
异亮氨酸	46	28	28	13	54	47	48
亮氨酸	93	66	44	19	86	95	81
赖氨酸	66	58	44	16	70	78	89
蛋氨酸＋胱氨酸	42	25	22	17	57	33	40
苯丙氨酸＋酪氨酸	72	63	22	19	93	102	80
苏氨酸	43	34	28	9	47	44	46
色氨酸	17	11	9	5	17	14	12
缬氨酸	55	35	25	13	66	64	50
总 计	460	339	241	127	512	504	479

氨基酸评分的方法比较简单,但对食物蛋白质的消化率没有考虑。因此,1990年由FAO/WHO蛋白质评价联合专家委员会提出了一种新的方法——蛋白质消化率修正的氨基酸分(protein digestibility corrected amino acid score,PDCAAS)。这种方法可替代蛋白质功效比值PER对除孕妇和1岁以下婴儿以外的所有人群的食物蛋白质进行评价,并认为是简单、科学、合理的常规评价食物蛋白质质量的方法。表4-11是几种食物蛋白质经消化率修正的氨基酸评分,其计算公式为:

PDCAAS=氨基酸分×蛋白质真消化率

表 4-11 几种食物蛋白质的 PDCAAS

食物蛋白	PDCAAS	食物蛋白	PDCAAS
酪蛋白	1.00	斑豆	0.63
鸡蛋	1.00	燕麦粉	0.57
大豆分离蛋白	0.99	花生粉	0.52
牛肉	0.92	小扁豆	0.52
豌豆	0.69	全麦	0.40
菜豆	0.68	面筋	0.25

从氨基酸评分可以说明鸡蛋、牛乳的蛋白质构成最接近人体蛋白质需要量模式，故其蛋白质的营养价值较高。而植物性的食物往往缺少赖氨酸、蛋氨酸、苏氨酸和色氨酸，其营养价值相对较低。值得注意的是：采用 PDCAAS 对大豆分离蛋白的评价可以和酪蛋白和鸡卵蛋白相媲美。从经济和营养价值方面考虑，使用大豆分离蛋白或大豆浓缩蛋白来替代或补充动物蛋白质，或者将其与其他植物蛋白质混合使用可有效提高蛋白质的质量。

尽管评价食物蛋白质的方法不同，但结果是一致，可以用来评价和比较其营养价值的高低。几种食物蛋白质不同评价方法的比较见表 4-12。

表 4-12 几种食物蛋白质 BV、NPU、化学分和 PER 的比较

食物蛋白	BV	NPU	化学分	PER
全鸡蛋	98	94	100	3.9
牛奶	77	71	95	3.1
大豆粉	70	65	74	2.3
小麦	67	65	69	1.5
玉米	60	55	62	1.2
大米	77	70	77	2.2
明胶	0	0	0	0

6. 微生物测定法 常用梨形四膜虫来进行蛋白质的营养评价。梨形四膜虫是一种可吞食食物颗粒、具有鞭毛的原生动物，其生长不完全依赖可溶性营养素。此外，它和处在生长阶段的大鼠一样也需要十种必需氨基酸（包括赖氨酸）。方法主要是将受试蛋白质预先进行部分消化，随后在一定的条件下测定梨形四膜虫在此水解液中的生长情况，从而评定蛋白质的营养价值。据报告，对某些食物来说，四膜虫的生长与大鼠实验测得的 PER 值高度相关。

四膜虫法较动物实验法快速、简便，费用也低。其主要的缺点是这种原生动物对食品添加剂和调味品很敏感。

如前所述，蛋白质营养评价的方法多种多样，既有生物学方法，也有化学分析方法。这两类方法各有利弊：① 生物学方法往往通过专查受试蛋白质对试验动物（特别是幼小动物，甚至是微生物）生长的贡献来评价受试蛋白质营养价值的高低，由于该方法综合考虑了受试蛋白质被实验动物吸收、消化、利用的情况，因此更加全面和客观。该方法的缺点是实验动物的必需氨基酸需要量模式和人体的必需氨基酸需要量模式存在一定的差异，将实验结果应用于人体时存在着一定偏差。② 化学分析的方法通过分析受试蛋白质的氨基酸组成，并与人体的氨基酸需要量模式进行比较来评价蛋白质营养价值的高低。该方法所获得的结果比较直观，更易于作为生产和生活实践的指导。缺点是无法考虑食物加工以及混合膳食条件下食物中其他成分对受试蛋白质消化、吸收和利用的影响，这可能是化学评价和生物学评价不一致的重要原因。

总之，蛋白质营养价值评价对于食品品质的鉴定、新的食品资源的研究和开发、指导人群膳食等许多方面有重要意义。在对食物蛋白质进行营养评价时，特别是对蛋白质做系统研究或者探索一个新蛋白质资源时，应将各种方法结合起来使用，并注意以下几点：

- 首先测定蛋白质的含量和氨基酸模式，计算蛋白质消化率修正的氨基酸分。
- 若测定结果表明此蛋白质可能是一种有价值的新资源时，可进一步测定其蛋白质（氨基酸）的利用

率,用生物化学试验评价蛋白质的质量。
- 注意食品加工过程中蛋白质的变化。这通常是测定赖氨酸和蛋氨酸的利用率,因为它们在食物加工时最易破坏。而这也可能是生物学评价低于化学评价的原因。
- 最好对样品中的氮、氨基酸和包括微生物毒素在内的各种毒素进行适当的分析检验,以除去非蛋白质物质的作用。
- 最后,应十分慎重地对受试蛋白质进行满足人体需要量方面的检验。

7. 蛋白质的互补作用 不同食物蛋白质中氨基酸的含量和比例关系不同,其营养价值不一,若将两种或两种以上的食物适当混合食用,使它们之间相对不足的氨基酸互相补偿,从而接近人体所需的氨基酸模式,提高蛋白质的营养价值,称为蛋白质的互补作用(protein complementary action)。例如,豆腐和面筋蛋白质在单独进食时,其BV分别为65和67,而当两者以42:58的比例混合进食时,其BV可提高至77。这是因为面筋蛋白质缺乏赖氨酸,蛋氨酸却较多,而大豆蛋白质赖氨酸含量较多,可是蛋氨酸不足。两种蛋白质混合食用则互相补充,从而提高其营养价值。这种提高食物营养价值的方法实际上早已被人们在生活中采用,并且在后来的实验中得到验证。几种食物混合后蛋白质的生物价见表4-13。

表4-13 几种食物混合后蛋白质的BV

食物名称	单独食用时BV	混合食用所占比例(%)		
小 麦	67	37	—	31
大 米	77	32	40	46
大 豆	64	16	20	8
豌 豆	48	15	—	—
玉 米	60	—	40	—
牛肉干	76	—	—	15
	混合食用时BV	74	73	89

数据来源:葛可佑.中国营养科学全书.2004

为充分发挥食物蛋白质的互补作用,在调配膳食时,应遵循三个原则:① 食物的生物学种属愈远愈好,如动物性和植物性食物之间的混合比单纯植物性食物之间的混合要好;② 搭配的种类愈多愈好;③ 食用时间愈近愈好,因为单个氨基酸在血液的停留时间约4 h,然后到达组织器官,再合成组织器官的蛋白质,而合成组织器官蛋白质的氨基酸必须同时到达才能发挥互补作用。

四、蛋白质的需要量及食物来源

1. 氮平衡 人体每天必须从食物中摄取一定量的蛋白质,用以维持生命和生长,以及维持高度健康水平和工作能力的需要。如果缺乏蛋白质,就会使婴儿生长发育迟缓,智力发育不良,成人会出现体重减轻、肌肉萎缩、贫血、抵抗力下降,严重缺乏还会出现水肿性营养不良。在正常情况下,成年人体中的蛋白质虽然不断地分解与合成,组织细胞不断地更新,但蛋白质总量却维持动态平衡。

由于直接测定食物中所含蛋白质和体内消耗的蛋白质较为困难,而蛋白质中氮的含量相对稳定,因此,常通过测定人体摄入氮和排出氮的量来衡量蛋白质的动态平衡,以氮平衡(nitrogen balance)的方法来反映蛋白质合成和分解之间的平衡状态。氮平衡可测试人体蛋白质需要量和评价人体蛋白质的营养状况,也是判断机体组织生长情况的重要参数之一。

氮平衡状态可用下式表示:

$$B = I - (U + F + S)$$

式中,B为氮平衡;I为摄入氮;U为尿氮;F为粪氮;S为皮肤等氮损失。

如果机体摄入氮和排出氮的量相等,就称为氮平衡。正常成人不再生长,每日进食的蛋白质主要用来维持组织的修补和更新。当膳食蛋白质供应适当时,其氮的摄入量和排出量相等。摄入机体的蛋白质除了用于补充分解了的组织蛋白以外,余下的部分或氧化分解、提供能量,或经过各种途径排出体外。

如果摄入氮量大于排出氮量，$B>0$，称为正氮平衡，如生长期的婴幼儿和青少年，孕期及恢复期的患者，其摄入的蛋白质有一部分变成新组织。

如果摄入氮量小于排出氮量，$B<0$，称为负氮平衡。膳食中如果蛋白质长期供给不足，或人体处于患病状态，蛋白质摄入量低而体内蛋白质合成减少或分解加剧，消耗增加，氮的排出量超过摄入量。

健康成人当给以无氮膳食时，体内蛋白质的合成与分解仍继续进行。被分解的氨基酸可再用于合成机体蛋白质，但是，也有少部分氨基酸被分解、代谢成尿氮化合物（尿内源氮），粪中也有一定的损失（粪代谢氮）。最初尿氮明显下降，以后长时间缓慢下降到相对稳定。根据大量研究结果，食用无氮膳食10～14 d后平均每天尿氮排出量为37 mg/kg(BW)，粪氮约为12 mg/kg(BW)；至于由皮肤及其他次要途径损失的氮量根据1985年WHO的规定：成人每天为8 mg/kg(BW)，12岁以下的儿童每天为10 mg/kg(BW)，即每日氮的损失总量约为57 mg/kg(BW)。这种在无蛋白膳食时所丢失的氮量称之为必然丢失氮或必要的氮损失(obligatory nitrogen losses)。一个成年人若膳食蛋白质被完全利用，则相当于每日排出0.36 g/kg(BW)的食物蛋白质。据此，成人每千克体重摄食0.36 g膳食蛋白质应能补偿必然丢失的氮量，并达到氮平衡。

2. 蛋白质的需要量　　通过整合分析相关的研究数据，WHO在2007年发布的"Technical Report Series 935：Protein and amino acid requirements in human nutrition"中修订了不同人群的蛋白质需要量，其中健康成年人氮的需要量中值是105 mg/(kg·d)[相当于0.66 g/(kg·d)蛋白质]。对于能够覆盖97.5%人群的需要量分别是氮元素133 mg/(kg·d)，蛋白质0.83 g/kg·d。均比1985年FAO/WHO/UNU提出的相应值高约10%。对于早、中、晚孕期，每天分别增加1 g，9 g和31 g蛋白质。

研究蛋白质需要量的方法依照年龄的不同而不同，对婴儿是以母乳为基础的测量方法，对成人来说主要有两种：一是要因加算法，二是氮平衡法。

(1) 要因加算法：要因加算法(factorial approach method)的基本原理是以补偿从尿、粪便、皮肤以及其他途径排出的必然丢失氮为基础，再加上诸多因素来确定蛋白质需要量的方法。

例如：

① 必然丢失氮：　　　　　　　　　　　　　　　　　　　　　　　　　　　　　57 mg/kg(BW)
② 成人对鸡蛋白质利用率：　　　　　　　　　　　　　　　　　　　　　　　　55%
③ 应激因素安全率：　　　　　　　　　　　　　　　　　　　　　　　　　　　10%
④ 混合膳食蛋白质利用率（相当于卵蛋白质利用率的百分比）：　　　　　　　　80%
⑤ 个体差异：　　　　　　　　　　　　　　　　　　　　　　　　　　　　　　30%

$$则蛋白质需要量 = 57 \times \frac{100}{55} \times \frac{100}{80} \times 1.1 \times 1.3 \times 6.25$$
$$= 185 \text{ mg/kg} \times 6.25 = 1.16 \text{ g/kg(BW)}$$

(2) 氮平衡法：该法通常以健康人为实验对象，给予不同水平的蛋白质膳食，收集每日排出氮；根据摄入氮和排出氮数据，求出直线回归方程；该回归方程式的斜率与氮平衡为零时的交叉点（截距）即为蛋白质需要量。此法常用于蛋白质代谢、机体蛋白质营养状况评价和蛋白质需要量的研究。

3. 蛋白质的推荐摄入量　　依照我国的饮食习惯和膳食构成以及各年龄段人群的蛋白质代谢特点，我国营养学会推荐的DRIs中的中国居民膳食蛋白质推荐摄入量见附录。按此推荐量摄入蛋白质是较为安全和可靠的。

从能量角度，蛋白质供给体内的热量占总热量的11%～14%为好，其中成人为11%～12%，儿童和青少年因处于生长发育时期应适当高些，为13%～14%，老年人为15%可防止负氮平衡出现。不过，蛋白质的需要量与能量不同，满足蛋白质的需要和大量摄食蛋白质引起有害作用的量相差甚大。一般情况下，一个健康人摄取比推荐的摄入量高2～3倍的蛋白质均无不利影响。

4. 蛋白质的缺乏与过量

(1) 蛋白质缺乏：蛋白质缺乏在成人和儿童中都有发生，但处于生长发育阶段的儿童更为敏感。据世界卫生组织估计，目前世界上大约有500万儿童属蛋白质-热能营养不良(protein-energy malnutrition, PEM)，其中有因疾病和营养不当引起，但大多数则是因贫穷和饥饿引起的。具体内容请参阅本书"第九章　合理营养与营养相关疾病"。

(2) 蛋白质过量：蛋白质，尤其是动物性蛋白质摄入过多，对人体同样有害。首先，过多的动物蛋白质的摄入，就必然摄入较多的动物脂肪和胆固醇。其次，蛋白质过多本身也会产生有害影响。正常情况下，人体不贮存蛋白质，所以必须将过多的蛋白质脱氨分解，氮则由尿液排出体外，这一过程需要大量水分，从而加重了肾脏的负荷，若肾功能本来不好，则危害更大。过多的动物蛋白质摄入，也造成含硫氨基酸摄入过多，这样会加速骨骼中钙质的流失，易产生骨质疏松。

5. 蛋白质的食物来源　　动物性食品蛋白质质量较高，畜、禽、肉和鱼类蛋白质含量为16%~20%，蛋类为11%~14%，鲜乳为2.7%~3.8%。植物性食品蛋白质含量较高的是干豆类，为20%~40%，花生、核桃等坚果为15%~30%，薯类为2%~3%，谷物为7%~10%。植物蛋白质生理价值一般较动物蛋白质低，但对于我国居民来讲，植物蛋白是重要的蛋白质来源。

因此，为提高日常膳食中蛋白质的营养价值，应当注意食物多样化，粗细杂粮兼用，防止偏食，使动物蛋白、豆类蛋白、谷类蛋白合理分布于各餐中，以此充分发挥蛋白质互补作用，提高蛋白质的利用率。

第二节　脂　　类

人类对膳食脂类的认识随着社会经济发展、膳食结构变化以及人类疾病谱改变而逐渐深入。脂类具有脂溶性，不仅易溶解于有机溶剂，而且可溶解其他脂溶性物质。

一、脂类概述

食物中的脂类(lipids)主要有脂肪和类脂；其中约95%为脂肪；类脂则主要包括磷脂和固醇类，约占5%。而在人体内贮存的脂类中，脂肪高达99%。

1. 脂肪

(1) 脂肪的结构：脂肪也称中性脂肪或甘油三酯，其基本结构为三酰甘油，是由一分子的甘油和三分子脂肪酸(fatty acid，FA)所形成的酯。构成甘油三酯的脂肪酸结构是不同的，在自然界中还未发现有单一脂肪酸的甘油三酯。脂肪的结构式(图4-3)如左。

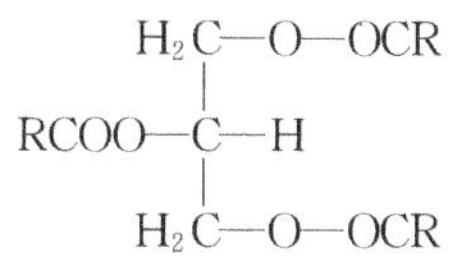

$$\begin{array}{c} H_2C-O-OCR \\ RCOO-C-H \\ H_2C-O-OCR \end{array}$$

图4-3　脂肪的分子结构式

(2) 脂肪的功能：

① 提供能量和贮存能量

给机体提供能量是脂肪的主要生理功能。体内1 g脂肪氧化可产生约39.7 kJ(9.46 kcal)的能量。当机体的能量不能被及时利用而过剩时，就转变为脂肪而贮存于脂肪组织中，尤以皮下、肾周围和肠系膜、大网膜等处贮存最多，通常称为脂库。脂库中的脂肪不断地更新，其含量容易受各种因素(如营养状况和活动量大小等)的影响而变动又称"可变脂"。研究发现，一个人在空腹时，由体内贮存的脂肪氧化供能的比例在50%以上；如果绝食1~3 d，机体所需能量的85%均依赖脂肪提供，这时由于贮存脂肪减少，人体逐渐消瘦。反之，若进食过多而超过人体能量需要时，则脂肪在体内堆积而发胖。

② 促进脂溶性维生素的吸收

脂溶性维生素，如维生素 A、D、E、K 等只存在于食物脂肪中，膳食脂肪的缺乏会导致脂溶性维生素的缺乏；也只有在脂肪存在的环境中，脂溶性维生素才能被吸收。此外，脂类在消化管内可刺激胆汁分泌，从而促进脂溶性维生素在肠道中的吸收。

③ 机体重要的构成成分

脂类在机体内的含量占体重的14%~19%，绝大部分以甘油三酯的形式贮存于脂肪组织中，作为机体能量的贮备。此外，细胞膜中含有大量脂肪酸，是细胞维持正常的结构和功能所必不可少的重要成分。

④ 帮助机体更有效地利用碳水化合物和节约蛋白质作用

脂肪在体内代谢分解的产物，可以促进碳水化合物的能量代谢，使其更有效地释放能量。充足的脂肪还可以保护体内蛋白质(包括食物蛋白质)不被用来作为能源物质，而使其有效地发挥其他重要的生理功能，脂肪的这种功能称节约蛋白质作用。

⑤ 维持体温和保护作用

脂肪的导热性低,皮下脂肪可防止机体内的热量外散,有利于在寒冷环境中保持体温。此外,分布于皮下、内脏周围的脂肪组织,像软垫一样可缓冲机械冲击并承受一定压力,具有固定内脏和保护内脏的作用。

⑥ 增加饱腹感

食物脂肪由胃进入十二指肠时,可刺激十二指肠产生肠抑胃素,使胃蠕动受到抑制,造成食物由胃进入十二指肠的速度相对缓慢,给人以饱腹感。食物中脂肪含量越多,胃排空的速度越慢,所需时间越长。

⑦ 赋予食物特殊风味

脂肪作为食品烹调加工的重要原料,可以改善食物的色、香、味、型,达到美食和促进食欲的作用。

2. 固醇类 固醇类(sterols)是一类含有同样多个环状结构的脂类化合物,因其环外基团不同而不同。固醇类多作为类固醇激素的前体,如7-脱氢胆固醇即为维生素 D_3 的前体。固醇类广泛存在于动植物食品中,包括胆固醇和植物固醇。

(1) 胆固醇(cholesterol):胆固醇是最重要的一种固醇,基本结构如下(图4-4)。

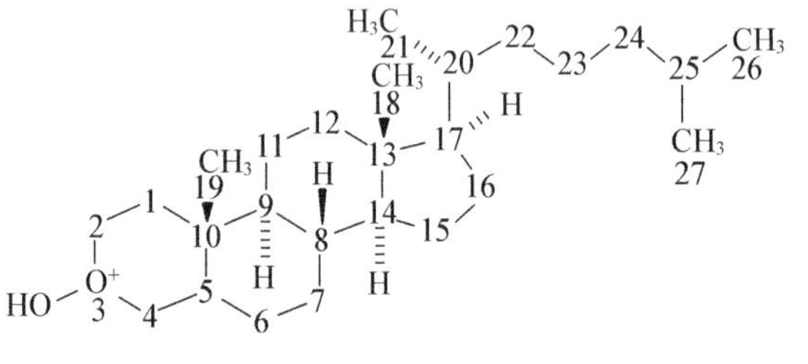

图4-4 胆固醇化学结构

胆固醇是细胞膜的重要成分,还是人体内许多重要的活性物质的合成材料,如性激素、肾上腺素等。动物性食品中含有的胆固醇,均有一部分发生了酯化而形成胆固醇酯。因此,膳食是胆固醇和胆固醇酯的混合物。胆固醇酯中的脂肪酸多属于单烯酸或多烯酸,胆固醇酯作为体内固醇类物质的一种贮存形式,也是人体组织中非极性最大的脂类。体内合成胆固醇最旺盛的组织是肝脏和肠壁细胞。糖和脂肪等分解产生的乙酰辅酶A(acetyl-CoA)是体内各组织合成胆固醇的主要原料。大脑虽然含丰富的胆固醇,但合成能力低,主要由血液提供胆固醇。

含胆固醇的食物有肉类、蛋类、鱼类、禽类、乳酪产品等。肝脏、肾脏等内脏以及蛋类(蛋黄)富含胆固醇。由于机体既可从食物中获得胆固醇,也可利用内源性胆固醇,因此一般不存在胆固醇缺乏。相反由于它与高脂血症、动脉粥样硬化、心脏病等相关,人们往往关注体内过多的胆固醇所带来的危害。长期过多摄入动物性食品有导致血胆固醇升高的可能。实验证明,饱和脂肪酸可使血中低密度脂蛋白胆固醇(LDL-C)水平升高,如月桂酸(C_{20})、肉豆蔻酸(C_{14})和棕榈酸(C_{16})升高血胆固醇的作用较强。因此,为了降低血胆固醇,限制饱和脂肪酸的摄入量要比仅仅限制胆固醇的摄入更有效。

(2) 植物固醇(phytosterols):植物固醇是存在于植物性食品中分子结构与胆固醇相似的含有28~29个碳的化合物,属于植物甾醇类。与胆固醇不同的是,植物固醇在侧链上还有额外的甲基或乙基基团。几种常见的植物固醇的结构见图4-5。

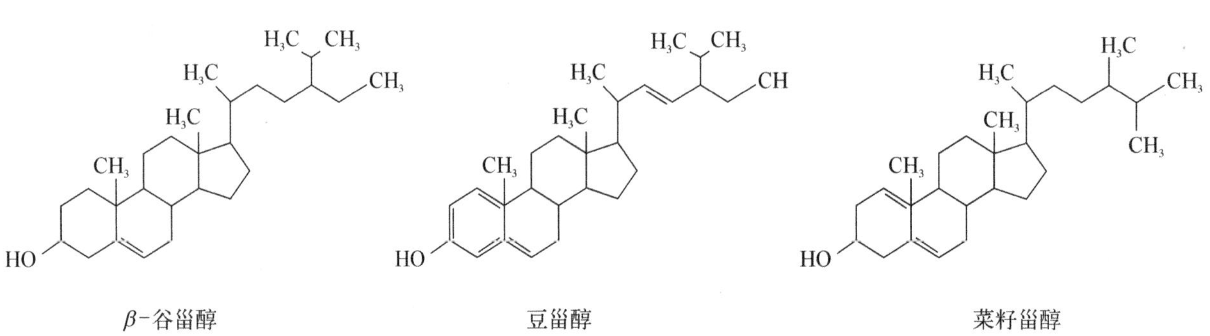

β-谷甾醇　　　　　豆甾醇　　　　　菜籽甾醇

图4-5 几种植物甾醇的化学结构

胆固醇是高等动物细胞膜的重要成分,植物固醇在植物中也有类似的作用。常见的植物固醇有β-谷固(甾)醇、菜固(甾)醇、豆固(甾)醇和菜籽固(甾)醇。大约30%膳食胆固醇可以被吸收,而机体对植物固醇的吸收能力很低。机体谷固醇和菜固醇的血清水平大约是胆固醇浓度的 0.1%～0.14%。植物固醇较难被吸收的原因与其侧链上的甲基或乙基基团有关,侧链越长,吸收越差。膳食中最常见的植物固醇的 5-α-氢化产物是谷甾烷醇(谷固醇的饱和衍生物),吸收率为 0～3%,在血清中不能被检出。

植物固醇具有降低人和动物血清胆固醇的作用。植物固醇可以干扰肠道对膳食中胆固醇和胆汁中胆固醇的吸收。植物固醇在降低总胆固醇和低密度脂蛋白时,对高密度脂蛋白和甘油三酯并无影响。所有植物性食品中均含有数量不等的植物固醇。其最主要来源是植物油、种子和坚果等食品。一个人如果每天摄入 30 g 的玉米油,将获得 286 mg 的植物固醇,该摄入量即具有降低胆固醇吸收的生物功能。

3. 磷脂

(1) 化学结构:磷脂(phospholipid)是指甘油三酯中一个或两个脂肪酸被磷酸或含磷酸的其他基团所取代的一类脂类物质。磷酸甘油酯的基本结构如下(图 4-6)。

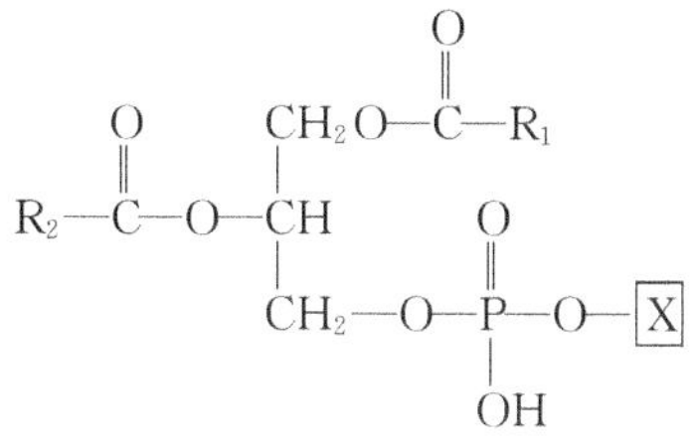

磷脂按组成结构可以分为两类:一类是磷酸甘油酯,主要与营养有关;另一类是神经鞘脂,主要为神经鞘磷脂,其分子结构中不含有甘油,但含有脂肪酰基、磷酸胆碱和神经鞘氨醇。

(2) 功能

① 提供能量和作为细胞膜的重要构成成分。由于其具有极性和非极性双重特性,因此可以帮助脂类或脂溶性物质如脂溶性维生素、激素等顺利通过细胞膜,促进细胞内外的物质交流。

图 4-6 磷酸甘油酯结构通式
注:X 为含氮碱基或醇类物质;
R_1、R_2 为脂酰基的烃基。

② 乳化作用:磷脂可作为乳化剂,使体液中的脂肪悬浮在体液中,有利于其吸收、转运和代谢。磷脂乳化功能已经被食品加工业广泛应用,如在人造奶油、蛋黄酱和巧克力生产中常以磷脂(如卵磷脂)作为乳化剂。

③ 预防心血管疾病:磷脂可以防止胆固醇在血管内沉积、降低血液的黏度、加速血液循环,同时改善脂肪的吸收和利用。

④ 促进和改善神经系统功能:食物中的磷脂被机体消化吸收后释放出胆碱,后者可作为合成神经递质乙酰胆碱的原料。

磷脂的缺乏会造成细胞膜结构受损,使毛细血管脆性和通透性增加,皮肤细胞对水的通透性增高引起水代谢紊乱,产生皮疹。磷脂缺乏还可以造成脂肪代谢障碍引起脂肪肝、动脉粥样硬化等。

含磷脂较多的食物主要有鸡蛋、肝脏、大豆和花生等。人体除了可以从食物中获得卵磷脂外,肝脏可以通过其他底物合成机体所需的卵磷脂。大剂量使用卵磷脂将会导致胃肠道应激、多汗、流涎以及食欲丧失等。

二、脂肪的消化吸收

机体每天从胃肠道接收 50～100 g 的甘油三酯,4～8 g 的磷脂,300～450 mg 的胆固醇。小肠是脂肪消化吸收的主要场所。膳食中的脂类主要为甘油三酯,少量为磷脂和胆固醇。口腔分泌的唾液腺中含有舌脂肪酶,能对膳食中的少量甘油三酯起一定消化作用。由于胃液中含有的脂肪酶有限,只能对摄入的脂肪起部分消化作用;但是胃的蠕动能促使脂肪被磷脂乳化成为细小的油珠,并与肝脏分泌的磷脂胆固醇复合体形成胆汁酸盐微团而进入小肠腔内。当膳食脂肪由胃进入小肠后,能刺激胆囊分泌胆汁(胆汁由肝脏合成贮存于胆囊中)并进入小肠腔中,胆汁能将形成微团进一步乳化成更小的脂滴。同时,胰腺合成的脂肪消化酶通过胰腺导管进入小肠,将形成的脂滴进一步分解成 2 分子脂肪酸和 1 分子单酰甘油(由 1 分子甘油和 1 分子脂肪酸构成);它们和胆汁、磷脂共同组成胶团被小肠黏膜吸收。

由于脂类难溶于水,而循环系统为水溶性介质。使被小肠黏膜吸收的脂类难以进入血液循环。为克服这个困难,脂类和蛋白质结合形成脂蛋白。脂蛋白具有极性和非极性的结构,其中非极性的亲脂结构位于核心,主要携带脂类;极性的疏水结构包绕在脂蛋白外部,主要由蛋白质和磷脂构成。根据密度大小,血浆脂蛋白分为乳糜微粒、极低密度脂蛋白、低密度脂蛋白和高密度脂蛋白。通常,食物中的油脂主要由长链脂肪酸组成,为进入血液循环,它们需要在小肠黏膜内重新合成甘油三酯,然后主要以乳糜微粒的形式进入血液循环;而小肠黏膜吸收的中链和短链脂肪酸可不必重新合成甘油三酯,而且也不需要乳糜微粒的携带;只需要在转运蛋白或是磷脂的携带下即可进入血液循环。基于上述原因,较之长链脂肪酸,短链和中链脂肪酸能够被机体迅速地消化吸收。

进入到血液循环中的脂肪,主要有以下三方面的用途:被细胞利用,释放能量;作为合成脂溶性物质的原料;贮存在脂肪组织中。

磷脂的消化吸收和甘油三酯相似。胆固醇则可直接被吸收,如果食物中的胆固醇和其他脂类呈结合状态,则先被酶水解成游离的胆固醇,再被吸收。胆固醇是胆汁酸的主要成分,胆汁酸在乳化脂肪后,一部分被小肠吸收,由血液到肝脏和胆囊,被重新利用;另一部分和食物中未被吸收的胆固醇一道,被膳食纤维(主要为可溶性纤维素)吸附由粪便排出体外。

三、脂肪酸

脂肪酸是脂肪的重要代谢产物,是脂肪发挥诸多生理功能的重要形式。组成天然脂肪的脂肪酸种类很多,脂肪因其所含的脂肪酸链的长短、饱和程度和空间结构不同,而呈现不同的特性和功能。

1. 脂肪酸的分类与命名

脂肪酸的基本分子式为 $CH_3[CH_2]_nCOOH$,式中 n 的数目多为 2~24 个,且基本都是偶数碳原子。近年来也发现了一些含奇数碳原子的脂肪酸并具有特殊生理功能。脂肪酸在命名和表达方式上包括系统命名法、数字命名法、普通名称(或俗名)、英文缩写等。但最常见的即为普通名称表示。例如棕榈酸(palmitic acid)为 16 个碳的饱和脂肪酸,没有不饱和双键,故以 $C_{16:0}$ 表示,油酸含有 18 个碳和一个不饱和双键,以 $C_{18:1}$ 表示。

(1) 脂肪酸的分类:由于不同结构和类型的脂肪酸在功能上的差异,导致其在分类方式上呈现出多样性的特点。目前主要是基于碳链的长短、饱和程度和脂肪酸的空间构型,对脂肪酸进行分类。

① 按碳链长度分类:根据脂肪酸碳原子的数量,脂肪酸可分为:短链脂肪酸(short-chain fatty acid,SCFA)含 6 碳以下;中链脂肪酸(medium-chain fatty acid,MCFA)含 6~12 碳;长链脂肪酸(long-chain fatty acids,LCFA)含 14 个碳以上。碳链长度这种分类方法对于了解脂肪酸在机体内的消化吸收方式和速度,进而明确其生理功能有重要意义。通常,短链和中链脂肪酸在机体内能够被迅速地吸收和转运。食物中主要以 18 碳脂肪酸为主,并且具有重要的营养学价值。

② 根据饱和程度分类:脂肪还可根据脂肪酸中碳键的类型及数量,即饱和度进行分类。脂肪酸可分为饱和脂肪酸(saturated fatty acid,SFA),即脂肪酸的碳-碳之间没有双键,此时碳原子都被"氢"饱和了,该种类型的脂肪酸在常温下通常为固态;单不饱和脂肪酸(monounsaturated fatty acid,MUFA),即脂肪酸的碳-碳之间含有一个不饱和双键;多不饱和脂肪酸(polyunsaturated fatty acid,PUFA),即含有两个或两个以上不饱和双键。MUFA 和 PUFA 在室温时通常呈液态。

不同食物中含有的脂肪酸的类型有很大差异。例如,动物源性脂肪提供能量的 40%~60% 均是由 SFA 来提供的。植物源性脂肪提供的能量则有高达 80%~90% 来自于 MUFA 和 PUFA。因此,富含植物性食品的饮食结构中,饱和脂肪的构成比例低于富含动物性食品的膳食结构。

③ 按脂肪酸的空间结构分类:有学者曾将饱和脂肪的空间构型形象地比喻成笔直的"牙签"。由于饱和脂肪的结构中没有双键,因此形成直链的稳定结构,使饱和脂肪在室温下呈现"固态"。相比之下,不饱和脂肪由于含有双键,导致其结构的缠结,从而在空间构型上形成顺式和反式两种模式。营养学上,根据脂肪酸的空间结构不同,又可将脂肪酸分为顺式脂肪酸(cis-fatty acid)和反式脂肪酸(trans-fatty acid)。在自然状态下,大多数的不饱和脂肪酸为顺式脂肪酸,只有少数的是反式脂肪酸(主要存在于牛奶和奶油中)。不饱和脂肪酸的不饱和双键能与氢结合变成饱和键,随着饱和程度的增加,油类可由液态变为固态,这一过程称为氢化。在氢化过程中,其中有一些未被饱和的不饱和脂肪酸,由顺式转化为反式,成为反式脂肪酸。脂肪酸中顺反构型对熔点有一定影响,如顺式油酸熔点为 14℃,而反式则为 44℃。食物中反式脂肪酸的含量可随植物油的氢化程度而增加,如人造黄油可能含 25%~35% 的反式脂肪酸。反式不饱和脂肪酸不具有必需脂肪酸的生物活性,近年来的研究发现,反式脂肪酸可增加心血管疾病、糖尿病等多种慢性疾病的发病风险。

(2) 脂肪酸的命名：目前国际上对不饱和脂肪酸的命名主要采用以下原则。脂肪酸分子上的碳原子用阿拉伯数字编号定位，主要有两种系统。△编号系统从羧基端碳原子开始，n 或 ω 编号系统则从离羧基端最远的那个碳原子(即甲基端)开始。编号举例见图 4-7。

$$CH_3-CH_2-CH_2-CH_2-CH_2-CH_2-COOH$$

△编号系统　　　7　　6　　5　　4　　3　　2　　1
n 或 ω 编号系统　1　　2　　3　　4　　5　　6　　7

图 4-7　脂肪酸命名系统举例

目前这两种编号系统均在使用，但 n 或 ω 编号系统更为常见。例如，不饱和脂肪酸按照 n 或 ω 编号系统分为以下四类(表 4-15)。该系列的脂肪酸均能在生物体内从母体脂肪酸合成，例如花生四烯酸(C20:4, $n-6$)可以由 $n-6$ 类母体亚油酸合成。但是生物体不能把某一类脂肪酸转变为另一类脂肪酸，即油酸类($n-9$)脂肪酸不能转变为 $n-6$ 类的任何一种脂肪酸。

表 4-15　不饱和脂肪酸类别

母 体 脂 肪 酸	类　　别
棕榈油酸	$n-7(\omega-7)$
油　酸	$n-9(\omega-9)$
亚油酸	$n-6(\omega-6)$
亚麻酸	$n-3(\omega-3)$

表 4-16 为常见脂肪酸的类型及代号。以 n 或 ω 编号系统为例，油酸的代号为 $C_{18:1}, \omega-9$。通过该代号，可以获得以下信息：油酸是由 18 个碳组成并有 1 个不饱和双键($C_{18:1}$)；根据 n 或 ω 编号系统，油酸的第一个不饱和双键在第 9 和第 10 个碳原子之间($\omega-9$)。

表 4-16　常见的脂肪酸

名　　称	代　　号
丁酸(butyric acid)	C4:0
己酸(caproic acid)	C6:0
辛酸(caprylic acid)	C8:0
癸酸(capric acid)	C10:0
月桂酸(lauric acid)	C12:0
肉豆蔻酸(myristic acid)	C14:0
棕榈酸(palmitic acid)	C16:0
棕榈油酸(palmitoleic acid)	C16:1, $n-7$ cis
硬脂酸(stearic acid)	C18:0
油酸(oleic acid)	C18:1, $n-9$ cis
反油酸(elaidic acid)	C18:1, $n-9$ trans
亚油酸(linoleic acid)	C18:2, $n-6$ all cis
α-亚麻酸(α-linolenic acid)	C18:3, $n-3,6,9$ all cis
γ-亚麻酸(γ-linolenic acid)	C18:3, $n-6,9,12$ all cis
花生酸(arachidic acid)	C20:0
花生四烯酸(arachidonic acid)	C20:4, $n-6,9,12,15$ all cis
二十碳五烯酸(eicosapentaenoic acid, EPA)	C20:5, $n-3,6,9,12,15$ all cis
芥子酸(erucic acid)	C22:1, $n-9$ cis
二十二碳五烯酸(鳑鱼酸)(clupanodonic acid)	C22:5, $n-3,6,9,12,15$ all cis
二十二碳六烯酸(docosahexenoic acid, DHA)	C22:6, $n-3,6,9,12,15,18$ all cis
二十四碳单烯酸(神经酸)(nervonic acid)	C24:1, $n-9$ cis

资料来源：Modern Nutrition in Health and Disease. 9th ed. 1999

2. 必需脂肪酸

人体不仅能从食物中获得脂肪酸，自身还能合成多种脂肪酸。但是有些脂肪酸是机体不能合成的，即营养学上的必需脂肪酸(essential fatty acid,EFA)。必需脂肪酸是指人体不可缺少而自身又不能合成,必须通过食物供给的脂肪酸。真正意义的必需脂肪酸是亚油酸(linoleic acid; $C_{18:2}$, $n-6$)和 α-亚麻酸(alpha-linolenic acid; $C_{18:3}$, $n-3$)。亚油酸可以衍生为花生四烯酸(arachidonic acid, AA)和某些前列腺素前体;α-亚麻酸的衍生物包括二十碳五烯酸(eicosapentaenoic acid, EPA)和二十二碳六烯酸(docasahexaenoic acid, DHA)。

动物长期摄入不含必需脂肪酸的膳食,就会发生必需脂肪酸缺乏症。必需脂肪酸的功能有:① 作为磷脂的重要组成成分,磷脂是细胞膜的主要结构成分,必需脂肪酸缺乏将直接影响细胞膜的结构和功能。② 是合成前列腺素的前体,前列腺素(prostaglandin,PG)是一类具有五环和多个侧链的脂肪酸总称(包括 A、B、C、D、E、F、G、H、I 等类型),广泛存在于多种组织中,各种类型的 PG 具有的生理功能不同,它们对内分泌、生殖、消化、血液、呼吸、心血管、泌尿和神经系统均有重要调节作用。③ 与胆固醇的代谢密切相关:低密度脂蛋白(low-density lipoprotein,LDL)和高密度脂蛋白(high-density lipoprotein,HDL)中的胆固醇与亚油酸形成亚油酸胆固醇酯,然后被转运和代谢。HDL 可将胆固醇运往肝脏而被代谢分解,具有这种降血脂作用的还包括 $n-3$ 和 $n-6$ 系列的其他多不饱和脂肪酸,如 EPA 和 DHA 酸等。④ 参与类二十烷酸物质的生物合成:类二十烷酸指二十碳三烯酸($C_{20:3}$, $n-6$)、二十碳四烯酸($C_{20:4}$, $n-6$)、二十碳五烯酸($C_{20:5}$, $n-3$)在环氧化酶和脂氧合酶的作用下生成的一系列氧化产物,如 PG、血栓素(thromboxanes,TXA)、白三烯(leukotriens,LT)等。这些类二十烷酸调节血压和血脂、血栓的形成,以及调节机体对伤害、感染的免疫反应等。

每天机体必需脂肪酸的摄入量应不少于总能量的 3%。过去必需脂肪酸的缺乏主要发生在婴儿、以脱脂奶或低脂膳食喂养的幼儿、长期全胃肠外营养的患者。最近发现必需脂肪酸的缺乏还出现在患有慢性肠道疾病的患者中,由于疾病而使肠道吸收能力降低,机体吸收的必需脂肪酸减少。

必需脂肪酸的缺乏可以引起生长迟缓、生殖障碍、皮肤损伤(出现皮疹)以及肾脏、肝脏、神经和视觉方面的多种疾病。必需脂肪酸在防治心血管疾病、炎症、肿瘤等多方面发挥着重要的作用,该领域已成为营养学的研究热点。但过多的多不饱和脂肪酸的摄入,也可使体内有害的氧化物、过氧化物以及能量等增加,同样对机体可产生多种慢性危害。

3. 多不饱和脂肪酸 多不饱和脂肪酸一般包含 14~26 个碳原子,含有多个不饱和双键的顺式脂肪酸,如花生四烯酸(AA)、二十碳五烯酸(EPA)和二十二碳六烯酸(DHA)。这些脂肪酸在体内可由必需脂肪酸转化而来,尽管有些专著认为花生四烯酸在体内的合成量并不能满足机体的需要而需要从食物中补充,并据此将其归为必需脂肪酸,其实就严格意义上来说,花生四烯酸不属于必需脂肪酸范畴。

根据人体内 $n-3$ 系列和 $n-6$ 系列多不饱和脂肪酸的合成途径(图 4-8),可以看出,机体在利用两种必需脂肪酸合成同系列的其他多不饱和脂肪酸时,使用的是同一系列酶系,由于存在竞争性抑制,限制了多不饱和脂肪酸的生物合成。因此,膳食就成为直接获得这些多不饱和脂肪酸的最有效途径。

哺乳动物由于缺乏 Δ^{12} 或 Δ^{15} 去饱和酶,因此 $n-3$ 系列和 $n-6$ 系列的脂肪酸不能相互转换。亚油酸和花生四烯酸是 $n-6$ 多不饱和脂肪酸中重要的脂肪酸,这类脂肪酸完全来自植物,主要是植物油。亚麻酸是 $n-3$ 脂肪酸的母体。它能被延长成为更长链的多不饱和脂肪酸,如 EPA 和 DHA。植物油(含有亚麻酸)和鱼油(主要包含 EPA、DHA)是 $n-3$ 多不饱和脂肪酸的主要来源。研究表明这两种脂肪酸在体内代谢和组织分布是不同的。二十碳四烯酸($C_{20:4}$, $n-6$)和二十碳三烯酸($C_{20:3}$, $n-6$)主要分布在肝脏和血小板中。那些具有重要生物活性的长链 $n-3$ 多不饱和脂肪酸在视网膜、睾丸和中枢神经系统中的分布较多。十八碳三烯酸($C_{18:3}$, $n-3$)与十八碳二烯酸($C_{18:2}$, $n-6$)在调节机体生长、毛细血管抵抗性、红细胞脆性及线粒体功能上具有相似的作用。但是,哺乳动物组织中 $n-3$ 脂肪酸的水平比 $n-6$ 脂肪酸低,同时多个国家关于人体内 $n-3$ 系列和 $n-6$ 系列脂肪酸的调查资料表明,人体也存在着 $n-3$ 系列和 $n-6$ 系列脂肪酸比例严重倒置的现象。甚至有学者推测,过多的 $n-6$ 系列脂肪酸将可能掩盖其本身的有益作用,而由于二者比例的失衡,可能是导致诸多健康问题的原因之一。$n-3$ 系列脂肪酸不但对正常生长发育是不可或缺的,而且在冠心病、高血压、关节炎、其他炎症性和自身免疫性疾病及肿瘤的防治中发挥重要作用。另外,已有学者利用转基因技术在体外合成 $fat-1$ 基因,后者可促进 $n-3$ 系列脂肪酸的生物合成。

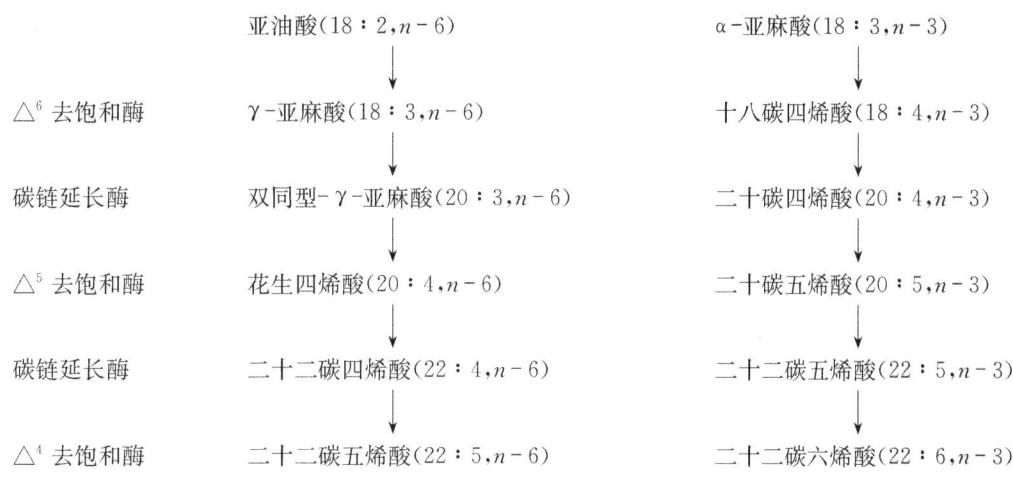

图4-8 $n-3$系列和$n-6$系列多不饱和脂肪酸的合成途径

资料来源：Modern Nutrition in Health and Disease. 9th ed. 1999

4. 中链脂肪酸和短链脂肪酸

(1) 中链脂肪酸：中链脂肪酸(medium-chain fatty acid，MCFA)一般由6～12个碳原子组成。中链脂肪酸因其特有的营养学特点及其安全性，目前受到越来越多的关注。含中链脂肪酸油脂的营养学特点主要有：水溶性较好，不需要胆汁乳化，可直接被小肠吸收；吸收后无需形成乳糜微粒，而直接由门静脉进入肝脏；在细胞内可快速氧化产生能量；极少再合成甘油三酯、胆固醇，不在体内蓄积和提高血胆固醇水平等。所以中链脂肪酸主要用于特殊食品生产，如用于增加运动员耐力的食品研制；同时还在临床上用来辅助治疗高脂蛋白血症、急性和慢性肾功能不全等。

但是，当中链脂肪酸摄入过多后，机体内由此氧化产生的酮体较多，可导致恶心、面部潮红、血栓性静脉炎、脑电图变化等病理改变。因此中链脂肪的安全性和使用方法及限量要求等需要进一步深入细致的研究。营养学家建议中链脂肪应适量食用并建议与长链脂肪酸同时使用。

含中链脂肪酸的食物：椰子油含13.9%，棕榈油含71%，牛乳及乳制品含4.0%～4.7%，人乳含1.5%～2.9%。

(2) 短链脂肪酸：短链脂肪酸(short-chain fatty acid，SCFA)是碳原子数在6个以下的脂肪酸。短链脂肪酸主要包括乙酸、丙酸、丁酸等。人体短链脂肪酸主要来自于膳食纤维、抗性淀粉、低聚糖和糖醇等在结肠被肠道微生物发酵的产物。目前引起关注的生理功能主要包括：① 提供机体能量；② 促进细胞膜脂类物质合成；③ 可能预防和治疗溃疡性结肠炎；④ 可预防结肠肿瘤；⑤ 对内源性胆固醇的合成有抑制作用。目前，短链脂肪酸在临床上已有一定的应用。

四、膳食脂肪的营养学评价

膳食脂肪的营养价值可从以下五个方面进行评价。

(1) 脂肪的消化率：食物脂肪的消化率与其熔点密切相关。熔点低于体温的脂肪，其消化率可高达97%～98%；高于体温脂肪的消化率约90%左右，如一些动物的脂肪组织；熔点高于50℃的脂肪较难消化。含不饱和脂肪酸和短链脂肪酸越多的脂肪，熔点越低，越容易消化，一般植物脂肪的消化率要高于动物脂肪。

(2) 必需脂肪酸的含量：一般植物油中亚油酸和α-亚麻酸含量高于动物脂肪，其营养价值优于动物脂肪。但也有例外，如椰子油中亚油酸含量很低，其不饱和脂肪酸含量也少。

(3) 提供的各种脂肪酸的比例：不饱和脂肪酸虽然对人体健康有很多益处，但易产生脂质过氧化反应，进而生成自由基和活性氧等物质，对组织细胞造成一定损伤。因此，膳食中各种脂肪酸之间的适当比例较之含量在营养学上更为重要。

(4) 脂溶性维生素的含量：一般来说，脂溶性维生素含量高的脂肪，其营养价值也高。植物油中富含维生素E，特别是谷类种子的胚油(如麦胚油)维生素E的含量更加丰富。动物脂肪几乎不含维生素，而器官脂肪如肝脏脂肪含维生素 A、D 丰富,某些海产鱼肝脏脂肪中含量更高,奶和蛋的脂肪中维生素 A、D 亦较丰富。

(5) 某些有特殊生理功能的脂肪酸含量:如鱼类脂肪,尤其是鱼油中含有丰富的 DHA 和 EPA,也是衡量食物脂肪营养价值的重要指标。

五、脂类的食物来源及膳食参考摄入量

膳食脂肪主要来源于动物脂肪组织、肉类以及植物的种子。通常,动物脂肪含饱和脂肪酸和单不饱和脂肪酸多,多不饱和脂肪酸含量较少。相比较,植物油中主要含有不饱和脂肪酸,一般不含有胆固醇。亚油酸普遍存在于植物油中,亚麻酸在豆油和紫苏籽油中较多,鱼(深海鱼)及贝类食物相对含二十碳五烯酸和二十二碳六烯酸较多。

含磷脂较多的食物有蛋黄、肝脏、大豆、麦胚和花生等。含胆固醇丰富的食物有动物脑、肝、肾等内脏和蛋类;此外,肉类和奶类也含有一定量的胆固醇。

无论来源于动物还是植物,脂肪(或油)都是高能量物质。脂肪摄入过多,可导致肥胖、心血管疾病、高血压和某些癌症发病率的升高。2000 年,中国营养学会在制订《中国居民膳食营养素参考摄入量》时,参考各国不同人群脂肪的 RDA,结合我国膳食结构的实际情况,提出成人脂肪适宜摄入量(AI),见表 4-18。

表 4-18 中国成人膳食脂肪适宜摄入量(脂肪能量占总能量的百分比)

年龄	脂肪	SFA	MUFA	PUFA	$n-6:n-3$	胆固醇(mg)
0~	45~50					
0.5~	35~40					
2~	30~35					
7~	25~30					
14~	25~30	<10	8	10	4~6:1	
成人	20~30	<10	10	10	4~6:1	<300
老年	20~30	6~8	10	8~10	4:1	<300

成人脂肪摄入量一般应控制在摄入总能量的 20%~30%。必需脂肪酸的摄入量,一般认为应不少于总能量的 3%;而 $n-6$ 系列和 $n-3$ 系列脂肪酸的推荐摄入量,目前仅加拿大于 1990 年做出了推荐($n-3$ 脂肪酸摄入不低于总能量摄入的 0.5%,$n-6$ 系列脂肪酸不低于总能量的 3%)。大多数学者建议 $n-3$ 系列脂肪酸与 $n-6$ 系列脂肪酸的摄入比例为 1:4~6 较适宜。一般来说,只要注意摄入一定量的植物油,便不会造成必需脂肪酸的缺乏。鉴于目前人群中 $n-3$ 系列和 $n-6$ 系列脂肪酸比例构成异常的现象,建议应多摄入富含 $n-3$ 系列脂肪酸。

饱和脂肪酸虽然可使血中低密度脂蛋白胆固醇(LDL-C)水平升高,与心血管疾病的发生有关。但因为其不易被氧化产生有害的氧化物、过氧化物等,一定量的饱和脂肪酸有助于 HDL 的形成,因此人体不应完全限制饱和脂肪酸的摄入。

随着我国食品工业的迅猛发展,人们对食物色、香、味及多样化的要求,含反式脂肪酸的食物越来越多的出现在居民饮食中。由于反式脂肪酸对机体的不利影响,因此要注意限制这类脂肪酸的摄入。

第三节 碳水化合物

碳水化合物是重要的食物能量来源,不同的国家或个体、人群,碳水化合摄入有很大的差别。不同文化和经济水平的地区,由碳水化合物食物提供的能量占食物总能量的 40%~80%。此外,碳水化合物还是蛋白质、维生素、矿物质和其他食物成分的重要载体,主要来源于谷类(大米、小麦、玉米、大麦、小米、高粱等)。

一、碳水化合物的术语和分类

早期人们认为,碳水化合物是由碳和水组成的,表达式为 $C_m(H_2O)_n$,即 C:H:O 的摩尔比为 1:2:1,因此才用碳水化合物这个术语。后来发现,有些化合物按其结构和性质应属于糖类化合物,但并不符合通

式;而有些化合物组成虽符合通式,但结构和性质却与糖类化合物不同。所以,碳水化合物的名称并不准确,但因使用已久,迄今仍在沿用。碳水化合物是一类分子质量很大的化合物,目前,常根据聚合度(degree of polymerization,DP,单体数量)进行分类。根据FAO/WHO新的分类,碳水化合物包括单糖、寡糖和多糖三类,见表4-19。

表4-19 主要的碳水化合物

分类(糖分子DP)	亚　组	组　　成
糖(1~2)	单糖	葡萄糖、果糖、半乳糖、阿拉伯糖
	双糖	蔗糖、麦芽糖、乳糖、异构蔗糖、异构乳糖、海藻糖
	糖醇	山梨醇、甘露糖醇、木糖醇、麦芽糖醇、乳糖醇
寡糖(3~9)	异麦芽低聚寡糖	麦芽糖精
	其他寡糖	大豆低聚糖、低聚果糖、低聚乳果糖、低聚木糖
多糖(≥10)	淀粉	直链淀粉、支链淀粉、变性淀粉
	非淀粉多糖	纤维素、半纤维素、果胶、亲水物质

1. 糖　糖是指能够准确测定的碳水化合物,包括单糖、双糖和糖醇,而通常意义的糖是指纯蔗糖。

(1) 单糖:单糖是最简单的糖,通常条件下不能再被直接水解为更小分子的糖,具有醛基或酮基,分别称为醛糖或酮糖。常见的单糖有以下几种。

葡萄糖(glucose):即D-葡萄糖,又名右旋糖。葡萄糖主要由淀粉水解而来,还可以来自蔗糖、乳糖等的水解。它是最易被机体吸收、利用的单糖,同时也是构成多种寡糖和多糖的基本单位。人体的各个器官都能利用葡萄糖作为能量来源和合成多种生物大分子化合物,如核糖核酸、核糖和脱氧核糖、糖蛋白、糖脂、黏多糖等。

实际上,人体中的某些器官完全依靠葡萄糖供给所需的能量,如:大脑每日需100~120 g葡萄糖供给能量。在饥饿状态下,人体内贮存的糖原很快耗尽,心脏和肌肉一方面可利用脂肪酸作为能量供给者,另一方面也可利用肝脏产生的酮体。但是,大脑所需的能量则必须由能在体内转变为糖的氨基酸(生糖氨基酸)提供,且只有在长期、绝对饥饿时,大脑才适应这一变化,对葡萄糖的需要量减少至40~50 g。此外,肾髓质、肺组织和红细胞等器官也必须依靠葡萄糖供能。因此,机体内血糖含量需保持相对恒定(正常为每100 mL血中80~120 mg),这对于保证上述组织的能源供应具有重要的意义。

果糖(fructose):即D-果糖,又名左旋糖,它是一种己酮糖。果糖是天然碳水化合物中甜味最高的糖。若以蔗糖甜度为100,果糖的相对甜度可达170,而葡萄糖的甜度仅为74。果糖通常与蔗糖共同存在于水果汁及蜂蜜中,苹果及番茄中含量亦较多。在食品工业中,通常将玉米淀粉水解制成玉米糖浆或高果糖浆应用于生产。机体内的果糖主要是由肠道的二糖酶将蔗糖分解为葡萄糖和果糖而来,部分果糖被吸收时由肠黏膜细胞转变成了葡萄糖和乳酸。肝脏是实际利用果糖唯一的器官,它可将果糖迅速转化,所以在整个循环血液中果糖的含量很低。

由于果糖在体内的代谢不受胰岛素的制约,所以糖尿病患者可食用果糖,但大量食用也可产生副作用,静脉注射大量的果糖会导致中毒,可出现恶心、上腹部疼痛及体内不同区域的血管扩张现象,还可能引起高乳酸血症以及肝、肠道细胞超微结构的变化。此外,大量摄入果糖,还可引起肝脏中三酰甘油合成增多,导致高三酰甘油酯血症,同时还出现血清胆固醇水平不同程度的升高。

半乳糖(glactose):即D-半乳糖,又名脑糖。此糖几乎全部以结合形式存在。它是乳糖、蜜二糖、水苏糖、棉子糖等糖的组成成分之一。某些植物多糖如琼脂、阿拉伯树胶、牧豆树树胶、落叶松树胶以及其他多种植物的树胶及黏浆液水解后都可得到D-半乳糖。

半乳糖为白色晶体,D-半乳糖和L-半乳糖均天然存在。食物中的半乳糖主要来自奶类所含的乳糖。D-半乳糖作为乳糖结构的一部分存在于牛奶中,牛奶中的乳糖被人体分解为葡萄糖和半乳糖后被吸收利用。哺乳期婴儿所需能量的20%由乳类中的乳糖提供。正常情况下,乳糖进入肠道后即被水解成半乳糖和葡萄糖被肠黏膜吸收。半乳糖被吸收后在肝细胞内依次经半乳糖激酶、半乳糖-1-磷酸尿苷酰转移酶和尿苷二磷酸半乳糖表异构酶作用,最终生成 L-磷酸葡萄糖,进入葡萄糖代谢途径。人的肝脏将半乳糖转化为葡萄糖的能力很强,血液中的半乳糖在半小时内即有 50% 被转化。

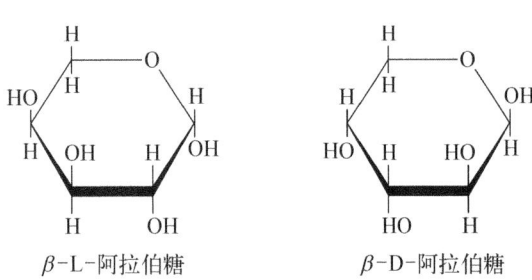

α-D-葡萄糖　　　　　α-D-半乳糖　　　　　α-D-果糖

阿拉伯糖(arabinose):又称 L(+)-树胶醛糖、L(+)-阿戊糖、果胶糖等。广泛存在于植物中,通常与其他单糖结合,以杂多糖的形式存在于胶体、半纤维素、果胶酸、细菌多糖及某些糖苷中。L-阿拉伯糖含量较高的植物组织有玉米皮、玉米棒芯、稻子、麦子等谷类以及甜菜、苹果等植物细胞壁的半纤维素和果胶质中。

L-阿拉伯糖为白色结晶性粉末,无气味,有甜味(甜度为蔗糖的 50% 左右)。但溶解度低于蔗糖,对热和酸有较高的稳定性。L-阿拉伯糖主要具有两项功能,一是能抑制水解双糖的酶,即可以抑制由于摄入蔗糖而导致的血糖升高;二是由于 L-阿拉伯糖对双糖水解酶有抑制作用,使在小肠里没被分解的蔗糖在大肠里被微生物分解产生出大量的有机酸,这种有机酸对肝脏合成脂肪有抑制作用,从而减少体内新脂肪的产生。

β-L-阿拉伯糖　　　　β-D-阿拉伯糖

除了上述几种重要的单糖外,食物中还有少量的戊糖,如核糖(ribose)、脱氧核糖(deoxyribose)、木糖(xylose)。前两种糖可以在动物体内合成,后一种糖主要存在于水果和根、茎类蔬菜之中。

(2) 双糖:双糖是由两个相同或不同的单糖分子通过糖苷键连接而成的化合物。自然界最常见的双糖是蔗糖、麦芽糖及乳糖。此外还有异构蔗糖、异构乳糖、海藻糖、异麦芽糖、纤维二糖、壳二糖等。

蔗糖(sucrose):俗称白糖、砂糖或红糖。它是由 D-葡萄糖的半缩醛羟基与 D-果糖的半缩醛羟基脱水缩合而成。蔗糖几乎普遍存在于植物界的叶、花、根、茎、种子及果实中。在甘蔗、甜菜及槭树汁中含量尤为丰富。蔗糖是食品工业中重要的提供能量的甜味物质,在人类营养学上有着重要的意义。

蔗糖被食用后,在胃肠中由转化酶转化成葡萄糖和果糖,一部分葡萄糖随着血液循环运往全身各处,在细胞中氧化分解,最后生成二氧化碳和水并产生能量,为脑组织、人体的肌肉活动等提供能量并维持体温。血液中的另外一部分葡萄糖——血糖,除了供细胞利用外,多余的部分可以被肝脏和肌肉等组织合成糖原而贮存起来。当血糖含量由于消耗而逐渐降低时,肝脏中的肝糖原可以分解成葡萄糖,并且陆续释放到血液中;肌肉中的肌糖原则作为能源物质,供给肌肉活动所需的能量。

很多动物实验表明,大量食用蔗糖是有害的,特别是容易造成龋齿。蔗糖容易发酵,如果不注意保持口腔卫生,黏附在牙齿上的食物和含有蔗糖的甜食,被口腔中的细菌和酵母菌利用,在牙齿上生成一层黏着力很强的不溶性葡聚糖,同时产生作用于牙齿的酸,酸会溶解牙齿的珐琅质和矿物质,从而引起龋齿。另外,也有研究证明,如果人们每天食用蔗糖的量高达 100 g 以上,就有可能使糖尿病、动脉粥样硬化和心肌梗死等发病率提高。

麦芽糖(maltose):由二分子葡萄糖通过 α-1,4 糖苷键相连而成,大量存在于发芽的谷粒,特别是麦芽中。麦芽糖是淀粉和糖原的结构成分,动物体内除淀粉水解外不含有麦芽糖。

麦芽糖多是由淀粉经酶水解而成,是食品工业中重要的糖原料。其甜度为蔗糖的 50%,在营养学上主要以供能为主。麦芽糖是食用饴糖的主要成分,制作时以淀粉为原料,在淀粉酶作用下,可得含麦芽糖为主的产物。

乳糖(lactose):由一分子 D-葡萄糖和一分子 D-半乳糖通过 β-1,4 糖苷键相连而成。乳糖只存在于各种哺乳动物的乳汁中,其浓度为 4%～7%。人体消化液中的乳糖酶可将乳糖水解为相应的单糖。

乳糖对婴儿有着重要的意义，它是婴儿主要食用的碳水化合物。乳糖能保持婴儿肠道中最合适的菌群数量，还能促进婴儿对钙的吸收。同时，乳糖还能保持婴儿体内水分的平衡，提供与脑和重要器官的构成有关的半乳糖，而且对淀粉的贮存也是必要的，故婴儿食品中应添加适量的乳糖。乳糖的甜度仅为蔗糖的六分之一，所以不会造成小儿对甜食的偏爱。

异麦芽酮糖（isomaltulose）：又叫异构蔗糖、帕拉金糖，1957年由德国学者发现并制取的。它在蜂蜜和甘蔗汁中微量存在，是由葡萄糖与果糖以 α-1,6 糖苷键相连的右旋糖，也可由蔗糖异构酶（α-葡萄基转移酶）将蔗糖转化制取。

异麦芽酮糖甜度约为蔗糖的42%，甜味纯正，与蔗糖基本相同，无不良后味。但耐酸性强，不易水解（20%溶液在 pH2.0 时 100℃ 加热 60 min 仍不分解，蔗糖在同样条件下可全部水解）。热稳定性比蔗糖低，有还原性，易溶于水，在水中的溶解度比蔗糖低。20℃ 时为38.4%，40℃ 为 78.2%，60℃ 为 133.7%，其水溶性的黏度亦比同等浓度的蔗糖略低。

普通蔗糖进入口腔后，能够被人体迅速吸收，而异麦芽酮糖在进入口腔后，唾液并不能将其水解，所以它不能被口腔中的细菌、酵母菌利用产酸和发酵，也不能生产黏着力很强的不溶性葡聚糖，故不会导致龋齿。只有到达小肠以后部分经蔗糖异构酶水解成葡萄糖和果糖，才被机体吸收、参与正常代谢。部分异麦芽酮糖由肠内微生物缓慢分解，由于分解十分缓慢，所以使人体对糖的吸收和利用达到了平衡，不会使血糖浓度升高。故糖尿病患者可以食用含有该糖的甜制品。另外，异麦芽酮糖能刺激肠道内有益菌群的生长和繁殖，优化人体的消化系统，可起到防止便秘和预防肠癌的作用。

异构乳糖：又叫异构化乳糖，是由一分子半乳糖和一分子果糖组成，自然界不存在。它是通过不同的加工处理后得到的。工业上可以用生产干酪的副产物乳清中的乳糖，在氢氧化钠作催化剂条件下，进行加热使其异构化，再经离子交换、脱色、浓缩、结晶等工序制取。在反应物中加入硼酸盐有助于异构化反应。异构乳糖外观为白色结晶，甜度是蔗糖的0.6倍，黏度低、热值低、易溶于水、性能稳定而且安全性高。

人体内没有分解异构乳糖的酶，所以在小肠内不能被消化、吸收。但在大肠内可被所有的双歧杆菌利用，使 pH 降低，抑制腐败细菌及病原菌的生长，对改变肠内菌种、保持肠道正常功能、防病、抗老化及防止肠癌等起重要作用。

如果是人工喂养婴儿，可在奶粉中加入 0.5% 的异构化乳糖，使婴儿肠内双歧杆菌比例增加以接近母乳育儿。对促进婴儿生长发育，增强抵抗力，降低患病率都有一定的改善。

海藻糖（trehalose）：又称漏芦糖。是一种安全、可靠的天然糖类，它是由两个葡萄糖分子以 1,1-糖苷键构成的非还原性糖，有三种异构体即海藻糖、异海藻糖和新海藻糖。海藻糖在自然界中许多可食动植物及微生物体内都广泛存在，如蘑菇类、海藻类、豆类、虾、面包及发酵食品。

海藻糖在高温、高寒、高渗透压及干燥失水等恶劣环境条件下在细胞表面能形成独特的保护膜，有效地保护蛋白质分子不变性失活，维持生命体的生命过程和生物特征。这一独特的功能特性，使得海藻糖不仅可以作为蛋白质药物、酶、疫苗和其他生物制品的优良活性保护剂，还可作为防止食品劣化、保持食品新鲜风味、提升食品品质的独特食品配料。其次，海藻糖具有天然食用甜味剂的功能可广泛应用于饮料、巧克力及糖果、烘烤制品和速冻食品。

（3）糖醇：糖醇是单糖的重要衍生物，常见糖醇有山梨糖醇、甘露醇、木糖醇、麦芽糖醇等。

山梨糖醇（sorbitol）又叫葡萄糖醇，广泛存在于许多植物的果实中，如苹果、梨、葡萄等。山梨糖醇可通过氢化葡萄糖制得，由于它含有多个醇羟基，亲水性强，甜度为蔗糖的一半。临床上，常用20%或25%的山梨糖醇溶液作脱水剂，使周围组织及脑组织脱水，从而降低颅内压，消除水肿。山梨糖醇被人体吸收后每克供能约 4 kcal（17 kJ），代谢时不转化为葡萄糖，而是转化为果糖，故不受胰岛素的控制，适合作糖尿病等患者的甜味剂。此外，因其具有很强的吸湿性，可做糕点等食品的保湿剂。

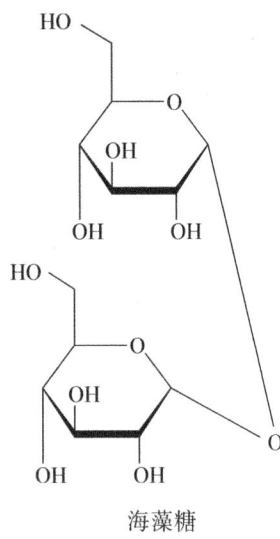

海藻糖

甘露醇（mannitol）是一种己六醇，与山梨糖醇是同分异构体。山梨糖醇的吸湿性很强，而甘露醇完全没有吸湿性。甘露醇有甜味，其甜度相当于蔗糖的70%。目前，世界上工业生产甘露醇主要有两种工艺，一种是以海带为原料，在生产海藻酸盐的同时，将提碘后的海带浸泡液，经多次提取、除杂、蒸发浓缩、冷却结晶而得；另一种是以蔗糖和葡萄糖为原料，通过水解、差向异构酶异构，然后加氢而得。

因溶解时吸热，有甜味，对口腔有舒服感，故更广泛用于醒酒药、口中清凉剂等咀嚼片的制造，其颗粒型专作直接压片的赋形剂。甘露醇可用作硝酸甘油片的基料。

木糖醇（xylitol）是天然存在于多种水果、蔬菜中的五碳糖醇，如香蕉、黄梅、草莓、胡萝卜、洋葱、莴苣、花椰菜、茄子、蘑菇等均有存在。工业上常用玉米芯和甘蔗渣等水解制成木糖后氢化获得。

木糖醇甜度与蔗糖相等，代谢不受胰岛素调节，故木糖醇常作为甜味剂用于糖尿病患者的专用食品及许多药品中。此外，木糖醇不能被口腔细菌发酵利用，因而对牙齿无害。许多研究表明，它不仅不会形成龋齿，还可以通过阻止新龋齿形成和原有龋齿的继续发展，改善口腔卫生。因而被用作具有阻止或抑制龋齿生成的无糖糖果的甜味剂。

山梨糖醇　　木糖醇

麦芽糖醇（maltitol）是由麦芽糖经氢化还原制成的双糖醇。工业上，其生产工艺可分为两大部分，第一部分是将淀粉水解制成高麦芽糖浆，第二部分是将制得的麦芽糖浆加氢还原制成麦芽糖醇。它是一种含有多种糖醇和氢化葡萄糖的混合物，其麦芽糖醇的含量可从50%到90%不等，故又称麦芽醇糖浆（氢化葡萄糖浆）。

麦芽糖醇摄入后，在小肠内的分解量是同量麦芽糖的1/40，所以是非能源物质，不会使血糖升高，也不增加胆固醇和中性脂肪的含量。因此，可作为功能性甜味剂用于心血管病、糖尿病等患者的保健食品中。另外，麦芽糖醇也不能被口腔中的微生物利用，有预防龋齿作用。

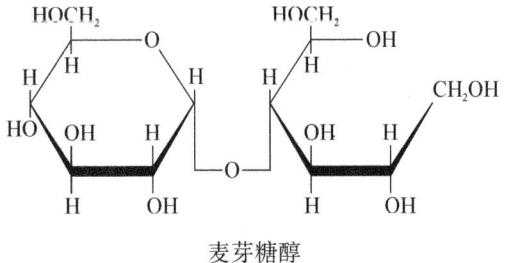
麦芽糖醇

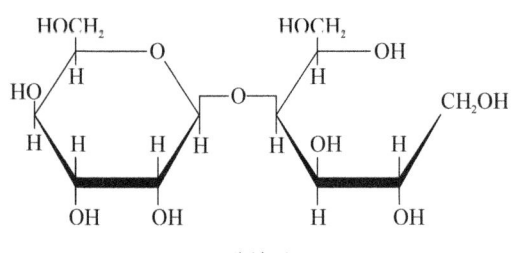
乳糖醇

乳糖醇(lactitol)是由乳糖催化加氢制成,有无水物、一水物、二水物及水溶液(40%)的不同。乳糖醇呈白色结晶或结晶性粉末,或无色液体。其甜度为蔗糖的30%~40%,热量约为蔗糖的一半。稳定性高、不吸湿,但极易溶于水,10%水溶液的pH为4.5~8.5。

乳糖醇在肠道内几乎不被消化吸收,通常的摄入量不会导致血糖和胰岛素的明显变化,所以可供糖尿病和肥胖病人食用,同时也可以作为预防龋齿的无糖糖果。

2. 寡糖

寡糖又称低聚糖。FAO/WHO根据专家建议,定义糖单位≥3和<10为寡糖。低聚糖在食品中存在的不多。目前已知的几种重要寡糖有棉子糖(三糖)、水苏糖(四糖)、毛蕊花糖(五糖)、异麦芽低聚糖、低聚果糖、低聚甘露糖、大豆低聚糖等。其甜度通常只有蔗糖的30%~60%。

(1) 低聚果糖:低聚果糖(fructo oligosaccharide) 又称寡果糖或蔗果三糖族低聚糖,是在蔗糖分子的果糖残基上结合1~3个果糖而组成,分别称为蔗果三糖、蔗果四糖、蔗果五糖。低聚果糖主要存在于日常食用的水果、蔬菜中,如洋葱、大蒜、香蕉等,也存在于一些谷物中,如小麦、燕麦等,含量都很低,不易提取。工业上,多用果糖基转移酶由发酵法生产。

低聚果糖的甜度为蔗糖的30%~60%,难以被人体消化吸收,被认为是一种水溶性膳食纤维,但易被大肠中的双歧杆菌利用,使之大量增殖,可以防止肠道腐败菌和病原菌的生长,抑制肠内腐败和诱癌物质的生成,同时可促进肠道蠕动,防止便秘。此外,低聚果糖使双歧杆菌增殖而使之产生B族维生素,以提高机体免疫力。

蔗果三糖　　　　　　　蔗果四糖　　　　　　　蔗果五糖

(2) 大豆低聚糖:大豆低聚糖(soybean oligosaccharide)是存在于大豆中的可溶性糖的总称,主要成分是水苏糖、棉子糖,同时含有少量的蔗糖和其他成分。棉子糖是由半乳糖、蔗糖组成。其半乳糖与蔗糖的葡萄糖基以α-1,6糖苷键相连。水苏糖是由棉子糖和半乳糖构成的,它是在棉子糖的半乳糖基一侧再连接一个半乳糖构成。成熟的大豆中的水苏糖和棉子糖干基含量分别是1%~3%和3.7%。

食品工业上,大豆低聚糖是通过生产浓缩或分离大豆蛋白时的副产物大豆乳清后,进一步分离制取的。其甜味是蔗糖的70%,热值为蔗糖的50%;但改良后的大豆低聚糖只含有棉子糖和水苏糖,其甜度仅为蔗糖的22%。

大豆低聚糖糖浆外观无色透明,黏度比麦芽糖低。在酸性条件下,加热处理,比果糖、低聚糖和蔗糖稳定,一般加热至140℃时才开始热解,可用于需要进行加热杀菌的酸性食品。大豆低聚糖也可代替部分蔗糖作为低热量甜味剂。它的吸湿性比蔗糖小,水分活性接近蔗糖,可用于清凉饮料、酸奶、乳酸菌饮料、冰淇淋、面包、糕点、糖果、焙烤食品和巧克力食品中。

人体由于缺乏 α-D-半乳糖苷酶而不能水解棉子糖(raffinose)和水苏糖(stachyose),但它们是肠道双歧杆菌的增殖因子。经过大豆低聚糖增殖后的双歧杆菌通过磷脂酸与肠黏膜上皮细胞相互配合作用,占据肠黏膜表面,形成一层具有保护作用的生物膜屏障,阻止有害菌群的入侵,起到改善肠道环境和保护肠道的作用。

棉子糖

水苏糖

(3) 低聚异麦芽糖:低聚异麦芽糖又称分支低聚糖,是由 2~5 个葡萄糖单位构成,且其中至少有一个糖苷键由是 α-1,6 糖苷键结合的低聚糖。主要成分包括异麦芽糖、异麦芽三糖、异麦芽四糖、异麦芽五糖等。在自然界,低聚麦芽糖很少游离存在。工业上常用淀粉水解后,由微生物发酵制成。其甜度随三糖、四糖、五糖等聚合度的增加而逐渐降低,通常为蔗糖的 30%~60%。

低聚麦芽糖不能被人体消化吸收,但可以被肠道中的双歧杆菌利用,促进其增殖,以抑制肠道有害菌繁殖。据报告,人体在摄入低聚异麦芽糖后,粪便中的组胺、酪胺、二甲基二硫醚、二乙基二硫醚等显著降低。由于双歧杆菌大量增殖后,可使之在肠道内自行合成维生素 B_1、维生素 B_2、维生素 B_6、维生素 B_{12},以及烟酸、叶酸等 B 族维生素,所以可提高机体免疫力。另外,低聚麦芽糖不能被口腔中的微生物利用,不会引起龋齿。

(4) 低聚乳果糖:低聚乳果糖是将蔗糖分解产生的果糖基转移到乳糖还原性末端 C_1 的羟基上,生成半乳糖基蔗糖而成。它是由半乳糖、葡萄糖和果糖三个单糖相连构成的,通常以乳糖和蔗糖按 1∶1 为原料,在 β-呋喃果糖苷酶催化作用下制成。

低聚乳果糖是非还原性低聚糖,甜度是蔗糖的 30%~50%。低聚乳果糖几乎不被人体利用,所以摄入后也不会引起血糖和胰岛素水平的波动,可供糖尿病患者食用。此外,它也具有促进双歧杆菌增殖,改善肠道菌群的作用。

低聚乳果糖   木二糖

(5) 低聚木糖:低聚木糖是由木糖、木二糖及少量木聚糖构成。其木二糖含量越高,低聚木糖产品的质量越高。低聚木糖可由玉米芯、棉籽壳、甘蔗渣等原料中提取木聚糖后,通过木聚糖酶水解木聚糖制得。其主要成分木二糖是由二分子木糖以 β-1,4 糖苷键相连,甜度为蔗糖的 40%。

低聚木糖也不被人体消化吸收,但可被肠道中的双歧杆菌利用,促其增殖,从而防止结肠病的发生。

3. 多糖 根据新的营养学分类,多糖是由大于或等于 10 个单糖分子脱水缩合并借糖苷键彼此连接而成的高分子聚合物。多糖的性质与单糖、低聚糖不同,一般不易溶于冷水,无甜味,不形成结晶,没有还原性。在酶或酸的作用下,多糖可水解成单糖残基不等的片段,最后成为单糖。多糖可分为淀粉和非淀粉多糖两大部分。淀粉包括直链淀粉、支链淀粉和改性淀粉。非淀粉多糖包括纤维素、半纤维素、果胶、β-葡聚糖、果聚糖,以及植物胶、树胶、藻类多糖等,这些非淀粉多糖也是膳食纤维的主要组成成分。

根据化学组成分类,多糖可分为同多糖和杂多糖。同多糖指由同一单糖单位构成的多糖,如淀粉就是由单一的葡萄糖组成;杂多糖由不同的单糖分子残基和糖醛酸等分子组成,如果胶是由半乳糖醛酸、鼠李糖、阿拉伯糖等构成的多糖,黄原胶则是由 D-葡萄糖、D-甘露糖和 D-葡萄糖醛酸按 2∶2∶1 构成的多糖。

(1) 淀粉:淀粉(starch)是人类的主要食物,主要存在于谷类中,植物的根、茎、叶、种子、水果和许多高等植物的花粉中也有存在。食品中,常用的淀粉主要是从谷物种子(如玉米、小麦、大米)以及块根类(如马铃薯、甘薯、木薯、芋头等)制成的。淀粉是由葡萄糖聚合而成,因聚合方式不同分为直链淀粉和支链淀粉。为了增加淀粉的用途,淀粉经改性处理后,获得了各种各样的变性淀粉。

淀粉颗粒不溶于水,但容易水合,并吸水膨胀约 10% 的体积,经过加热后迅速膨胀,直到颗粒破裂,溶液的黏度增加、旋光性和折射性消失,此时的淀粉为糊化淀粉。糊化淀粉冷却后,形成具有弹性的凝胶,随着时间的延长、直链淀粉的线状链和支链淀粉的短链可重新排列,并由氢键缔合形成了不溶性的物质,这个过程称淀粉的老化或反生、回生。通常情况下,直链淀粉容易老化,而支链淀粉则老化速度比较慢,且不完全。

① 直链淀粉(amylose)又称糖淀粉,由 1 000 个左右葡萄糖分子残基以 α-1,4 糖苷键相连而成的一条线性聚合物,并卷曲成螺旋状二级结构,相对分子质量为 1 万~10 万。直链淀粉在热水中可以溶解,与碘产生蓝色反应,一般不显还原性。天然食品中,直链淀粉含量较少,一般仅占淀粉含量的 19%~35%。现已知许多直链淀粉中,可含有少量 α-1,6 分支点的糖苷键(占总糖苷键的 0.3%~0.5%)。由于其支链点很少,距离又很远,所以其物理性质基本和直链淀粉相同。通常的谷物淀粉含 20%~30% 的直链淀粉,高直链淀粉(玉米、大麦)可含有 50%~70% 的直链淀粉。

② 支链淀粉(amylopectin)又称胶淀粉,分子质量相对较大,一般由几千个葡萄糖残基组成,其中每 25~30 个葡萄糖残基以 α-1,4 糖苷键相连而形成许多个短链,每两个短链之间又以 α-1,6 糖苷键连接,如此则使整个支链淀粉分子形成许多分支再分支的树冠样的复杂结构。其中 α-1,6 糖苷键占总糖苷键的 5%~6%。支链淀粉难溶于水,其分子中有许多个非还原性末端,但却只有一个还原性末端,故不显现还原性。支链淀粉遇碘产生棕色反应。在食物淀粉中,支链淀粉含量较高,一般占 65%~81%。对于从糯玉米、糯米、黏高粱、黍米等谷物中提取的支链淀粉的含量可高达 100%。

③ 改性淀粉又叫变性淀粉。改性淀粉是由天然淀粉经过适当化学、物理、甚至基因工程的方法,使分子结构及理化性质发生变化,生成淀粉的衍生物。天然淀粉由于水溶性差、容易老化的特点而不能满足现代食品工业的发展,改性淀粉则弥补了天然淀粉的缺点。天然淀粉通过改性后,大大提高了其溶解度、透明度;还可以提高或降低淀粉糊的黏度;促进或抑制凝胶的形成及增加凝胶的强度,还可提高凝胶的稳定性;另外,改性淀粉的乳化性和冻融稳定性也有很大的改善,还有它的成膜性、耐酸、耐碱、耐热和耐剪切力等都有所改善。

目前,工业改性淀粉大部分来自玉米、马铃薯、木薯和蜡质淀粉等。不同类型的改性淀粉可满足不同的生产工艺。工业上,可利用它们不同的优点来满足不同的产品需求,如食品加工中,可利用它们生产出具有优良外观、质地、口感和更好的货架稳定期的各种食品。

在食品工业中,常用的改性淀粉主要有取代淀粉(substituted starch)和交联淀粉(cross-linked starch)。它们由支链和直链淀粉葡萄糖单位上的少量羟基与某些化学基团发生反应制成,并且大部分在淀粉的表面和无定性区反应,使其只改性而不破坏淀粉颗粒的性质。取代淀粉是由淀粉的葡萄糖单元上的羟基被不同的功能基团取代而制成的。因生产工艺及成本因素,现在改性淀粉取代度大部分在 0.01~0.2(也有达到 1.

支链淀粉

直链淀粉

0 的取代度）。取代度越大的变性淀粉，热加工糊化后分子的重新排列和链间的缔合能力缩小，也就是抑制了淀粉老化的倾向，增加其热稳定性。常见的取代淀粉有磷酸淀粉和羟丙基淀粉等。交联淀粉是以淀粉为原料，通过三氯氧磷、三偏磷酸钠、己二酸、六偏磷酸盐为交联剂，氢氧化钠为催化剂，对淀粉进行交联，交联后的淀粉其透光率降低，耐酸碱性、耐机械加工，耐剪切性增强，凝胶性能提高，但吸水能力减弱。

④ 抗性淀粉（resistant starch）又称抗酶解淀粉及难消化淀粉。其存在于某些天然食品中，如马铃薯、香蕉、大米等都含有抗性淀粉，特别是高直链淀粉的玉米淀粉中，含抗性淀粉高达 60%。它在小肠中不能被消化吸收，但在大肠中可以与挥发性脂肪酸起发酵反应。这种淀粉较其他淀粉难降解，在体内消化缓慢，吸收和进入血液都较缓慢。其性质类似溶解性纤维，具有一定的瘦身效果，近年来开始受到人们的青睐。根据抗性淀粉在体内的吸收情况可分为以下三种不同类型。

- 生理受限淀粉：此类淀粉在食品基质内，因受生理作用限制，使机体分泌的消化酶难以发挥作用。它们存在于整粒或部分碾磨的谷物种子和豆类中，数量受食品加工影响，并可通过碾磨减少或消失。
- 特殊淀粉颗粒：在一些植物中，如生马铃薯和青香蕉中，存在的天然的淀粉颗粒。这些淀粉颗粒可抑制 α-淀粉酶的作用，这可能与该类淀粉颗粒的结晶区对酸和酶的作用不敏感有关。但糊化的马铃薯和青香蕉淀粉却能被 α-淀粉酶消化，糊化的淀粉被酶消化比生淀粉要快得多。
- 老化淀粉：淀粉在烹调、糊化后，随时间的延长，其淀粉分子重新排列、缔合形成不溶性沉淀。

长期以来，人们认为淀粉可被机体完全消化吸收，但研究发现抗性淀粉在小肠内仅部分消化或不被消化，而在结肠内可被发酵并完全吸收，所以认为抗性淀粉也有类似膳食纤维的生理作用。

糖原（glycogen）又称肝糖，它是由 D-葡萄糖聚合而成，几乎全部存在于动物组织中，故又称动物淀粉。糖原主要贮藏于肝细胞及肌细胞质中，其他大部分组织如心肌、肾脏、脑等，也含有少量糖原。低等动物和某些微生物如真菌、酵母菌中，也含有糖原或糖原类似物。其形状为大小不等的颗粒，遇碘则变褐色，易溶于水。

糖原结构与支链淀粉相似，分子中各葡萄糖残基间通过 α-1,4 糖苷键相连，链与链之间以 α-1,6 糖苷键连接。糖原的分支多，支链比较短。每个支链平均长度相当于 12~18 个葡萄糖分子。糖原的分子很大，一般由几千个至几万个葡萄糖残基组成。

（2）非淀粉多糖：非淀粉多糖是指淀粉以外的多糖，也称膳食纤维。它包括纤维素、半纤维素、果胶、木质素等。它们是非细胞壁物质如植物胶质、海藻胶类等，其中 80%~90% 的非淀粉多糖（non starch polysaccharides，NSP）由植物细胞壁成分组成。非淀粉多糖是由若干单糖通过糖苷键连接成的多聚体，包括

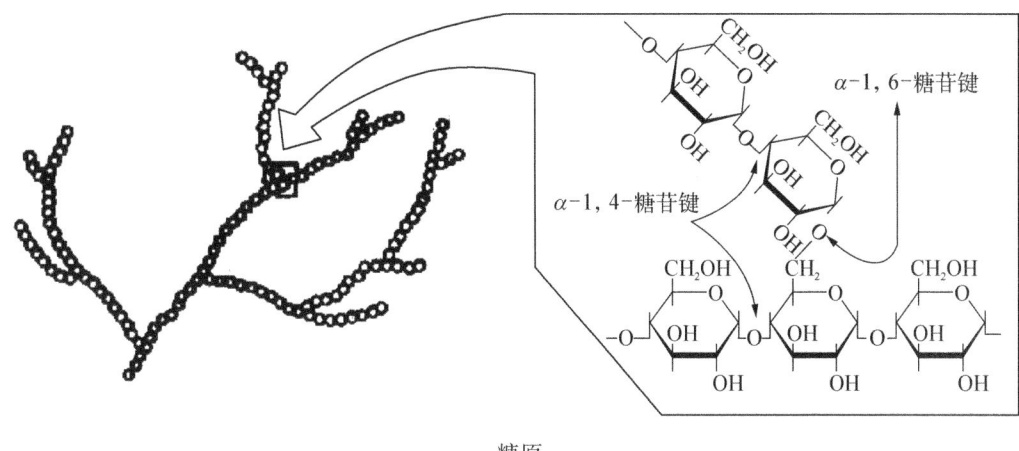

糖原

除 α-葡聚糖以外的大部分多糖分子。

非淀粉多糖是根据提取和分离多糖所采用的方法进行分类的。细胞壁经一系列碱提取后，剩余的不溶物叫纤维素，溶在碱液中的物质称为半纤维素。但人们发现，依据其溶解度分类有失精准。非淀粉多糖一般分为3大类，即纤维素、非纤维多糖（半纤维素性聚合体）和果胶聚糖，非纤维多糖又包括木聚糖、β-葡聚糖、甘露聚糖、半乳聚糖等。

① 纤维素(cellulose)是植物细胞壁的主要结构成分，一般由数千至万个葡萄糖残基由 β-1,4 糖苷键相连，形成不分支的一条线状、均一的长链，相对分子质量为 20 万～200 万。因人体内的消化酶只能水解 α-1,4 糖苷键，故纤维素不能被人体消化酶分解吸收。但它可刺激和促进胃肠道的蠕动，有利用于其他食物的消化吸收及粪便的排泄。纤维素有一定的抗机械强度、抗生物降解、抗酸水解和低水溶性，这可能是由于来自微纤维的氢键缔合。纤维素（包括改性纤维素）在食品工业中常被作为增稠剂应用。

② 半纤维素(hemicellulose)是由 2～4 种不同的单糖或衍生单糖构成的杂多糖，由 150～200 个糖基单位组成，分子质量比纤维素小得多。半纤维素组成的糖基单位包括木糖、阿拉伯糖、半乳糖、甘露糖、葡萄糖、葡萄糖醛酸和半乳糖醛酸。一般主链由木聚糖、半乳聚糖或甘露聚糖组成，支链则带有阿拉伯糖或半乳糖。半纤维素也是组成植物细胞壁的主要成分，一般与纤维素共存。半纤维素既不是纤维素的前体或衍生物，也不是其生物合成的中间产物。半纤维素分溶解性和不溶解性，谷粒中可溶性半纤维素称戊聚糖和小麦中的 β-(1,3)(1,4)-D-葡聚糖都可形成黏稠的水溶液，且具有降低血清胆固醇的作用。它们也是大麦和燕麦中细胞物质的主要成分，其中富含 β-D-葡聚糖的燕麦糠，现已成为谷物食品中作为降低血糖、胆固醇的可溶性膳食纤维成分。半纤维素不能被人体消化酶分解，但在结肠中，可比纤维素更易被细菌分解利用。

③ 果胶(pectin)亦称果胶物质。果胶是以 D-半乳糖醛酸为主要成分的复合多糖的总称。其主链由半乳糖醛酸通过 α-1,4 糖苷键连接而成，支链上可有鼠李糖、阿拉伯糖等。果胶普遍存在于陆地植物的原始细胞壁和细胞间质层，在一些植物的软组织中含量特别丰富，例如在柑橘类水果的皮中约含 30%，甜菜中约含 25%，苹果中约含 15%。果胶因其分子中含羧基甲酯化的不同而分高甲氧基和低甲氧基果胶。果胶物质均溶于水，与糖、酸在适当的条件下能形成胶冻，一般用作果酱、果冻及果胶糖果等食品的凝冻剂，也可用作果汁、饮料、冰淇淋等食品的稳定剂。

④ 植物胶，许多植物种子中不仅贮有淀粉，还贮存有植物胶。植物胶（包括田菁胶、瓜尔胶、胡麻胶、香豆胶、亚麻籽胶等）是我国新研制开发的一类天然植物胶，从盛产植物豆中制得，主要成分是由半乳糖基和甘露糖基按约 1∶2 组成的多聚糖，还有蛋白质、纤维素、水分及少量钙、镁等无机元素。此外，还有从石花菜中提取的石花胶。

⑤ 树胶是指树木的树皮受到创伤时，可分泌出一定的胶体物质来保护和愈合伤口。不同种类的树木分泌的胶体物质不同，如阿拉伯胶树分泌的阿拉伯胶，其组成的成分复杂，主要由阿拉伯糖、鼠李糖、半乳糖及葡萄糖醛酸与半乳糖基组成的多支链多糖，平均相对分子质量为 26 万～116 万，这类树胶还有黄蓍胶、刺梧桐胶等。树胶里含有的黄酮类物质，对人的身体健康有益处。

植物胶和树胶都是水溶性胶,它们不能被人体消化酶水解,在食品工业中常作为增稠剂、稳定剂。在其他行业中,植物胶可用作石油油井压裂液的增稠剂、地质钻井冲洗液的絮凝剂、石油炼制的催化剂、选矿作业的絮凝剂和助滤剂、造纸工业的添加剂、丝绸和纺织上浆印染料、陶瓷工业中的增强剂、电池制造业中的新型涂料,建筑材料和耐火材料中的黏结剂以及食品工业中的增稠剂或稳定剂。

⑥ 海藻胶是从天然的海藻中提取的一类亲水性多糖胶。不同种类的海藻胶的化学组成和理化特性也不同,如红藻的琼脂(也称琼胶)是由琼脂糖和琼脂胶组成,其琼脂糖是由两个半乳糖基组成,琼脂胶是含有硫酸酯的葡萄糖醛酸和丙酮酸的杂多糖。褐藻的多糖胶、海藻胶和海藻盐这类糖醛酸聚合物,其结构单位是 $\alpha-1,4$ 糖苷键连接的 D-甘露糖醛酸和 $\alpha-1,4$ 糖苷键连接的 L-古罗糖醛酸。它们的性质受两种糖醛酸在分子中的比例及其位置的变化而改变。红藻中还有另一种胶叫卡拉胶,它是一种硫酸化的半乳聚糖。根据其半乳糖基上硫酸酯基团的不同,可形成不同类型和性质。

海藻胶由于在增稠性、稳定性、胶凝性、保形性、薄膜成形性等方面具有显著的优点,加上其独特的保健功能,而被广泛应用于食品加工领域。

⑦ 木质素是一种广泛存在于植物体中的无定形的、分子结构中含有氧代苯丙醇或其衍生物结构单元的芳香性高聚物。它是构成植物细胞壁的成分之一,具有使细胞相连和起抗压的作用。木质素与纤维素、半纤维素同时存在于植物细胞壁中,往往一起被摄入体内,所以也认为是膳食纤维的一部分。人和动物都不能消化木质素。

此外,很多菌类中含有多种类型的非淀粉多糖,有些多糖具有调节生理功能的活性,如香菇多糖、茶多糖、银耳多糖、壳聚糖等。

二、碳水化合物的生理功能

碳水化合物是食品工业中的重要原料和辅料之一,也是生命细胞结构的主要成分及主要供能物质,具有调节细胞活动的重要功能。

1. 供给和贮存能量 碳水化合物对机体的主要作用是提供能量,是人类获取能量的最经济和最主要的来源。由碳水化合物提供的葡萄糖可很快被机体吸收代谢并提供能量以满足机体的需要。每克葡萄糖在体内氧化可以产生 16.7 kJ 的能量。维持人体健康所需要的能量中,55%~65%由碳水化合物提供。糖原是肌肉和肝脏碳水化合物的贮存形式,肝脏约贮存机体内 1/3 的糖原。一旦机体需要,肝脏中的糖原即分解为葡萄糖以提供能量。碳水化合物在体内释放能量较快,供能也快,是神经系统和心肌的主要能源,也是肌肉活动时的主要燃料,对维持神经系统和心脏的正常供能,增强耐力,提高工作效率都有重要意义。

2. 构成组织及重要生命物质 碳水化合物是构成机体组织的重要物质,并参与细胞的组成和多种活动。每个细胞都有碳水化合物,其含量为 2%~10%,主要以糖脂、糖蛋白和蛋白多糖的形式存在。核糖核酸和脱氧核糖核酸两种重要生命物质均含有 D-核糖;细胞膜与神经组织中均含有糖脂和糖蛋白,还有一些具有重要生理功能的物质如某些抗体、酶和激素中也含有糖蛋白及蛋白多糖等。

3. 保护和节约蛋白质的作用 人体所需的能量,主要由碳水化合物提供,但是当膳食中碳水化合物供应不足时,机体为了满足自身对葡萄糖的需要,则通过糖原异生(gluconeogenesis)作用动用蛋白质以产生葡萄糖,供给能量;而摄入足够量的碳水化合物能预防体内或膳食蛋白质消耗,不需要动用蛋白质来供能。另外,当碳水化合物与蛋白质共同摄入时,体内贮存的氮比单独摄入蛋白质时多,这是因为两者一同摄入后碳水化合物可增加机体 ATP 的合成,有利于氨基酸活化与合成蛋白质,即碳水化合物对蛋白质有保护作用和节约蛋白质的作用(sparing protein action)。

4. 抗生酮作用 脂肪酸分解所产生的乙酰基需要与草酰乙酸结合进入三羧酸循环,最终被彻底氧化、分解产生能量。当膳食中碳水化合物供应不足时,草酰乙酸供应相应减少,而体内脂肪或食物脂肪由于机体缺乏能量被动员,并加速分解为脂肪酸来供应能量。在这一代谢过程中,由于草酰乙酸不足,脂肪酸不能彻底氧化而产生过多的酮体,酮体不能及时被氧化而在体内蓄积,以致产生酮血症和酮尿症。但充足的碳水化合物,可以防止上述现象的发生,因此称为碳水化合物的抗生酮作用(antiketogenesis)。

5. 维持神经系统与解毒功能　　碳水化合物对维持神经系统的功能具有重要的作用。虽然大多数体细胞可由脂肪和蛋白质代替糖作为能源，但是脑、神经和肺需要葡萄糖作为能源物质。如果血液中葡萄糖水平下降（即低血糖），脑就会由于缺乏葡萄糖而产生不良的反应。

碳水化合物具有解毒作用。体内糖原丰富则对某些细菌毒素、四氯化碳、酒精、砷等有害物质的抵抗力增强，并且能降低其毒性或缓解它们的生物活性。葡萄糖经糖醛酸途径代谢生成的葡萄糖醛酸，是体内一种重要的结合解毒剂，能与吗啡、水杨酸和磺胺类药物等结合，生成葡萄糖醛酸衍生物被排出体外，起到解毒的作用。

6. 增强肠道功能　　乳糖可促进肠中益生菌的生成，也可加强钙的吸收。抗消化的碳水化合物非淀粉多糖类，如：纤维素、半纤维素、果胶、抗性淀粉、功能性低聚糖等，虽不能在小肠内消化吸收，但能刺激肠道蠕动，增加了结肠内的发酵，发酵产生的短链脂肪酸和肠道双歧杆菌群增殖，有助于正常消化和增加排便。

三、碳水化合物的供给和膳食参考摄入量

人体对碳水化合物的需要量，一般按提供能量的百分比来表示。由于体内其他营养素也可转变为碳水化合物，因此其需要量尚难确定。1988年，中国营养学会曾建议：我国健康人群的碳水化合物供给量为总能量摄入量的60%～70%。例如，若每人一天所需的热量是2 000 kcal，来自糖类的热量是1 200～1 400 kcal，相当于300～350 g的糖类。根据目前我国膳食碳水化合物的实际摄入量和FAO/WHO的建议，于2000年制订的中国居民膳食营养素参考摄入量中的碳水化合物适宜摄入量（AI）占总能量的55%～65%。

对碳水化合物的来源也作出要求，应包括复合碳水化合物淀粉、不消化的抗性淀粉、非淀粉多糖和低聚糖等碳水化合物；限制纯能量食物如蔗糖的摄入量，对含有单糖和二糖类的食物的摄入量需要节制。根据美国饮食指标的建议，糖类摄入量并不是固定的比例，而需要根据摄入的总热量而定，当热量摄入低时，糖类摄入量也较低，例如，每天需总热量2 000 kcal以上时，糖类允许占10%；如只摄入1 500 kcal时，糖类则不宜超过6%。瑞典和挪威建议糖类摄入量不超过总热量的10%，澳大利亚建议不超过总热量的12%。目前，我国对单糖和双糖摄入的原则是少量摄入，并没有明确的比例建议。由于亚洲人体型较西方人小，总能量摄入也较低，原则上以不超过总能量的10%为宜。如果每天需要2 000 kcal热量时，单糖和双糖类的摄入不得超过200 kcal，相当于50 g；每天需热量1 500 kcal时，单糖和双糖类的摄入不得超过150 kcal，相当于38 g。

四、碳水化合物的食物来源

碳水化合物的主要来源是粮谷类和薯类食物及其相应的制品，如面包、饼干、馒头和糕点等。粮谷类一般含碳水化合物60%～80%，薯类中含量为15%～29%，豆类中为40%～60%。单糖和双糖的主要来源是蔗糖、糖果、甜食、糕点、甜味水果、含糖饮料和蜂蜜等。水果、蔬菜中不仅含有一定量的单糖及双糖，还含有丰富的膳食纤维。

各种单糖、双糖及糖果和甜食制品一般是给人体提供能量，人体所需的其他营养素相对甚少，所以这类含碳水化合物食物的营养密度及营养价值较低。各种粮食、薯类等制品，除了含有大量的淀粉外，还含有其他营养成分，如蛋白质、脂肪、维生素和矿物质等，特别是还含有较多的膳食纤维。因此，谷物和薯类是碳水化合物的良好食物来源。

第四节　水

水是生命之源，对人类生存的重要性仅次于氧气。因水一般容易获得，故容易被忽视，事实上水亦是一种重要的营养成分。人在无食物摄入时，机体可消耗自身的组织维持生命可达1周或更长时间，然而没有水任何生物都不能生存。一个绝食的人在失去体内全部脂肪以及半数蛋白质时，还能勉强维持生命。但如果失去其体内含水量的20%，就会很快死亡。

一、人体内水的含量与分布

一般人体含水量约占体重的2/3。体内的含水量与年龄、性别有关，年龄愈小，体内含水比例愈高。新生

儿的含水量可高达体重的80%，婴幼儿约为70%，成年男子的含水量约为体重的60%。成年女子为50%～55%。人体内的水与蛋白质、碳水化合物或脂肪相结合，形成胶体状态。

水在体内的分布并不均匀。细胞内的含水量约占体内总量的2/3，细胞外约为1/3；各组织器官的含水量相差很大，肌肉、肝、脑、肺、肾等含水70%～80%，皮肤含水约70%，骨骼约为20%，脂肪组织含水较少，仅约10%，血液中含水最多，约为90%。人体内各部分的体液渗透压相同。其中，水分可经常透过细胞膜或毛细血管壁进行自由交换，但各部分的总量维持稳定，保持动态平衡。

二、水的生理功能

1. 构成身体组织　水是身体构造所不可缺少的材料。所有组织中都含水。如血液的含水量可高达90%，肌肉含水70%，坚硬的骨骼中亦含水22%。

2. 水可作为各种物质的载体　许多物质都能溶于水，并解离为离子状态，发挥其重要的生理功能。即便是不溶于水的蛋白质和脂肪分子亦可悬浮水中形成胶体或乳浊液，便于机体消化、吸收和利用；水在血管、细胞之间川流不息，把氧气和营养物质运送到组织细胞，再把代谢废物排出体外。

3. 参与氧化还原反应　水在机体内直接参与氧化还原反应，是水解反应的必需组成成分。如果没有水，机体就无法维持循环、呼吸、消化吸收、分泌、排泄等生理功能。

4. 调节体温　水的比热比其他物质高，能吸收体内分解代谢活动不断产生的热量，以使体温保持不变。当外界温度≥30℃或体内产热过多时，通过蒸发或出汗使体温保持恒定；环境温度降低时，则人体可通过减少蒸发量而保持人体温度。

5. 润滑作用

水是机体的润滑剂。如泪液、唾液、关节囊液、浆膜腔液等都能在局部组织器官工作时起到润滑作用，可使器官之间免于摩擦受损，且能转动灵活。水能滋润皮肤。皮肤缺水，就会变得干燥失去弹性，显得面容苍老。

6. 防治疾病　水在防治疾病上具有一定的作用。如当胃酸分泌过多时饮水可以稀释胃液而减少胃酸对胃黏膜的损害，感染时多饮水可以促进细菌和病毒排出体外，血液稠度高多饮水可以防治血栓形成，大便干燥多饮水可以通便等。

三、水平衡

体内细胞不断进行代谢，排除废物，散发热量，都会损失水分。为了维持人体内环境的恒定，水分摄入与排出保持平衡是十分必要的。

1. 水平衡及其调节　人体每日需水量，可因年龄、膳食、气温、身体状况和劳动环境、强度等的不同而异。人体对水分的需求和代谢，有复杂而完善的调节机制。如口渴感的刺激可增加水分的摄入以补偿损失；排尿、出汗、呼吸、大便等又可除去多余的水分。

在垂体和肾上腺的影响下，肾脏分泌尿液有"量入为出"的生理功能，故能有效调节体内水平衡。而随呼吸散失、由皮肤蒸发和经汗腺分泌的水量等则与摄入量无关，故无调节体内水平衡的作用。

通常，体内水的来源包括三个方面：① 饮用水和其他饮料；② 食物中的水；③ 蛋白质、脂肪和碳水化合物在体内代谢过程产生的水分。如荤素搭配的膳食，每供应100 kcal的热量即可产生大约12 g的代谢水。

人体每日水的摄入量，应该与经由肾脏、皮肤、肺、肠等途径排出水分的总量保持动态平衡。

此外，水代谢与盐代谢有密切关系。组织中的钠盐对水分有蓄积作用；与此相反，钾盐和钙盐可促使体内排出水分。体液中的无机盐离子的正常分布对维持内环境渗透压的水平衡有重要意义。因此，患肾炎、心衰、高血压等疾病者，为防止水肿，应限制钠盐的摄入。

在高温环境中机体为散热而大量出汗，氯化钠及钾、钙、铁、镁等无机盐也随同汗液丢失。如不及时补充可引起严重的缺水、缺盐（电解质紊乱）。因此，对高温条件下从事体力劳动者，要适时补充水分和混合盐片，以维持水和电解质平衡。

2. 水缺乏与脱水　当摄入水分减少，或因患病使水分排出量过多（呕吐、腹泻、大面积烧伤、大量出汗、过度呼吸等),都可使机体丢失大量水分。重度缺水使细胞外液电解质浓度增加,形成高渗,细胞内水分外移形成"脱水"。当失水量为体重的2%时,人就有口渴感、尿量减少等表现;失水量达体重的6%以上时,即表现出全身乏力、抑郁、无尿等症;若失水量达体重15%以上时,就会出现烦躁、眼球内陷、皮肤失去弹性、体温和脉搏增加、血压下降等症;晚期可进入谵妄及昏迷状态,最终循环衰竭,呼吸停止而死亡。因此,当尿液高度浓缩,体重减轻8%～12%时,即表示严重脱水,必须及时有效地予以补充,以防意外。

3. 水中毒 当人体处于缺水状态时,内环境中同时还缺盐分。故补充水分时还要适当配合盐分的补充。若只补充水分而不补充盐分,人体在快速摄入大量水分后,即会造成细胞外液水分过高,渗透压降低,水分即向细胞内渗入,导致细胞肿胀,严重会导致死亡。这就是水中毒。

4. 水的需要量 健康成年人每日需水量为2 400～4 000 ml。一般人的日需水量随年龄的不同而异。年龄越大,每公斤体重需水量相对减少,成年后需水量相对稳定(表4-20)。

表4-20 不同年龄的正常人每日需水量

年 龄	每日需水量(ml/kg体重)	年 龄	每日需水量(ml/kg体重)
1周～1岁	120～160	8～9岁	70～100
2～3岁	100～140	10～14岁	50～80
4～7岁	90～110	成年	40

一般情况下,正常人每天水的出入量应保持平衡。

我国目前尚无水的推荐摄入量。美国提出的推荐摄入量为:每消耗1 kcal能量,需要水1.5 ml。此量包括一般性的活动、出汗及溶质负荷等的变化(表4-21)。

表4-21 正常成年人一般情况下每日水分出入量

水摄入量(ml)	水排出量(ml)
食物水 700～1 000	呼吸蒸发 350
饮水 500～1 200	皮肤蒸发 500
代谢水 300	粪便排出 50～150
	肾脏排出 600～1 500
合 计　　　1 500～2 500	1 500～2 500

注:食物水:各种食物的含水量不同,因此根据食物的种类确定摄入水量。
代谢水:糖100 g氧化产生55 ml水;脂肪100 g氧化产生107 ml水;蛋白质100 g氧化产生41 ml水;混合性食物每产生100 kcal热量约产生12 ml水

四、常见的饮用水

1. 普通饮用水 自然界可以饮用的水为"淡水",即河流、湖泊、泉水或地下水。日常饮用的水均来自这些水源,经过过滤、消毒后通过管道输送到用户,即为"自来水"。白开水是最普通、最廉价也是最重要的日常饮品,且含有人体需要的部分矿物质。但是水中的含氯类消毒剂在加热煮沸过程中易形成三氯甲烷,影响人体健康。

海水中含有高浓度的钠和氯,所以不能饮用。

2. 矿泉水 矿泉水是经过地层过滤的地下水。其中溶有较多的各种矿物质,能为人体提供需要的一些宏量和微量元素。但地壳岩石或土层中既有人体需要的元素,也有对人体有害的元素。因此,饮用矿泉水必须符合国家标准。

此外,使天然地下水流经人为的矿石层,或加入元素级的矿物质,使之达到天然矿泉水的饮用标准,被称为人工矿化水或人工矿泉水。

3. 纯净水 纯净水包括蒸馏水、太空水等。在普通饮用水的基础上,采用蒸馏法、电渗析法、离子交换法、反渗透法及其他适当的加工方法制成,成本较高,可有效去除水中杂质、微生物、细菌、有机物、重金属等有害物质,对水质进行高效净化,几乎不含有其他成分。优点为纯净,缺点为无任何营养。

4. 过滤水　　过滤水也称净水,采用活性炭、载银活性炭将自来水过滤吸附和灭菌,去掉部分污物,但对三氯甲烷等有机化合毒物无效。有的净水器采用中空纤维与活性炭结合将自来水过滤吸附和灭菌,对三氯甲烷等有机化合毒物也可除掉大部分。

5. 去离子水　　普通饮用水通过阳离子交换树脂和阴离子交换树脂,去掉了其中所有的矿物质(阴离子和阳离子),即去离子水。通常,去离子水只用于科学研究,可防止精密分析时干扰物质介入,但不适宜日常饮用。

6. 活性水　　活性水又称为负离子水,是通过现代科技手段,重新排列水的氢氧分子,使水的活性提高,即渗透力和溶解力增强,含氧量提高,以致更容易被机体利用。但其作用和作用机制还有待于深入研究。

7. 功能水　　功能水是指通过物理技术赋予水一定的能量,改变水的结构和性质,使水的分子簇变小,从而增强或产生一定的功效。如频谱水、离子水等。使用较为局限。

思考题

1. 简述蛋白质的生理功能。
2. 按照营养价值蛋白质分为哪三类?
3. 什么是条件必需氨基酸? 为什么?
4. 什么是蛋白质的互补作用?
5. 简述脂肪的功能。
6. 试述脂肪酸的分类。
7. 简述必需脂肪酸的概念及生理功能。
8. 简述 $n-3$ 系列脂肪酸和 $n-6$ 系列脂肪酸的关系。
9. 简述短链脂肪酸的食物来源及功能。
10. 论述碳水化合物的生理功能。
11. 论述碳水化合物在人体内消化吸收的过程。
12. 简述糖尿病患者在能量控制和糖类选择上应注意的问题。
13. 论述低聚糖和非淀粉多糖的生理功能及在食品中的应用。
14. 简述水对人体的作用(即水的生理功能)。

第五章

微量营养素

第一节 矿 物 质

人体组织中几乎含有自然界存在的各种元素(element),其元素的种类和含量与其生存的地理环境表层元素的组成及膳食摄入量有关。在地球表层研究发现的92种天然元素中,已从人体组织检测到81种,但迄今为止,公认的仅26～28种为构成人体组织、参与机体代谢、维持生理功能所必需的元素。这些元素在体内按严格的规律和方式,有条不紊地进行一系列互相联系的化学反应。其中碳、氢、氧、氮构成有机物质,如蛋白质、脂肪和碳水化合物及水分,其余各种元素统称为矿物质(mineral),亦称无机盐或灰分。无机盐约占人体重量的5%。

1. 矿物质的分类 通常,可依据矿物质在人体内的含量对其进行分类。凡体内含量大于体重0.01%,人体需要量相对较多的矿物质,称为常量元素或宏量元素(macroelement),一般计量单位在克的水平,如钙、磷、钠、钾、氯、硫、镁等;凡体内含量小于体重0.01%,人体需要量相对较少的矿物质,称为微量元素(microelement),一般计量单位仅为毫克或微克水平,如铁、铜、锌、硒、铬、碘、锰、氟、钴和钼为维持正常人体生命活动不可缺少的必需微量元素;硅、镍、硼和矾为可能必需微量元素;铅、镉、汞、砷、铝、锡和锂为具有潜在毒性但低剂量可能具有功能作用的微量元素。

矿物质在体内的含量一般可随年龄增长而增加,但各元素间比例变动不大。

2. 矿物质的特点

(1) 矿物质在体内不能合成:矿物质必须由食物和饮水中摄取,摄入体内的矿物质经机体新陈代谢,每天都有一定量随粪、尿、汗、头发、指甲及皮肤黏膜脱落而排出体外。因此,矿物质必须不断地从膳食中供给。当摄入量不足,机体处于缺乏状态时,可造成生物学功能障碍,体内的生理、生化反应不能正常进行,机体出现代谢障碍、内分泌紊乱及生长发育受阻等各种缺乏症,如碘缺乏可引起甲状腺肿,氟摄入不足可增加龋齿的发生率等。

(2) 矿物质在体内的分布极不均匀:如铁主要分布在红细胞,碘主要分布在甲状腺,钴分布在造血系统,锌分布在肌肉组织,钙、磷主要分布在骨骼和牙齿,钒主要在脂肪组织等。

(3) 各种矿物质之间存在协同或拮抗作用:各种元素之间的相互作用错综复杂,一种元素可影响另一种元素的吸收或改变另一种元素在体内的分布,尤以彼此之间吸收的影响较为显著。如膳食中的钙和磷比例不合适,可影响两种元素的吸收;过量的镁可干扰钙的代谢;过量的锌能影响铜的代谢;过量的铜可抑制铁的吸收等。

(4) 易产生毒性作用:某些微量元素在体内虽需要量很少,但其生理剂量与中毒剂量范围较窄,摄入过多易产生毒性作用。如硒摄入过量易引起中毒。

3. 矿物质的生理功能

(1) 参与机体组织的构成:无机盐是骨、牙、神经、肌肉、筋腱、腺体、血液的重要组成成分。在头发、指甲、皮肤以及腺体分泌物中,都含有本身所特有的一种或多种元素。如钙、磷、镁是骨骼和牙齿的重要成分;磷和硫是蛋白质的成分;铁为血红蛋白的组成成分等。

(2) 调节细胞膜的通透性、维持渗透压、维持内环境的酸碱平衡:多数无机盐是以离子形式协同作用,为生命活动提供适宜的内环境。矿物质可调节细胞膜的通透性,维持体液的渗透压,保持水平衡;维持体液的中和性,保持内环境的酸碱平衡。

无机盐中正负离子在血细胞和血浆中分布不同,加上蛋白质和重碳酸盐的作用,维持体液的渗透压,使组织保持一定量的水分,并保持水平衡。

细胞活动必须在近于中性的环境中进行。人体内环境的酸碱度受精密的调节。体液中主要正负离子的当量总浓度相等,从而维持体液的中和性。

膳食中酸碱性食物配合得当,对保持体液的酸碱平衡也有一定的意义。

表5-1 主要无机盐在体液中的分布

碱性阳离子(毫当量/L)				酸性阴离子(毫当量/L)			
	血 浆	细胞间液	细胞内液		血 浆	细胞间液	细胞内液
钠	142	147.0	15	氯离子	103	114.0	1
钾	5	4.0	150	重碳酸根	27	30.0	10
钙	5	2.5	2	蛋白质	16	1.0	63
镁	2	2.0	27	硫酸根	2	2.0	100
				磷酸根	1	1.0	20
				有机酸根	5	7.5	—
合 计	154	155.5	194	合 计	154	155.5	194

(3) 维持神经、肌肉的兴奋性:钙为正常神经冲动传递所必需的元素;钙、镁、钾对肌肉的收缩和舒张均有重要的调节作用;若要维持神经、肌肉的正常兴奋性,钾、钠、钙、镁必须保持合理比例;镁、钾、钙和一些微量元素对维护心脏正常功能、保护心血管健康有十分重要的作用等。

(4) 组成激素、维生素、蛋白质和多种酶类的成分:如谷胱甘肽过氧化物酶中含硒和锌;细胞色素氧化酶中含铁;甲状腺素中含碘;维生素 B_{12} 中含钴等。

矿物质是构成金属酶和酶系统的活化剂,在调节生理机能维持正常代谢方面起重要作用;矿物质可供给消化液中的电解质,亦是消化酶的活化剂,对消化过程有重要作用;磷、钾、镁等与微量元素一起参与生物氧化,调节能量和物质代谢等。

4. 矿物质的平衡 矿物质总是存在于人体的新陈代谢中,每日都有一定的量随各种途径排出体外。矿物质的代谢与年龄、摄入量、活动情况、需要量、有无维生素等都有密切关系。

(1) 矿物质的吸收:食物中矿物质的吸收与其化学性质、肠内环境等有关。同时,机体的需要程度、矿物质在肠内停留时间等因素对吸收也都有影响。

通常,低化学价的可溶性元素,如钠、钾、氯在小肠直接吸收,吸收率在90%以上;多化学价者不易吸收,多与肠液混合后即行排出。消化管的酸碱度可影响矿物质的溶解度及吸收率。如胃酸和某些有机酸可促进钙、磷的吸收;而草酸、植酸、脂肪酸等与钙结合形成不溶解的盐则难以吸收;缺乏胃酸会影响铁的吸收;维生素D的存在与否,钙、磷之间的相互比例都会影响钙磷的吸收等。

(2) 矿物质的排泄:吸收后的矿物质,可随血液和淋巴液分布到身体各部,以补充消耗或贮存备用。体内的矿物质不断更新,但摄入量与排出量基本保持动态平衡。肾脏、肠腔及皮肤是其主要排出途径。

矿物质的代谢受激素调控,并受体内需要及贮存条件所影响。需要多时,排出量减少;体内贮存能力大者排出量低。成年人排出量与其吸收量相等(总平衡);儿童及青少年的排出量一般少于吸收量,体内有所积存,以满足其生长发育的需要。

5. 矿物质的缺乏 矿物质与机体的健康和疾病具有密切的关系,由于长期矿物质摄入不足,可引起亚临床缺乏症状甚至缺乏病。研究发现,碘、锌、锰、硒等摄入不足可影响胎儿的生长发育,严重者可造成胎儿畸形;铁、锌、铜、钴缺乏可引起贫血;钙摄入不足可引起骨质疏松症;锌、铜、硒、锰、镍等缺乏还可影响精子发育和精子活力等。由于各种矿物质在食物中的分布及人体对其的吸收、利用和需要不同,在我国人群中比较容易缺乏的矿物质主要是钙、锌、铁、碘、硒等。在全国实施食盐加碘强化工程后,碘缺乏病的发生率明显降低,但人群中钙、铁、锌、硒等矿物质的摄入仍普遍不足。矿物质缺乏的主要因素有以下几个方面:

① 地球环境中各种元素的分布不平衡:由于某些地区表层土壤中缺少一种或几种元素,人群可因长期

摄入在缺乏某种矿物质的土壤上生长的食物而引起该种矿物质的缺乏。

② 食物中含有天然存在的矿物质拮抗物,如草酸盐、植酸盐等。

③ 食物加工过程中造成矿物质的损失,如碾磨过细、浸泡于水中、水煮后把水倒掉等。

④ 摄入量不足或不良饮食习惯(挑食、摄入食物品种单调等),可使矿物质缺乏,如缺少肉、禽、鱼类的摄入会引起锌和铁的缺乏,缺少乳制品或绿叶蔬菜的摄入可引起钙的缺乏等。

⑤ 生理上有特殊营养需求的人群,如儿童、青少年、孕妇、乳母、老年人对营养的需要不同于普通人群,较易引起钙、锌、铁等矿物质的缺乏。

6. 食品的成酸与成碱作用　　在正常状态下,人体的血液和体液均稍偏碱性,pH 保持在 7.35~7.45,此时人体健康状态最佳。而如何达到酸碱平衡呢,首先要从食物的酸碱性说起,食物的酸碱性是由食物经人体消化、吸收、代谢后的产物所决定的。

食品的成酸与成碱作用:指摄入的食物经过机体代谢成为体液的酸性物质或碱性物质来源的过程。与之相对应的是成酸性食物和成碱性食物。成酸性食物通常含有丰富的蛋白质、脂肪和糖类,它们含成酸元素(Cl、P、S)较多,在体内代谢后形成酸性物质,如肉类、鱼类、蛋类及其制品。蔬菜、水果含有丰富的 K、Na、Ca、Mg 等元素,在体内代谢后则生成碱性物质,能阻止血液向酸性方面发展,故为成碱性食物。

一、钙

1. 理化性质及体内分布　　钙是人体内含量最多的矿物元素。其中 99% 集中于骨骼和牙齿,主要以羟磷灰石[$Ca_{10}(PO_4)_6(OH)_2$]形式存在;其余 1% 以游离或结合形式存在于体液和软组织中,这部分钙称为混溶钙池(miscible calcium pool)。混溶钙池的钙与骨骼钙保持着动态平衡。随着年龄的增加,钙在骨中含量逐渐下降。

机体通过甲状旁腺激素和降钙素及甾固醇激素 1,25-$(OH)_2$-D_3 相互作用调节钙平衡,当钙摄入严重不足或机体钙发生异常丢失时,可通过调节机制使骨脱矿化以保持人体血钙的相对稳定。

人体血液中的总钙浓度比较恒定,为 2.25~2.75 mmol/L,有三种钙的存在形式,其中 46.0% 为蛋白结合钙(81% 为白蛋白结合钙,19% 为球蛋白结合钙),6.5% 为复合钙,即与柠檬酸或无机酸结合的钙盐,其余 47.5% 为离子化钙。血浆中离子化钙是生理活性的形式,正常浓度为 0.94~1.33 mmol/L,对维持体内细胞正常生理状态,调节神经肌肉兴奋性具有重要的作用。

2. 吸收及代谢

(1) 吸收:钙主要在十二指肠进行吸收,以主动转运吸收为主,钙浓度高时也可通过被动扩散而吸收。在主动转运钙的过程中,维生素 D 的活性代谢产物 1,25-$(OH)_2$-D_3 可促进钙结合蛋白合成和激活钙的 ATP 酶调节钙的吸收。通常膳食中 20%~30% 的钙由肠道吸收进入血液,机体根据需要调节钙的主动吸收,当膳食钙不足或机体对钙的需要增加时,如青春发育期、孕妇和乳母期,肠道对钙的吸收最活跃,其吸收率可达 40% 以上。钙的吸收率取决于维生素 D 的摄入量及受太阳紫外线照射量,同时也受膳食中钙含量及年龄的影响,膳食中钙含量高,其吸收率相对下降,并随年龄增长吸收率降低,如婴儿的钙吸收率大于 50%,儿童约为 40%,成年人为 20%,老年人仅为 15% 左右。

影响肠内钙吸收的主要因素:食物中的草酸、植酸、磷酸均可与钙形成难溶的盐类,阻碍钙的吸收;膳食纤维中的糖醛酸残基可与钙结合影响钙的吸收;胃肠道腔中未被消化的脂肪酸与钙结合影响钙的吸收;此外,一些碱性药物,如苏打、黄连素、四环素等也影响钙的吸收。

促进肠内钙吸收的因素:维生素 D 可促进小肠对钙的吸收,因维生素 D 可诱导小肠黏膜上皮细胞钙结合蛋白的合成;某些氨基酸,如赖氨酸、色氨酸、组氨酸、精氨酸、亮氨酸等,可与钙形成可溶性钙盐而促进钙的吸收;乳糖经肠道菌发酵产酸,降低肠内 pH,与钙形成乳酸钙复合物可增强钙的吸收;一些抗生素如青霉素、氯霉素有利钙的吸收。

(2) 代谢:营养状况良好时,每天进出体内的钙大致相等,处于平衡状态。钙的贮存量与膳食钙摄入量呈正相关。正常情况下机体根据需要,通过甲状旁腺激素、降钙素和 1,25-$(OH)_2$-D_3 相互作用调节体内钙的吸收、排泄与贮存,以维持内环境钙的稳定。维生素 D 可促进钙的吸收,提高血钙水平,有利于成骨作用。

甲状旁腺素可作用于破骨细胞与促进肾小管对钙的再吸收,使血钙上升。降钙素加强成骨细胞的活性,使血钙降低。高钠摄入时可降低骨骼中钙的贮存。

钙的排泄大部分经由粪便,但粪中的钙并非全部来源于食物中未被吸收利用的部分,相当数量来自肠黏膜脱落的上皮细胞及其分泌的消化液。正常膳食时,钙在尿中的排出量较为恒定,约为摄入量的20%左右。蛋白质的摄入与尿钙量呈正相关,因此,长期摄入高蛋白膳食可能导致钙的负平衡。磷摄入增加可降低尿钙排出,当摄入磷1 g时,尿钙排出量为180 mg,当摄入磷2.5 g时,尿钙排出量降至107 mg。钙也可从汗中排出,高温劳动者的汗液排出钙占总排钙量的30%,授乳期妇女的乳汁每日排出150~300 mg的钙。补液、酸中毒及甲状腺素和肾上腺皮质激素等均可使钙排出增加。

3. 生理功能

(1) 构成骨骼和牙齿的成分:体内的钙主要分布在骨骼和牙齿,主要存在形式为钙的磷酸盐,如羟磷灰石$[Ca_{10}(PO_4)_6(OH)_2]$和磷酸钙$[Ca_3(PO_4)_2]$。骨骼中的钙,在正常情况下不断被释放,进入混溶钙池;混溶钙池中的钙又不断沉积于成骨细胞中,如此使骨骼不断更新。成人每日体内有700 mg的钙进行更新。年龄越小骨骼的更新速度越快,幼儿的骨骼每1~2年更新一次,成年人10~12年更新一次,40~50年以后骨吸收大于骨生成,骨组织中钙量逐渐减少,约每年下降0.7%。

(2) 促进体内酶的活动:钙离子对许多参与细胞代谢的酶具有重要的调节作用,如腺苷酸环化酶、鸟苷酸环化酶、磷酸二酯酶、酪氨酸羟化酶等。

(3) 保持神经和肌肉的活动:钙离子可与细胞膜的蛋白和各种阴离子基团结合,具有调节细胞受体结合、离子通道通透性及神经信号传递物质释放等作用,从而维持神经肌肉的正常生理功能,包括神经肌肉的兴奋性、神经冲动的传导和心脏的搏动等。血浆钙离子浓度下降可引起手足抽搐和惊厥,反之,血浆钙离子浓度过高可引起心脏和呼吸衰竭。

(4) 其他功能:钙还参与血液凝固、激素分泌、维持体液酸碱平衡以及调节细胞正常生理功能等作用。

4. 缺乏与过量 我国居民人群中钙的缺乏比较普遍,许多人每日钙的摄入量仅为推荐摄入量(RNI)的50%以下。目前认为钙缺乏症最重要的病因是缺乏维生素D、钙磷比例不当、影响钙吸收利用因素存在。当患其他原发性疾病时也可引起钙的继发性缺乏,如患严重的肝脏或肾脏疾病时,因维生素D和脂肪的吸收减少,影响钙的吸收和利用,会引起钙质的缺乏。

长期缺乏钙成人易发生骨质软化症;老年人易患骨质疏松症;妇女停经后因雌激素水平下降,骨组织中钙量明显降低,易引起更年期骨质疏松症;钙的缺乏者易患龋齿,影响牙齿质量。钙缺乏可导致儿童生长发育迟缓,骨软化、骨骼变形,严重缺乏者可产生佝偻病。

婴幼儿患佝偻病初期,常因血钙降低引起神经兴奋性增高,多以精神症状为主,患儿常形成"枕秃"。缺钙继续加重会出现骨骼方面的变化:乒乓头、方颅、前囟门闭合延迟、肋串珠、鸡胸或漏斗胸、手腕处隆起手镯、O形或X形腿、驼背或侧弯等。

过量钙的摄入可能增加肾结石的危险性。持续摄入大量的钙可使降钙素分泌增多,以及发生骨硬化。高钙膳食可明显抑制铁、镁、磷的吸收及降低锌的生物利用率。

5. 膳食参考摄入量及食物来源 针对我国居民钙的摄入量不足的状况,并且考虑到我国膳食以谷类食物为主,蔬菜摄入较多,而植物性食物中含有较多草酸、植酸、膳食纤维等影响钙吸收的成分,中国营养学会推荐:成人钙的适宜摄入量(AI)修订为1 000 mg/d,对婴幼儿、儿童、孕妇、乳母、老人均适当增加钙的供给量。可耐受最高摄入量(UL)为2 000 mg/d。

奶和奶制品不仅含钙丰富,而且含有乳糖和氨基酸,可以促进钙的吸收,是最好的补钙食品。发酵酸乳则更有利于钙的吸收。小虾、小鱼、海带等含钙丰富。蔬菜、豆类和油料种子含钙也较多,谷类、肉类、水果等食物含钙较少,且谷类等植物性食品含植酸较多,其钙不易吸收(应注意消除其不利吸收的因素,如进行烫漂等)。蛋类的钙主要存在于蛋黄中,因有卵黄磷蛋白之故,吸收不好。为了补充食品中的钙可按规定进行食品的营养强化。

二、磷

1. 理化性质及体内分布 磷是人体内含量较多的元素之一。人体磷含量约为体重的1%,为600~

700 g，占无机盐总量的 1/4。磷是细胞膜和核酸的组成成分，也是骨骼的必需构成物质。体内的磷有 85%～90% 以羟磷灰石形式存在于骨骼和牙齿中，其余 10%～15% 与蛋白质、脂肪、糖及其他有机物结合，分布于细胞膜、骨骼肌、皮肤、神经组织及体液中。在细胞膜和软组织中的磷大部分以有机磷酸酯形式存在，而骨骼中的磷主要为无机磷酸盐。动物性食物和植物性食物中均含有丰富的磷。一般食物中蛋白质摄入量能满足机体需要就能获得足够的磷，合理的膳食中磷含量往往超过人体的需要，不易引起缺乏。正常人血液中无机磷总量为 0.87～1.45 mmol/L，儿童为 1.45～2.78 mmol/L。

2. 吸收及代谢

（1）吸收：磷广泛存在于一切动植物组织中，主要与蛋白质、脂肪相结合，形成核蛋白、磷蛋白和磷脂等。食物中的磷必须分解为游离的磷，然后以无机磷酸盐的形式被吸收。

磷、钙和维生素 D 是相辅相成的，磷的吸收和代谢过程与钙相似。钙磷比例适当，约有 70% 的磷可被小肠吸收；维生素 D 能促进磷的吸收。当钙在体内利用不良，会妨碍钙磷的吸收；食物中的钙、镁、铁、铝等金属离子及植酸可与磷酸形成难溶性盐类而影响磷的吸收。谷粮中所含主要为植酸磷，难于吸收利用。正常膳食中磷吸收率为 60%～70%，牛奶喂养的婴儿对磷的吸收率为 65%～75%，母乳喂养者大于 85%，低磷膳食其吸收率高达 90%。

（2）代谢：磷的主要排泄途径是肾脏。当血中磷浓度降低时，肾小管对磷的重吸收增加，当磷的浓度升高时，肾小管排出的磷较多。血浆中磷浓度也和钙一样，保持恒定量是受维生素 D、甲状旁腺素和降钙素的调节。但主要通过甲状旁腺抑制肾小管对磷的吸收和排泄，调节血中磷浓度以维持体内磷的平衡，当其机能减退时，血磷浓度升高。

3. 生理功能

（1）构成骨和牙齿的重要材料：磷为骨和牙齿的形成及维持所必需，在骨形成的过程中 2 g 钙需 1 g 磷，形成无机磷酸盐，主要成分为羟磷灰石 $[Ca_{10}(PO_4)_6(OH)_2]$。

（2）参与能量代谢：碳水化合物和脂肪的吸收与代谢，都需要通过含磷的中间产物；磷参与形成三磷酸腺苷（ATP）、磷酸肌酸等供能、贮能物质，在能量的产生、传递过程起着非常重要的作用。

（3）构成生命物质成分：磷是核糖核酸（RNA）和脱氧核糖核酸（DNA）的组成成分。磷脂是所有细胞膜所必需的成分，并参与脂肪和脂肪酸的分解代谢。

（4）酶的重要成分：磷是体内很多酶的辅酶或辅基的组成成分。B 族维生素（B_1、B_6、尼克酸等）只有经过磷酸化才能具有活性，从而发挥其辅酶的作用。

（5）调节酸碱平衡：磷酸盐组成缓冲系统，参与维持体液的酸碱平衡。

4. 缺乏与过量 几乎所有的食物均含有磷，所以磷缺乏较少见。临床所见磷缺乏的患者多为长期使用大量抗酸药或禁食者。缺乏症有发育不良、体重下降、疲倦、精神紧张、神经障碍。

过量的磷酸盐可引起低血钙症，导致神经兴奋性增强，手足抽搐和惊厥。

5. 膳食参考摄入量及食物来源 中国营养学会推荐成人磷的 AI 为 700 mg/d，孕妇和哺乳期妇女磷的 AI 也定为 700 mg/d。成人磷的 UL 为 3 500 mg/d。

磷在食物中分布很广，无论动物性或植物性食物都是由细胞构成，而细胞含磷丰富，若食物中的蛋白质能满足机体需要，也就能满足磷的需要。瘦肉、蛋、鱼、鱼子、干酪、蛤蜊、动物的肝、肾含量很高。海带、芝麻酱、花生、干豆类、坚果、粗粮含磷也很高。不过谷粮中的磷多为植酸磷，不经过加工处理，吸收利用率低。

磷的供给量应与钙保持一定的比例。儿童、孕妇、乳母磷的供给量与钙相当，即钙磷比例保持 1:1，一般成人钙磷比例保持 1:1.2～1.5 为宜。牛奶的钙磷比为 1:1，人乳的钙磷比例比牛奶更好，母乳为 1:1.5。

三、镁

1. 理化性质及体内分布 镁是人体细胞内的主要阳离子，含量仅次于钾和磷。人体含镁 20～30 g，约占人体质量的 0.05%，是必需常量元素中含量最少的。其中 60%～65% 集中于骨、牙，其余大部分存在于细胞内液和软组织之中，肝脏和肌肉是镁浓度最高的软组织。分布于细胞外液的镁不超过镁总量的 1%，但却发挥极为重要的生理作用,如唾液、胆汁、胰液、肠液都含镁。

2. 吸收及代谢 食物中的镁主要在空肠末端和回肠吸收,吸收率一般为30%～50%。其吸收量与钙平行,且与摄入量、在肠内停留时间、水分吸收速度、肠管内镁的浓度以及膳食中其他成分都有关系。氨基酸、乳糖有利于镁的吸收;草酸、植酸和钙盐多时影响吸收。含磷多能影响钙、镁的平衡。高热量低镁或高钙膳食可导致镁的缺乏。

镁主要由尿中排出,体内镁的水平主要由肾脏调控。粪便和汗液亦可排出少量的镁。胃肠功能紊乱、消化液大量丢失,可使血镁浓度降低。蛋白质-热能缺乏、营养不良儿童的腹泻,可造成镁大量丢失。

3. 生理功能

(1) 多种酶的激活剂:镁在物质代谢与能量代谢中具有重要作用,作为多种酶的激活剂,参与体内300多种酶促反应。如体内镁离子浓度降低可以阻止脱氧核糖核酸(DNA)的合成和细胞生长,影响蛋白质的合成与利用,血浆白蛋白和免疫球蛋白含量降低。

(2) 细胞内液的主要阳离子:与钙、钾、钠一起,和相应的负离子协同,维持体内的酸碱平衡和神经肌肉的应激性。镁与钙相互制约以保持神经肌肉兴奋与抑制的平衡。血清镁浓度下降,镁、钙失去平衡,则易出现激动、心律不齐、神经肌肉兴奋性极度增强,幼儿可发生癫痫、惊厥。严重缺镁还可出现震颤性谵妄等症状。

(3) 与钙、磷构成骨盐:骨盐是构成骨与牙的重要材料。镁的不足会使大量的钙流失,所以镁对于防治骨骼发育不良、蛀牙、骨质疏松等均有间接的作用。

(4) 心血管系统的保护因子:为维护心脏正常功能所必需。镁可以预防高胆固醇饮食所引起的冠状动脉硬化;缺镁易发生血管硬化、心肌损害。死于心脏病者,心肌中镁的含量比正常人少40%。软水地区居民心血管疾病发病率高,与软水中含镁少有关。补充镁盐可减少心肌梗死的死亡率。临床上用硫酸镁治疗多种心脏病,防止血栓形成。

(5) 促进胃肠道功能:硫酸镁溶液可使奥狄括约肌松弛,促使胆囊排空,具有利胆作用。碱性镁盐可中和胃酸。镁离子在肠道中吸收缓慢,促使水分滞留,具有导泻作用。

(6) 对激素的调节作用:血浆镁的变化可直接影响甲状旁腺素的分泌,当血浆镁增加时可抑制甲状旁腺素分泌,血浆镁水平下降则可兴奋甲状旁腺,使镁从组织转移至血中。甲状旁腺素过多可引起血清镁降低,尿镁增加。

4. 缺乏与过量 引起镁缺乏的原因很多,主要有:镁摄入不足、吸收障碍、丢失过多以及多种临床疾病等。镁缺乏可致血清钙下降,神经肌肉兴奋性亢进;对血管功能可能有潜在的影响;镁对骨矿物质的内稳态有重要作用,镁缺乏可能是绝经后骨质疏松症的一种危险因素;少数研究表明镁耗竭可以导致胰岛素抵抗。

一般情况下不易发生镁中毒,但肾功能不全者和接受镁剂治疗者,常因体内镁过量而易引起镁中毒。

5. 膳食参考摄入量及食物来源 中国营养学会推荐居民膳食镁的AI和UL,成人镁的AI为350 mg/d,孕妇、乳母镁的AI为400 mg/d。成人、孕妇、乳母镁的UL为700 mg/d。

植物性食品含镁较多,粗粮、干豆、坚果、绿叶蔬菜中含量都比较丰富。动物性食品一般含镁较少,加工精制的食品及油脂含镁量最低。另外,硬水中也有相当量的镁。

四、钾

1. 理化性质及体内分布 正常成人体内含钾为50 mmol/kg。体内钾主要存于细胞内,约占总量的98%,其他存在于细胞外。因此,钾在体内的分布与器官细胞的数量或器官的大小有直接关系,总量的70%贮积于肌肉组织,总量的10%贮存在皮肤或皮下组织,其余大部分是在脑髓和内脏中,但骨骼中较少。

2. 吸收及代谢 人体内的钾主要来自食物,成人每日从膳食中摄入的钾为60～100 mmol,儿童为0.5～3.0 mmol/kg体重,摄入的钾大部分由小肠吸收,吸收率为90%左右。

摄入的钾约90%经肾脏排出,每日排出量70～90 mmol,因此,肾是维持钾平衡的主要调节器官。肾脏每日滤过钾有600～700 mmol,但几乎所有这些钾都在近端肾小管以及髓袢被吸收。除肾脏外,经粪和汗也可排出少量的钾。

3. 生理功能

（1）参与碳水化合物、蛋白质的代谢：葡萄糖和氨基酸经过细胞膜进入细胞合成糖原和蛋白质时，必须有适量的钾离子参与。估计1 g糖原的合成约需0.6 mmol钾，合成蛋白质时每1 g氮需要3 mmol钾。三磷酸腺苷的生成过程中也需要一定量的钾，如果钾缺乏，碳水化合物、蛋白质的代谢将受到影响。

（2）维持细胞内正常渗透压：由于钾主要存在于细胞内，因此钾在细胞内渗透压的维持中起主要作用。

（3）维持神经肌肉的应激性和正常功能：细胞内的钾离子和细胞外的钠离子联合作用，可激活Na^+-K^+-ATP酶，产生能量，维持细胞内外钾钠离子浓差梯度，产生膜电位，使膜有电信号能力，膜去极化时在轴突发生动作电位，激活肌肉纤维收缩并引起突触释放神经递质。当血钾降低时，膜电位上升，细胞膜极化过度，应激性降低，发生松弛性瘫痪。当血钾过高时，可使膜电位降低，可致细胞不能复极而应激性丧失，其结果也可发生肌肉麻痹。

（4）维持心肌的正常功能：心肌细胞内外的钾浓度对心肌的自律性、传导性和兴奋性有密切关系。钾缺乏时，心肌兴奋性增高；钾过高时又使心肌自律性、传导性和兴奋性受抑制；两者均可引起心律失常。

（5）维持细胞内外正常的酸碱平衡：钾代谢紊乱时，可影响细胞内外酸碱平衡。当细胞失钾时，细胞外液中钠与氢离子可进入细胞内，引起细胞内酸中毒和细胞外碱中毒，反之，细胞外钾离子内移，氢离子外移，可引起细胞内碱中毒与细胞外酸中毒。

（6）降低血压：研究发现，血压与膳食钾、尿钾、总体钾或血清钾呈负相关。补钾对高血压及正常血压有降低作用。钾还能对抗食盐引起的高血压。

4. 缺乏与过量 人体内钾总量减少可引起钾缺乏症，主要表现为肌肉无力或瘫痪、心律失常、横纹肌肉裂解症及肾功能障碍等。

体内钾过多，血钾浓度高于5.5 mmol/L时，可出现毒性反应，称高钾血症。钾过多可使细胞外K^+上升，心肌自律性、传导性和兴奋性受抑制。

5. 膳食参考摄入量及食物来源 钾需要量的研究不多。中国营养学推荐中国成人膳食钾的适宜摄入量（AI）为2000 mg/d。

大部分食物都含有钾，但蔬菜和水果是钾最好的来源。每100 g含钾谷类100～200 mg，豆类600～800 mg，蔬菜和水果200～500 mg，肉类为150～300 mg，鱼类200～300 mg。每100 g食物含量高于800 mg以上的有紫菜、黄豆、冬菇、赤豆等。

五、钠

1. 理化性质及体内分布 钠是人体中一种重要无机元素，一般情况下，成人体内钠含量为3 200（女）～4 170（男）mmol（分别相当于77～100 g），约占体重的0.15%。正常人体内钠44%～50%存在于细胞外液，40%～47%存在于骨骼中，9%～10%存在于细胞内液中。食盐(NaCl)是人体获得钠的主要来源。

2. 吸收及代谢 人体钠的主要来源为食物。钠在小肠上段吸收，吸收率极高，几乎可全部被吸收，故粪便中含钠量很少。钠在空肠的吸收大多是被动性的，主要是与糖和氨基酸的主动转运相耦联进行的。在回肠则大部分是主动吸收。

在正常情况下，钠主要从肾脏排出，如果出汗不多，也无腹泻，98%以上摄入的钠自尿中排出，每日排出量在2 300～3 220 mg。钠与钙在肾小管内的重吸收过程发生竞争，故钠摄入量高时，会相应减少钙的重吸收，而增加尿钙排泄。故高钠膳食对骨钙丢失有很大影响。每日从粪便中排出的钠不足10 mg。钠还从汗中排出，如在热环境下，中等强度劳动4 h，可使人体丢失钠盐7～12 g。

3. 生理功能

（1）调节体内水分与渗透压：钠主要存在于细胞外液，是细胞外液中的主要阳离子，约占阳离子总量的90%，与对应的阴离子构成渗透压。钠对细胞外液渗透压调节与维持体内水量的恒定，是极其重要的。此外，钠在细胞内液中同样构成渗透压，维持细胞内水分的稳定。钠、钾含量的平衡，是维持细胞内外水分恒定的根本条件。

(2) 维持酸碱平衡：钠在肾小管重吸收时与 H^+ 交换，清除体内酸性代谢产物如 CO_2，保持体液的酸碱平衡。钠离子总量影响着缓冲系统中碳酸氢盐的比例，因而对体液的酸碱平衡也有重要作用。

(3) 钠泵：钾离子的主动运转，由 Na^+-K^+-ATP 酶驱动，使钠离子主动从细胞内排出，以维持细胞内外液渗透压平衡。钠对 ATP 的生成和利用、肌肉运动、心血管功能、能量代谢都有关系，钠不足均可影响其作用。此外，糖代谢、氧的利用也需有钠的参与。

(4) 增强神经肌肉兴奋性：钠、钾、钙、镁等离子的浓度平衡，对于维护神经肌肉的应激性都是必需的，满足需要的钠可增强神经肌肉的兴奋性。

4. 缺乏与过量 人体内钠在一般情况下不易缺乏。

钠的缺乏在早期症状不明显。失钠达 0.5 g/kg 体重以上时，可出现恶心、呕吐、血压下降、痛性肌肉痉挛，尿中无氯化物检出。当失钠达 0.75～1.2 g/kg 体重时，可出现恶心、呕吐、视力模糊、心率加速、脉搏细弱、血压下降等症状，终因急性肾衰竭而死亡。

钠摄入量过多，尿中 Na^+/K^+ 值增高，是高血压的重要因素。研究表明，尿 Na^+/K^+ 值与血压呈正相关，而尿钾与血压呈负相关。在高血压家族人群较普遍存在对盐敏感的现象，而对盐不敏感的或较耐盐者，在无高血压家族史者中较普遍。

5. 膳食参考摄入量及食物来源 中国营养学会推荐钠的适宜摄入量（AI）成人为 2 200 mg/d。

钠普遍存在于各种食物中，一般动物性食物钠含量高于植物性食物，但人体钠来源主要为食盐（钠），以及加工、制备食物过程中加入的钠或含钠的复合物（如谷氨酸、小苏打即碳酸氢钠等），以及酱油、盐渍或腌制肉或烟熏食品、酱咸菜类、发酵豆制品、咸味休闲食品等。

六、氯

1. 理化性质及体内分布 氯是人体必需常量元素之一，是维持体液和电解质平衡所必需的，也是胃液的一种必需成分。自然界中常以氯化物形式存在，最普通的形式是食盐。氯在人体含量平均为 1.17 g/kg，总量为 82～100 g，占体重的 0.15%，广泛分布于全身。主要以氯离子形式与钠、钾化合存在。其中氯化钾主要在细胞内液，而氯化钠主要在细胞外液中。

2. 吸收及代谢 饮食中的氯多以氯化钠形式被摄入，并在胃肠道被吸收。胃肠道中有多种机制促进氯的吸收。胃黏膜处吸收受 HCO_3^- 浓度和 pH 影响，空肠中色氨酸刺激 Cl^- 的分布，增加单向氯离子的流量，回肠中有"氯泵"参与正常膳食中氯的吸收及胃液中氯的重吸收。吸收的氯离子经血液和淋巴液运输至各种组织中。

氯和钠除主要从肾排出体外，也从皮肤排出，在高温、剧烈运动、汗液大量排出时，也相应促使了氯化钠的排出。腹泻时，食物及消化液中氯可随粪便排出。

3. 生理功能

(1) 维持细胞外液的容量与渗透压：氯离子与钠离子是细胞外液中维持渗透压的主要离子。二者约占总离子数的 80%，调节与控制着细胞外液的容量与渗透压。

(2) 维持体液酸碱平衡：氯是细胞外液中的主要阴离子。当氯离子变化时，细胞外液中的 HCO_3^- 的浓度也随之变化，以维持阴阳离子的平衡；反之，当 HCO_3^- 浓度改变时，Cl^- 相随变化，以维持细胞外液的平衡。

(3) 参与血液 CO_2 运输：当 CO_2 进入红细胞后，即在红细胞内碳酸酐酶参与下，与水结合成碳酸，再离解为 H^+ 与 HCO_3^-，被移出红细胞进入血浆，但正离子不能同样扩散出红细胞，血浆中的氯离子即等量进入红细胞内，以保持正负离子平衡；反之，红细胞内的 HCO_3^- 浓度低于血浆时，氯离子由红细胞移入血浆，HCO_3^- 转入红细胞，而使血液中大量的 CO_2 得以输送至肺部排出体外。

(4) 其他：氯离子还参与胃液中胃酸形成，胃酸促进维生素 B_{12} 和铁的吸收；激活唾液淀粉酶分解淀粉，促进食物消化；刺激肝脏功能，促使肝中代谢废物排出；氯还有稳定神经细胞膜电位的作用等。

4. 缺乏与过量 由于氯来源广泛，特别是食盐，摄入量往往大于正常需要水平。因此，由饮食引起的氯缺乏很少见。但不合理配方膳（含氯量 1～2 mmol/L）的应用、患先天性腹泻（再吸收障碍）的婴儿，可致氯缺乏。大量出汗、腹泻、呕吐、或肾病肾功能改变、或使用利尿剂等引起的氯的大量丢失，均可造成氯的缺乏。

人体摄入氯过多引起对机体的危害作用并不多见。仅见于严重失水、持续摄入高氯化钠（如食盐）或过多氯化铵。

5. 膳食参考摄入量及食物来源 目前尚缺乏氯的需要量的研究资料，难于制订 EAR 和 RNI。

在一般情况下，膳食中的氯总比钠多，但氯化物从食物中的摄入和从身体内的丢失大多与钠平行。因此，除婴儿外所有年龄的氯需要量基本上与钠相同。

膳食氯几乎完全来源于氯化钠，仅少量来自氯化钾。食盐及其加工食品酱油、腌制肉或烟熏食品、酱菜类以及咸味食品等都富含氯化物。一般天然食品中氯的含量差异较大；天然水中也几乎都含有氯。

七、铁

1. 理化性质及体内分布 铁是人体极为重要的必需微量元素之一，也是人体必需微量元素含量最多的一种。人体含铁总量为 4~5 g，其中 60%~70% 在血红蛋白中，肌红蛋白含铁不足 3%~5%，细胞色素酶等含铁约为其总量的 1%，其余则以铁蛋白或含铁血黄素形式贮存于肝、脾、骨髓等处备用。体内铁含量因年龄、性别和营养状况不同而存在较大个体差异。胎儿体内含铁约 400 mg，可供其出生后半年内的消耗。但奶中含铁低，出生四个月的婴儿应补充含铁食品以防发生缺铁性贫血。

2. 吸收及代谢

（1）吸收：食物中的铁大部分为三价铁，经胃酸作用还原成二价铁后被吸收。铁吸收最高的部位在十二指肠和空肠。铁的吸收受小肠黏膜细胞调节，只有身体需铁时才被吸收。成年人能吸收的铁相当于机体的丢失量。吸收后形成铁蛋白保存在黏膜细胞中，需要时被释放。当铁蛋白量逐渐达到饱和时，机体对铁的吸收量减少，最后停止吸收。

食物中的铁分为血红素铁和非血红素铁两种形式，二者的吸收机制和吸收率不同。血红素铁主要存在于动物性食物中，它的吸收不受植酸盐和草酸盐等的影响，因此血红素铁的吸收率较高。非血红素铁主要存在于植物性食物中，吸收前必须与结合的有机物分离，并转化为二价铁后才能被吸收。

膳食中铁的吸收受许多因素的影响。影响铁吸收的主要因子有：植物性食物中含有的植酸盐、草酸盐；胃酸对铁的吸收很重要，它可使铁在胃内形成一种复合物并在肠内维持可溶状态，体内缺乏胃酸或服用抗酸药或影响铁吸收；铁的吸收与体内铁的需要量和贮存量有关，一般贮存多时其吸收率低，贮存量较低或需要量增加时则吸收率增高；膳食中磷过高、钙太低，或缺乏维生素 A 和 C 都可妨碍铁的吸收和利用。食物中的有机酸、蛋白质、维生素 C、果糖、山梨醇都能促进铁的吸收；血红素铁的吸收不受食物中植酸、磷酸的影响，以卟啉形式直接被肠黏膜上皮细胞吸收；肉、鱼、禽类动物性食品可增加非血红素铁的吸收；食物中的铜可促进铁的利用。

（2）代谢：机体对铁具有贮存和再利用的代谢特点。正常成人每日血红蛋白分解代谢需要 20~25 mg 铁，通常人体很难从膳食中得到满足。但是人体能保留代谢铁的 90% 以上，并能将其反复利用，包括细胞死亡后其内部的铁也同样被保留和利用。

机体对铁的排泄能力有限，其中 90% 从肠道排出，其次是随汗和尿排出。月经、出血等也为铁的排出途径。

3. 生理功能

（1）参与体内氧的运送和组织呼吸过程：铁为血红蛋白与肌红蛋白、细胞色素 A 以及一些呼吸酶的成分，参与体内氧与二氧化碳的转运、交换和组织呼吸过程。血红蛋白是由一个球蛋白与四个铁卟啉组成，与氧进行可逆性的结合，使血红蛋白具有携带氧的功能；肌红蛋白是由一个血红素和一个球蛋白组成，肌红蛋白的基本功能是在肌肉组织中起转运和贮存氧的作用。细胞色素为含血红素的化合物，其在线粒体内具有电子传递作用，对细胞呼吸和能量代谢具有重要意义。

（2）维持正常的造血功能：红细胞中含铁约占机体总铁的 2/3。缺铁可影响血红蛋白的合成，甚至影响 DNA 的合成及幼红细胞的增殖。

（3）参与其他重要功能：铁与维持正常免疫功能有关，研究发现缺铁可引起淋巴细胞减少和自然杀伤细胞活性降低。另外，研究显示在催化促进 β-胡萝卜素转化为维生素 A、嘌呤与胶原的合成、脂类从血液中转运以及药物在肝脏解毒等方面均需铁的参与。同时还发现铁与抗脂质过氧化有关,随着铁缺乏程度增高,脂质过氧化损伤加重,铁的缺乏还可使具有抗脂质过氧化作用的卵磷脂胆固醇酰基转移酶活性下降。

4. 缺乏与过量　　长期膳食中铁供给不足,可引起体内缺铁或导致缺铁性贫血,多见于婴幼儿、孕妇及乳母。我国 7 岁以下儿童贫血平均患病率高达 57.6%,其中 1~3 岁的幼儿患病率最高。孕妇贫血率平均为 30% 左右,孕末期更高。主要因机体需要量增加且膳食铁摄入不足引起。因月经过多、痔疮、消化管溃疡、肠道寄生虫等疾病的出血,也是引起铁缺乏的重要原因。铁缺乏可分为三个阶段:第一阶段为铁减少期(iron depletion,ID),此期主要是体内贮存铁减少,血清铁蛋白浓度下降;第二阶段为缺铁性红细胞生成期(iron deficiency erythropoinsis,IDE),此期除血清铁蛋白浓度下降外,血清铁也下降,同时铁结合力上升(运铁蛋白饱和度下降),游离原卟啉(free erythrocyte protoporphyrin,FEP)浓度上升;第三阶段为缺铁性贫血期(iron deficiency anemia,IDA),血红蛋白和红细胞压积下降,有了临床表现。

缺铁性贫血的临床表现为食欲减退、烦躁、乏力、面色苍白、心悸、头晕、眼花、免疫功能降低、指甲脆薄、反甲、出纵脊等。

铁的过量积蓄可发生血色病。

5. 膳食参考摄入量及食物来源　　中国营养学会推荐铁的 AI 值成年男性为 15 mg/d,女性为 20 mg/d,成年人 UL 为 50 mg/d。

动物性食品中的铁吸收率较高,如鱼为 11%,血红蛋白为 12%,动物肌肉、肝脏为 22%。植物性食品中铁的吸收率较低,如大米为 1%,玉米、黑豆为 3%,生菜为 4%,大豆为 7%。

含血红素铁较高的食物有牛肉、羊肉、动物肝和动物血等。植物性食物中含铁较高的有蘑菇、黑木耳、芝麻等。

八、锌

1. 理化性质及体内分布　　锌在成人体中含量为 2.0~2.5 g,一切器官都含锌,皮肤、骨骼、内脏、前列腺、生殖腺和眼球的含量都很丰富。血液中的锌主要以含锌金属酶形式存在。血液中 75%~85% 的锌分布在红细胞中,3%~5% 在白细胞中,其余在血浆中。

2. 吸收及代谢　　锌由小肠吸收,吸收率为 20%~30%。食入锌 15 min 后开始被吸收,开始集中于肝,然后分布到其他组织。4 h 后血浆中锌的浓度达到最高峰。锌与白蛋白形成复合物很易被组织吸收。机体对锌的吸收与肠腔锌的浓度有关,体内缺锌时吸收率增高。

许多因素可影响膳食中锌的吸收。植物性食物中的鞣酸、植酸和纤维素等均不利于锌的吸收;铁抑制锌的吸收;酗酒可妨碍锌的吸收。动物性食物中的锌生物利用率较高;某些药物如碘喹啉、苯妥英钠和维生素 D 均能促进锌的吸收。

锌主要从肠道排出,肾脏和皮肤亦可排出一定数量。夏日炎热多汗或病理性发汗,锌大量丢失,可能发生体内的锌的不足。

3. 生理功能　　锌对生长发育、智力发育、免疫功能、物质代谢和生殖功能等均具有重要的作用。

(1) 金属酶的组成成分或酶的激活剂:体内约有 200 多种含锌酶,其中主要的含锌酶有超氧化物歧化酶、苹果酸脱氢酶、碱性磷酸酶、乳酸脱氢酶等,这些酶在参与组织呼吸、能量代谢及抗氧化过程中发挥重要作用。锌为维持 RNA 多聚酶、DNA 多聚酶及逆转录酶等活性所必需的微量元素。

(2) 促进生长发育与组织再生:锌参与蛋白质合成及细胞生长、分裂和分化等过程,与生长发育有密切关系。锌可直接参与基因表达调控从而影响生长发育。锌还促进性器官和性机能的正常发育。

(3) 促进机体免疫功能:锌对于保证免疫系统的完整性是必需的。缺锌可引起胸腺萎缩、胸腺激素减少、T 细胞功能受损及细胞介导的免疫功能改变。

(4) 维持细胞膜结构和功能:锌可与细胞膜上各种基团、受体等作用,增强膜稳定性和抗氧自由基的能力。

此外,锌与唾液蛋白质合成味觉素可增进食欲,缺锌可影响味觉和食欲,甚至发生异食癖。锌对皮肤和视力具有保护作用,缺锌可引起皮肤粗糙和上皮角化。

4. 缺乏与过量　　引起锌缺乏的主要因素：① 膳食摄入不平衡。动物性食物摄入偏少，有偏食习惯等。② 特殊生理需要量增加。如孕妇、乳母和婴幼儿对锌的需要量增加。③ 疾病的影响。

缺锌可引起生长发育停滞，食欲减退或有异食癖，味觉、嗅觉异常，伤口愈合不良。儿童长期缺乏锌可导致侏儒症。成人长期缺锌可导致性功能减退、精子数减少、胎儿畸形、皮肤粗糙、免疫功能降低等。轻度缺锌状态比较常见，可从患者毛发含锌量作出诊断。

5. 膳食参考摄入量及食物来源　　中国营养学会推荐锌的 RNI 为成年男性 15 mg/d，女性 12 mg/d，成年男性 UL 定为 45 mg/d，女性为 37 mg/d。

锌在粗制完整的谷类食物中含量较为丰富，在海产品中尤其牡蛎中的含量十分丰富，此外动物肝脏、胰腺、豆类、坚果类、蛋类、肉类、鱼类、食用菌等食物中也含有丰富的锌，绿色蔬菜含有丰富的锌，其中芹菜含量较高。

九、硒

1. 理化性质及体内分布　　人体硒总量为 14~20 mg。硒存在于所有细胞与组织器官中，其浓度在肝、肾、胰、心、脾、牙釉质和指甲中较高，肌肉、骨骼和血液中浓度次之，脂肪组织最低。

2. 吸收及代谢　　食入的硒主要在小肠吸收，3 h 后入血。人体对硒的吸收良好，吸收率为 50%~100%。硒的吸收与硒的化学结构和溶解度有关，硒蛋氨酸较无机形式易吸收，溶解度大的硒化合物比溶解度小的更易吸收。

体内的硒主要通过肾脏排出，少量从肠道排出，粪中排出的硒大多为未被吸收的硒。硒摄入量高时可在肝内甲基化生成挥发性二甲基硒化合物，并由肺部呼气排出。此外，少量硒也或可从汗液、毛发排出。

3. 生理功能

（1）抗氧化功能：硒是谷胱甘肽过氧化酶（glutathione peroxidase，GSH-Px）的重要组成成分。GSH-Px 是维护健康、防治某些疾病所必需，在体内具有抗氧化功能、清除体内脂质过氧化物、阻断活性氧和自由基的损伤作用。它能特异性地催化还原型谷胱甘肽转化为氧化型谷胱甘肽，促进有毒的过氧化物还原为无毒的化合物，从而对细胞膜有保护作用，以维持细胞的正常功能。

（2）保护心血管和心肌的健康：调查发现机体缺硒可引起以心肌损害为特征的克山病，硒的缺乏还可以引起脂质过氧化反应增强，导致心肌纤维坏死，心肌小动脉和毛细血管损伤。研究发现高硒地区人群中的心血管病发病率较低。

（3）有毒重金属的解毒作用：硒与金属有较强的亲和力，能与体内重金属，如汞、镉、铅等结合成金属-硒-蛋白质复合物而起解毒作用，并促进金属排出体外。

（4）增强免疫功能：硒几乎存在于所有免疫细胞中，硒增加血液中的抗体含量，起到提高免疫功能的作用。人群流行病学调查发现硒缺乏地区的肿瘤发病率明显增高。

（5）其他功能：硒还具有促进生长、保护视觉及抗肿瘤的作用。研究发现，硒缺乏可引起生长迟缓及神经性视觉损害，由糖尿病性白内障引起的失明经补硒可改善视觉功能。

4. 缺乏与过量　　我国科学家首先证实缺硒是发生克山病的重要原因。缺硒也被认为是发生大骨节病有重要原因。缺硒可影响机体抗氧化能力和免疫功能。

过量的硒可引起中毒，其中毒症状为头发和指甲脱落，皮肤损伤及神经系统异常，如肢端麻木、抽搐等，严重者可致死亡。

5. 膳食参考摄入量及食物来源　　中国营养学会建议成年人硒的 RNI 为 50 μg/d。

海产品和动物内脏是硒的良好食物来源。精制的食品含量减少。烹调加热，硒可挥发，会造成一定的损失。食物中硒的含量因地区而异，特别是植物性食物的硒含量与地表土壤层中硒元素的水平有关。

十、碘

1. 理化性质及体内分布　　成人体内含碘 20~50 mg，甲状腺内含碘最多，占 70%~80%。血液中含碘 30~60 μg/L，主要为蛋白结合碘。

2. 吸收及代谢 饮食中的碘进入胃肠道转变为碘化物后吸收迅速,约3 h几乎完全被吸收,后随血流送至全身各个脏器。甲状腺吸碘力最强,用以合成甲状腺激素——三碘酪氨酸(T_3)和四碘酪氨酸(T_4)。甲状腺是贮存碘化物的唯一组织。

体内的碘主要经肾脏排泄,约90%的碘随尿排出,10%由粪便排出,极少随汗液排出。

3. 生理功能 碘在体内主要参与甲状腺素的合成,其生理功能是通过甲状腺素实现的。甲状腺素的生理功能主要有以下几个方面:① 促进生物氧化,参与磷酸化过程,调节能量转化;② 促进蛋白质的合成和神经系统发育,碘对胚胎发育期和出生后早期生长发育,特别是智力发育尤为重要;③ 促进糖和脂肪代谢,包括促进三羧酸循环和生物氧化,促进肝糖原分解和组织对糖的利用,促进脂肪分解及调节血清中胆固醇和磷脂的浓度;④ 激活体内许多重要的酶,包括细胞色素酶系、琥珀酸氧化酶系等一百多种酶;⑤ 调节组织中的水盐代谢,缺乏甲状腺素可引起组织水盐潴留并发黏液性水肿;⑥ 促进维生素的吸收利用,包括促进尼克酸的吸收利用及β-胡萝卜素向维生素A的转化。

4. 缺乏与过量 饮食中长期供应不足或生理需要量增加,长期摄入含抗甲状腺素因子的食物(如十字花科植物中的萝卜、甘蓝、花菜等含有β-硫代葡萄糖苷,可干扰甲状腺对碘的吸收利用),可引起碘的缺乏,从而使甲状腺素分泌不足。碘缺乏的典型症状是甲状腺肿大。孕妇严重缺碘可影响胎儿神经、肌肉的发育及引起胚胎期和围生期胎儿死亡率上升;婴幼儿缺碘可引起生长发育迟缓、智力低下,严重者发生呆小症(克汀病)。

碘摄入过量可引起高碘性甲状腺肿。

我国地域广阔,地壳结构复杂,既有高碘地区,亦有低碘地区。但随着全国性的食盐加碘措施的实施,我国人群碘缺乏的状况已得到改善。

5. 食参考摄入量及食物来源 中国营养学会建议每人每日碘的RNI,成年人为150 μg,孕妇和乳母200 μg。碘的成年人UL为1 000 μg。人体对碘的需要量受年龄、性别、体重、发育及营养状况等影响。

含碘量丰富的食品有海产品,如海带、紫菜、淡菜、海参等,海盐中也含有少量碘。植物性食物含碘量较低。

十一、铜

1. 理化性质及体内分布 人体内含铜量为100～150 mg,其中50%～70%在肌肉和骨骼,20%在肝脏,5%～10%在血液。以肝、肾、心、头发和脑中最高,脾、肺、肌肉、骨骼次之,腺体含量最低。

2. 吸收及代谢 铜主要在小肠被吸收,少量由胃吸收。可溶性铜的吸收率为40%～60%。胃肠道对一般食物中铜吸收率很高,近来报道表观吸收率为55%～75%,铜的吸收率受膳食中铜水平强烈影响,膳食中铜含量增加,吸收率则下降,而吸收量仍有所增加。在每天摄入铜少于1 mg时,其吸收率为50%以上;当每天摄入量增加到5 mg时,吸收率则下降为20%以下,每天摄入铜为2 mg时吸收率约为35%。

膳食中其他营养素摄入量对铜的吸收利用产生影响,但所需含量都比较高,这包括锌、铁、钼、维生素C、蔗糖和果糖。已证明锌摄入过高可干扰铜的吸收,膳食或饲料中维生素C含量高时,在许多动物体内可产生铜缺乏,但人体研究较少。

铜的主要排泄途径是通过胆汁到胃肠道,再随唾液、胃液、肠液回收,进入胃肠道的铜以及少量来自小肠细菌的铜一起由粪便中排出,但少部分被重吸收。经尿、汗、皮肤、指甲、头发也丢失铜,但量很少。

3. 生理功能 铜在机体内的生化功能主要是催化作用,许多含铜金属酶作为氧化酶,参与体内氧化还原过程,尤其是将氧分子还原为水,许多含铜金属酶已在人体中被证实,有着重要的生理功能。

(1) 构成含铜酶与铜结合蛋白的成分:已知含铜酶主要有:胺酰氧化酶、酪胺氧化酶、单胺氧化酶、组胺氧化酶、二胺氧化酶、赖氨酰氧化酶、硫氢基氧化酶、亚铁氧化酶Ⅰ(即铜蓝蛋白)、亚铁氧化酶Ⅱ、细胞色素c氧化酶、多巴胺β-羟化酶、超氧化物歧化酶、细胞外超氧化物歧化酶等。

铜结合蛋白有:铜硫蛋白、白蛋白、转铜蛋白、凝血因子Ⅴ、低分子质量配合体(包括氨基酸和多肽)等。

(2) 维持正常造血功能:铜参与铁的代谢和红细胞生成。铜蓝蛋白和亚铁氧化酶Ⅱ可氧化铁离子,使铁离子结合到运铁蛋白,对生成运铁蛋白起主要作用,并可将铁从小肠腔和贮存点运送到红细胞生成点,促进血红蛋白的形成。故铜缺乏时可产生寿命短的异常红细胞。正常骨髓细胞的形成也需要铜。缺铜引起线粒体中细胞色素 c 氧化酶活性下降,使 Fe^{3+} 不能与原卟啉合成血红素,可引起贫血。铜蓝蛋白功能缺损也可使细胞产生铁的积聚。缺铜时红细胞生成障碍,表现为缺铜性贫血。大多数为低血红蛋白小细胞性,亦可为正常细胞或大细胞性贫血。

(3) 促进结缔组织形成:铜主要是通过赖氨酰氧化酶促进结缔组织中胶原蛋白和弹性蛋白的交联,是形成强壮、柔软的结缔组织所必需。因此,它在皮肤和骨骼的形成、骨矿化、心脏和血管系统的结缔组织完善中起着重要的作用。

(4) 维护中枢神经系统的健康:铜在神经系统中起着多种作用。细胞色素氧化酶能促进髓鞘的形成。在脑组织中多巴胺 β-羟化酶催化多巴胺转变成神经递质正肾上腺素,该酶并与儿茶酚胺的生物合成有关。缺铜可致脑组织萎缩,灰质和白质变性,神经元减少,精神发育停滞,运动障碍等。铜在中枢神经系统中的一些遗传性和偶发性神经紊乱的发病中有着重要作用。

(5) 促进正常黑色素形成及维护毛发正常结构:酪氨氧化酶能催化酪氨酸羟基化转变为多巴,并进而转变为黑色素,为皮肤、毛发和眼睛所必需。先天性缺酪氨氧化酶,引起毛发脱色,称为白化病。硫氢基氧化酶具有维护毛发的正常结构及防止其角化的作用,铜缺乏时毛发角化并出现具有铜丝样头发的卷发症,称为 Menkes 病。

(6) 保护机体细胞免受超氧阴离子的损伤:广泛分布的超氧化物歧化酶(SOD)、细胞外的铜蓝蛋白和主要在细胞内的铜硫蛋白等含铜酶具有抗氧化作用。SOD 能催化超氧阴离子转变为过氧化物,过氧化物又通过过氧化氢酶或谷胱甘肽过氧化物酶作用进一步转变为水。

铜对脂质和糖代谢有一定影响,缺铜可使动物血中胆固醇水平升高,但过量铜又能引起脂质代谢紊乱。铜对血糖的调节也有重要作用。缺铜后葡萄糖耐量降低,对某些用常规疗法无效的糖尿病患者,给以小剂量铜离子治疗,常可使病情明显改善,血糖降低。

此外,铜对免疫功能、激素分泌等也有影响,缺铜虽对免疫功能指标有影响,但补充铜并不能使之逆转。

4. 缺乏与过量 正常膳食可满足人体对铜的需要,一般不易缺乏。在某些情况下如长期完全肠外营养、消化系统功能失调、早产儿可能发生铜缺乏。

过量铜可引起急、慢性中毒,多为饮用或食用与铜容器或铜管长时间接触的酸性饮料或误服铜盐引起的急性中毒。

5. 膳食参考摄入量及食物来源 中国营养学会推荐碘的 AI 值,成年人为 2 mg/d。UL 值成年人为 8 mg/d。

铜广泛存在于各种食物中,牡蛎、贝类海产品食物以及坚果类是铜的良好来源(含量约为 0.3~2 mg/100 g),其次是动物的肝、肾、谷类胚芽部分,豆类等次之(含量为 0.1~0.3 mg/100 g),植物性食物铜含量受其培育土壤中铜含量,及加工方法的影响。奶类和蔬菜含量最低(约 0.1 mg/100 g 食物)。

十二、铬

1. 理化性质及体内分布 成年人体内含铬总量为 5~10 mg,骨、大脑、肌肉、皮肤和肾上腺中铬含量较高。一般组织中铬含量随年龄增长而减少。

2. 吸收及代谢 食物中的铬大多为无机 Cr^{3+},一般吸收率<3%。铬可与有机物结合成为具有生物活性的复合物,从而提高铬的吸收率,如啤酒酵母中以葡萄糖耐量因子形式存在的铬,其吸收率达 10%~25%。草酸和植酸可干扰铬的吸收。

铬在小肠被吸收,进入血液中的铬主要与运铁蛋白结合,部分与白蛋白结合,并转运至全身组织器官。摄入体内的铬约 95% 以上从尿中排出,少量从胆汁、毛发和皮肤排出。

3. 生理功能

(1) 加强胰岛素的作用:铬是体内葡萄糖耐量因子的重要组成成分,糖代谢中铬作为一个辅助因子,具有增强胰岛素的作用。作用方式可能是含铬的葡萄糖耐量因子促进细胞膜的巯基和胰岛素分子 A 链的两个二硫键之间形成一个稳定的桥,使胰岛素充分地发挥作用。

(2) 预防动脉粥样硬化：铬可能对血清胆固醇的内环境稳定有作用。动物缺铬血清胆固醇较高,喂铬以后血清胆固醇降低。缺铬大鼠的主动脉斑块的发病率高于有充足铬的对照组。也有研究报道,补铬后总血清胆固醇下降,高密度脂蛋白胆固醇和载脂蛋白 A 的浓度增加。

(3) 促进蛋白质代谢和生长发育：在 DNA 和 RNA 的结合部位发现有大量的铬,提示铬在核酸的代谢或结构中发挥作用。铬对动物生长也是需要的,缺铬动物生长发育停滞。对营养不良的儿童进行铬补充与对照组进行比较,观察到补铬组的生长速率显著地增加。两名接受缺铬的全胃肠外营养的患者,表现为体重下降,在补充铬后体重恢复。

(4) 其他：许多动物试验研究结果,发现补充铬可以提高应激状态下的动物体内免疫球蛋白,显著减少其血清皮质醇；或良好的体液和细胞免疫功能；增强 RNA 合成；铬虽对大鼠体重的影响不大,但可抑制肥胖基因的表达。

4. 缺乏与过量 铬缺乏多见于老年人、糖尿病患者、蛋白质-能量营养不良的婴儿及完全肠外营养的患者。患者可出现生长停滞、血脂增高、葡萄糖耐量异常,并伴有高血糖及尿糖等症状。

由于三价铬的毒性较低,食物中含铬较少且吸收利用率低,以及安全剂量范围较宽等原因,尚未见膳食摄入过量铬而引起中毒的报道。

5. 膳食参考摄入量及食物来源 中国营养学会推荐铬的 AI 值成年人为 50 μg/d,UL 值成年人为 500 μg/d。

铬广泛分布于食物中,动物性食物以肉类和海产品（牡蛎、海参、鱿鱼、鳗鱼等）含铬较丰富,植物性食物如谷物、豆类、坚果类、黑木耳、紫菜等含铬也较丰富,啤酒酵母和动物肝脏中的铬以具有生物活性的糖耐量因子形式存在,因此吸收利用率较高。

有的地区水中含有相当数量的铬。食物加工越精细,其中铬的含量越少,精制食品几乎不含铬。

十三、氟

1. 理化性质及体内分布 正常人体内含氟总量为 2.6 g,主要存在于骨骼和牙齿中,少量分布在毛发、指甲及其他组织。氟以少量且不同浓度存在于所有土壤、水及动植物中。氟既是人体所必需的微量元素,但过量又可引起中毒。氟被证实是唯一能降低儿童和成年人龋齿患病率和减轻龋齿病情的营养素。

2. 吸收及代谢 膳食和饮水中的氟摄入人体后,主要在胃部吸收。氟的吸收很快,吸收率也很高。饮水中的氟可完全吸收,食物中的氟一般吸收 75%～90%,剩下的 10%～25% 则由粪便排出,吸收一半量所需的时间约为 30 min。氟一旦被吸收,即进入血液,分布到全身,大部分骨骼组织中的氟离子取代了羟磷灰石的羟酸氢根离子,形成氟磷灰石 $[Ca_5(PO_4)_3F]$。

肾脏是无机氟排泄的主要途径。每天摄入的氟有 50%～80% 通过肾脏清除,少量从粪便、毛发、汗液排出。

3. 生理功能

(1) 牙齿的重要成分：氟在骨骼与牙齿的形成中有重要作用。氟是牙齿的重要成分,氟被牙釉质中的羟磷灰石吸附后,在牙齿表面形成一层抗酸性腐蚀的、坚硬的氟磷灰石保护层,有防止龋齿的作用。

缺氟时,由于釉质中不能形成氟磷灰石而得不到保护,牙釉质易被微生物、有机酸和酶侵蚀而发生龋齿。

(2) 骨盐的组成部分：人体骨骼固体的 60% 为骨盐（主要为羟磷灰石),而氟能与骨盐结晶表面的离子进行交换,形成氟磷灰石而成为骨盐的组成部分。骨盐中的氟多时,骨质坚硬,而且适量的氟有利于钙和磷的利用及在骨骼中沉积,可加速骨骼成长,并维护骨骼的健康。

4. 缺乏与过量 在高等动物及人类中,尚未发现有确切的或特异的氟缺乏症。但在含低氟量水源地区,龋齿的发病率增高。缺乏氟还可能影响骨的形成。

过量氟摄入可引起中毒,急性中毒多见于职业性接触,慢性中毒主要为高氟地区居民长期摄入含氟量高的饮水而引起。长期摄入高剂量的氟则可引起氟骨症,主要临床表现为腰腿及关节疼痛、脊柱畸形、骨软化或骨质疏松等。氟斑牙表现为牙齿失去光泽,出现白垩色、黄色、棕褐色或黑色斑点,牙面凹陷剥落,牙齿变脆,易于碎落等。

5. 膳食参考摄入量及食物来源 中国营养学会推荐氟的 AI 值成年人为 1.5 mg/d，UL 值为 3.0 mg/d。一般动物性食品中氟高于植物性食品；海洋动物中氟高于淡水及陆地食品；鱼（鲆鱼 28.50 mg/kg）和茶叶（37.5～178.0 mg/kg）氟含量很高。饮水是氟的主要来源，饮水中氟含量取决于地理环境中氟元素水平。

十四、钼

1. 理化性质及体内分布 人体各种组织都含钼，成人体内总量约为 9 mg，肝、肾中含量最高。

2. 吸收及代谢 膳食及饮水中的钼化合物（除硫化物以外），极易被吸收。经口摄入的可溶性钼酸铵约 88%～93% 可被吸收。膳食中的各种含硫化合物对钼的吸收有相当强的阻抑作用，硫化钼口服后只能吸收 5% 左右。

钼酸盐被吸收后仍以钼酸根的形式与血液中的巨球蛋白结合，并与红细胞有松散的结合。血液中的钼大部分被肝、肾摄取。在肝脏中的钼酸根一部分转化为含钼酶，其余部分与蝶呤结合形成含钼的辅基贮存在肝脏中。

身体主要以钼酸盐形式通过肾脏排泄钼，膳食钼摄入增多时肾脏排泄钼也随之增多。因此，人体主要是通过肾脏排泄而不是通过控制吸收来保持体内钼平衡。此外也有一定数量的钼随胆汁排泄。

3. 生理功能 钼是黄嘌呤氧化酶/脱氢酶、醛氧化酶和亚硫酸盐氧化酶的组成成分，作为 3 种钼金属酶的辅基而发挥其生理功能。

钼酶催化一些底物的羟化反应。黄嘌呤氧化酶催化次黄嘌呤转化为黄嘌呤，然后转化成尿酸。醛氧化酶催化各种嘧啶、嘌呤、蝶啶及有关化合物的氧化和解毒。亚硫酸盐氧化酶催化亚硫酸盐向硫酸盐的转化。

4. 缺乏与过量 无论是人类还是动物，在正常膳食条件下都不会发生钼缺乏。因而，钼缺乏的临床意义不大。

过量的钼可对人体引起危害，钼的过量多发生于高钼地区人群，如前苏联亚美尼亚高钼地区人群中痛风发病率较高，印度高钼地区人群氟骨症发病率较高。

5. 膳食参考摄入量及食物来源 WHO 推荐钼摄入量范围低限为 60 μg/d。

中国营养学会推荐钼的 AI 值成人为 60 μg/d，UL 值为 350 μg/d。

钼广泛存在于各种食物中。动物肝、肾中含量最丰富，谷类、奶制品和干豆类是钼的良好来源。蔬菜、水果和鱼类中钼含量较低。

十五、钴

1. 理化性质及体内分布 钴是维生素 B_{12}（氰钴胺）的组成成分。一般成年人体内含钴量为 1.1～1.5 mg。在血浆中无机钴附着在白蛋白上，它最初贮存于肝和肾，然后贮存于骨、脾、胰、小肠以及其他组织。体内钴 14% 分布于骨骼，43% 分布于肌肉组织，43% 分布于其他软组织中。钴是中等活泼的金属元素，有二价和三价两种化合价。

2. 吸收及代谢 钴可经消化管和呼吸道进入人体。

经口摄入的钴在小肠上部被吸收，并部分与铁共用一个运载通道，在血浆中是附着在白蛋白上。吸收率可达 63%～93%，铁缺乏时可促进钴的吸收。钴主要通过尿液排出，少部分由肠、汗、头发等途径排出，一般不在体内蓄积。

3. 生理功能 钴是维生素 B_{12} 组成成分。反刍动物可以在肠道内将摄入的钴合成为维生素 B_{12}，而人类与单胃动物不能将钴在体内合成维生素 B_{12}。现在还不能确定钴的其他功能，但体内的钴仅有约 10% 是维生素的形式。已观察到无机钴对刺激红细胞生成有重要的作用。钴对红细胞生成作用的机制是影响肾释放促红细胞生成素，或者通过刺激胍循环（形成环形 GMP）。钴对甲状腺的功能可能有作用，动物实验结果显示，甲状腺素的合成可能需要钴，钴能拮抗碘缺乏产生的影响。

4. 缺乏与过量 目前尚无钴缺乏症的病例，从膳食中可能每天摄入钴 5～20 μg。经常注射钴或暴露于过量的钴环境中，可引起钴中毒。儿童对钴的毒性敏感，应避免使用每千克体重超过 1 mg 的剂量。

5. 膳食参考摄入量及食物来源 中国营养学会推荐钴的参考摄入量，成年人 AI 为 60 μg/d，UL 为

350 μg/d。

食物中钴含量较高者(20 μg/100 g)有甜菜、卷心菜、洋葱、萝卜、菠菜、番茄、无花果、荞麦和谷类等,蘑菇含量可达 61 μg/100 g。

十六、锰

1. 理化性质及体内分布　　成年人体内锰的总量为 10~20 mg,分布在身体各种组织和体液中。骨、肝、胰、肾中锰浓度较高。锰在线粒体中的浓度高于在细胞质或其他细胞器中的浓度,所以线粒体多的组织锰浓度较高。从总量上讲,人体内 30% 的锰集中于肌肉内,20% 分布于肝中。

2. 吸收及代谢　　锰主要在小肠吸收,吸收率较低(2%~15%)。膳食中的植酸盐、纤维、铁、钙、磷对锰的吸收有不良影响。锰几乎完全经肠道排泄,仅有微量经尿排泄。

3. 生理功能

(1) 酶的组成成分或激活剂：锰在体内一部分作为金属酶的组成成分,一部分作为酶的激活剂起作用。含锰酶包括精氨酸酶、丙酮酸羧化酶和锰超氧化物歧化酶(Mn-SOD);由锰激活的酶很多,包括氧化还原酶、裂解酶、连接酶、水解酶、激酶、脱羧酶和转移酶。这些酶的金属激活作用中许多是非特异性的,其他金属离子,尤其是 Mg^{2+},可替代 Mn^{2+} 起激活作用;只有 3 种酶是特异性地由锰激活的,它们是转葡萄糖苷酶、磷酸烯醇式丙酮酸羧基激酶和木糖转移酶。

(2) 维持骨骼正常发育：结缔组织基质黏多糖的合成需要锰的参与,锰缺乏可使聚合酶和糖苷转移酶活性降低,影响黏多糖的合成,导致生长停滞、骨骼畸形。

(3) 促进糖和脂肪代谢及抗氧化功能：参与脂类、碳水化合物的代谢,动物实验发现锰缺乏,葡萄糖耐量反应异常,血液中高密度脂蛋白减少,肝脏脂肪增加;Mn-SOD 活力下降,肝微粒体中脂质过氧化增高及细胞膜脂质过氧化增强。

(4) 与生殖功能有关：缺锰可使生殖功能紊乱,精子减少,性欲减退。

(5) 与神经功能有关：缺锰可引起神经障碍,发生抽搐,共济失调等症状。

4. 缺乏与过量　　正常膳食可以满足人体对锰的需求,一般不会发生缺乏。锰过量可引起中毒,主要损害中枢神经系统以及引起生殖内分泌系统功能紊乱。

5. 膳食参考摄入量及食物来源　　中国营养学会制订每日锰的 AI 成人为 3.5 mg/d,UL 为 10 mg/d。目前还没有足够的依据可以拟订婴儿、儿童、青少年、孕妇和乳母的锰的 DRI。

谷类、坚果、叶菜类富含锰。茶叶内锰含量最丰富。精制的谷类、肉、鱼、奶类中锰含量比较少。动物性食物虽然锰含量不高,但吸收和存留较高,仍不失锰的良好来源。

第二节　维 生 素

一、概述

维生素(vitamin)又名维他命,是指维持人体生命活动必需的一类低分子有机化合物。维生素对保持人体健康起着至关重要的作用。各种维生素的化学结构和理化性质虽然不同,但它们却有着以下共同点：① 维生素均以本体或可被机体利用的前体形式存在于天然食物中;② 维生素既不参与机体组织的构成,也不供给能量,主要作为调节物质,调节各种生理机能;③ 维生素常以辅酶或辅基的形式参与酶的功能;④ 对于大多数的维生素,机体不能合成或合成量不足,不能满足机体的需要,必须经常从食物中获得;⑤ 人体对维生素的需要量很小,每日需要量常以毫克(mg)或微克(μg)计算,但一旦缺乏就会引发相应的维生素缺乏症,对人体健康造成损害;⑥ 不少维生素具有几种结构相近、生物活性相同的化合物,如维生素 D_2 和维生素 D_3 等。

随着对维生素更加广泛、深入的研究,已发现维生素还有许多新的功能作用,特别是对某些慢性非传染性疾病的防治方面,已有很多实验研究和人群流行病学调查研究的明确结果。维生素的这些作用表明,适宜的维生素摄入对人类维护健康,远离慢性疾病的困扰无疑是有利的。

1. 维生素的命名及分类　　维生素有三种命名方式。一是按发现的历史顺序,以英文字母顺序命名,如维生素A,维生素B,维生素C,维生素D,维生素E等;二是按其生理功能命名,如抗坏血酸、抗干眼病维生素和抗凝血维生素等;三是按其化学结构命名,如视黄醇、硫胺素和核黄素等。因而一种维生素可有多个名称。

各种维生素的化学性质差别很大,它们的生理作用与其溶解度有很大关系,所以,通常按照维生素的溶解性不同而将其分为脂溶性维生素、水溶性维生素和类维生素物质三大类。

（1）脂溶性维生素:包括维生素A、维生素D、维生素E、维生素K。其共同特点是:① 化学组成仅含有碳、氢、氧三种元素;② 不溶于水而溶于脂肪和有机溶剂(如苯、乙醚及氯仿等);③ 在食物中常与脂类共存,在酸败的脂肪中容易破坏;④ 在体内消化、吸收、运输、排泄过程均与脂类密切相关;⑤ 摄入后大部分贮存于脂肪组织中;⑥ 大剂量摄入时容易引起中毒;⑦ 摄入过少时,身体缓慢出现缺乏症状。

（2）水溶性维生素:包括B族维生素(维生素B_1、维生素B_2、维生素PP、叶酸、维生素B_6、维生素B_{12}、泛酸、生物素等)和维生素C。其共同特点是:① 化学组成除碳、氢、氧外,还含有氮、硫、钴等元素;② 易溶于水而不溶于脂肪和有机溶剂中,绝大部分对酸稳定,易被碱破坏;③ 不在体内贮存,摄入过多时易从尿中排出;④ 一般无毒性,但极大量摄入时也可出现毒性;⑤ 绝大多数水溶性维生素以辅酶或辅基的形式参与酶的代谢;⑥ 摄入过少时,身体可较快地出现缺乏症状。

（3）类维生素物质:尚不被认为是真正的维生素,但具有类似维生素的生物活性,有时也把它们列入复合维生素B族这一类中,其中包括胆碱、生物类黄酮、肉毒碱、辅酶Q、牛磺酸、肌醇等。

2. 维生素缺乏的原因　　维生素缺乏可分为原发性维生素缺乏和继发性维生素缺乏。原发性维生素缺乏是指由于膳食中供给不足或其生物利用率过低引起;继发性维生素缺乏是指由于生理或病理原因妨碍了维生素的消化、吸收、利用,或因需要量增加、排泄或破坏增多而引起的条件性维生素缺乏。具体原因主要有以下几点:

（1）食物供应不足:如食物单一、贮存不当、烹饪破坏(如叶酸受热损失)等。

（2）吸收利用率降低:如消化系统疾病,或摄入脂肪量过少,从而影响脂溶性维生素的吸收。

（3）需要量相对增高:如妊娠和哺乳期妇女、儿童、特殊工种、特殊环境下的人群。

（4）药物导致维生素缺乏:广谱抗生素和磺胺类药物,因抑制肠道内产生维生素B族和维生素K的微生物的生长,在长期或大剂量应用时,可致维生素B族和维生素K缺乏;新霉素抑制胰脂酶,使胆盐失活及黏膜损伤,还能与胆酸形成络合物,从而降低维生素A的吸收。长期服用苯妥英钠、苯巴比妥等抗癫痫药和抗惊厥药可引起维生素D和叶酸缺乏,癫痫患儿可因此而患佝偻病。

二、维生素A

1. 理化性质及体内分布　　维生素A类是指含有视黄醇(retinol)结构(如图5-1),并具有其生物活性的一大类物质。它包括已形成的维生素A(preformed vitamin A)和维生素A原(provitamin A)以及其代谢产物。

类维生素A(retinoid)是指视黄醇和其代谢产物以及合成的类似物。动物体内具有视黄醇生物活性的类维生素A称为已形成的维生素A,包括视黄醇(retinol)、视黄醛(retinal)、视黄酸(retinoic acid)和视黄基酯复合物。

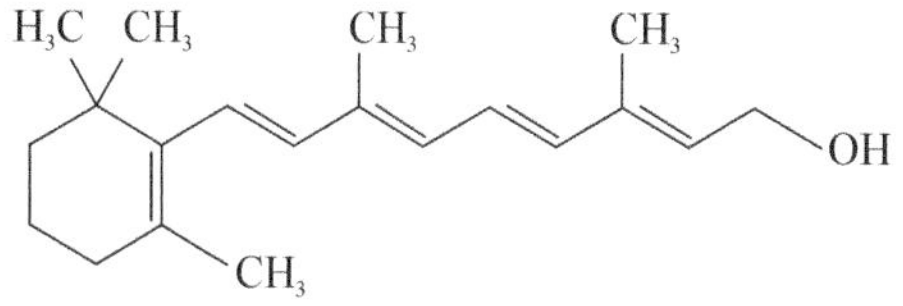

在植物中不含已形成的维生素A。但在某些有色(黄、橙和红色)植物中含有类胡萝卜素(carotenoid),其中有一小部分可在小

图5-1　全反式视黄醇

肠和肝细胞内转变成视黄醇和视黄醛,被称作维生素A原,如α-胡萝卜素(alpha-carotene)、β-胡萝卜素(beta-carotene)、β-隐黄素(beta-cryptoxanthin)、γ-胡萝卜素(gamma-carotene)等。目前已经发现的类胡萝卜素约600种,仅有约1/10是维生素A原,其中最重要的为β-胡萝卜素。相当一部分的类胡萝卜素,如玉米黄素、辣椒红素、叶黄素和番茄红素,它们不能分解形成维生素A,不具有维生素A的活性。

维生素A属脂溶性维生素,对酸、碱、热稳定,一般烹调方式不容易被破坏。但极易被氧化,特别是在高温条件下,受紫外线照射更容易被破坏。因此,维生素 A 或含有维生素 A 的食物应避光在低温下保存。食物中如含有磷脂、维生素 E、维生素 C 和其他抗氧化剂时,其中的视黄醇和胡萝卜素较为稳定。食物发生脂肪酸败时可致其严重破坏。

维生素 A 在体内主要以棕榈酸视黄酯的形式贮存于肝脏中,占总量的 80%~95%,当机体需要时,再释放入血。在血液中,视黄醇(R)与视黄醇结合蛋白(RBP)以及血浆前清蛋白(PA)结合,生成 R-RBP-PA 复合物而转运至各组织。肝脏贮存类胡萝卜素的能力有限,过多的类胡萝卜素由血浆脂蛋白运至脂肪组织贮存。

2. 吸收与代谢 动物性食物中的维生素 A 一般不以游离形式存在,而是与脂肪酸结合成视黄基酯。视黄基酯、类胡萝卜素又常与蛋白质结合成复合物,须经胃液、胰液和肠液中的蛋白酶消化水解,从食物中释出,然后在小肠中在胆汁和脂酶的共同作用下释放出脂肪酸、游离的视黄醇或类胡萝卜素。释放出的游离视黄醇和类胡萝卜素与其他脂溶性食物成分形成胶团,在小肠被吸收。膳食中视黄醇吸收率为 70%~90%,类胡萝卜素吸收率为 20%~50%,类胡萝卜素的吸收率随着其摄入量的增加而降低,有时甚至低于 5%。

β-胡萝卜素在小肠黏膜细胞内 β-胡萝卜素-15,15′二加氧酶(β-carotene-15,15′-dioxygenase)的作用下转化成视黄醛,再与细胞视黄醛结合蛋白 II(CRBP-II)结合,在视黄醛还原酶的作用下,结合的视黄醛转变成视黄醇。理论上说,一分子 β-胡萝卜素能够生成两分子视黄醇,但在体内这种情况难以实现,其原因是 β-胡萝卜素-15,15′二加氧酶活性相当低,绝大部分 β-胡萝卜素不能被氧化。据估计大约 6 μg β-胡萝卜素可产生 1 μg 视黄醇的活性,而 12 μg 的其他维生素 A 原类胡萝卜素才能产生 1 μg 视黄醇的活性。没有转变成视黄醇的类胡萝卜素可被吸收并转运至血液组织。

脂肪和胆盐的存在是维生素 A 和类胡萝卜素被肠道吸收的必要条件。胆盐能够乳化脂肪,加强类胡萝卜素裂解酶的活动,促进类胡萝卜素转变为维生素 A,有利于其吸收、运转和代谢。

视黄醇在体内被氧化为视黄醛后,进一步氧化为视黄酸,前两者具有相同的生物活性,后者生物活性不全,是主要的代谢排泄形式。大约有 70% 的维生素 A 与葡萄糖醛苷结合后由胆汁进入肠道,其中一部分经肠-肝循环再吸收入肝脏,其余部分随粪便排泄。另有 30% 的代谢产物由肾脏排泄。类胡萝卜素主要由胆汁排泄。

3. 生理功能

(1) 维持正常视觉功能:维生素 A 在体内代谢为 11-顺式视黄醛,后者是构成视网膜上视杆细胞内感弱光物质——视紫红质的主要成分。视紫红质经光照射后可发生一系列变化,11-顺式视黄醛异构成全反式视黄醛,并与视蛋白分离,同时产生电能刺激视神经,引发神经冲动传至大脑,进而形成视觉,此过程称为"漂白"。人在此时进入暗处,则因对弱光敏感的视紫红质消失,故眼睛在最初不能见物。分离后的全反式视黄醛被还原为全反式视黄醇,后者在酶的作用下,经氧化和异构化,重新形成 11-顺式视黄醛,在弱光下与视蛋白再次结合形成视紫红质。经过一段时间,待视紫红质再生到一定水平时,眼睛恢复对弱光的敏感性,能够在一定照度的暗处看见物体,维持着视觉功能,这一过程称为"暗适应"。

由肝脏释放的视黄醇与视黄醇结合蛋白(RBP)结合,在血浆中再与前白蛋白结合,运送至视网膜,参与视网膜的光化学反应。但有部分视黄醛变成视黄醇被排泄,因此需要不断地由膳食补充维生素 A 才能维持视觉过程。若体内维生素 A 充足,则视紫红质的再生快而完全,故暗适应时间短;若维生素 A 不足,则视紫红质再生慢而不完全,故暗适应时间延长,严重时可产生夜盲症。

(2) 维持上皮细胞的正常生长与分化:维生素 A 能保证上皮细胞中糖蛋白的正常合成,从而影响上皮细胞的正常结构,能够维持呼吸道、消化管、泌尿道、性腺腺体的上皮组织,以及眼睛的角膜、结膜和皮肤等的正常生理作用,并增强上皮组织对细菌、病毒的抵抗能力。

(3) 促进生长发育及维护生殖功能:维生素 A 可促进蛋白质的生物合成及骨细胞的分化,有助于细胞增殖与生长、骨骼的正常发育,是机体生长发育所必需的物质。

(4) 维持正常免疫功能:维生素 A 有利于体内抗体的生成,可清除含氧自由基,因而有增强机体免疫力的功能。

(5) 抗癌作用:近年发现维生素 A 酸(视黄酸)类物质有延缓或阻止癌前病变,防止化学致癌剂的作用,特别是对于上皮组织肿瘤,临床上作为辅助治疗剂已取得较好效果。

4. 缺乏与过量的危害及表现 婴幼儿血浆维生素A正常水平为300~500 μg/L,年长儿和成人正常含量范围为300~2250 μg/L,低于200 μg/L可诊断为维生素A缺乏,200~300 μg/L为亚临床状态,属于可疑缺乏。

(1) 维生素A缺乏症:维生素A缺乏仍然是许多发展中国家的重要公共卫生问题,在非洲和亚洲许多发展中国家的部分地区,甚至呈地方性流行。在婴幼儿和儿童中,维生素A缺乏症发生率远高于成人,这是因为孕妇血中的维生素A不易通过胎盘屏障进入胎儿体内,故新生儿体内维生素A贮存量低。另外,一些消耗性疾病、消化管疾病、血吸虫病及饮酒等,也会影响维生素A的吸收和代谢,导致体内缺乏。

维生素A缺乏最早的症状是暗适应能力下降,严重者可致夜盲症,在昏暗处视物不清;维生素A缺乏可引起眼睛泪腺上皮细胞受损,减少或停止分泌泪液,进而引起眼干燥症;儿童维生素A缺乏最重要的临床诊断体征是眼睛出现毕脱氏斑。

维生素A缺乏容易导致机体不同上皮组织的萎缩、干燥、增生及角化,特别是容易引起儿童和老人的呼吸道炎症,严重时可引起死亡;泌尿道角化过度可促发泌尿系统结石。

维生素A缺乏影响雄性动物精索上皮产生精母细胞和雌性动物阴道上皮周期变化,影响胎盘上皮而使胚胎形成受阻,甚至导致胚胎畸形。

维生素A缺乏还可引起血红蛋白合成代谢障碍;机体免疫功能低下;儿童生长发育迟缓、骨骼钙化不良等。

(2) 维生素A中毒症:一般饮食情况下,维生素A不致摄入过量,中毒多发生在长期大剂量服用或误服过量维生素A制剂者。维生素A急性中毒可产生于一次或多次连续摄入量过大时,如成人大于推荐摄入量的100倍或儿童大于20倍即可发生急性中毒。维生素A使用剂量为其推荐摄入量的10倍以上时可发生慢性中毒,一般有几个月到二至三年的潜伏期,要等摄入总量超出肝内贮存能力时才会出现中毒症状。常见症状有头痛、食欲降低、脱发、肝大、长骨末端疼痛、肌肉疼痛和僵硬、皮肤干燥瘙痒、复视、出血、呕吐和昏迷等。

大量摄入类胡萝卜素一般不会引起毒性作用,其原因是类胡萝卜素在体内向视黄醇转变的速率慢;另外,随着类胡萝卜素摄入增加,其吸收也减少。大剂量摄入类胡萝卜素可出现高胡萝卜素血症,皮肤呈现类似黄疸的改变,停止摄入类胡萝卜素后,皮肤黄染征象会慢慢消失。

5. 膳食参考摄入量 膳食中所含有的视黄醇活性物质的量,常用视黄醇当量(retinol equivalent, RE)来表示,包括已形成的维生素A和维生素A原的总量(μg)。其换算关系如下:

$$1\ \mu g\ 视黄醇 = 1\ \mu g\ 视黄醇当量(RE)$$
$$1\ \mu g\ \beta\text{-胡萝卜素} = 0.167\ \mu g\ 视黄醇当量(RE)$$
$$1\ \mu g\ 其他维生素A原 = 0.084\ \mu g\ 视黄醇当量(RE)$$
$$1\ 国际单位(IU)维生素A = 0.3\ \mu g\ 视黄醇$$

胡萝卜素在人体内吸收率约为其摄入量的1/3,吸收后在人体内转变为维生素A的转换率为吸入量的1/2。因此1 μg的胡萝卜素=1/6 μg的维生素A或视黄醇当量。

膳食中的总视黄醇当量=视黄醇(μg)+β-胡萝卜素(μg)×0.167+其他维生素A原(μg)×0.084

机体对维生素A的需要量随劳动条件、精神紧张程度及机体状态而异。需要视力集中、经常接触粉尘或对黏膜有持续性刺激性的作业,以及在夜间或弱光下工作的人,特别是处于缺氧环境,酷寒或炎热季节中工作的人,对维生素A的需要量较大。长期发烧、腹泻及患肝胆疾病时,需要量也显著增加。

中国营养学会制订的膳食营养素参考摄入量中,成年男性的维生素A推荐摄入量(RNI)为800 μgRE/d,女性为700 μgRE/d。维生素A的安全摄入量的范围较小,大量摄入时会呈现明显的毒性作用。β-胡萝卜素是维生素A的安全来源。维生素A(不包括胡萝卜素)的UL值,成年人为3 000 μg/d,孕妇2 400 μg/d,儿童2 000 μg/d。

6. 食物来源 各种动物肝脏、鱼肝油、鱼卵、蛋黄、全奶以及奶油中天然维生素A含量最高。植物性食物中不含维生素 A,只能提供类胡萝卜素,主要存在于红、黄、绿色蔬菜和水果中,如西兰花、胡萝卜、菠菜、苋菜、油菜、红心地瓜、辣椒、芒果、杏子等。

除膳食来源之外,维生素 A 补充剂也常被使用,但使用剂量不要过大,以防引起中毒。

三、维生素 D

1. 理化性质及体内分布 维生素 D 类是指具有钙化醇生物活性的一大类物质,目前,已知的维生素 D 至少有 10 种,但以维生素 D_2(ergocalciferol,麦角钙化醇)和维生素 D_3(cholecalciferol,胆钙化醇)最为常见,结构如图 5-2 所示。前者是酵母菌或麦角中的麦角固醇经紫外光照射后的产物,后者来自于食物中和体内皮下组织中的 7-脱氢胆固醇经紫外光照射产生。两者对人体的功能和作用机制完全相同,且都具有维生素 D 的生理活性,常被统称为维生素 D。

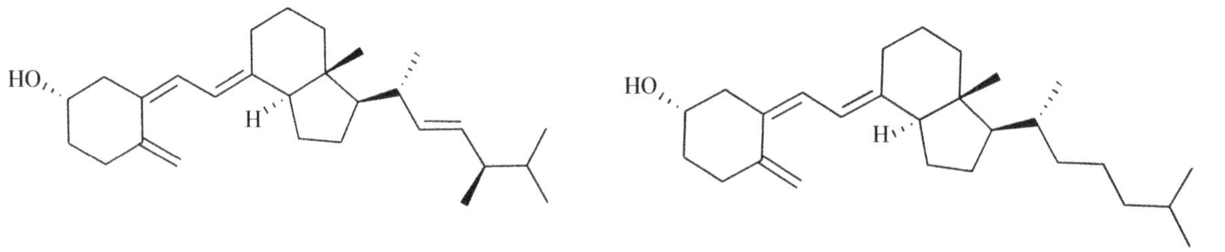

图 5-2 维生素 D_2(左)和维生素 D_3(右)

维生素 D 为白色晶体,溶于脂肪及脂溶剂,维生素 D 化学性质稳定,在中性和碱性溶液中耐热,不宜被氧化,故通常烹调方法不至于损失。但在酸性溶液中则逐渐分解。故脂肪酸败能引起维生素 D 的破坏。此外,过量的辐射光照射可使其形成具有毒性的化合物。

维生素 D 在肝脏和各种组织中都有分布,特别是在脂肪组织中含量较高,但是代谢较慢。维生素 D 被认为具有维生素和激素的双重作用。由于维生素 D_3 是在身体的皮肤中产生,但要运往靶器官才能发挥作用,因此认为维生素 D_3 实质上是激素。由于从膳食摄入或由皮肤合成的维生素 D 没有生理活性,必须到其他部位激活才具有生理作用,即它们是有活性作用的维生素 D 的前体,故又称为激素原。在某些特定条件下,如工作或居住在日照不足、空气污染(阻碍紫外线照射)的地区,维生素 D 必须由膳食供给才成为一种真正的维生素,故又认为维生素 D_3 是条件性维生素。

2. 吸收与代谢 人体获得维生素 D 的途径有两个,即从食物中摄入和由人体皮下的 7-脱氢胆固醇转化而来。食物中摄入的维生素 D 进入小肠后,在胆汁的作用下与脂肪一起被吸收。吸收的维生素 D 或与乳糜微粒结合,或被维生素 D 结合蛋白(DBP)转运至肝脏;人体皮肤内合成的维生素 D 则由血浆中的 DBP 直接输送至肝脏。在肝脏转变成 25-羟基维生素 D_3(25-OH-D_3),并与 α-球蛋白结合运送至肾脏,进一步羟化成维生素 D 的活化形式——1,25-$(OH)_2$-D_3。然后在蛋白的载运下,经血液到达小肠、骨等靶器官中发挥作用。

维生素 D 的代谢主要在肝脏,代谢产物经胆汁进入小肠,大部分由粪便排出。

3. 生理功能

1) 促进小肠钙吸收:在小肠黏膜上皮细胞内,1,25-$(OH)_2$-D_3 诱发一种特异的钙运输的载体——钙结合蛋白合成,即将钙主动转运,又增加黏膜细胞对钙的通透性。

2) 促进肾小管对钙、磷的重吸收:1,25-$(OH)_2$-D_3 对肾脏也有直接作用,能促进肾小管对钙、磷的重吸收,减少丢失。

3) 参与血钙平衡的调节:维生素 D 与内分泌系统一起发挥作用来调节血钙平衡,其主要调节因子包括 1,25-$(OH)_2$-D_3、甲状旁腺素、降钙素及血清钙和磷的浓度。当血钙降低时,甲状旁腺素升高,1,25-$(OH)_2$-D_3 增多,通过对小肠、肾、骨等器官的作用以升高血钙水平;当血钙过高时,甲状旁腺素降低,降钙素分泌增加,尿中钙和磷排出增加。

4) 其他,如对骨细胞的多种作用及调节基因转录作用等。当血钙中钙浓度降低时,1,25-$(OH)_2$-D_3 能动员骨骼组织中的钙和磷释放进入血液,以维持正常的血钙浓度。同时,1,25-$(OH)_2$-D_3通过调节基因转录调节细胞的分化、增殖和生长,可促进干细胞向破骨细胞的分化,抑制纤维细胞、淋巴细胞以及肿瘤细胞的增殖。

4. 缺乏与过量的危害及表现　25-OH-D_3是维生素D_3在血液之中的主要存在形式,其正常值为25~150 nmol/L(10~60 ng/ml),低于25 nmol/L为维生素D缺乏。

(1) 维生素D缺乏症:维生素D缺乏症主要发生受日光照射不足、缺少富含维生素D的食物的人群中,以在婴幼儿、家庭妇女和老年人当中更为多见。

维生素D缺乏会导致肠道对钙和磷的吸收减少,肾小管对钙和磷的重吸收降低,钙、磷代谢受到严重影响。如血中钙、磷含量降低,不但导致骨骼生长发育障碍,同时也影响肌肉和神经系统的正常功能。缺乏时可引起佝偻病(rickets)、骨质软化症(osteomalacia)、骨质疏松症(osteoporosis)、自发性多发性骨折和手足痉挛症等。佝偻病多见于婴幼儿。由于骨骼不能正常钙化而变软和弯曲变形,表现为形成"X"形腿或"O"形腿,胸骨外凸("鸡胸"),脊柱弯曲,肋骨与肋软骨连接处异常凸起("肋骨串珠"),婴儿囟门闭合推迟,出牙较晚,腹部因为肌肉发育不良而膨出。骨质软化症在孕妇、乳母及老年人多发。骨质疏松症主要见于老年人。

(2) 维生素D中毒症:过量摄入维生素D可引起维生素D中毒症,多见于长期大量给儿童服用浓缩维生素D(如鱼肝油丸)者。维生素D的中毒剂量虽然尚未确定,但摄入过多的维生素D可能会产生一系列毒副作用,其症状包括高血钙症、高尿钙症、食欲缺乏、体重减轻、恶心、呕吐、腹泻、头痛、发热、多尿、烦渴、关节疼痛、肌肉乏力等。

5. 膳食参考摄入量　维生素D既来源于膳食又可由皮肤合成,因而难以估计膳食维生素D的摄入量。中国营养学会制订的膳食营养素参考摄入量中,儿童、少年、孕妇、乳母、老人维生素D的RNI为10 μg/d,16岁以上成人为5 μg/d。维生素D的UL为20 μg/d。

人们习惯于用国际单位(IU)来表示维生素D的量,其与法定计量单位的换算关系为:

$$1 \text{ IU 维生素 } D_3 = 0.025 \text{ μg 维生素 } D_3, \text{即 } 1 \text{ μg 维生素 } D_3 = 40 \text{ IU 维生素 } D_3.$$

6. 食物来源　维生素D主要存在于海水鱼(如沙丁鱼)、肝、奶油、蛋黄等动物性食品以及鱼肝油制剂当中,人乳和牛乳中含量较低,蔬菜、谷类和水果中几乎不含有维生素D。总之,除了鱼肝油以外,普通食物中的维生素D含量极少,想要通过食物途径来获得充足的维生素D很不容易,但经常晒太阳可获得经济可靠的维生素D_3。在阳光不足或空气污染严重的地区,可采用紫外灯作预防照射。成年人只要经常在室外接触阳光,并做到均衡饮食,一般不会发生维生素D缺乏病。

四、维生素E

1. 理化性质及体内分布　维生素E又称为生育酚,是最主要的抗氧化剂之一。维生素E包括生育酚和生育三烯酚两类共8种化合物,即α、β、γ、δ生育酚和α、β、γ、δ生育三烯酚。虽然这8种异构体化学结构极为相似,但其生物活性却相差甚远,其中以α-生育酚活性最高,在自然界分布最广泛,在食物中的含量也最丰富(图5-3)。

维生素E为油状液体,呈橙黄色或淡黄色,溶于脂肪及脂溶剂,对热及酸稳定,对碱不稳定,在一般烹调方式下损失不大,但油炸时维生素E活性明显降低。维生素E对氧极为敏感,油脂酸败会加速其破坏。

维生素E主要贮存于脂肪组织、肝脏及肌肉中。在各种组织器官中,以肾上腺、脑下垂体、睾丸以及血小板中的浓度最高。红细胞膜中α-生育酚含量较高,其浓度与血浆水平处于平衡状态,当血浆维生素E低于正常水平,红细胞膜可破裂而导致溶血。

健康成人血浆维生素E平均浓度为10 mg/L左右,儿童血浆浓度稍低,平均水平在7 mg/L。早产儿血浆水平低于足月婴儿,人工喂养的婴儿低于母乳喂养儿,补充维生素E可使其水平提高,但是,不管维生素E补充的时间和剂量有多大,血浆浓度的增加不会超过平均水平的2~3倍。如果膳食中维生素E缺乏,血浆浓度会迅速下降,不过大多数成人体内的维生素E贮存相对丰富,即便食物中缺乏维生素E,体内贮存的维

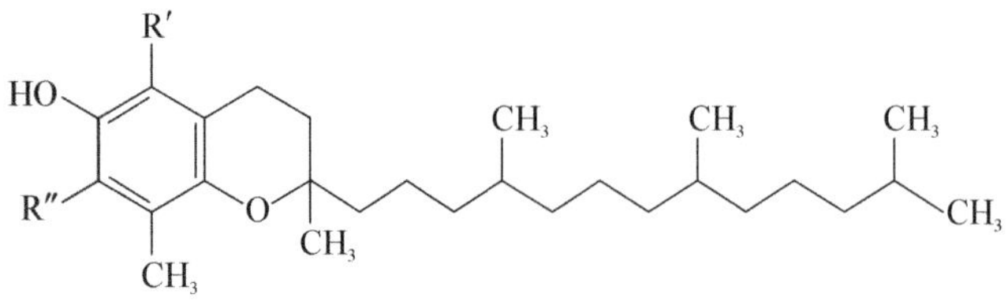

α: R′=CH₃, R″=CH₃
β: R′=CH₃, R″=H
γ: R′=H, R″=CH₃
δ: R′=H, R″=H

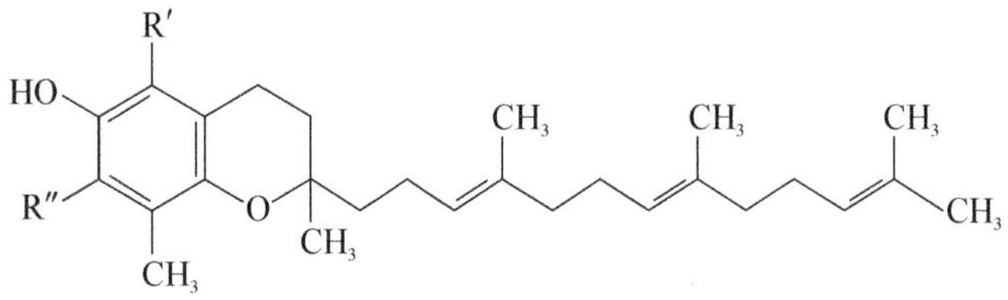

图 5-3 生育酚和生育三烯酚

生素 E 仍可维持几个月的需要。

2. 吸收与代谢 生育酚在食物中多以游离的形式存在,而生育三烯酚则以酯化的形式存在,它必须经水解后才能被吸收。人体吸收维生素 E 需要有脂肪和胆盐的存在,并以乳糜微粒形式从小肠上部吸收,经淋巴管入血流分布到各个组织。正常人肠道对维生素 E 的吸收率高达 70%,随着维生素 E 摄入量的增加,其吸收率降低。当脂肪吸收障碍时,维生素 E 的吸收也受影响。进食大量多不饱和脂肪酸,可使维生素 E 的需要量增加。

维生素 E 主要由低密度脂蛋白(LDL)运输,在保护 LDL 免遭氧化损伤方面起重要作用。由于维生素 E 溶于脂质并主要由脂蛋白转运,所以血浆维生素 E 的浓度与血浆总脂浓度呈正相关。

3. 生理功能

(1) 抗氧化作用:维生素 E 是很强的抗氧化剂,在体内保护细胞免受自由基损害,是氧自由基的清道夫,它与其他抗氧化物质以及抗氧化酶(包括超氧化物歧化酶、谷胱甘肽过氧化物酶等)一起构成体内抗氧化系统,为联合抗氧化作用中的第一道防线。保护生物膜及其他蛋白质免受自由基攻击。

维生素 E 抗氧化的机理是防止脂性过氧化物的生成,这一功能与其保持红细胞的完整性、抗动脉粥样硬化、抗肿瘤、改善免疫功能及延缓衰老等过程有关。

(2) 预防衰老:随着年龄增长,人体内脂褐质不断增加,脂褐质积聚可形成老年斑,这是细胞内某些成分被氧化分解后的沉积物。补充维生素 E 可减少细胞中脂褐质的形成、改善皮肤弹性。

(3) 与动物的生殖功能和精子的生成有关:维生素 E 缺乏时可出现睾丸萎缩和上皮细胞变性、孕育异常。在妇女妊娠期间,维生素 E 的需要量随妊娠月份的增加而增加。妊娠异常时,其相应妊娠月份时的血浆 α-生育酚浓度比正常孕妇低。目前,临床上常用维生素 E 治疗先兆性流产和习惯性流产等。但尚未发现有因缺乏维生素 E 而引起的不孕症。

(4) 调节血小板的黏附力和聚集作用:维生素 E 能抑制磷脂酶 A2 的活性,减少血小板血栓素 A2 的释放,从而抑制血小板的聚集。维生素 E 缺乏时,血小板聚集和凝血作用增强,增加发生心肌梗死及脑卒中的危险性。

(5) 其他功能:维生素 E 可抑制体内胆固醇合成限速酶的活性而降低血浆胆固醇水平;促进蛋白质的更新合成;促进某些酶蛋白的合成,降低分解代谢酶的活性;维持正常的免疫功能。维生素 E 还可抑制肿瘤细胞的生长和增殖,其作用机制可能与抑制细胞分化及生长密切相关的蛋白激酶的活性有关。

4. 缺乏与过量的危害及表现 健康成人若其血脂值正常,则血浆 α-生育酚的浓度范围是 11.5~46 μmol/L(50~200 mg/L)。

维生素 E 缺乏在人类较为少见。维生素 E 缺乏可导致低体重早产儿、血 β-脂蛋白缺乏症和脂肪吸收障碍;出现视网膜蜕变、蜡样质色素积聚、溶血性贫血、肌无力、神经退行性病变、小脑共济失调和震动感觉丧失等。

维生素 E 缺乏时,男性睾丸萎缩不产生精子,女性胚胎与胎盘萎缩引起流产,阻碍脑垂体调节卵巢分泌雌激素等,诱发更年期综合征、卵巢早衰。

在脂溶性维生素中,维生素 E 的毒性相对较小。但过大剂量摄入维生素 E 仍有可能出现中毒症状,如肌无力、视觉模糊、复视、恶心、腹泻以及维生素 K 的吸收和利用障碍等。

5. 膳食参考摄入量 α-生育酚有两个来源,即天然的生育酚(D-α-生育酚)和人工合成的生育酚(Dl-α-生育酚)。人工合成的生育酚活性相当于天然生育酚活性的74%。

维生素 E 的活性可用 α-生育酚当量(α-TE)来表示,又可用国际单位(IU)来表示。规定 1 mg α-TE 相当于 1 mg D-α-生育酚的活性,1 IU 的维生素 E 等于 1 mg Dl-α-生育酚乙酸酯的活性。1 IU 维生素 E=0.67 mg D-α-生育酚=0.74 mg D-α-生育酚乙酸酯。

推荐维生素 E 摄入量时,需要考虑膳食能量的摄入和膳食多不饱和脂肪酸的摄入量,成人摄入 2 000~3 000 kcal 膳食能量时,维生素 E 的摄入量为 7~11 mg;或每摄入 1 g 多不饱和脂肪酸应摄入 0.4 mg 维生素 E。中国营养学会制订的膳食营养素参考摄入量中,14 岁以上所有年龄组的维生素 E 适宜摄入量(AI)均为 14 mg α-TE/d,UL 为 800 mg α-TE/d。

6. 食物来源 维生素 E 只能在植物中合成,在自然界分布广泛,一般情况下不会缺乏。主要食物来源是植物油类、坚果类、全谷类、新鲜麦胚芽等。蛋类、肉类、鱼类、水果及蔬菜含量甚少。在加工、贮存和制备食物时有一部分维生素 E 因氧化而损失。

五、维生素 K

1. 理化性质及体内分布 天然维生素 K 有维生素 K_1 和维生素 K_2,结构如图 5-4 所示。维生素 K_1 又名叶绿醌,存在于绿叶蔬菜和动物肝脏中。维生素 K_2 指的是一族 2-甲基-1,4 萘醌的同系物,称为甲萘醌,在肠道内可由细菌合成。维生素 K_3 系由人工合成,其与天然维生素 K 具有基本相同的生理作用,常被用作动物饲料。

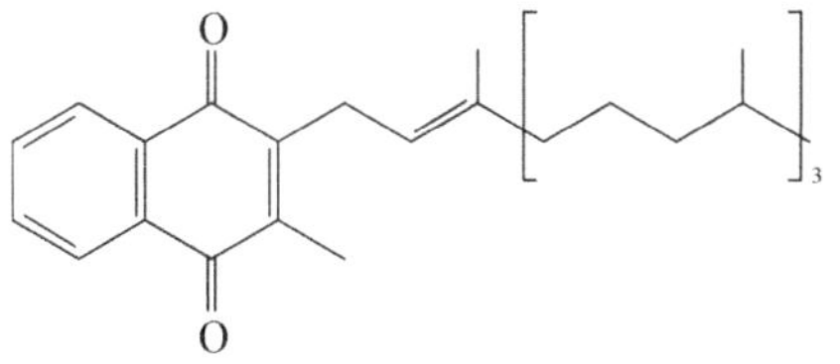

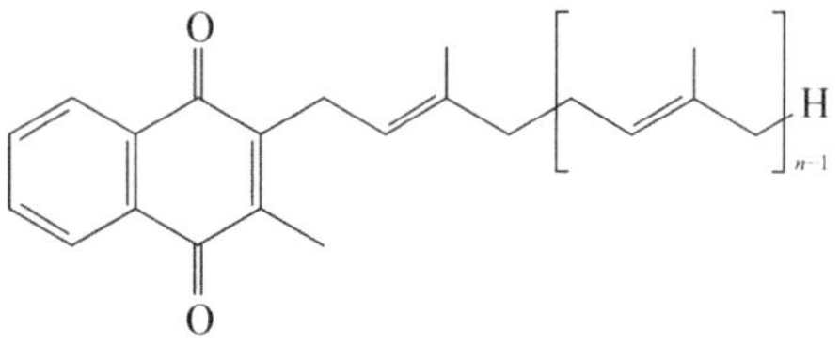

图 5-4 维生素 K_1 和 K_2 结构式

天然存在的维生素 K_1 和维生素 K_2 是淡黄色油状物,人工合成的 K_3 则是黄色结晶粉末。K_1 和 K_2 溶于脂肪及脂溶剂,K_3 易溶于水。所有维生素 K 都耐热,不会受一般烹调方式的影响,但易受到强酸、强碱和强氧化剂(特别是紫外线)的破坏。

人体内维生素 K 的贮存很少,更新很快,当摄入叶绿醌和甲萘醌时,肝脏迅速吸收之。但维生素 K 的肝内贮存期很短,因为它可迅速从肝脏去除并很快被排泄。维生素 K 在许多器官中的含量并不高,但在以下几个器官中富集,如肾上腺、肺脏、骨髓、肾脏和淋巴结。维生素 K 基本不经胎盘转运,即使母体血浆含量正常,脐带血也检测不到维生素 K。

2. 吸收与代谢 维生素 K 在小肠中吸收有赖于胆盐的存在,吸收后与乳糜微粒结合,被转运到肝脏。维生素 K 的吸收率可低至 10% 或高达 80%,这取决于维生素 K 的来源及所服用维生素 K 的赋形剂。

维生素 K_3 在体内贮存时间很短,迅速被破坏,经代谢排出,它的主要代谢产物是磷酸盐、硫酸盐和二氢萘醌(K_4)葡萄糖苷,主要由尿排出,也可以葡萄糖苷结合物的形式由胆汁排出。叶绿醌和甲萘醌的降解代谢较慢,经胆汁排出的葡萄糖苷结合物,主要经粪便排出。

3. 生理功能

(1) 促进血液凝固:有四种凝血因子(凝血因子 2,7,9,10)在发挥作用时都依赖维生素 K,所以,维生素 K 也被称作凝血维生素。维生素 K 能够参与一系列连续不断的蛋白水解激活作用,最终使可溶性纤维蛋白原转化为不溶性纤维蛋白,再与血小板交链形成血凝块,从而防止出血。对女性来说,充足的维生素 K 可减少生理期大量出血。

(2) 参与骨骼代谢:维生素 K 参与合成维生素 K 依赖蛋白质(BGP),BGP 能调节骨骼中磷酸钙的合成。特别对老年人来说,其骨密度与维生素 K 呈正相关。经常摄入大量含维生素 K 的绿色蔬菜的妇女能有效降低发生骨折的危险性。

此外,维生素 K 还参与体内氧化还原过程、增强胃肠道蠕动和分泌功能。

4. 缺乏与过量的危害及表现　健康人对维生素 K 的需要量低而膳食中含量比较多,故原发性维生素 K 缺乏症并不常见。维生素 K 缺乏时,机体血液凝固机制发生障碍,可引起低凝血酶原血症,且其他维生素 K 依赖凝血因子的浓度下降,轻者有凝血缺陷,表现为凝血时间延长,重者可有显著出血情况。

在新生儿和小婴儿,因其肠道中细菌尚未充分生长,不能合成维生素 K,而所食母乳及牛乳中维生素 K 含量又很低,所以,新生儿很容易发生维生素 K 缺乏症,若出现颅内出血,会造成严重后果。

服用超过药理剂量的维生素 K_2 能导致新生儿溶血性贫血、高胆红素血症和肝脏损害,在成人可诱发心脏病和肺病。但进食大量富含天然维生素 K_1 的膳食未发现有产生毒性反应者。

5. 膳食参考摄入量　以凝血功能确定的每日维生素 K 的需要量约为 1 μg/kg 体重。从一项大规模中老年妇女调查中分析,维生素 K 摄入情况与发生骨折有直接的关系,为保证骨骼系统的健康,维生素 K 的每日适宜摄入量应为 2 μg/kg 左右。考虑到维生素 K 的安全摄入范围较宽,这一数值可以作为计算维生素 K 摄入量的依据。中国营养学会制订的膳食营养素参考摄入量中,成人维生素 K 的膳食适宜摄入量(AI)为 120 μg/d,未定 UL。

6. 食物来源　维生素 K 可通过膳食摄入和肠道微生物合成两种途径获得。由肠道细菌合成的主要是 K_2,占 50%～60%。维生素 K 在回肠内吸收,故细菌必须在回肠内合成,才能为人体所利用,有些抗生素抑制上述消化管的细菌生长,进而会影响维生素 K 的合成与吸收。

从食物中摄入的主要是 K_1,占 40%～50%,在绿叶蔬菜中含量高,其次是奶及肉类,而在水果及谷类中含量很低。

六、维生素 B_1

1. 理化性质及体内分布　维生素 B_1 又称硫胺素(thiamin),是人类最早发现和提纯的一种维生素,亦称抗脚气病素、抗神经炎素,其分子由含氨基的嘧啶环与含硫基的噻唑环化合而成,结构如图 5-5。

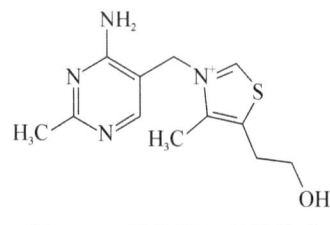

图 5-5　维生素 B_1 的结构式

维生素 B_1 呈白色针状结晶,味似酵母,微苦,有吸湿性,易溶于水,微溶于乙醇,在酸性条件下较稳定,如 pH<5 时,加热至 120℃ 仍能保持生理活性;在中性或碱性环境中易被氧化失去活性,不耐热,所以在烹调富含硫胺素的食物(如谷类、豆类)时,不宜加碱。

维生素 B_1 在体内主要以焦磷酸硫胺素(thiamin pyrophosphate, TPP)的形式存在,还有一部分以三磷酸硫胺素(thiamin triphosphate, TTP)或单磷酸硫胺素(thiamin monophoshpate, TMP)的形式存在。

正常成年人体内维生素 B_1 的含量为 25～30 mg,其中约有一半分布在肌肉,其余主要分布在心脏、肝脏、肾脏和脑组织中。硫胺素的生物半衰期为 9～18 d,需要定期从新鲜食物中摄取。

2. 吸收与代谢　维生素 B_1 在体内吸收的主要部位是空肠和回肠。维生素 B_1 在小肠中被吸收后进入血液循环,与蛋白质结合被运送至肝脏代谢,经硫胺素激酶催化,可与三磷酸腺苷(ATP)作用转化成 TPP。TPP 是催化丙酮酸或 α-酮戊二酸氧化脱羧反应的辅酶,所以又称为羧化辅酶,缺乏时可造成体内丙酮酸蓄积,从而扰乱糖代谢。

铁可以促进维生素 B_1 的代谢;维生素 E 则保护其不被氧化;饮茶过量、巴比妥类药物和乙醇会降低肠道对维生素 B_1 的吸收率;叶酸缺乏可导致维生素 B_1 吸收障碍。

维生素 B_1 由尿排出,不能被肾小管重吸收,其排出量与摄入量有关。

3. 生理功能　1) 构成脱羧酶辅酶,维持人体正常代谢:这是维生素 B_1 最主要的生理功能。TPP 是维生素B_1作为辅酶的主要活性形式,是α-酮酸氧化脱羧反应和磷酸戊糖途径中转酮基酶的辅酶。丙酮酸或α-酮戊二酸经氧化脱羧产生乙酰辅酶A、琥珀酰辅酶A,进入柠檬酸循环彻底氧化供能。乙酰辅酶A与琥珀酰辅酶A是体内三大营养素——蛋白质、脂肪、碳水化合物分解代谢的关键环节,也是其合成的连接点。磷酸戊糖是核酸合成所需的戊糖以及脂肪、类固醇合成所需还原型烟酰胺腺嘌呤二核苷酸磷酸(又称还原型辅酶Ⅱ,NADPH)的重要来源,是体内还原反应的重要途径。

2)维持神经组织的生理功能:为神经组织提供能量,防止神经组织萎缩退化,促进神经细胞膜对兴奋的传导。

3)促进胃肠蠕动:维生素B_1通过抑制胆碱酯酶的活性而促进胃肠蠕动。乙酰胆碱是副交感神经的一种化学传递物质,有促进胃肠蠕动的功能。当维生素B_1缺乏时,胆碱酯酶活性增强,乙酰胆碱水解加速,从而干扰正常神经传导,以至于影响内脏及周围神经功能,出现肌肉收缩不全、胃肠功能障碍等症状。

4)防治心率紊乱:临床实践表明,维生素B_1缺乏可引起心脏功能失调。其机制可能是由于硫胺素缺乏会导致流入组织中的血液量增加,致使心脏输出负担加重,或是因其缺乏造成心肌能量代谢不全。

4. 缺乏与过量的危害及表现

1)维生素B_1缺乏病:维生素B_1在体内贮存量较少,其缺乏的主要原因是饮食结构不合理,如长期食用碾磨过于精细的米或面,又缺少杂粮和其他副食补充;其次是肠道吸收利用障碍。

维生素B_1缺乏导致脚气病,该病以多发性神经炎、肌肉萎缩、组织水肿、心脏扩大、循环失调及胃肠道症状为主要特征。临床上将脚气病分为干性脚气病、湿性脚气病、混合型脚气病。

另外,维生素B_1缺乏会使催化物质代谢反应的酶系统不能正常发挥作用,导致新陈代谢紊乱,从而严重阻碍青少年、儿童的生长发育。

2)维生素B_1中毒症:维生素B_1易从肾脏排出,罕见人体维生素B_1中毒报告。但也有资料显示,若摄入量超过推荐量的100倍,发现有过敏、抽搐、头痛、乏力、震颤、神经肌肉麻痹、心律失常、水肿等症状。

5. 膳食参考摄入量 中国营养学会制定的中国居民膳食营养素参考摄入量提出,我国成年男女维生素B_1的RNI分别为1.4 mg/d和1.3 mg/d,UL为50 mg/d。其中,孕妇RNI为1.5 mg/d,乳母1.8 mg/d。

6. 食物来源 维生素B_1含量丰富的食物有粮谷类、豆类、干果类、酵母、硬壳果类、瘦猪肉、肝脏、肾脏等,鱼类、蔬菜类和水果中含量较少。

在日常生活中,要做到饮食多样化,常吃些粗粮、花生、芝麻、葵花子、动物肝脏等以增加维生素B_1的摄入量,但须注意加工、烹调方法,因为对谷物的过分精制加工、食物过分用水洗涤、烹调时弃汤、加碱、高温等均会使维生素B_1有不同程度的损失。

七、维生素B_2

1. 理化性质及体内分布 维生素B_2即核黄素(riboflavin),是参与体内生物氧化作用的一种重要营养物质,其在自然界中主要以磷酸酯的形式存在于黄素单核苷酸(FMN)和黄素腺嘌呤二核苷酸(FAD)两种辅酶中,结构式如图5-6。

维生素B_2呈黄色粉末状结晶,味苦,微溶于水;在中性或酸性溶液中较为稳定,但在碱性环境中加热易被破坏。游离维生素B_2对光敏感,特别是在紫外线照射下可发生不可逆降解而失去生物活性。例如,将一瓶牛奶(牛奶中40%~80%的维生素B_2为游离型)以日光照射3.5 h,维生素B_2可被破坏3/4以上。食物中的核黄素一般为与磷酸和蛋白质结合的复合化合物,对光比较稳定。

维生素B_2广泛分布于组织细胞中,其中,肝、肾和心脏中结合型维生素B_2浓度最高,视网膜、尿和奶中主要是游离型维生素B_2。脑组织中维生素B_2的含量不高,其浓度相当稳定。成人体内贮存的维生素B_2可维持机体2~6周的代谢需要。

2. 吸收与代谢 食物中大部分维生素B_2以FMN和FAD辅酶形式与蛋白质结合形成复合物——黄素蛋白,少量以游离核黄素和黄素酰肽类形式存在,

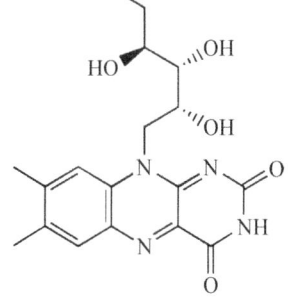

图5-6 维生素B_2的结构式

在消化管内经蛋白酶、焦磷酸酶水解为维生素 B_2，在小肠近端被吸收。维生素 B_2 在大肠内亦可被吸收，吸收的机理因剂量大小而异，低剂量时为主动吸收，大剂量时为扩散吸收。

维生素 B_2 在体内吸收量与胃酸在肠腔中浓度成比例，故胃酸可促进其吸收；抗酸剂会干扰核黄素的释放；二价金属离子如 Fe^{2+}、Zn^{2+} 等通过螯合，会抑制核黄素的吸收，乙醇亦可干扰核黄素的消化和吸收。

维生素 B_2 在体内多以辅酶形式贮存于血、组织及体液中。体内贮存维生素 B_2 的能力有限，经动物实验发现，标记的维生素 B_2 在 24 h 内有 81% 留在体内，10% 以游离形式从尿中排出，3% 从粪便排出，汗液亦可排出少量核黄素。

3. 生理功能

（1）构成氧化酶的辅酶 FMN 和 FAD：维生素 B_2 的主要功能是作为辅酶 FMN 和 FAD 以及共价键结合的黄素的前体，参与构成体内多种氧化酶系统，用以催化许多氧化-还原反应。

（2）参与维生素 B_6、烟酸的代谢：FMN 和 FAD 分别作为辅酶参与色氨酸转变为烟酸、维生素 B_6 转变为磷酸吡哆醛的过程。

（3）参与体内抗氧化防御系统：FAD 作为谷胱甘肽还原酶的辅酶，参与体内抗氧化防御系统，维持还原型谷胱甘肽的正常浓度。

（4）参与铁的代谢：维生素 B_2 与体内铁的吸收、贮存和动员相关，在防治缺铁性贫血中发挥重要作用。

（5）防治心脑血管疾病：实验证明，维生素 B_2 能抗血小板聚集，保护缺血心肌，改善心肌缺血，缩小心肌梗死范围，从而防治心脑血管疾病的进一步恶化。

（6）防治癌症：研究发现，在食管癌高发区居民主食中维生素 B_2 水平显著低下，若给予大量维生素 B_2，食管癌发生率下降，患者存活率提高。故认为维生素 B_2 与前致癌物的致活和去活有密切关系，其缺乏可增强化学致癌物的致癌作用。补充维生素 B_2 制剂或多吃富含维生素 B_2 的食物，将有助于防治部分癌症。

（7）其他：维生素 B_2 与细胞色素 P_{450} 结合，参与药物代谢，提高机体对环境的应激适应能力。

4. 缺乏与过量的危害及表现

（1）维生素 B_2 缺乏症：维生素 B_2 是人体最易缺乏的营养素之一。膳食摄入不足、酗酒、胃肠道功能紊乱（慢性腹泻、感染性肠炎、过敏性肠综合征等）皆可引起维生素 B_2 缺乏，可有如下表现：

① 非特异性炎症反应：维生素 B_2 缺乏主要表现在眼、口腔、皮肤的非特异性炎症反应。

② 生长发育障碍：维生素 B_2 缺乏可阻碍正常生长发育，如妊娠期缺乏维生素 B_2 可致胎儿骨骼畸形，包括骨头变短、肋间、指间、趾间生长畸形。

③ 情绪异常：维生素 B_2 缺乏可致患者性情明显变化，表现为多疑、抑郁、歇斯底里等。

（2）维生素 B_2 中毒症：从膳食中摄取大剂量维生素 B_2 而导致中毒的情况未见报道。在肾功能正常情况下，大量服用维生素 B_2 几乎不产生毒性，多余的量可完全排出体外，不会贮留体内，但可使尿液呈黄绿色，此种反应属于正常的维生素 B_2 荧光色。

5. 膳食参考摄入量　因为维生素 B_2 参与体内能量代谢，所以其需要量与能量的需要量、蛋白质的需要量及机体代谢状况有关。例如，生长迅速、术后恢复、怀孕与哺乳期蛋白质需要量增加时，对维生素 B_2 的需要量也相应增加。

不同膳食模式对维生素 B_2 需要量有一定影响，低脂肪、高碳水化合物膳食可使机体对维生素 B_2 需要量减少，高蛋白、低碳水化合物膳食或高蛋白、高脂肪、低碳水化合物可使机体对维生素 B_2 需要量增加。

中国营养学会制定的中国居民膳食营养素参考摄入量提出，我国成年男、女维生素 B_2 的 RNI 分别为 1.4 mg/d 和 1.2 mg/d，孕妇和乳母的 RNI 为 1.7 mg/d。

6. 食物来源　乳类、蛋类、肉类、动物内脏中维生素 B_2 含量丰富，其次是豆类食品。谷类、蔬菜类食物中维生素 B_2 含量都不高。我国以植物性食品为主，核黄素摄取量偏低，难以满足人体的需要，较易发生维生素 B_2 缺乏症。

食物加工、烹调方式对维生素 B_2 有较大影响，有人为保持蔬菜好看的绿色，在烹饪时加碱，这样会损失全部维生素 B_2。维生素 B_2 容易随水流失，加工时需避免过分水洗，如捞蒸饭中维生素 B_2 仅保留一半，但烙饼可保留 86%。

八、烟酸

1. 理化性质及体内分布　烟酸又称尼克酸(niacin, nicotinic acid)、维生素PP、抗癞皮因子,与烟酰胺同为氮杂环吡啶的衍生物。烟酸常见于植物组织中,而烟酰胺则是动物组织中的存在形式,它们在体内具有相同的生理活性,结构式如图5-7所示。

烟酸为不吸水的较稳定的白色结晶,在230℃升华,易溶于水和乙醇;在酸、碱、光、氧或加热条件下皆稳定,故在一般加工烹调时损失很小。烟酸很容易转变为烟酰胺,且烟酰胺比烟酸更易溶解,1 g烟酰胺可溶于1 ml水或1.5 ml乙醇中,在强酸或强碱中加热时会水解为烟酸。

图5-7　烟酸和烟酰胺的结构式

烟酸主要以辅酶的形式广泛存在于体内各组织中,以肝脏中浓度最高,其次是心脏和肾脏,血液中相对较少,且90%以辅酶形式存在于红细胞中。

2. 吸收与代谢　烟酸以辅酶形式存在于食物中,经消化后,游离的烟酸和烟酰胺在胃和小肠被迅速吸收,吸收后以烟酸形式经门静脉进入肝脏,在肝脏内转化为辅酶Ⅰ和辅酶Ⅱ。肝内未经代谢的烟酸和烟酰胺随血液流入其他组织,再形成含有烟酸的辅酶。

体内组织中多余的烟酸被甲基化,以N^1-甲基烟酰胺和N^1-甲基-2-吡啶酮-5-甲酰胺(简称2-吡啶酮)的形式经肾脏随尿排出体外。也有少量烟酸和烟酰胺直接由尿中排出。在硫胺素、核黄素、维生素B_6等营养素的参与下,体内色氨酸可转化为烟酸。采用大剂量异烟肼(维生素B_6拮抗物)治疗结核病时可能造成烟酸缺乏,引起癞皮病症状。

3. 生理功能

(1) 构成辅酶Ⅰ和辅酶Ⅱ：烟酰胺在体内与腺嘌呤、核糖和磷酸结合而构成烟酰胺腺嘌呤二核苷酸(辅酶Ⅰ,NAD^+)和烟酰胺腺嘌呤二核苷酸磷酸(辅酶Ⅱ,$NADP^+$)。辅酶Ⅰ和辅酶Ⅱ都是脱氢酶的辅酶,烟酸以这两种辅酶形式参与体内碳水化合物、脂肪和蛋白质的代谢,在生物氧化还原反应中起电子载体或递氢体作用。

(2) 组成葡萄糖耐量因子(GTF)：烟酸与三价铬、谷胱甘肽共同组成GTF,这种复合体可能是胰岛素的辅助因子,有增加葡萄糖利用和促使葡萄糖转化为脂肪的作用。

(3) 保护心血管：大剂量服用烟酸可有降低血胆固醇、三酰甘油及β-脂蛋白浓度和扩张血管的作用。

4. 缺乏与过量的危害及表现

(1) 烟酸缺乏症：食物中烟酸含量低,摄入不足,或以玉米为主食者常发生烟酸缺乏病——癞皮病。长期异烟肼治疗也容易发生烟酸缺乏症。

烟酸缺乏的典型病症是癞皮病,其主要症状是皮炎(dermatitis)、腹泻(diarrhea)和痴呆(dementia),即"3D症"。

烟酸缺乏严重时会引起神经系统障碍,主要症状是抑郁、忧虑、记忆力减退,感情淡漠和痴呆,还可能得脑病综合症,表现为意识模糊,四肢强直且有无法控制的吸吮和紧握反射。

(2) 烟酸中毒症：尚未见到食源性烟酸摄入过多而引起中毒的病例。但大剂量服用烟酸治疗高脂血症时可出现毒副作用,如导致葡萄糖耐量异常、肝脏损害及消化性溃疡,也发现血管扩张、皮肤红肿、发痒症状。过量烟酸可以增加血清尿酸水平,因此,大剂量烟酸摄取者易患急性痛风症。

5. 膳食参考摄入量　人体的烟酸需要量随着能量消耗量增加而增加。色氨酸在体内可以转化为烟酸,约60 mg色氨酸转化为1 mg烟酸,故在蛋白质摄入量增加时,烟酸摄入量可相应减少。膳食中烟酸的参考摄入量以烟酸当量(NE)表示：

$$烟酸当量(mgNE) = 烟酸(mg) + 1/60 色氨酸(mg)$$

中国营养学会提出我国居民膳食烟酸推荐摄入量,成年男性为RNI为14 mgNE/d,女性为13 mgNE/d。

6. 食物来源　烟酸广泛存在于食物中,含量较为丰富的食物有动物肝、肾、瘦禽肉、鱼虾及坚果等;奶类制品和蛋类食品的烟酸含量很低,但色氨酸含量较高,在体内可以转化为烟酸。玉米中烟酸含量较高,但由于其烟酸是结合型的,不易被人体吸收利用,加碱能使玉米中结合型烟酸转变成游离型,可以被机体利用。

九、维生素 B_6

1. 理化性质及体内分布　　维生素 B_6 又名吡哆素或抗皮炎维生素,是一组含氮化合物,包括吡哆醇(pyridoxine,PN)、吡哆醛(pyridoxal,PL)和吡哆胺(pyridoxamine,PM)三种衍生物,结构式如图 5-8 所示,它们之间通过酶可相互转化。吡哆醇主要见于蔬菜产品中,而吡哆醛、吡哆胺及其磷酸化形式主要存在于动物产品中。

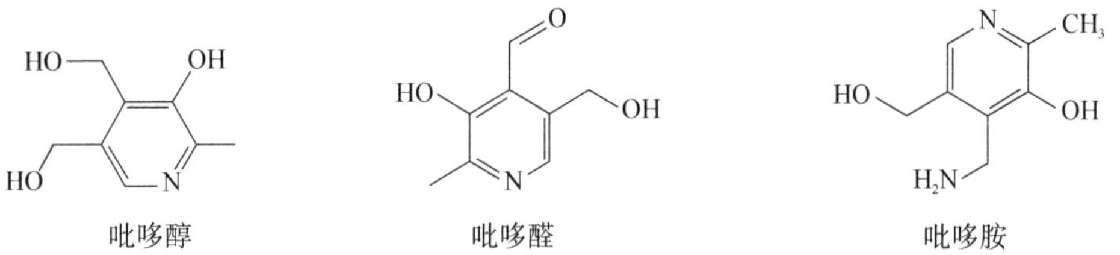

图 5-8　吡哆醇、吡哆醛和吡哆胺的结构式

维生素 B_6 为白色结晶或白色晶状粉末,微苦,无臭;易溶于水,微溶于乙醇和酮,难溶于乙醚或氯仿;在酸性水溶液中稳定,而遇光、遇碱均易遭破坏。吡哆醇耐热,吡哆醛和吡哆胺不耐高温。

人体内维生素 B_6 以磷酸盐形式与多种蛋白质结合存在于组织中,大部分维生素 B_6 以磷酸吡哆醛(PLP)形式与糖原磷酸化酶结合贮存在肝脏,肌肉组织中维生素 B_6 含量也较高。维生素 B_6 进入人体 8 h 后会被排出体外,因此需要每日补充。

2. 吸收与代谢　　维生素 B_6 主要通过被动扩散形式在空肠和回肠吸收。食物中维生素 B_6 多以磷酸吡哆醛、磷酸吡哆胺(PMP)、吡哆醇形式存在,其中,PLP 与 PMP 由非特异性磷解酶分解为吡哆醛、吡哆胺,与吡哆醇一起在小肠上段被吸收,经血浆和红细胞转运并被肝脏摄取,在肝脏中吡哆醇激酶催化其转化为各自的磷酸化形式,从而参与多种酶反应。

血浆与红细胞都参与维生素 B_6 的转运。血浆中磷酸吡哆醛、吡哆醛占大多数,其次为吡哆醇,均与清蛋白结合运输,在红细胞与血红蛋白结合运输。

肝脏是代谢维生素 B_6 的活跃组织,吡哆醇被肝细胞纳入后,相继为吡哆醛激酶及磷酸吡哆醇氧化酶作用而生成磷酸吡哆醛,然后再经磷解作用而转变为吡哆醛,进入循环系统中,运至有磷酸激酶的组织形成磷酸吡哆醛。

磷酸吡哆醛分解代谢为 4-吡哆酸,由尿中排出,少量经粪便排出。

维生素 B_1、维生素 B_2 及泛酸、维生素 C、镁、钾、钠、亚麻油酸等可以促进维生素 B_6 的吸收;青霉胺、左旋多巴、异烟肼、避孕丸等药物含有维生素 B_6 拮抗素,因此,服用这些药物时要注意补充维生素 B_6。

3. 生理功能　　维生素 B_6 主要以 PLP 的活性形式作为辅酶而参与近百种酶系的反应。

(1) 参与氨基酸代谢:维生素 B_6 以其活性形式 PLP 作为许多酶的辅酶,参与丙氨酸、天冬酰胺、精氨酸、天冬氨酸、半胱氨酸、异亮氨酸、赖氨酸、苯丙氨酸、色氨酸、酪氨酸等的转氨基作用;参与酪氨酸、色氨酸、组氨酸等的脱羧基作用;色氨酸代谢为烟酸、半胱氨酸转化为牛磺酸等都需要维生素 B_6 参与催化。

(2) 参与脂肪和糖原的代谢:维生素 B_6 与维生素 C 协同作用,参与不饱和脂肪酸代谢,5-磷酸吡哆醛参与亚油酸合成花生四烯酸、胆固醇的合成转运,也直接参与催化肌肉与肝脏中的糖原转化反应。

(3) 促进体内烟酸合成:磷酸吡哆醛作为辅酶在色氨酸转化成烟酸的反应中发挥重要作用。

(4) 减缓动脉粥样硬化:维生素 B_6 能抑制小肠对脂肪的吸收,降低血中胆固醇的浓度,从而防治由于血脂过高引起的动脉粥样硬化。

(5) 其他:维生素 B_6 还参与神经递质、血红素、神经鞘磷脂、抗体、类固醇和核酸的代谢。

4. 缺乏与过量的危害及表现

(1) 维生素 B_6 缺乏症:膳食摄入不足会导致维生素 B_6 及与其共存的其他维生素 B 族缺乏;某些药物,如异烟肼、环丝氨酸、免疫抑制剂等可与吡哆醛或磷酸吡哆醛形成复合物,从而诱发维生素 B_6 缺乏症。女性口服含雌激素的避孕药可引起维生素 B_6 的缺乏。

维生素 B_6 缺乏可导致以下表现：① 口角炎、舌炎、唇干裂；② 面部、前额、耳后、阴囊及会阴处的皮肤脂溢性皮炎；③ 红细胞降低、血红蛋白减少，严重可造成巨幼红细胞性贫血；④ 小红细胞低色素性贫血及高血清铁；⑤ 高半胱氨酸血症和黄尿酸血症；⑥ 体液和细胞介导的免疫功能受损；⑦ 神经系统功能障碍，如神经过敏、失眠、手脚发抖、麻痹、痉挛、惊厥、易激惹、抑郁及人格改变等。

婴幼儿对维生素 B_6 缺乏比成年人更为敏感，表现为烦躁、肌肉抽搐和癫痫样惊厥，并伴有腹痛、呕吐、体重下降、睡眠不安等症状。孕妇缺乏维生素 B_6 可致胎儿发育障碍，甚至早产或死亡。

(2) 维生素 B_6 中毒症：从食物中摄取过量维生素 B_6 一般没有毒副作用，但通过补充大剂量维生素 B_6 制剂会引起神经毒性和光敏感反应等严重后果。

孕妇服用大剂量维生素 B_6 可能累及胎儿，导致称为"维生素 B_6 依赖症"的常染色体隐性遗传病，出生后婴儿会出现兴奋、惊厥、哭闹、烦躁、眼球震颤等病理状态，若耽误治疗，会影响小儿智力发育。

5. 膳食参考摄入量 维生素 B_6 与氨基酸代谢的关系非常密切，因而需要量应随蛋白质摄入量水平的升高而增高，最好按每摄入 100 g 蛋白质供给 1.75～2.0 mg 维生素 B_6。

正常饮食情况下，维生素 B_6 不易缺乏。中国营养学会提出，18 岁以上人群的适宜摄入量（AI）为 1.2 mg/d，50 岁以上为 1.5 mg/d，孕妇为 1.9 mg/d。

6. 食物来源 人体从两个途径获得维生素 B_6，一是从食物中摄取，二是由体内肠道细菌合成一部分。在食物中，维生素 B_6 分布广泛，以小麦胚芽、肉类、蛋类、鱼类、肝脏、肾脏、黄豆、花生、谷类等食物中含量较多，牛奶及绿叶蔬菜中含量较少。人体肠道内细菌能合成维生素 B_6，但不能满足机体需要。

维生素 B_6 和其他 B 族维生素一样，主要分布在种子的表皮和胚芽中，如果加工不当，加工过细，损失很大。另外，由于维生素 B_6 对热不稳定，在烹饪后其含量会明显减低。

十、叶酸

1. 理化性质及体内分布 叶酸（folacin, folic acid）又称蝶酰谷氨酸，是 B 族维生素之一，曾称维生素 M，因最早是从菠菜叶子中分离提取出来而得名。

叶酸是一组与蝶酰谷氨酸功能和化学结构相似的一类化合物的统称，为淡黄色结晶粉末，微溶于水，不溶于乙醇、乙醚及其他有机溶剂，其结构式如图 5-9 所示。叶酸对酸性溶液、光、热均不稳定，在酸性溶液中，温度超过 100℃ 即被分解；在中性和碱性溶液中非常稳定，但叶酸的钠盐在水溶液里易被光解破坏。在烹调加工中，食物中叶酸的损失率高达 50%～90%。

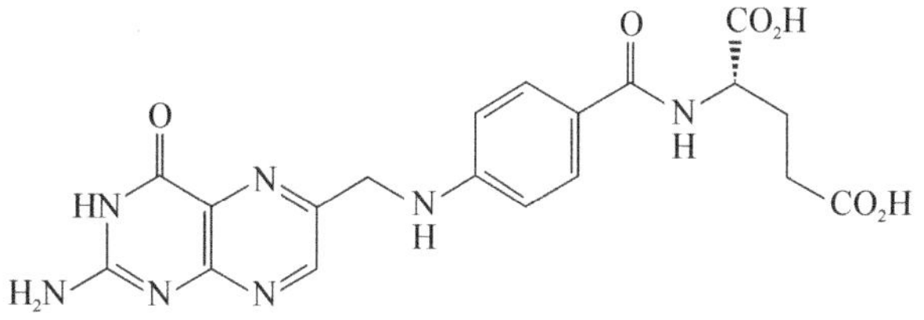

图 5-9 叶酸的结构式

2. 吸收与代谢 食物中的叶酸大约有 3/4 是以与多个谷氨酸相结合的状态存在，这种形式的叶酸不易被吸收。在小肠黏膜细胞分泌的 γ-谷氨酰基水解酶（结合酶）作用下，多谷氨酸形式的叶酸被分解成单谷氨酸叶酸，因其分子质量小，可直接被肠黏膜吸收。叶酸在肠道的转运是一个主动转运过程，叶酸与小肠刷状缘上的叶酸结合蛋白结合后才能转运，并受 pH、能量等因素的影响，最适 pH 是 5.0～6.0。

膳食中存在一些影响叶酸吸收的因素，如维生素 C 和葡萄糖可促进叶酸的吸收；锌是叶酸结合酶的辅助因子，锌缺乏可降低肠道对叶酸的消化和吸收。而乙醇、抗癫痫药物则抑制叶酸的吸收，口服避孕药通过降低叶酸结合酶的活性而阻止叶酸的吸收。不同食物中叶酸的吸收率相差较大，一般膳食中总叶酸的吸收率为 70%。

在叶酸的蝶啶结构中，吡嗪环可被部分或完全还原。吸收后的叶酸在维生素 C 和辅酶 Ⅱ 的参与下，被叶酸还原酶依次还原成二氢叶酸、四氢叶酸（THFA），后者是具有生理作用的活性形式，可携带一碳单位形成 5-甲基四氢叶酸、亚甲基四氢叶酸等形式，参与多种物质代谢过程。5-甲基四氢叶酸是体内叶酸的主要形式，约占 80%，大部分被转运到肝脏，在结合酶作用下重新转变成多谷氨酸衍生物后贮存。体内叶酸约有

50%存在于肝脏中。贮存于肝脏和其他组织中的多谷氨酸叶酸不断释放到血液,以维持血清和组织液中5-甲基四氢叶酸的正常水平。

叶酸主要通过尿和胆汁排出,在尿中的主要代谢产物是乙酰氨基苯甲酰谷氨酸。

3. 生理功能 叶酸在体内经叶酸还原酶作用,还原成具有活性的四氢叶酸。具有辅酶作用的四氢叶酸是体内物质代谢过程中的一碳单位的载体。

四氢叶酸在体内分别与许多一碳单位如甲基($-CH_3$)、亚甲基($-CH_2$)、次甲基或称甲烯基($=CH-$)、甲酰基($-CHO$)、亚胺甲基($-CH=NH$)等相结合,或者说携带这些一碳单位,参与其他化合物的生成和代谢,主要包括:

1) 氨基酸代谢:充当一碳单位的载体,参与氨基酸之间的相互转化,如甘氨酸的分解代谢及甘氨酸与丝氨酸的相互转化、组氨酸向谷氨酸的转化、同型半胱氨酸与蛋氨酸的相互转化。

2) 核酸代谢:参与嘌呤和胸腺嘧啶的合成,进一步合成脱氧核糖核酸(DNA)和核糖核酸(RNA),影响细胞分裂和增殖。

3) 血红蛋白和其他重要的甲基化合物的合成:参与血红蛋白和肾上腺素、胆碱、肌酸等的合成代谢。

因此,叶酸不仅可以通过影响核酸合成和氨基酸代谢来影响细胞增殖、组织生长和机体发育,而且还通过影响蛋氨酸代谢过程中 S-腺苷甲硫氨酸的合成来影响血红蛋白、磷脂、神经递质的合成。

4. 缺乏与过量的危害及表现 血清叶酸正常值为 11.3～36.3 nmol/L(5～16 ng/ml),<6.8 nmol/L (3 ng/ml)表明缺乏。

(1) 叶酸缺乏症:膳食摄入不足、吸收利用不良(酗酒、服用某些药物、先天性酶缺乏、维生素 C 等营养素缺乏)、需要量增加(特殊生理状态、疾病)均可导致体内叶酸的缺乏。由于叶酸参与体内多种重要物质的合成与代谢,因此其缺乏症也表现在多方面。

① 巨幼红细胞贫血:叶酸是脱氧核糖核酸(DNA)合成过程中的重要辅酶。叶酸缺乏可使骨髓中幼稚红细胞内 DNA 合成减少,导致红细胞核发育迟缓,其分裂和增殖时间延长。细胞核的发育落后于胞浆的发育,使红细胞的胞体变大,而红细胞核发育处于幼稚状态,故停留在巨幼红细胞阶段而成熟受阻。

由于红细胞生成速度慢,加之异形的红细胞在骨髓内易被破坏,其寿命较短,而进入血循环的成熟红细胞寿命也较短,同时含有血红蛋白合成减少,从而造成巨幼红细胞贫血。表现为头晕、乏力、面色苍白、舌炎、食欲下降、腹泻等症状。

② 高同型半胱氨酸血症:叶酸缺乏时,5-甲基四氢叶酸合成不足,同型半胱氨酸向蛋氨酸的转换就会发生障碍,致使血液中同型半胱氨酸堆积,形成高同型半胱氨酸血症,高浓度的同型半胱氨酸能损害血管的内皮细胞,是心、脑及外周血管动脉粥样硬化、动静脉血栓形成和心血管疾病的致病因素。

③ 胎儿出生缺陷:孕早期的叶酸缺乏致使胎儿的神经髓鞘和神经递质合成障碍,结果可导致胎儿神经管畸形及其他出生缺陷,如唇裂和腭裂、肢体缺陷等。

④ 对孕妇的不良影响:除导致孕妇出现巨幼红细胞贫血外,还可使孕妇习惯性自发流产、胎盘早剥、先兆子痫等孕期并发症的发生率增高。

⑤ 与癌症发病率有关:研究表明,叶酸缺乏干扰 DNA 的正常合成和甲基化作用,此与癌基因表达高度相关,呈现致癌作用。

(2) 叶酸中毒症:大剂量摄入叶酸(>1 mg/d)时会产生一系列毒副作用,包括:① 孕妇服用大量叶酸会影响锌吸收,导致胎儿锌缺乏,引起胎儿发育迟缓、新生儿低出生体重。② 掩盖维生素 B_{12} 缺乏的早期表现,干扰对维生素 B_{12} 缺乏症的诊断,从而使通常因两者合并缺乏所致的巨幼红细胞贫血患者出现不可逆转的神经系统损害。③ 干扰抗惊厥药物的作用,从而诱发患者惊厥。

5. 膳食参考摄入量 叶酸的摄入量除考虑最低生理需要量外,还应考虑叶酸的生物利用率及人体的生理状况等因素。食物中和叶酸补充剂中叶酸的生物利用率相差较大,因此叶酸的推荐摄入量以膳食叶酸当量(dietary folate equivalence, DFE)来表示。普通膳食来源的叶酸的生物利用率为 50%,叶酸补充剂与膳食混合时,其生物利用率为 85%,比单纯来源于食物的叶酸的利用率高 1.7 倍,因此 DFE 由以下公式推算:

DFE(μg)＝膳食叶酸(μg)＋1.7叶酸补充剂(μg)

中国营养学会提出，成人叶酸RNI为400 μgDFE/d，孕妇为600 μgDFE/d，UL为1 000 μg DFE/d。

6. 食物来源 天然的叶酸广泛存在于各类动植物食品中，在动物肝脏、肾脏、蛋类、豆类、绿叶蔬菜、水果和坚果中含量丰富。

十一、维生素 B_{12}

1. 理化性质及体内分布 维生素 B_{12} 又称钴胺素(cobalamin)或抗恶性贫血维生素，结构式如图5-10，钴与氰基(—CN)、羟基(—OH)、甲基(—CH_3)、5-脱氧腺苷等基团相结合，分别称为氰钴胺素、羟钴胺素、甲基钴胺素、5-脱氧腺苷钴胺素，后两者是维生素 B_{12} 的活性型，也是血液中存在的主要形式。

维生素 B_{12} 为红色结晶体或结晶性粉末，无臭，无味；具有强吸湿性；微溶于水、乙醇，不溶于丙酮、氯仿或乙醚；在中性或弱酸条件下对热稳定，尤其在 pH 4.5～5.0 弱酸条件下最稳定，但在强光、强酸或强碱环境下易被破坏。维生素 B_{12} 可被氧化剂和还原剂、醛类等破坏。

人体内维生素 B_{12} 总量为 2～5 mg。肝脏中含量最高，肾上腺次之，脑中亦有大量维生素 B_{12}。

2. 吸收与代谢 食物中的维生素 B_{12} 与蛋白质结合，进入人体消化管内，经胃酸或胰蛋白酶作用而被释放出来，与一种胃黏膜细胞分泌的糖蛋白内因子(IF)结合，该种复合物对胃蛋白酶较为稳定，通过小肠黏膜时，维生素 B_{12} 与 IF 分开，再与一种称为转钴胺素Ⅱ的蛋白结合进入血液，主要运输至细胞表面具有转钴胺素Ⅱ-维生素 B_{12} 特异性受体的组织，如肝、肾、骨髓、红细胞等。维生素 B_{12} 主要从尿中排出，部分由肝脏通过胆汁排出。

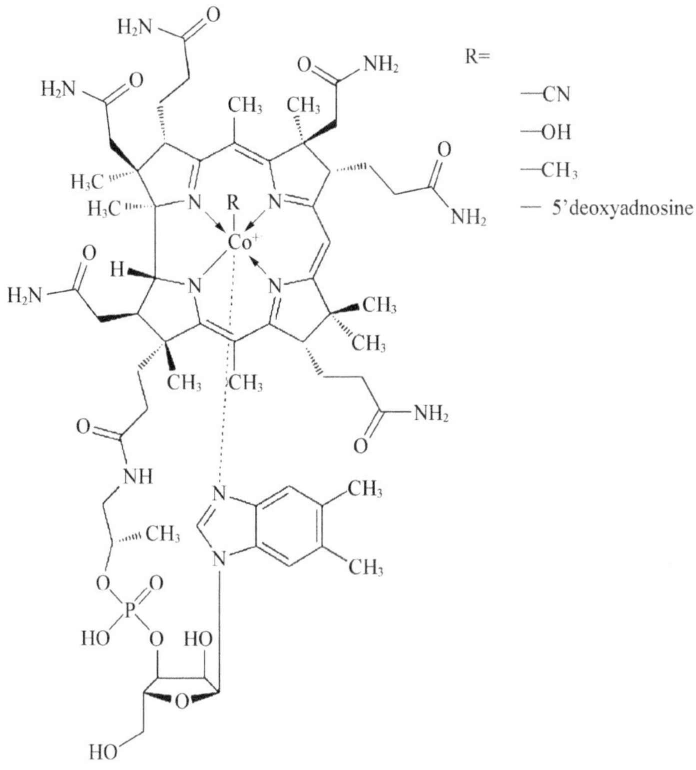

图 5-10 维生素 B_{12} 的结构式

人体小肠吸收维生素 B_{12} 的速度非常缓慢，大约要 3 h，而其他大多数水溶性维生素的吸收是以秒计的。维生素 B_{12} 也是唯一的一种需要通过 IF 协助才能在回肠被吸收的维生素。

铁缺乏、维生素 B_6 缺乏、甲状腺机能减退都会导致维生素 B_{12} 吸收率下降；妊娠期、叶酸缺乏时吸收率提高。其他 B 族维生素和维生素 A、维生素 C、维生素 E 等与维生素 B_{12} 有相辅相成的作用。但是，患胃炎、服用抗惊厥药物、抗生素等会影响维生素 B_{12} 的吸收。

3. 生理功能 维生素 B_{12} 在体内以甲基钴胺素和 5′-脱氧腺苷钴胺素两种辅酶形式存在，参与生化反应。

(1) 促进红细胞的发育和成熟，防治恶性贫血：维生素 B_{12} 辅酶将甲基丙二酰辅酶 A 转化成琥珀酰辅酶 A，参与三羧酸循环，其中琥珀酰辅酶 A 与血红素的合成有关。

甲基钴胺素是蛋氨酸合成酶的辅酶，从 5-甲基四氢叶酸获得甲基后转而供给同型半胱氨酸，在蛋氨酸合成酶作用下合成蛋氨酸，此过程可以提高叶酸的利用率。一旦缺乏维生素 B_{12}，会造成叶酸缺乏，影响嘌呤和嘧啶的合成，最终导致核酸合成障碍，促成巨幼红细胞性贫血的发生。

(2) 促进 DNA 和 RNA 的合成：维生素 B_{12} 促进脂肪、碳水化合物和蛋白质的代谢，增加核酸与蛋白质的合成，对婴幼儿的生长发育具有重要作用。

(3) 健全神经系统：在机体代谢过程中，维生素 B_{12} 参与使甲基丙二酸转变成琥珀酸的过程，有助于神经髓鞘中脂蛋白的形成,对于保持中枢及外周神经纤维功能的完整性具有重要意义。据国外学者调查,每 4 名精神忧郁的人中就有 1 名患维生素 B_{12} 缺乏症者。

4. 缺乏与过量的危害及表现

(1) 维生素 B_{12} 缺乏症:维生素 B_{12} 缺乏的原因主要有:摄入量不足;慢性腹泻、局限性肠炎、手术切除回肠等肠道疾病引起维生素 B_{12} 吸收不佳;肝脏疾病患者体内维生素 B_{12} 难以贮存;小儿生长发育快,维生素 B_{12} 需要量增加,而平时补充却不足等。如果人体缺乏 IF 这种内因子,或因其他原因造成维生素 B_{12} 不能与内因子结合,那么,即使膳食中有足够的维生素 B_{12} 也有可能出现缺乏症表现。

① 巨幼红细胞性贫血:人体缺乏维生素 B_{12} 的典型疾病是巨幼红细胞性贫血。维生素 B_{12} 参与红细胞造血过程,其缺乏会造成红细胞中 DNA 合成障碍,诱发巨幼红细胞贫血。

② 神经系统功能障碍:缺乏维生素 B_{12} 易引起神经系统损伤,引起斑状、弥漫性的神经脱髓鞘,这种进行性的神经病变起始于末梢神经,逐渐向中心发展累及脊髓和大脑,患者出现精神抑郁、记忆力下降、四肢震颤等症状。

③ 高同型半胱氨酸血症:维生素 B_{12} 缺乏可引起高同型半胱氨酸血症,这不仅是心脑血管疾病的危险因素,也会对脑细胞产生毒性作用而引起神经系统病变。

④ 消化系统疾病:维生素 B_{12} 是消化管上皮细胞的组成成分,一旦缺乏会影响消化功能,伴有舌头红肿疼痛、口腔炎、舌面粗糙、味觉不良等现象。

(2) 维生素 B_{12} 中毒症:过量摄入维生素 B_{12} 的情况很少发生,有人在摄入过量时出现哮喘、湿疹、面部浮肿、寒战等过敏反应,也可能出现神经兴奋、心悸等症状。

5. 膳食参考摄入量 维生素 B_{12} 在食物中含量很少,人体对它的需求也少。中国营养学会推荐我国成年人维生素 B_{12} AI 为 2.4 $\mu g/d$,孕妇和乳母分别为 2.6 $\mu g/d$、2.8 $\mu g/d$。

6. 食物来源 膳食中的维生素 B_{12} 主要来源于动物性食品中,肉类、内脏、鱼、禽、贝壳类及蛋类都是维生素 B_{12} 的良好来源,尤其是动物肝脏,其含量可达 10 $\mu g/100 g$。谷类、乳类、蔬菜、水果等食物中维生素 B_{12} 含量极少。

由于维生素 B_{12} 基本不存在于植物食品中,完全素食主义者和不食发酵豆制品者,都易患维生素 B_{12} 缺乏症。

十二、生物素

1. 理化性质及体内分布 生物素(biotin)又称维生素 H、辅酶 R,是一种无色的针状结晶体,具有 8 种同分异构体,但天然存在的只有 α-生物素,且具有生物活性,结构式如图 5-11 所示。生物素溶于热水和乙醇,不溶于有机溶剂,干燥的生物素结晶对空气和热稳定,但是能被强酸、强碱、氧化剂和紫外线破坏。一般烹调损失不大。在生鸡蛋的蛋清中存在一种抗生物素蛋白,这种糖蛋白可与生物素紧密结合从而抑制肠道对其吸收,但经过高温加热,该抗生物素蛋白便不再与生物素结合,可消除其抑制吸收的作用。

生物素被吸收后遍布全身组织细胞,其中在肝脏和肾脏中含量最高。

2. 吸收与代谢 食物中天然的生物素以游离型或与蛋白质结合型存在,结合型的生物素需经过肠道中蛋白酶和生物素酶分解,释放出游离生物素,才能被机体吸收利用。人体的肠道细菌可以合成生物素,但其数量有限,不能满足人体营养需要。

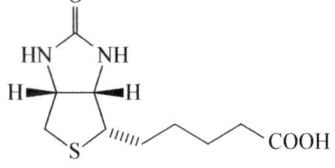

图 5-11 生物素的结构式

生物素主要在小肠近端被吸收,结肠也可吸收一部分。吸收后的生物素随血液进入组织细胞,参与许多重要的代谢过程。

生物素不在组织中蓄积,过多的生物素或被代谢分解,或随尿排出体外。在尿液含量中,生物素大约占 50%,另一半为其代谢产物二去甲生物素、四去甲生物素和生物素亚砜。乳中也排出少量生物素。

3. 生理功能 生物素的主要功能是在脱羧-羧化反应和脱氨反应中作为各种羧化酶的辅酶,在碳水化合物、脂肪、蛋白质和核酸代谢过程中发挥重要作用。

乙酰辅酶 A 羧化酶、丙酮酸羧化酶、丙酰辅酶 A 羧化酶及甲基巴豆酰基辅酶 A 羧化酶这四种羧化酶都是生物素依赖酶，它们都催化碳酸氢盐作为一个羧基掺入底物。在碳水化合物代谢中，生物素依赖酶催化生成的琥珀酰辅酶 A、草酰乙酸等是三羧酸循环的必需成分，参与糖代谢和糖原异生，维持血糖稳定。生物素作为乙酰辅酶 A 羧化酶的辅酶参与脂肪酸的合成，作为丙酰辅酶 A 羧化酶的辅酶，也是奇数碳脂肪酸 β-氧化的必需物质。此外，生物素还与乙酰胆碱的合成和胆固醇的代谢有关。

生物素为多种氨基酸脱羧所必需，在蛋白质合成、氨基酸脱氨、嘌呤合成和亮氨酸、色氨酸代谢中起重要作用。

4. 缺乏与过量的危害及表现　　一般正常成年人每天尿中生物素排出量约为 6~111 μg。若尿排出量<1 μg/d，表示生物素缺乏。

（1）生物素缺乏症：生物素缺乏一般有两个主要原因，一是经常吃生鸡蛋或用开水冲吃鸡蛋，蛋中的抗生物素蛋白抑制肠道对生物素的吸收。二是经常服用过多磺胺类药等抗生素，肠道细菌被抑制，不能合成生物素。

生物素缺乏的早期病变特点是皮肤、眼睛周围出现皮炎，随之有头发脱落、肌肉萎缩。食欲缺乏、恶心、呕吐、易疲劳、麻木、精神沮丧和神经系统障碍。

（2）生物素中毒症：生物素毒性很低，尚未见中毒反应的报道。

5. 膳食参考摄入量及食物来源　　中国营养学会建议成人生物素 AI 为 30 μg/d，乳母 AI 为 35 μg/d。生物素广泛存在于所有动植物组织中，其中动物肝脏、肾脏、酵母、大豆粉中含量最为丰富，糙米、鱼类、蛋黄含量也较为丰富。在精制谷类、蔬菜和水果中含量较低。

十三、泛酸

1. 理化性质及体内分布　　泛酸（pantothenic acid）也称遍多酸，是丙氨酸藉肽键与 α，γ-二羟-β，β-二甲基丁酸缩合而成，结构式如图 5-12，它是辅酶 A（CoA）及酰基载体蛋白（acyl carrier protein，ACP）的组成部分。机体内的泛酸，几乎都用以组成辅酶 A 及 ACP 的辅基。

泛酸为淡黄色黏性油状物，溶于水和乙酸，不溶于氯仿和苯，在中性溶液中对湿热、氧化和还原都稳定。

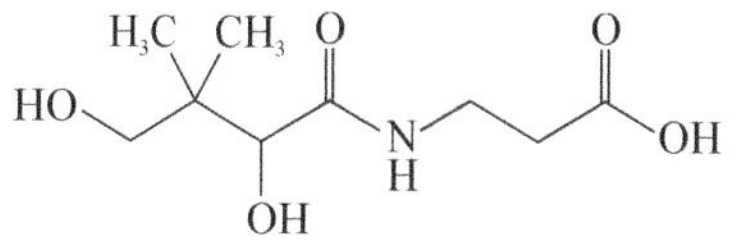

图 5-12　泛酸的结构式

2. 吸收与代谢　　泛酸盐类或醇类等是在肠道中吸收。泛酸的吸收有两种形式：低浓度时，通过主动转运吸收。高浓度时，通过简单的扩散吸收。泛酸通过肾排出体外，排出形式为游离型泛酸 4-酸磷泛酸盐，也有部分被完全氧化为二氧化碳后由肺排出。

3. 生理功能　　泛酸的一个重要作用是以乙酰辅酶 A 的形式参加代谢过程，是二碳单位的载体，也是体内乙酰化酶的辅酶。泛酸在很多代谢过程中起重要作用，是脂肪酸的合成与降解，类固醇激素、多萜醇、维生素 A、维生素 D 和血红素 A 等类异戊二烯衍生物的合成，三羧酸循环与氧化供能，膜磷脂的合成，乙醇、氨、糖类和氨基酸的乙酰化以及蛋白质的酰基化修饰，氨基酸的氧化降解，维生素 B_{12} 和细胞色素咕啉环前体 δ-氨基-乙酰丙酸合成所必需的物质。泛酸的主要活性形式是辅酶 A 和酰基载体蛋白，它们的代谢功能是作为乙酰基或脂酰基的载体。

在糖代谢中丙酮酸转变为乙酰辅酶 A，由此可合成脂酸，或与草酰乙酸形成柠檬酸进入三羧酸循环。12 种氨基酸（丙、甘、丝、苏、半胱、苯丙、亮、酪、赖、色、苏及异亮氨酸）的碳链分解代谢都形成乙酰辅酶 A。

4. 缺乏与过量的危害及表现　　泛酸缺乏导致代谢受阻，可使动物生长迟缓和食物利用率下降。由于泛酸广泛存在于自然界，人类的泛酸缺乏罕见，通常是伴随三大营养素的维生素摄入不足发生。

泛酸为水溶性维生素，其可以从肾脏排出，较难发生过量现象。但长期单独服用过量泛酸时，可能导致神经炎。

5. 膳食参考摄入量及食物来源　　我国 14 岁以上青少年及成人膳食泛酸 AI 为 5.0 mg/d，孕妇为 6.0 mg/d，乳母为 7.0 mg/d。泛酸在自然界食物来源广泛，存在于所有动物和植物细胞中。最好的来源是肉类与内脏、蘑菇、鸡蛋、甘蓝和酵母，全谷物也是良好的泛酸来源。

十四、胆碱

1. 理化性质及体内分布　　胆碱(结构式如图 5-13)是一种强有机碱,是卵磷脂的组成成分,也存在于神经鞘磷脂之中,是机体可变甲基的一个来源,同时又是乙酰胆碱的前体。人体也能合成胆碱,所以不易造成缺乏病。胆碱耐热,在加工和烹调过程中的损失很少,干燥环境下,即使很长时间贮存食物中胆碱含量也几乎没有变化。胆碱是卵磷脂的鞘磷脂的重要组成部分,卵磷脂即是磷脂酰胆碱,广泛存在于动植物中。

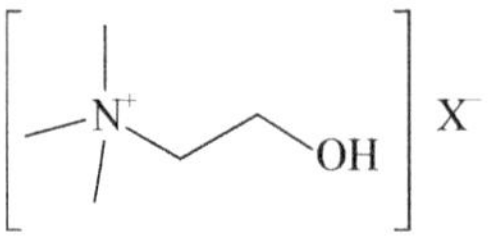

图 5-13　胆碱的结构式

胆碱是卵磷脂和鞘磷脂的重要组成部分,卵磷脂即是磷脂酰胆碱(phosphalidy chlines),广泛存在于动植物体内,在动物的脑、精液、肾上腺及细胞中含量尤多,以禽卵卵黄中的含量最为丰富,达干重的 8%~10%。鞘磷脂(sphingomyelin)是神经醇磷脂的典型代表,在高等动物组织中含量最丰富,它由神经氨基醇、脂肪酸、磷酸及胆碱组成。

2. 吸收与代谢　　胆碱在被肠道吸收之前即被代谢。肠道细菌分解胆碱使之形成甜菜碱并成为甲烷,未被分解的游离胆碱在整段小肠都能被吸收。所有组织都通过扩散和介导转运蓄积胆碱,但肝、肾、乳腺、胎盘和脑组织对胆碱的摄取尤为重要。肝肾是胆碱氧化的主要场所。在肾脏甜菜碱可以作为渗透压物质。

3. 生理功能
① 神经传导。胆碱合成乙酰胆碱(一种神经递质),它有助于一个神经元向另一个神经元传导。它可帮助越过神经细胞的间隙,产生传导脉冲。对大脑记忆区胆碱能神经元及神经突触形成有作用,故可促进脑发育,并提高记忆能力。
② 防止脂肪肝。胆碱是一种"亲脂剂",可促进脂肪以卵磷脂的形式被输送,或者提高脂肪酸本身在肝里的利用,防止脂肪在肝里的反常积累,保证肝的正常功能。
③ 磷脂和胆碱具有良好的乳化特性,能阻止胆固醇在血管内皮的沉积并清除部分沉积物,同时改善脂肪的吸收与利用,因此具有预防心血管疾病的作用。

4. 缺乏的危害及表现　　长期摄入缺乏胆碱膳食的主要危害包括肝、肾、胰腺病变、记忆紊乱和生长障碍。

5. 膳食参考摄入量及食物来源　　我国提出成年人每日适宜摄入量为 450 mg,孕期和哺乳期每日的适宜摄入量为 55 mg。蛋类、动物的脑、肝脏、啤酒酵母、麦芽、大豆卵磷脂、花生、蔬菜中含量较高。

十五、维生素 C

1. 理化性质及体内分布　　维生素 C 又名抗坏血酸(ascorbic acid),是一种不饱和多羟基化合物,以内酯形式存在,结构式如图 5-14,具有有机酸的性质,其不能被人体合成,需要从食物中摄取。自然界中存在还原型和氧化型两种抗坏血酸,皆能被人体利用,两者可通过氧化还原反应互变。但是,当氧化型抗坏血酸被氧化或水解为二酮基古洛糖酸或其他氧化产物,则丧失其活性。

维生素 C 为无色或白色片状晶体,干燥时十分稳定,久置色渐变微黄;易溶于水,水溶液呈酸性反应,微溶于乙醇和丙酮,不溶于氯仿或乙醚;液态维生素 C 不稳定,在有氧、光照、加热及碱性环境下易氧化,特别是当氧化酶、微量铜、铁等金属离子存在时,可促进其氧化反应。维生素 A、维生素 E、生物类黄酮的存在可以防止维生素 C 被氧化。

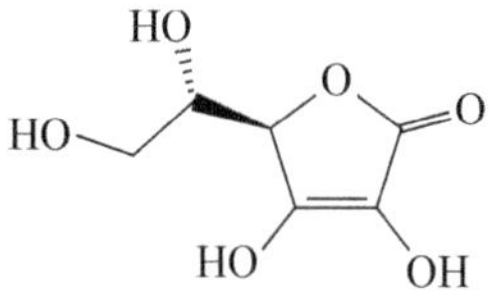

图 5-14　维生素 C 的结构式

食物在加碱、蒸煮、蔬菜长期置于空气中存放等情况下最易损失维生素 C,而在酸性、冷藏及真空条件下损失较少。

正常人体内的维生素 C 代谢活性池中有 1 200~2 000 mg,最高贮存峰值为 3 000 mg。垂体、肾上腺、眼晶状体、血小板和白细胞中维生素 C 浓度较高,而贮存量最多的组织是骨骼肌、脑和肝脏。

2. 吸收与代谢　　食物中的维生素 C 通常在小肠上段被吸收,经由门静脉、肝静脉输送至血液中,并转移至身体各部分组织。维生素 C 在吸收前可被氧化为脱氢型抗坏血酸,它比还原型抗坏血酸透过细胞膜的速度更迅速。在脱氢型抗坏血酸还原酶的作用下,脱氢型抗坏血酸氧化还原成还原型抗坏血酸,此过程需要还原型谷胱甘肽(GSH)的参与,如图 5-15。

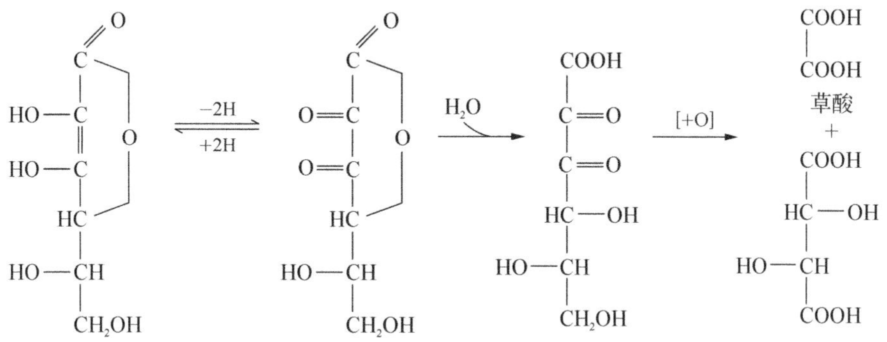

图 5-15 维生素 C 的氧化及降解

小肠内未被吸收的维生素 C 会直接转送到大肠中，无论转送到大肠中的维生素 C 的量有多少，都会被肠内微生物分解成气体物质，无任何作用，所以身体的吸收率固定时，多摄取就等于多浪费。抗坏血酸在肠道的吸收率与摄入量有关，当摄入量为 30～60 mg 时，吸收率可达 100%；摄入量为 90 mg 时，吸收率降为 80% 左右，摄入量为 1 500 mg 时降为 49%，摄取量为 3 000 mg 时降为 36%，摄取量 12 000 mg 时降为 16%。除了摄入量以外，维生素 C 吸收率也会因发烧、压力、长期注射抗生素或皮质激素等影响而降低。

维生素 C 绝大部分在体内经代谢分解成草酸或与硫酸结合生成抗坏血酸-2-硫酸随尿排出，其次是经汗液和粪便排出。草酸是维生素 C 的代谢产物之一，其排出量因人而异，平均每天有 16～64 mg 的草酸由尿中排出。

肾脏具有调节维生素 C 排泄率的功能，当组织中维生素 C 达饱和量时，机体排泄量会增多；当组织含量不足时，排泄量则减少。

3. 生理功能

(1) 参与机体多种氧化还原反应：维生素 C 是一种强抗氧化剂，能使细胞色素 C、细胞色素氧化酶及分子氧还原，并与一些金属离子螯合，增加某些金属酶的活性。维生素 C 在体内与其他抗氧化剂，如谷胱甘肽一起清除自由基，分解皮肤中的色素，防止发生黄褐斑等，发挥抗衰老的作用，阻止某些致癌物的形成。

维生素 C 可以直接与氧化剂作用，保护其他物质免受氧化破坏，也可还原超氧化物、羟基、次氯酸及其他活性氧化剂，这类氧化剂可能影响 DNA 的转录或损伤 DNA、蛋白质或膜结构。

(2) 促进胶原蛋白的生物合成：胶原蛋白主要存在于骨骼、牙齿、血管、皮肤等组织中，能使人体组织富有弹性，同时又可对细胞形成保护。在胶原蛋白的生物合成过程中，α-肽链上的脯氨酸和赖氨酸必须先在脯氨酸羟化酶和赖氨酸羟化酶的催化下分别羟化为羟脯氨酸和羟赖氨酸残基后才能进一步形成胶原蛋白的正常结构。而维生素 C 是这些羟化酶维持活性所必需的辅助因素之一，故能够促进脯氨酸和赖氨酸分别向羟脯氨酸和羟赖氨酸的转化。毛细血管壁膜及连接细胞的纤维组织也是由胶原构成，同样需要维生素 C 的促进作用。因此，维生素 C 对促进创伤愈合，促进骨质钙化，保持细胞间质完整性，增加微血管的致密性和降低血管的脆性等方面发挥着重要作用。

(3) 提高机体免疫力，防治感染性疾病：抗体分子中含有相当数量的由 2 个半胱氨酸组成的二硫键，所以合成抗体必须有半胱氨酸。体内有高浓度维生素 C 时有助于将胱氨酸还原为半胱氨酸，进而促进抗体形成，提高白细胞的吞噬能力，增强人体对疾病的抵抗力。

(4) 解毒作用：某些重金属离子如铅、汞、镉、砷等对机体有毒害作用，维生素 C 通过使体内氧化型谷胱甘肽还原为还原型谷胱甘肽后，与这些重金属离子结合成复合物排出体外，避免机体中毒。

(5) 促进铁、钙和叶酸的吸收及利用：维生素 C 能使难以吸收的三价铁还原为易于吸收的二价铁，从而促进铁的吸收，此外，还可以使亚铁络合酶等的巯基处于活性状态，以便更有效地发挥作用，故被用于治疗贫血。

维生素 C 可以促进钙的吸收，从而增加骨密度，促进人体骨骼发育成长。

维生素 C 能促进叶酸加氢还原为四氢叶酸而参与核酸的合成，有效降低婴儿患巨幼红细胞性贫血的可能性。

(6) 预防动脉粥样硬化：维生素 C 可促进胆固醇转变为胆酸、皮质激素和性激素，这可能是其降低血清胆固醇浓度的原因,因而能够防止胆固醇在动脉内壁沉积,从而预防动脉粥样硬化。

(7) 预防癌症:研究表明,每天吃新鲜水果,特别是柑橘类水果,胃癌、食管癌、口腔癌、咽癌及宫颈癌的发病率会大大降低。还有些研究指出,含维生素 C 丰富的水果有助于预防结肠癌和肺癌。这是因为维生素 C 能够增强机体的免疫抵抗力,可以阻断致癌物质——亚硝胺的体内合成。

(8) 保护肝脏、治疗慢性肝炎:临床研究表明,维生素 C 作为化学药物可以协助改善肝脏功能,加强肝脏解毒能力,改善人体新陈代谢,提高肝细胞抗病能力;可增加肝糖原的合成,对变性的肝细胞恢复有明显促进作用;稳定肝细胞膜,抵消一些对肝细胞有害的因素;减少肝脏中脂肪的沉积,从而保护肝脏。

(9) 降低女性白内障发生率:研究人员发现,服用维生素 C 补充剂在 10 年或 10 年以上的女性与未服用维生素 C 补充剂者相比,发生皮质性白内障的危险性可以减少 60%。

4. 缺乏与过量的危害及表现 维生素 C 的营养状况采用尿负荷试验测定:被测者在晨起时空腹口服 500 mg 还原型维生素 C,然后收集 4 h 的尿液,测定尿中还原型维生素 C 的含量。一般认为,4 h 内排出抗坏血酸量在 10 mg 以上为正常,小于 3 mg 则为缺乏。

(1) 维生素 C 缺乏症:维生素 C 缺乏通常是由于对食物的特异反应或饮食不当引起的。妊娠、哺乳和甲状腺功能亢进会增加维生素 C 需要量;急性和慢性炎症性疾病、手术及烧伤对维生素 C 需要量显著增加;加热能破坏食物中的维生素 C。除此之外,冷或热应激会增加维生素 C 的尿排泄,胃酸缺乏会减少体内维生素 C 吸收量。

人体严重缺乏维生素 C 引起的典型疾病是坏血病,其临床特征为出血、类骨质及牙本质形成异常。该病的早期表现有倦怠、急躁、呼吸急促、牙龈肿痛出血、伤口愈合不佳、关节肌肉短暂性疼痛、易骨折等。

维生素 C 缺乏时,机体抗病能力下降,易感染疾病,创伤不易愈合;影响机体对铁的吸收和对叶酸的利用,导致骨髓萎缩、生血功能降低,易造成贫血。

(2) 维生素 C 中毒症:有研究表明,服用过量维生素 C 可能使泌尿系统产生草酸结石,致使小便时有烧灼感。长期大量口服维生素 C,会发生恶心、呕吐、小肠蠕动加速,出现腹痛、腹泻等中毒现象,长期过量服用维生素 C,可减少肠道对维生素 B_{12} 的吸收,导致巨幼红细胞性贫血的病情加剧恶化。若患者先天性缺乏 6-磷酸葡萄糖脱氢酶,一次性摄入维生素 C 2 500~5 000 mg 或更多时会促使红细胞破裂,发生溶血现象,从而导致贫血。

小儿生长时期过量服用,容易产生骨骼疾病,且发生率较高。

怀孕妇女连续大量服用维生素 C,会使胎儿对其产生依赖性,出生后,若不给婴儿服用大量维生素 C,会出现精神不振、牙龈红肿出血、皮下出血等坏血病症状;哺乳期的婴儿服用大量维生素 C,可致消化不良。

过量的维生素 C 还可引起子宫颈黏液中糖蛋白二硫键改变,阻止精子的穿透,造成不育。育龄妇女长期过量服用维生素 C(如每日剂量大于 2g),会使生育能力减低。

5. 膳食参考摄入量 中国营养学会提出,我国 14 岁以上青少年及成人男女抗坏血酸的 RNI 均为 100 mg/d,UL 为 1 000 mg/d,孕妇中晚期和乳母为 RNI 为 130 mg/d。

6. 食物来源 维生素 C 主要来源于新鲜蔬菜和水果,含量丰富的蔬菜有辣椒、油菜、卷心菜、菜花、芥菜、小白菜、苋菜、苜蓿等;含量较多的水果有柑橘、柠檬、柚子、草莓、猕猴桃、鲜枣、山楂、刺梨等。动物性食物几乎不含维生素 C。粮谷类和干豆类也不含维生素 C,但是干豆类发芽后,如绿豆芽和黄豆芽则维生素 C 含量增加,是冬季和缺蔬菜地区补充维生素 C 的一种良好来源。

思考题

1. 简述矿物质有哪些特点。
2. 人体缺钙会发生哪些症状?
3. 维生素的共同特点有哪些?
4. 叶酸缺乏的危害及表现有哪些?
5. 维生素 C 的理化性质特点是什么?
6. 哪些维生素缺乏可以导致高同型半胱氨酸血症?

第六章 植物化学物

大量研究发现,除传统营养素外,植物性食品中还存在一大类具有生物学活性的小分子量物质,它们不仅对植物的生长、代谢以及在病虫害的防御等过程起重要作用,还在保护人群健康、预防和治疗疾病等方面发挥了巨大的作用。这类化合物目前被统称为植物化学物(phytochemicals)。尽管近10年来,关于植物化学物的研究如雨后春笋般涌现,但关于植物化学物的定义,目前还没有一个权威的阐述。牛津大学出版社出版的"Essentials of Human Nutrition"(1998,第2版,Jim Mann 和 A. Stewart Truswell 主编)中,对植物化学物做了详细的解释,即植物化学物是除传统营养素外(β-胡萝卜素除外)的具有生物学活性的植物次级代谢产物。

目前推测,存在于植物性食品中的植物化学物不下10 000余种,而已经鉴定出的具有一定生物学活性的植物化学物也有几千种。如此之多的植物化学物,任何一种分类方法都很难囊括所有。目前较为公认的分类原则主要是以植物化学物的结构为标准,同时兼顾其生物学活性上的特异性,将植物化学物分为多酚、植物雌激素、硫化物、芥子油苷、类胡萝卜素、植物甾醇、皂苷、植酸、单萜类、其他类(如叶绿素、蛋白酶抑制剂等)。

纵观整个植物化学物的研究现状,呈现出一种严重的不平衡状态,推测与膳食结构特点,分离提取难度等因素有关。目前多酚类无论是从种类上,还是从研究领域上都是最多最广的,其次为芥子油苷及类胡萝卜素。

第一节 多酚类植物化学物

多酚类(polyphenols)是在植物性食品中分布最为广泛的一类植物化学物。从总体上来看,多酚类包括酚酸(phenolic acids)和类黄酮(flavonoid)两大类。而类黄酮无论是在种类上还是从目前的研究上看,都远远多于酚酸。因此,本章着重介绍类黄酮。

类黄酮又称为黄酮类化合物,是色原酮或色原烷的衍生物,由2个苯环(A环和B环)通过中央1个三碳链连接而成,通常该链以杂环(吡喃结构)的形式存在(C环)。其他结构或基团可在不同位点与母核结合,从而衍生出各种黄酮类似物,将其统称为黄酮类化合物。据2000年的最新统计,黄酮类化合物多达8 000余种,分属于黄酮(flavones)、黄酮醇(flavonols)、异黄酮(isoflavones)、双氢黄酮(dihydroflavone)、双氢黄酮醇(dihydroflavonols)、黄烷酮(flavanone)、花色素(anthocyanidin)、查耳酮(chalcone)、色原酮(chromone)、儿茶酚(catechol)等类别。鉴于目前类黄酮化合物的研究现状,本节主要就槲皮素、原花青素、大豆异黄酮三种黄酮类化合物进行阐述。

一、槲皮素

1. 槲皮素结构、类型 槲皮素(quercetin)是一种具有多种生物活性的黄酮醇类化合物。槲皮素及其衍生物多以苷的形式存在,如芦丁、槲皮苷、金丝桃苷等,经酸水解可得到槲皮素。槲皮素与其异构体分子的基本母核为2-苯基色原酮。槲皮素分子是羟基(—OH)取代骨架结构的3、5、7、3′、4′位上的原子后形成的五羟基黄酮,化学名称为3,3′,4′,5,7-五羟基黄酮,结构式如图6-1。此骨架结构上的各酚羟基属于活性位点,可通过供氢与其他自由基发生反应。

2. 槲皮素的吸收、代谢及生物利用 槲皮素在人体内的生物半衰期分别为 8.8 ± 1.2 min(静注),2.4 ± 0.4 h(口服)。血浆蛋白结合率约为

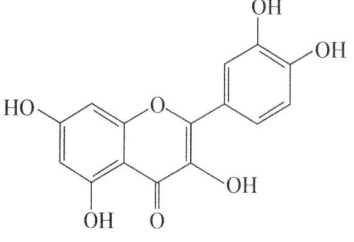

图6-1 槲皮素结构式

98%；表观分布容积 0.34±0.03 L/kg；总体血浆清除率 571 ml/min。放射同位素^{13}C 标记发现，槲皮素在体内的分布如下：肠道 50%、肺 15%、血浆 1%。

(1) 吸收、分布：槲皮素及其衍生物对胃酸稳定，但在胃部能否被吸收尚无定论。试验证实，大鼠的空肠和回肠可以快速而有效地吸收槲皮素，以 15 nmol/min 的速度灌流空肠和回肠 30 min 后，血浆中槲皮素的浓度就达到 0.71 μmol/L。在其他各种吸收试验中，槲皮素口服后 2～3 h 血浆浓度即达到峰值，提示其有效吸收部位可能在肠道上段。在饲料中添加芦丁喂养大鼠，发现大鼠血浆中可检测到槲皮素及其衍生物，其浓度与饲料中的添加量相当，而结肠内容物中槲皮素的含量显著高于该添加量，提示结肠菌群可能将芦丁分解为槲皮素后吸收；此外，机体摄入槲皮素后的食物残渣在结肠内滞留时间占消化管总滞留时间的 70%，进一步证实结肠对槲皮素的吸收起非常重要的作用。进入体内的槲皮素是以原形还是苷元形式被机体吸收，可能与糖基类型、糖基与槲皮素的结合部位等因素有关。此外，槲皮素在体内的吸收过程涉及葡萄糖转运途径。

(2) 代谢及生物转化：槲皮素在体内的代谢转化与肠道内菌群密切相关。人类肠道菌群能产生 α-鼠李糖苷酶、β-葡萄糖苷酶等，可将槲皮素葡萄糖苷代谢为酚酸等物质；将槲皮素糖苷与人类小肠菌群共同培养后，主要生成槲皮素及 3,4-二羟基苯乙酸。此外，肠道黏膜细胞分泌的酶类也在槲皮素的生物转化中起重要作用，槲皮素在小肠细胞内葡萄糖苷酸酶和硫酸酯酶的作用下，64% 发生葡萄糖苷酸化，36% 发生硫酸化。其他研究还提示，肠道内的尿苷-5'-双磷酸葡萄糖苷酸转移酶、肠道乳糖酶-根皮苷水解酶等均可以不同类型的槲皮素为底物发挥作用。

有关槲皮素肝脏代谢的研究还不多，初步表明槲皮素在肝脏可发生甲基化、硫代反应及磺基取代反应等。槲皮素在血中主要是以结合形式而非单体形式存在。人体研究资料显示，槲皮素葡萄糖苷为主要形式。多项动物试验则发现，槲皮素的循环代谢产物主要为异鼠李素及其葡萄糖苷酸-硫酸化衍生物，其余部分为槲皮素的葡萄糖苷酸和甲基化形式。槲皮素在血中可与白蛋白结合，从而影响其光谱学特性及细胞利用率。

(3) 排泄：肠道和肾脏是槲皮素的主要排泄器官，其具体的排泄途径还受槲皮素摄入方式的影响。

3. 槲皮素的生物学活性

(1) 抗肿瘤作用：槲皮素是已知最强的抗癌剂之一。槲皮素对很多种恶性肿瘤细胞如白血病细胞、人卵巢癌细胞、膀胱癌细胞、前列腺癌细胞、多种胃癌细胞、结肠癌细胞、肺癌细胞、骨髓瘤细胞、鼻咽癌细胞、神经胶质瘤细胞、乳腺癌细胞等均有抑制作用。由于不同癌细胞的特异性，而使得槲皮素的抗癌机制也是多方面的，主要包括对癌基因和抑癌基因的调控、诱导细胞凋亡、诱导细胞周期阻滞、抑制酪氨酸蛋白激酶，此外还与雌激素受体、热休克蛋白等有密切关系。

(2) 抗氧化作用：研究发现，槲皮素的许多生物学活性如抗衰老、抗突变、抗动脉粥样硬化等都与其抗氧化作用有关。目前认为，槲皮素抗氧化作用机制有：直接清除活性氧自由基；抑制脂质过氧化性损伤；螯合金属离子；抑制 DNA 的氧化性损伤；此外，在整体试验条件下，还可通过保护血管内皮细胞、提高一氧化氮水平和外周血总抗氧化力等方式发挥抗氧化作用。

(3) 抗病毒作用：槲皮素能抑制 Rous 肉瘤病毒和人疱疹病毒生长。槲皮素可抑制单纯疱疹病(HSV1)、脊髓灰质炎病毒(polio)、副流感病毒 3 型和呼吸道合胞病毒对细胞的感染以及病毒在细胞内的复制。此外，槲皮素与干扰素、肿瘤坏死因子合用后，能发挥协同抗病毒作用。

(4) 对心血管系统的保护作用：放射免疫分析研究表明槲皮素通过抑制内皮素的释放，降低血管的紧张性，从而扩张血管达到降压的作用。槲皮素还能抑制凝血酶引起血小板胞浆游离[Ca^{2+}]的升高，而使血小板活化聚集受到抑制，间接发挥心血管保护作用。

(5) 其他：槲皮素在抗炎、镇痛、降糖等方面发挥着一定的作用。

二、原花青素

1967 年，科研人员首先从葡萄皮和葡萄籽中提取分离出 4 种多酚化合物，由于该化合物在酸性递质中加热后均可产生花青素而被命名原花青素(procyanidin 或 proanthocyanidins, PC)。PC 主要存在于葡萄、苹果、山楂、花生、银杏、番荔枝、野草莓等植物中。到目前为止，已发现超过 600 种原花青素，其中从葡萄籽和葡萄皮中就分离鉴定了 20 几种。

1. 原花青素的结构、类型 PC是由不同数量的儿茶素或表儿茶素缩合而成,分为二聚体、三聚体直至十聚体,其中二聚体分布最广。根据化学结构,PC又可分为花青素苷类(anthocyain)、花青素(anthocyanidin)、花精(anthosin)等,它们均是以植物类黄酮为构架的植物色素性衍生物。

2. 原花青素的吸收、代谢及生物利用

(1) 吸收、分布:原花青素的主要吸收部位在胃和小肠。花青素可在胃部快速吸收,可能与胃壁上皮细胞阴离子转运载体——胆移位酶(bilitranslocase)有关。花青素多以糖苷形式存在,由于花青素糖苷为亲水性化合物,曾一度被认为不能在小肠吸收,而只有被肠道下段的细菌糖苷酶水解为苷元或进一步被降解为酚酸后才能被吸收。但最近研究发现,花青素糖苷可直接被小肠吸收,吸收率与花青素化学结构密切相关。花青素在体内的分布具有器官特异性,如肝脏中主要为甲基花青素,而在空肠和血浆中的花青素主要以苷元形式存在,脑中总花青素量为(0.25 ± 0.05)nmol/g组织。

(2) 代谢及生物转化:关于原花青素生物转化的研究还较少,主要是通过排出体外的代谢产物形式来推断花青素在体内的生物转化。原花青素进入机体后,除部分以原形排出外,吸收入血的原花青素还通过羟基的甲基化、与葡萄糖醛酸或硫酸结合成酯而进行代谢。此外,肠道菌群在花青素的转化方面也起重要作用。

(3) 排泄:进入血液循环的花青素主要以原形和代谢物的形式从尿液、胆汁和粪便排泄。

3. 原花青素的生物学活性

(1) 原花青素的抗氧化作用:原花青素是目前发现的最有效的自由基清除剂之一。苹果中原花青素的清除自由基的能力是维生素C或维生素E的2~3倍,清除超氧化物的能力是维生素C或维生素E的10~30倍。原花青素还能保护DNA免受·OH自由基的损伤。

(2) 原花青素对心血管系统的保护作用:原花青素可保护血管内皮细胞,维持血管壁的正常功能。PC具有一种内皮依赖性的血管舒张作用,该作用主要是通过诱导一氧化氮合酶活性,增加NO水平来发挥。原花青素还可有效降低胆固醇(TC)及LDL-C(低密度脂蛋白胆固醇)水平,有助于预防心脑血管疾病的发生。

(3) 原花青素的抗癌作用:研究发现,原花青素对皮肤癌、口腔癌、乳腺癌、肝癌、肺癌、前列腺癌、胰腺癌、胃癌、结肠癌等都有一定的预防或治疗作用。

(4) 其他:原花青素在抗高血糖、免疫调节作用、抗微生物等方面也发挥着重要的调节作用。

三、大豆异黄酮

异黄酮(isoflavone)是以2-苯基色酮为母体的一类植物类黄酮。仅存于豆科植物的个别种属中,在常见食用植物中仅大豆、葛根和苜蓿含有异黄酮。人体摄入的异黄酮几乎全部来自大豆,所以通常将其称为大豆异黄酮。

1. 大豆异黄酮的结构、类型 大豆异黄酮在自然界中存在两种形式,一种为游离的苷元,另一种为与糖基结合而形成的糖苷。大豆异黄酮主要由3种成分构成,即金雀异黄素(也称染料木素,genistein)、大豆素(也称为大豆苷元,daidzein)和黄豆黄素(glycitein)。在通常情况下,这3种异黄酮母核与葡萄糖以β-糖苷键连接,以异黄酮葡萄糖苷形式存在于大豆中,分别称为染料木苷(genistin)、大豆苷(daidzin)和6-甲氧基大豆苷(glycitin)。当大豆在加工、发酵或体外水解时,糖苷基脱离,可释放出游离的异黄酮糖苷配基。迄今已发现了12种异黄酮,其中9种为异黄酮糖苷,3种为配糖体。

2. 大豆异黄酮的吸收、代谢及生物利用

(1) 吸收、分布:大豆异黄酮的主要吸收部位在小肠。其中大豆苷元在小肠上部即开始吸收;大豆的β-糖苷可在小肠末端被吸收,丙二酰化和乙酰化的糖苷则需先被大肠中的微生物降解为苷元等成分后才能被吸收。大豆异黄酮在人体内的代谢动力学研究发现,摄入异黄酮1~2h后,血浆中的染料木黄酮和大豆黄素浓度迅速增加,并达到相对稳定的水平;随后浓度再次升高,并在4~8h达到最高值,表明异黄酮存在肠肝循环;之后,血浆异黄酮浓度开始下降,24h后降至较低水平,48h后几乎在血浆中检测不到异黄酮。血浆中的异黄酮大部分与葡糖苷酸结合,少量以硫酸盐或非结合的游离状态存在。

(2) 代谢及排泄:在人体肠道和肝组织中存在的β-葡糖苷酶,能有效地水解各种天然的异黄酮糖苷。但异黄酮苷元和异黄酮糖苷的代谢动力学参数明显不同。当摄入异黄酮苷元后,血浆中染料木黄酮和大豆黄素浓度达到最高峰的平均时间分别为5.2h和6.6h;而当摄入相应的异黄酮糖苷后,二者在血浆中达到峰值的时间平均为 9.3 h 和 9.0 h,该结果证实异黄酮糖苷必须先被水解为异黄酮苷元后才能被机体吸收。这些分解产物一部分通过微绒毛外膜进入肠壁组织,另一部分则随着一些尚未被分解的异黄酮糖苷一起随粪便排出。

异黄酮在体内的代谢与肠道微生物密切相关。肾脏及肠道中的微生物将大豆异黄酮的母核降解为较简单的酚类成分。进入尿及肠道中的大豆异黄酮在细菌作用下降解而还原成双氢大豆素以及异黄烷 4-醇等中间产物,最终代谢产物为雌马酚(eguol)。金雀异黄素可直接被吸收,而未被吸收的则最终被降解为无雌激素活性的 4-乙基苯酚。

(3) 生物利用研究:异黄酮在人体内的生物利用度也与肠道菌群有关。乳酸菌和双歧杆菌能分泌 β-葡萄糖苷酶,有利于异黄酮糖苷水解和吸收;而梭菌属细菌在厌氧的环境中能破坏异黄酮的原有结构。目前认为,人体摄入大豆异黄酮后的平均生物利用率在 13%~35%。另外,异黄酮存在的肝肠循环将提高其在体内的生物利用度。

3. 大豆异黄酮的生物学活性研究

(1) 雌激素和抗雌激素活性:大豆异黄酮是目前国际上唯一认可的安全有效的天然植物雌激素。大豆异黄酮对于高雌激素水平者呈现抗激素活性,而对于低雌激素水平者如去卵巢动物、更年期妇女或手术绝经妇女显示雌激素活性。总之,大豆异黄酮植物雌激素作用的类型取决于受试对象本身的激素代谢状态。大豆异黄酮植物雌激素作用对机体雌激素水平具有双向调节作用。

(2) 酶抑制活性:大豆异黄酮能抑制人体内多种与甾体激素合成、代谢有关的酶活性。大豆异黄酮是公认的酪氨酸蛋白激酶(protein tyrosine kinase,PTK)的抑制剂,对许多 PTK 激酶如 c-src、v-abl 和表皮生长因子受体等都有抑制作用。大豆异黄酮对 PTK 激酶的抑制作用是其发挥抗癌作用的关键分子机制之一。大豆异黄酮在防治乙醇中毒、血栓形成以及降血糖等方面的作用都与其对相关酶的抑制作用有关。

(3) 抗氧化作用:大豆异黄酮的抗氧化作用机制主要有:① 清除自由基,直接发挥抗氧化作用。② 提高抗氧化酶的活性,抑制脂质和脂蛋白的氧化。③ 诱导金属硫蛋白及其他氧化-还原酶。

(4) 防治骨质疏松:大豆异黄酮可通过抑制骨丢失、促进骨生成、提高骨组织钙磷含量、增加骨密度等来防治骨质疏松。在妇女自然绝经早期,给予 600 mg/d 的异黄酮及 1 g/d 钙,能增强腰椎骨矿物质含量。膳食摄入异黄酮 90 mg/d 半年可以明显增加腰椎的骨矿含量和骨密度。

(5) 心血管疾病的保护作用:大豆异黄酮能发挥雌激素样对心血管系统的保护作用,而不表现出常规雌激素用药的不良反应。大豆异黄酮对心血管系统的保护作用机制是多方面的:有效降低血脂以及血中总胆固醇、低密度脂蛋白(LDL)、极低密度脂蛋白(VLDL),并抑制动脉粥样斑块的形成。大豆异黄酮对其他的动脉粥样硬化相关因子,如血小板、淋巴细胞、单核细胞等都有益的作用。

(6) 抗癌作用:大豆异黄酮对多种肿瘤如人乳腺癌、胃癌、肺癌和结肠癌等均有抑制作用。美国国家癌症中心于 1996 年将大豆异黄酮的主要成分金雀异黄素列为肿瘤化学预防药物发展计划之一。大豆异黄酮抗癌的机制可概括为几个方面:① 雌激素及抗激素作用;② 抑制相关酶如酪氨酸激酶、拓扑异构酶等的活性;③ 抑制血管增生作用;④ 抗氧化作用;⑤ 调节细胞周期、细胞凋亡等。

第二节 异硫氰酸盐类

异硫氰酸盐(isothiocyanates,ITCs)是以芥子油苷(β-thioglucoside N-hydroxysulfates,GS)前体存在于十字花科蔬菜如绿菜花(broccoli)、水田芥(watercress)、抱子甘蓝(Brussels sprouts)、卷心菜(cabbage)、菜花(cauliflower)中的一类植物化学物。由于品种、气候和其他播种条件的差别,各种十字花科蔬菜中含有的 GS 种类和数量也各不相同。在 3 000 多种十字花科蔬菜中,至少存在着 120 种 GS。当十字花科植物因收割、加工、咀嚼等或植物降解而使植物细胞破碎时,内源性黑芥子酶释放出来,使 GS 水解成以下三类物质:异硫氰酸盐、硫氰酸盐和腈。有研究表明,肠道内的微生物群也能发挥黑芥子酶的活性。

一、异硫氰酸盐的结构、类型

异硫氰酸盐为一类具有—N═C═S 结构特点的小分子家族,如图 6-2。目前已发现,大约二十几种

ITCs表现出生物学作用,其中主要富含于绿菜花中的莱菔硫烷在抗癌、抗氧化等方面表现出了极强的功能。—N=C=S基团中的C具有高度的亲电子特性,ITCs的生物学功能可能主要是由于该碳原子与亲核基团反应的结果。ITCs侧链则辅助ITCs发挥作用,在改变活性碳原子反应的(空间)位阻、控制该分子的亲脂特性、影响—N=C=S基团的亲电子特性等起作用。

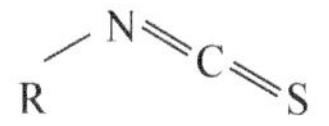

图6-2 异硫氰酸盐结构通式

二、异硫氰酸盐的吸收、代谢及生物转化

1. ITCs的吸收、分布 小肠灌流模型(Loc-I-Gut)技术发现莱菔硫烷在结肠的有效渗透率为$(18.7\pm12.6)\times10^{-4}$ cm/s,小肠吸收率达$74\%\pm29\%$。循环浓集实验证实,ITCs能在体外培养的细胞中迅速蓄积。ITCs可通过扩散的方式进入细胞内,然后与细胞内的巯基迅速结合。谷胱甘肽(GSH)是细胞内含量最丰富的巯基化合物,是促使ITCs迅速蓄积的主要因素。细胞内谷胱甘肽硫转移酶(GST)则通过催化二者之间的结合反应而加速其蓄积速度。当个体一次摄入200 μmol ITCs,8 h尿中ITC/DTC的累积蓄积量为摄入量的$58.3\%\pm2.8\%$。该值较其在血浆中的浓度高100倍。不仅如此,贮存在尿中的DTC很容易释放游离的ITCs,从而延长了ITCs在组织中的存留时间。

2. ITCs的代谢及排泄 进入人体内的ITCs主要是经硫醚尿酸途径(mercapturic acid)代谢并由尿排出体外。ITCs首先在谷胱甘肽S-转移酶的催化下,通过—N=C=S基团与谷胱甘肽(glutathione,GSH)结合,生成谷胱甘肽结合物,即GS-ITC,后者依次又在γ-谷氨酰转肽酶(γ-GT)、半胱氨酸甘氨酸酶(CG)、N-乙酰基转移酶(AT)的修饰作用下生成一系列ITCs结合物,被统称为二硫氨基甲酸酯(dithiocarbamates,DTCs)。人在摄入水田芥24 h后,水解生成的苯乙基异硫氰酸盐(phenethyl isothiocyanate,PEITC)大约有50%以NAC-PEITC的形式存于尿中。NAC-ITCs是ITCs在机体内的代谢终产物,对其抗癌作用的研究已受到越来越多的关注。

3. ITCs的生物利用 由于ITCs是以前体物的形式存在于十字花科蔬菜中,需要在黑芥子酶(myrosinase)的作用下水解释放出来。当加热使黑芥子酶失去活性后,蒸熟的绿菜花中ITCs的利用率大大低于生的绿菜花。另外,人体肠道内的微生物菌能分泌黑芥子酶,但酶的产生能力及活性还不清楚。不同个体的尿中ITCs的水平差异很大,推测与其肠道黑芥子酶样活性以及食用习惯个体差异有关。

三、异硫氰酸盐的生物学活性研究

ITCs自被发现以来,一直是作为癌症的化学预防剂来进行研究的。大量研究表明,ITCs是通过多种途径来发挥其抗癌作用的。近年来,随着对ITCs生物学活性的认识,其在抗炎及保护心血管疾病等方面的研究也已展开。

1. 对细胞色素P450酶系(cytochrome P450s,CYPs)的作用 大量研究表明,ITCs可通过一些竞争机制和直接的共价修饰作用来改变某些啮齿类动物体内CYPs(细胞色素氧化酶P450)(如CYP1A1,CYP1A2,CYP2A6,CYP3A4,CYP2B1,CYP2D6或CYP2E1)的水平,继而抑制DNA加合物形成,最终阻断化学致癌。但不同ITCs作用CYP种类以及抑制效力有很大差别。

2. 对含有ARE解毒酶的诱导作用 目前已经证实许多致癌物解毒酶类,如苯醌还原酶、GST、葡萄糖苷酸(基)转移酶、谷氨酰半胱氨酸合成酶、硫氧还蛋白还原酶和醛-酮还原酶、血红素氧化酶都能被ITCs明显诱导。ITCs诱导的解毒酶有一个共同特点:其基因5′端都有活性抗氧化反应元件(antioxidant response element,ARE)。随后还发现,细胞内感受蛋白即红细胞核因子2相关因子2(nuclear factor erythroid 2-related factor 2,Nrf2)和Keap1(Kelch-like ECH-associated protein1),在ITCs与ARE之间的信号传递中起关键的作用。

3. ITCs对氧化应激的调节 ITCs还可通过增加细胞内的抗氧化能力来诱导许多基因如GCS、QR-1、TR和HO-1的转录。虽然已有确凿证据表明ITC能增加细胞内抗氧化蛋白的水平,保护细胞免受氧化应激因子的损伤。但是ITCs本身就是氧化应激因子,进入细胞后主要与巯基化合物(GSH)结合,细胞内巯基的丢失很可能会影响细胞的正常功能,促发氧化应激信号而引起细胞凋亡。

4. 诱导细胞凋亡和细胞周期阻滞 ITCs能诱导多种半胱天冬酶(caspases)活化,从而启动多条细胞凋亡信号途径。ITCs 还能阻断癌细胞周期在 G_2/M 或 G_1 期。

5. 其他　　SFN 能抑制幽门螺旋杆菌感染,可能会有效地预防胃癌的发生。ITCs 还具有抗炎症作用、调节肿瘤细胞血管生成、调节微管蛋白聚合作用、抑制肿瘤细胞转移等。

第三节　类 胡 萝 卜 素

目前发现存在于自然界中的类胡萝卜素有 600 多种,体内含量较高的类胡萝卜素主要有 β-胡萝卜素、α-胡萝卜素、番茄红素、叶黄素(或称玉米黄素)、玉米黄质、β-隐黄质等。

一、番茄红素

番茄红素是目前研究最广泛的一种类胡萝卜素。番茄红素主要以全反式构型存在于成熟的红色植物果实中,如番茄、西瓜、胡萝卜、葡萄、红色葡萄柚、草莓、柑橘等,其中含量最高的是番茄,一般为每 100 g 3～14 mg,而新鲜成熟的番茄中番茄红素含量可达 31～37 mg/kg,番茄皮中的含量比整番茄高 3～5 倍,我国新疆番茄酱中番茄红素高达 400 mg/kg 以上。在人体中番茄红素多以顺式构型分布,顺式与反式构型可在一定条件下相互转化。

番茄红素已被欧洲经济共同体(EEC)和英国作为食用色素应用于食品中。此外,联合国食品添加剂专家委员会(JECFA)认定,番茄红素为 A 类营养素,番茄红素已被 50 多个国家和地区作为营养、着色双重作用的食品添加剂而广泛应用于保健食品、医药和化妆品等领域。

1. 番茄红素的结构、类型　　番茄红素由多聚烯烃链构成,含 11 个共轭双键和 2 个非共轭双键,为非环状平面共轭多不饱和脂肪烃,结构式如图 6-3。与胡萝卜素互为同分异构体,末端无芳香环。番茄红素没有 β-胡萝卜素的 β-芷香酮环结构,不具备维生素 A 原的活性。

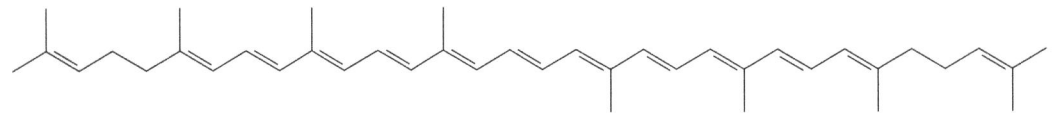

图 6-3　番茄红素结构式

2. 番茄红素的吸收、代谢及生物利用研究

(1) 吸收、分布:由于化学结构和理化性质不同,人体摄入的各种类胡萝卜素在吸收、分布、代谢等方面也存在很大差异。人体试验表明,番茄红素在胃内并不进行消化吸收,进入肠道后经过小肠黏膜细胞掺入到乳糜微粒中,通过主动扩散由淋巴管进入血液,在血浆中以低密度脂蛋白为载体转运。番茄红素在体内主要分布于肝脏、血液、肾上腺、睾丸、前列腺、乳腺、卵巢、消化管等组织器官中,其中肝脏、血液、肾上腺和睾丸含量较多。

(2) 代谢及排泄:番茄红素在体内的代谢情况目前资料较少。正常饮食情况下,番茄红素在人体血浆中的浓度为 0.2～1.0 μmol/L,平均约 0.5 μmol/L。番茄红素在血浆中的半衰期为 2～3 d。目前肯定的血中番茄红素代谢物为 5,6-二羟基-5,6-二氢番茄红素。有人推测番茄红素在机体内的代谢过程可能首先氧化成环氧化物,然后被还原生成 5,6-二羟基-5,6-二氢番茄红素。目前认为,没有被消化吸收的番茄红素主要经粪便排出体外。

(3) 生物利用:血浆中番茄红素的含量与摄入量呈正相关。研究发现,番茄红素的生物利用度受食物基质的影响,肠道对番茄树脂和番茄汁中的番茄红素比生番茄更易吸收。血浆胆固醇、番茄红素的摄入量及番茄红素所处的基质状态是决定人血浆番茄红素浓度的决定因素。

3. 番茄红素的生物活性研究

(1) 抗氧化作用:番茄红素能够接受不同电子激发态的能量,使单线态氧的能量转移到番茄红素,生成基态氧分子和三重态的番茄红素,从而起到淬灭单线态氧、清除自由基、防止蛋白质和 DNA 受到氧化破坏。另外,番茄红素还与其他类胡萝卜素存在协同作用,番茄红素与叶黄素同时存在时协同效应最强。

(2) 肿瘤预防作用：20世纪50年代，美国科学家首次报道番茄红素有预防肿瘤作用。流行病学调查发现，多吃番茄可以减少宫颈癌、结肠癌、食管癌、直肠癌和胃癌的发生。

(3) 免疫调节作用：番茄红素能保护吞噬细胞免受自身的氧化损伤，促进T、B淋巴细胞增殖，刺激T细胞功能，减少淋巴细胞DNA的氧化损伤。

(4) 诱导细胞间隙连接通讯：细胞间隙连接是细胞间连接和交流信息的重要结构。细胞间隙连接通讯功能的抑制或破坏被认为是促癌变阶段的重要机制。应用荧光染料示踪技术研究发现，连续5 d喂饲番茄红素的大鼠，肝脏细胞的细胞间隙连接通讯功能明显增强。

(5) 其他：大量研究还表明，番茄红素在防治动脉粥样硬化等心血管疾病、影响骨代谢及骨质疏松等方面都发挥了重要的作用。

二、叶黄素

叶黄素(lutein)，又名植物黄体素，它是玉米、蔬菜、水果、花卉等植物色素的主要组分。甘蓝、羽衣甘蓝、菠菜等深绿色叶菜中的叶黄素含量最为丰富；南瓜、桃子、辣椒、芒果、柑橘中也含有丰富的可以在人体内自动转化成叶黄素的前体物质——叶黄素酯。美国食品与药物管理局早在1995年就批准叶黄素作为食品补充剂用于食品饮料中。

1. 叶黄素的结构、类型　　叶黄素，化学名称为3,3-二羟基-α-胡萝卜素，目前只发现1种异构体，即玉米黄素(zeaxanthin)，化学名称为3,3-二羟基-β-胡萝卜素(图6-4)。叶黄素分子中拥有10个共轭双键，且其尾端基团上带有羟基。由于它没有β-胡萝卜素那样的β-芷香酮环结构，所以不具有维生素A原活性。

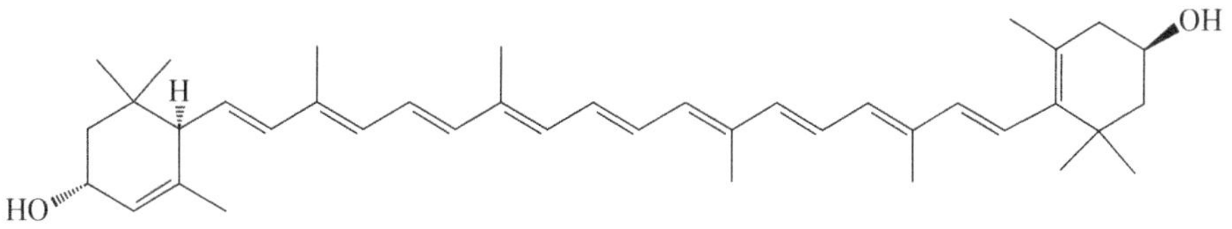

图6-4　玉米黄素结构式

2. 叶黄素的吸收、代谢　　膳食叶黄素能被人体迅速有效地吸收，同其他脂溶性类胡萝卜素一样，叶黄素必须形成脂质微粒后才能被机体吸收。叶黄素由小肠吸收后，经十二指肠以乳糜微粒的形式最后被转运至肝脏。在肝脏内或被贮存，或与血浆中极低密度脂蛋白(VLDL)结合而被利用。一般饮食情况下，叶黄素在人体血浆内的浓度为 $0.08 \sim 0.35\ \mu g/ml$。人口服叶黄素16 h后血浆中达到最大值，持续补充10 mg/d叶黄素18 d，血浆叶黄素含量会相应持续增加至 $1.4\ \mu g/ml$。人体试验发现，叶黄素和玉米黄素与β-胡萝卜素混合摄入时，叶黄素更容易被乳糜微粒吸收，从而影响β-胡萝卜素的吸收。因此，在补充类胡萝卜素时建议各类分开进行。叶黄素经吸收后分布于机体的很多器官中。一般认为血清叶黄素可以反映近期摄入，血浆中叶黄素一般反映短期内的摄食情况，而肝脏和脾脏中叶黄素的浓度则可以反映长期的摄食状况。

3. 叶黄素的生物活性研究

(1) 免疫调节作用：叶黄素对细胞免疫和体液免疫功能具有双重调节作用。给家养犬膳食中添加叶黄素后，可提高3种分裂素DHA、ConA和PMW刺激的淋巴细胞增殖反应，提高CD4、CD5、CD8表达，$CD4^+/CD8^+$ 比率增大以及主要组织相容性复合体(MHC-Ⅱ)表达增多。

(2) 抗氧化作用：叶黄素能淬灭单线态氧、抑制氧自由基的产生。低浓度叶黄素($<10\ \mu g/mg$)不仅没有清除羟基自由基的能力，还可激发自由基的产生。随浓度的升高($10 \sim 1\ 000\ \mu g/mg$)，叶黄素清除羟基自由基的效果增强。

第四节　硫　化　物

硫化物主要存在于百合科植物如大蒜(*Allium sativum*)、葱(*Allium fistulosum*)、洋葱(*Allium cepa*)、韭

菜（*Allium tuberosum*）和小根葱（*Allium macrostemon*）等有辛辣气味儿食物中。近年来，这些含硫活性成分及其生物学作用已引起了学者们的广泛关注。在此以大蒜中含有的硫化物为例，进行阐述。

一、结构、类型

目前已从大蒜中鉴定了30多种硫化物，主要有：① 蒜氨酸（alliin）[图6-5(a)]和环蒜氨酸（cyoloalliin）；② 大蒜挥发油（又称大蒜精油）；③ 蒜素（allicin）[图6-5(b)]，性质极不稳定，放置在外或经加热、机械挤压或有机溶剂处理即迅速转化为大蒜新素和烯丙基硫化物（diallyl sulfide，DAS）如二烯丙基一硫化物（diallyl monosulfide，DAMS）、二烯丙基二硫化物（diallyl disulfide，DADS）、二烯丙基三硫化物（diallyl trisulfide，DATS）和二烯丙基四硫（diallyl tetrasulfide，DATTS）等。蒜素（allicin）是大蒜药理活性的化学基础。

图6-5 蒜氨酸和蒜素的结构式

二、生物学活性研究

1. 抗菌作用 大蒜因具有强大的抗菌作用而被誉为"植物性天然广谱抗生素"。目前认为，起主要作用的是蒜素，特别是大蒜新素。蒜素对多种细菌均具有很好的杀灭作用。大蒜素抗菌活性主要在于它能够与含有巯基的酶相互作用，后者对于微生物的生存至关重要。

2. 抗癌作用 流行病学资料表明，长期摄入大蒜可以降低某些肿瘤（尤其是胃肠道和口腔肿瘤）的患病率。1992～1997年在瑞士Vaud州进行的一项病例对照研究结果表明，大蒜摄入量与直肠癌患病率呈负相关。我国山东对胃癌发病与饮食关系的调查表明，无食生蒜习惯的栖霞县人群胃癌死亡率是习食生蒜的苍山县人群胃癌死亡率的12倍。目前认为，硫化物抗癌作用的机制包括：影响致癌物在体内的合成、代谢过程，抗氧化作用，直接杀伤肿瘤细胞或诱导其细胞凋亡，诱导细胞周期阻滞，提高免疫功能等。

3. 其他 大蒜中的硫化物通过降血压、抗血栓、抗动脉粥样硬化、降血脂等多方面来表现出其对心血管系统的保护作用。此外，大蒜硫化物在抗氧化、清除自由基、提高免疫功能等方面也发挥着重要的作用。在治疗消化系统、呼吸系统、泌尿系统等多种疾病中起着多种疗效。

第五节 皂 苷

皂苷（saponin），也称为皂素或皂草苷，由糖基和皂苷元组成。根据皂苷水解后生成皂苷元的化学结构的不同，将皂苷分为甾体皂苷（steroid saponins）和三萜皂苷（triterpenoid saponins）两种。其中甾体皂苷的皂苷元是甾体衍生物，脱氢后生成环戊烷并菲（diels）类物质；三萜皂苷的皂苷配基是三萜类化合物，脱氢后生成苯并芘（pyrene）类。目前已经在多种植物性食品中发现了皂苷类物质，主要有人参皂苷、大豆皂苷、甘草皂苷和茶皂苷等。因大豆皂苷是机体获得皂苷的主要膳食来源，本文主要就其生物学活性进行阐述。

一、大豆皂苷的结构类型

大豆皂苷是由三萜类同系物（皂苷元）与糖缩合而成的一类化合物。大豆皂苷中糖基主要有葡萄糖、半乳糖、木糖、阿拉伯糖及葡萄糖醛酸，而皂苷元的结构为β-香树脂醇（β-amyrin）。皂苷元与不同类型的糖结合或在结合部位上的差别，就构成了多种大豆皂苷形式。

二、大豆皂苷的生物学活性研究

很早以前人们就知道大豆皂苷具有溶血作用，对人体健康不利，将其视为抗营养因子。但近年来，越来越多的研究表明，大豆皂苷还具有更多有益的生理功能。

1. 降低血中胆固醇和甘油三酯含量 早在19世纪80年代，日本学者就发现大豆皂苷能抑制血清中的脂类氧化及过氧化脂质生成,并降低血中胆固醇和甘油三酯含量。

2. 抗氧化、清除自由基作用   大豆皂苷可通过增强肝脏脂蛋白脂酶转录水平来抑制脂质过氧化。另外,大豆皂苷能通过增加 SOD 含量,降低过氧化脂质 LPO 形成以及清除自由基等机制来降低氧化性损伤。

3. 抑制肿瘤作用   大豆皂苷能抑制 S180 细胞 DNA 合成,从而抑制肿瘤细胞生长。大豆皂苷能抑制肝癌细胞 QGY-7703 生长并诱导细胞凋亡。大豆皂苷的抑癌机制还包括直接的细胞毒作用、免疫调节作用、胆汁酸结合作用等。

4. 其他   大豆皂苷还具有抑制血小板凝集、免疫调节、抗病毒等作用。此外,有研究提示大豆皂苷在调节心血管系统疾病中也发挥一定的作用。

第六节 植 物 甾 醇

一、植物甾醇的结构、类型

甾醇(也称为固醇)是一大类以环戊烷全氢菲为甾核的物质。来自动物的甾醇被称为胆固醇(cholesterol)[图 6-6(a)],来自菌类的主要是麦角甾醇(ergosterol)[图 6-6(b)],来自植物的称为植物甾醇(phytosterol)[图 6-6(c)]。植物甾醇属于 4-脱甲基固醇,它们可以游离形式存在,如谷甾醇、菜油甾醇和豆甾醇等;也可与长链脂肪酸或酚酸形成酯,如米糠油和乳木果油等。根据植物甾醇的来源不同,又可分为谷甾醇、大豆甾醇和菜油甾醇。植物甾醇主要来自谷类、豆类、油料等,富含在玉米油中。植物甾醇在肠道内的吸收率很低,一般在 0.4%~3.5%。

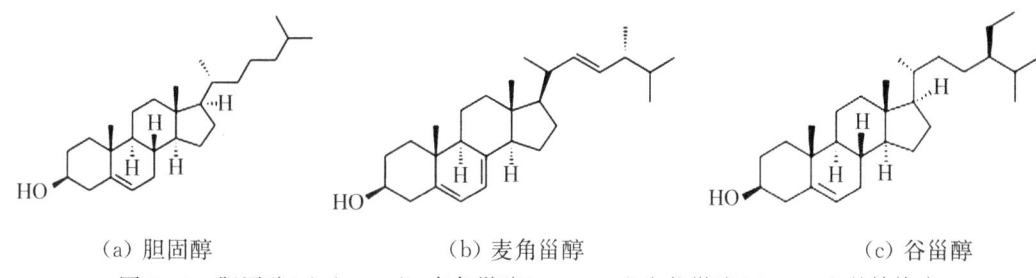

(a) 胆固醇   (b) 麦角甾醇   (c) 谷甾醇

图 6-6 胆固醇(cholesterol)、麦角甾醇(ergosterol)和谷甾醇(sitosterol)的结构式

二、植物甾醇的生物学活性研究

1. 降低胆固醇作用   20 世纪 50 年代,研究发现大豆甾醇能降低小鸡血浆和肝脏中的胆固醇水平。随后又发现谷甾醇能显著降低人血浆中胆固醇的含量。植物甾醇和甾烷醇可以降低血浆 TC 和 LDL-C 水平,但不影响高密度脂蛋白胆固醇(high density lipoprotein cholesterol,HDL-C)和甘油三酯(triacylglycerol,TG)水平。目前认为,植物甾醇不仅可抑制胆固醇的吸收,还能阻止胆固醇的合成并促进其分解。

2. 抗癌作用   一些研究证明植物固醇可以降低乳腺癌、结肠癌、胃癌、肺腺癌的发病危险。β-谷固醇、菜油固醇能明显抑制人乳腺癌细胞 MDA-MB-231(雌激素受体阴性)生长,其作用机制可能与胆固醇负调节有关。

3. 抗炎作用   β-谷固醇和豆固醇都有一定的抗炎作用。植物固醇(尤其是豆固醇)能增加前列腺素(PGE)的释放,植物固醇的这种预防炎症性反应可能与细胞内 Ca^{2+} 浓度变化有关。

4. 其他   植物甾醇在抗病毒、促进酵母细胞生长以及调节激素水平等方面也发挥着一定的作用。

第七节 叶 绿 素

叶绿素(chlorohpyll)是植物体内光合作用赖以进行的物质基础,是人类和一切动物能量与食物的创造者。它广泛存在于高等植物的叶绿体中。

1. 叶绿素的结构、类型 叶绿素是植物绿叶中的绿色物质,可从紫苜蓿、菠菜、花椰菜、零陵香草(lucere)、苎麻(nettle)等植物叶片和蚕粪中提取。叶绿素属于镁卟啉环状络合物,它包括叶绿素 a 和叶绿素 b,两者结构极为相似,为一个卟啉环结合一个镁原子和两个羟基。其主要区别在于侧链结构:叶绿素 a 为甲基(methyl),叶绿素 b 为醛基(aldehyde)。

2. 叶绿素的吸收及代谢 进入机体的叶绿素,绝大部分分布在血液中,随后被肝脏摄取并在肝脏中进行代谢,最后通过胆汁和尿液排泄。据推测,还有一部分叶绿素可能采取内源性卟啉化合物同样的代谢途径进行代谢,但在肝脏内的代谢途径尚不清楚。给小鼠静脉注射叶绿素 a5 mg 30 min 后,血清中叶绿素 a 含量占注入总量的 55%,随后血清含量迅速下降,2 h 含量仅为 30 min 时的 1/10,3 h 后几乎消失。而肝脏中叶绿素的浓度,在注入 2 h 后仍约占总量的 50%。叶绿素 a 从胆汁和尿液中的排泄量甚少,分别为注入量的 1/2 500~1/3 500 和 1/10 000。

3. 叶绿素的生物学活性研究

(1) 抗氧化作用:在植物体内,叶绿素是作为 ATP 产生的辅酶来起作用的。因此,对于不能利用光能的生物体来说,摄入叶绿素无疑将使 ATP 的产生更加活跃。叶绿素能保护线粒体在多种氧化性损伤下的正常功能。随后的研究一致表明,叶绿素是一个非常强大的抗氧化剂,能保护线粒体,防止各种氧自由基所致的氧化性损伤。

(2) 抗癌作用:2001 年,在我国肝癌高发区启东县,进行了以黄曲霉毒素污染的标志物"黄曲霉毒素-N(7)-鸟嘌呤"为检测终点的人群干预研究,结果表明,服用叶绿素或进食富含叶绿素食物,是预防肝癌及其他与环境污染相关癌症的有效方法。

(3) 抗诱变作用:叶绿素、叶绿酸具有很强的抗突变作用。豌豆叶绿素能有效地抑制由环磷酰胺诱导的小鼠 PCE 微核的发生和小鼠精母细胞染色体畸变作用。叶绿素铜钠盐对吸烟、食用煎牛肉饼及邻苯二胺接触工人均有抗诱变作用。

(4) 其他:叶绿素及其衍生物还具有抗贫血、降低胆固醇、除臭、抗炎、抗溃疡、抗病毒和抗菌等多种生物学作用。

思考题

1. 简述植物化学物的概念及分类。
2. 简述异硫氰酸盐类植物化学物的主要食物来源及生物学作用。
3. 试述大豆异黄酮对雌激素调控的特点。
4. 大蒜中主要含有哪些硫化物?

第七章
各类食物的营养价值

食物是人类赖以生存和繁衍的物质基础,是各种营养素和能量的基本来源。食物种类繁多,按性质和来源可分为:动物性食物,如鱼、肉、蛋、奶等;植物性食物,如粮谷类、豆类、蔬菜水果类、薯类等;各类食物制品,以动物性、植物性等天然食物为原料通过加工而来的食品,如糖、油、酒、罐头、糕点等。

食物营养价值(nutritional value)指在特定的食品中的营养素及其质和量的关系。食物的营养价值都是相对的,其高低与食物中所含营养素的种类、数量、相互之间的比例关系有关,也跟人体对其消化、吸收、利用程度有关。同种食物营养价值还跟品种、部位、产地、加工和烹饪等有关。

第一节 各类食物营养价值的评定和意义

一、食物营养价值评定

为了指导人们合理膳食,全面了解各类食物营养价值的特点,应先对食物的营养价值做评价。评价食物营养价值主要从以下几方面考虑。

1. 营养素的种类与含量 食物营养价值评定首先是对其所含的营养素种类进行分析,再对各种营养素含量进行测定。食物中营养素种类和含量越接近人体的营养需要,该食物的营养价值越高。通常采用化学分析法、仪器分析法、微生物法、酶分析法等测定食物营养素的种类和含量,还可以通过查食物成分表对食物营养价值做初步了解。

2. 营养素质量 评价食物营养价值不仅要考虑营养素的含量,还要考虑其质量,质的优劣主要体现在机体对营养素的消化、吸收、利用程度的不同。同样含量的蛋白质,动物来源的质量普遍优于植物来源,鸡蛋、牛奶中的蛋白质称为完全蛋白质,其各种氨基酸种类齐全,含量接近人体需要,而谷物中的蛋白质一般缺少赖氨酸,所以两类蛋白质的营养价值也不同。

食物营养素质量的评价主要依靠动物试验,如动物饲养试验、消化及代谢试验等,根据食物对动物的生长、代谢、生化指标等的影响进行分析,与对照组进行比较,再结合人体试食临床观察结果得出结论。

3. 营养质量指数 营养质量指数(index of nutrition quality, INQ)是指食物中某营养素密度与能量密度之比。其中,营养素密度是指食物中某营养素的含量与该营养素供给量之比;能量密度是指该食物产生的能量与能量供给量标准之比。营养质量指数能非常直观地评价食物营养价值,INQ 等于 1,表示食物中该营养素与能量含量对于该供给量的人营养需要达到平衡;INQ 大于 1 表示该食物中营养素供给量高于能量,营

表 7-1 鸡蛋、大米、大豆中几种营养素的 INQ 值

	热能(kJ)	蛋白质(g)	视黄醇(μg)	硫胺素(mg)	核黄素(mg)
成年男子轻体力劳动的营养素供给标准	10 042	75	800	1.4	1.4
100 g 鸡蛋	653	12.8	194	0.13	0.32
INQ		2.62	3.73	1.43	3.52
100 g 大米	1 456	8.0	—	0.22	0.05
INQ		0.74	—	1.08	0.25
100 g 大豆	1 502	35.1	37	0.41	0.20
INQ		3.13	0.31	1.96	0.96

养价值较高；INQ小于1表示该食物营养素供给少于能量供给，长期食用该食物可能发生营养素不足而能量过剩，营养价值较低。鱼、肉、蛋等动物性食物就其单位能量所提供的营养素来说既多又好，因此营养密度高；脂肪的营养密度则低，因为其单位能量所提供的营养素很少。几乎所有天然食品中都含有人体所需要的一种以上的营养素，但没有一种食品的营养价值能满足人体的全部的营养需求（除去某些特别设计的食品及喂养四个月内婴儿的母乳）。

二、食物营养价值评定意义

为充分利用有限的食物资源，提高食物营养价值，促进人类健康，对食物进行营养价值评定具有非常重要的现实意义。首先可以全面了解食物中的各种天然成分，包括营养素、非营养成分、抗营养因子等；其次为指导人们科学合理选购、搭配食物，做到平衡膳食，促进健康提供帮助；再者为食物营养价值优化、食品加工、抗营养因子处理等提供依据。

第二节 谷类食品的营养价值

谷类食物主要包括大米、小麦、玉米、高粱、小米、大麦等，在我国居民的食物供应中占重要的地位，提供人体50%～70%的能量，55%的蛋白质，谷类食物也是我国居民大部分维生素和矿物质的主要来源。

一、谷粒的构造及营养素分布

各种谷类种子尽管形态、大小不一，结构却大致相同，都是由谷皮、糊粉层、胚乳和胚等部分构成（图7-1）。谷皮为谷物的外壳，主要由纤维素、半纤维素等成分组成，难以被人体消化、吸收、利用，含较多的矿物质和脂肪，不含淀粉。糊粉层介于谷皮和胚乳之间，由厚壁细胞组成，含丰富的B族维生素和无机盐，较多的脂类和蛋白质，纤维素含量较少，尽管营养素含量丰富，但在研磨时容易与胚乳分离成为糠麸的一部分而丢失。胚乳是谷物的主要部分，由大量含淀粉粒的细胞构成，也含一定量的蛋白质，而且蛋白质含量越靠近周边越高，越向中心越低。谷胚位于谷粒的一端，是营养价值最高的部分，含丰富的蛋白质、脂肪、维生素和无机盐，由于质地比胚乳柔软，在加工研磨过程中易与胚乳分离而损失在糠麸中。

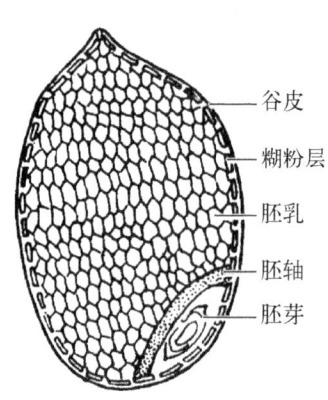

图7-1 谷粒的纵切面示意图

二、谷类的营养成分

谷物晒干后含水量一般控制在11%～14%，过高的水分含量、潮湿的环境、高温、通风不良等环境下贮存谷物，由于酶、微生物和氧气等的共同作用，容易霉烂、变质，失去营养价值。因此谷类食物应在避光、通风、阴凉和干燥的环境中贮存，抑制霉菌及害虫的生长繁殖，减少空气中氧气和日光对营养素的破坏，保持营养价值。

1. 蛋白质 谷类蛋白质含量一般在6%～12%，其中主要由谷蛋白、白蛋白、醇溶蛋白和球蛋白组成。谷类蛋白的必需氨基酸组成不平衡，赖氨酸含量较少，苏氨酸、色氨酸、苯丙氨酸和蛋氨酸也相对较少，因此谷物蛋白质营养价值不如动物蛋白，生物价较低。各类谷物蛋白质生物价：大米77、小麦67、大麦64、小米57、玉米60、高粱56。常见谷物蛋白质含量比较见表7-2。

2. 脂肪 粮谷类脂肪量较低，多数在0.4%～2%，玉米和小米较高，可达4%，在谷类胚芽及糊粉层含脂肪较高，小麦胚粉脂肪含量可达10%以上。脂肪中不饱和脂肪酸比例高，如玉米与小麦胚芽油中80%为不饱和脂肪酸，其中亚油酸为60%。除甘油三酯外，谷物脂肪中还含少量植物固醇和卵磷脂，具有降低血清胆固醇和防止动脉粥样硬化的作用。常见谷物脂肪含量比较见表7-3。

3. 碳水化合物 谷类碳水化合物含量最为丰富，多数以淀粉的形式存在于胚乳中，占谷物总量的70%～80%，此外，还有糊精、戊聚糖、葡萄糖和果糖等。稻米中淀粉含量最高，其次为小麦粉，玉米中含量较低。稻米中籼米含量较高，粳米中较低。常见谷物碳水化合物含量比较见表7-4。

表 7-2 常见谷类蛋白质含量比较 （单位：g/100 g）

食物名称	蛋白质	食物名称	蛋白质
小 麦	11.9	籼米(标一)	7.7
小麦粉(标准)	11.2	籼米(标准)	7.9
小麦粉(特二)	10.4	粳米(标一)	7.7
小麦粉(特强)	10.3	粳米(标二)	8.0
小麦胚粉	36.4	粳米(特等)	7.3
玉米面(黄)	8.1	糯米	7.3
大 麦	10.2	粳糯米	7.9

表 7-3 常见谷类脂肪含量比较 （单位：g/100 g）

食物名称	脂肪	食物名称	脂肪
小 麦	1.3	籼米(标一)	0.7
小麦粉(标准)	1.5	籼米(标准)	0.6
小麦粉(特二)	1.1	粳米(标一)	0.6
小麦粉(特强)	1.1	粳米(标二)	0.6
小麦胚粉	10.1	粳米(特等)	0.4
玉米面(黄)	3.3	糯米	1.0
大 麦	1.4	粳糯米	0.8

表 7-4 常见谷类碳水化合物含量比较 （单位：g/100 g）

食物名称	碳水化合物	食物名称	碳水化合物
小 麦	75.2	籼米(标一)	77.9
小麦粉(标准)	73.6	籼米(标准)	78.3
小麦粉(特二)	75.9	粳米(标一)	77.4
小麦粉(特强)	75.2	粳米(标二)	77.7
荞麦	73.0	粳米(特等)	75.7
玉米面(黄)	75.2	糯米	78.3
大 麦	73.3	粳糯米	76.7

4. 矿物质 谷类矿物质含量在 1.5%～3%，其中主要是磷、钙，且大部分以植酸盐的形式集中在谷皮、糊粉层，人体对其消化、吸收率低。谷物含植酸酶，可分解植酸释放出钙、磷等矿质元素，提高其利用率。此外谷物还含有钾、钠、镁及其他一些微量元素，其中小麦胚粉除含铁较低外，其他矿物质含量普遍较高，大麦中锌和硒含量较高。

5. 维生素 谷物中的维生素以 B 族维生素为主，主要存在于谷皮、糊粉层和胚中。其中以维生素 B_1 和烟酸含量较多，是我国居民膳食维生素 B_1 和烟酸的主要来源，维生素 B_2 含量普遍较低。在黄色玉米和小米中含有比较高的胡萝卜素，在小麦胚中含有丰富的维生素 E。谷物加工越精细，维生素损失越多。玉米中虽然烟酸含量较高，但以结合型存在，不易被人体吸收，所以长期以玉米为主食地区的居民容易发生烟酸缺乏病，即癞皮病。常见谷物维生素含量比较见表 7-5。

表 7-5 常见谷类维生素含量 （单位：mg/100 g）

食物名称	维生素 B_1	维生素 B_2	烟 酸	维生素 E
小麦粉(标准)	0.28	0.08	2.0	1.80
小麦粉(特强)	0.17	0.06	2.0	0.73
小麦胚粉	3.5	0.79	3.7	23.20
稻米(均值)	0.11	0.05	1.9	0.46
粳米(标一)	0.16	0.08	1.3	1.01
籼米(标准)	0.09	0.04	1.4	0.54
糯 米	0.11	0.04	2.3	1.29
玉米面(黄)	0.26	0.09	2.3	3.80
大 麦	0.43	0.14	3.9	1.23
小 米	0.33	0.1	1.5	3.63

三、谷类食物合理利用

1. 粮谷类加工　糙米或全麦含食物纤维过多,过于粗糙,影响消化,为了提高适口性和消化率,改善感官性质,糙米或全麦要经过加工。但由于脂类、矿物质、维生素等营养素主要存在于谷粒表层和胚中,加工越精细,营养损失越多,影响最大的是维生素和矿物质。因此,粮谷类加工既要保持较高的消化率和较好的感官性状,又要最大限度保留所含营养成分。

2. 谷类的合理食用与烹调

(1) 食粮混用:各种粮食营养成分不完全相同,混用可提高营养价值。

(2) 合理烹调:B族维生素及无机盐均易溶于水,淘米时避免过分搓揉,淘洗次数越多、浸泡时间越长、水温越高,损失越多。米面蒸煮方法不当,如加碱煮、油炸等,损失更为严重。

(3) 强化粮食:粮谷类蛋白质中赖氨酸普遍较低,与含赖氨酸丰富的豆类及动物类食物混合食用,可以提高蛋白质营养价值。

总之,谷类食物是我国居民能量、蛋白质、矿物质、B族维生素的主要来源,营养价值特点是:碳水化合物含量高,容易被消化吸收;蛋白质氨基酸组成不齐全,生物利用率低;脂肪质量较好但含量低;矿物质含量丰富,利用率受膳食纤维、植酸影响,利用率较低;B族维生素营养价值高,但易受加工、烹饪等过程影响。

第三节　豆类及其制品的营养价值

豆类品种较多,可分为大豆和其他杂豆,常见的杂豆有蚕豆、豌豆、绿豆、赤豆等。豆制品是指以大豆或绿豆等为原料加工制作而成的产品,如豆浆、豆腐、腐竹、豆豉等。豆类食物营养价值很高,其中大豆类包括黄豆、黑豆和青豆,是优质蛋白质的重要来源。豆类脂肪中含丰富的必需脂肪酸,含饱和脂肪酸低,不含胆固醇。杂豆类除蛋白质和脂肪略低于大豆之外,其他营养价值与大豆相似。豆类食物还含有丰富的B族维生素、维生素E和膳食纤维等营养素,且含有磷脂、低聚糖,以及异黄酮、植物固醇等多种植物化学物质,对老年人和慢性病患者有十分重要的健康意义,可以部分替代肉类食品。

一、豆类的营养成分

1. 蛋白质　豆类蛋白质含量高,为20%～36%。其中又以大豆类蛋白质含量最高,在30%以上。大豆蛋白质必需氨基酸组成完全,是唯一可替代动物性蛋白质的植物蛋白,但蛋氨酸含量较少,是大豆蛋白的限制性氨基酸(表7-6)。其他如赤小豆、豇豆、芸豆、绿豆、豌豆和蚕豆等蛋白质含量在20%～25%。豆制品由于含水量不同蛋白质含量有较大差别。常见豆类蛋白质含量见表7-7。

表7-6　鸡蛋、大豆、绿豆的氨基酸组成　　　　　(g/100 g蛋白质)

必需氨基酸	WHO建议氨基酸组成	鸡蛋	大豆	绿豆
异亮氨酸	4.0	4.8	5.2	4.5
亮氨酸	7.0	8.1	8.1	8.1
赖氨酸	5.5	6.5	6.4	7.5
蛋氨酸+胱氨酸	3.5	4.7	2.5	2.3
苯丙氨酸+酪氨酸	6.0	8.6	8.6	9.7
苏氨酸	4.0	4.5	4.0	3.6
苏氨酸	1.0	1.7	1.3	1.1
色氨酸缬氨酸	5.0	5.4	4.9	5.5

2. 脂类　豆类含脂肪丰富,其中以大豆类为最高,含量16%,且含较多不饱和脂肪酸,油酸占32%～36%,亚油酸占51.7%～57.0%,亚麻酸2%～10%,还有丰富的磷脂,所以豆油营养价值较高,而且是高血压、动脉粥样硬化等疾病患者的理想食物。其他杂豆类脂肪含量较低,绿豆、赤小豆、扁豆等脂肪含量低于1%。豆制品脂肪含量差别较大,豆腐、豆腐干等较高,豆浆等较低。常见豆类脂肪含量见表7-8。

表 7-7 常见豆类蛋白质含量　　　　　　　　　　（单位：g/100 g）

食物名称	蛋白质	食物名称	蛋白质
黑豆(黑大豆)	36.0	蚕豆	21.6
黄豆(大豆)	35.0	豆腐干	16.2
青豆	34.5	豆腐	8.1
赤小豆	20.2	豆腐(内酯)	5.0
豌豆	20.3	豆腐脑	1.9
绿豆	21.6	豆浆	1.8

表 7-8 常见豆类脂肪含量　　　　　　　　　　（单位：g/100 g）

食物名称	脂肪	食物名称	脂肪
黑豆(黑大豆)	15.9	蚕豆	1.0
黄豆(大豆)	16.0	豆腐干	3.6
青豆	16.0	豆腐	3.7
赤小豆	0.6	豆腐(内酯)	1.9
豌豆	1.1	豆腐脑	0.8
绿豆	0.8	豆浆	0.7

3. 碳水化合物　　大豆碳水化合物含量34%，绿豆、豌豆、赤小豆等杂豆类碳水化合物含量较高，在65%左右。豆制品碳水化合物含量普遍较低，在1%～10%。大豆类碳水化合物组成比较复杂，几乎不含淀粉，含丰富的膳食纤维和可溶性多糖，很难被消化酶消化，在肠道微生物的作用下易引起肠胀气。常见豆类碳水化合物含量见表7-9。

表 7-9 常见豆类碳水化合物含量　　　　　　　　　　（单位：g/100 g）

食物名称	碳水化合物	食物名称	碳水化合物
黑豆(黑大豆)	33.6	蚕豆	61.5
黄豆(大豆)	34.2	豆腐干	11.5
青豆	35.4	豆腐	4.2
赤小豆	63.4	豆腐(内酯)	3.3
豌豆	65.8	豆腐脑	0.0
绿豆	62.0	豆浆	1.1

4. 矿物质　　豆类含钾、钠、钙、镁、铁等矿质元素，含量为2%～4%。大豆矿物质元素含量略高于其他豆类，在4%左右。与谷物相比，豆类的钙、钾、钠含量高，大豆中铁含量丰富，每100 g可达7～8 mg。大豆及豆制品是我国居民膳食钙营养素的良好来源。

5. 维生素　　豆类胡萝卜素、维生素E等脂溶性维生素含量较高；与谷物相比，维生素B_1、B_2、烟酸等B族维生素含量低；干豆类几乎不含维生素C，但经加工成豆芽后维生素C含量高，如黄豆芽，每100 g含有8 mg维生素C。

二、豆类及其制品的合理利用

1. 大豆中的抗营养因子及处理

(1) 蛋白酶抑制剂：是存在于大豆、棉籽、花生、油菜等植物中，能抑制胰蛋白酶、糜蛋白酶、胃蛋白酶等物质的总称。其中抗胰蛋白酶因子最普遍，抑制人体及动物对蛋白质的消化吸收，对动物有抑制生长作用。蛋白酶抑制剂对热不稳定，加热即可破坏。

(2) 胀气因子：是指占大豆糖类50%的水苏糖和棉子糖等低聚糖，由于不被人体消化酶所分解，易在大肠中被微生物发酵产生过多的气体而引起胀气。但由于可被大肠双歧杆菌所利用，具有活化双歧杆菌并促进其繁殖的作用，被用于开发功能性食品。

(3) 植酸：大豆中的植酸可与钙、锌、铁等矿质元素螯合，影响其吸收利用。在pH4.5～5.5条件下加工大豆可使植酸溶解35%～75%,提高矿物质元素的利用率而不影响对蛋白质的利用。

2. 大豆制品 大豆营养价值虽高,但由于存在抗营养因子,整粒大豆蛋白质消化率只有65.3%。大豆经加工制作成豆制品,不仅除去了大部分抗营养因子,而且使大豆蛋白质结构从密集变成疏松状态,对消化率有明显的影响,豆浆中蛋白质消化率可达84.9%,豆腐为92%～96%。发酵豆制品如豆瓣酱、豆豉、腐乳等,其蛋白质被部分分解,并使氨基酸游离,味道鲜美,且维生素B_2含量增加。

第四节 蔬菜、水果的营养价值

新鲜蔬菜、水果含水分多在90%以上,糖类含量不高,含蛋白质很少,脂肪更低,故不能作为热能和蛋白质来源。果蔬是人体多种维生素和矿物质的主要来源,由于富含有膳食纤维,能刺激胃肠的蠕动和消化液的分泌,能促进食欲和帮助消化。蔬菜和水果在我国居民膳食结构中分别占总量的33.7%和8.4%,是我国居民膳食结构的重要组成部分。

一、蔬菜类主要营养成分

1. 蔬菜类食物分类 蔬菜种类非常多,按结构及可食部位不同,可分为叶菜类、根茎类、鲜豆类、瓜茄类、菌藻类。

(1) 叶菜类:叶菜类包括大小白菜、油菜、菠菜、生菜及其他绿叶蔬菜等。蛋白质含量较低,一般1%～2%,脂肪含量很少,约为1%,碳水化合物为2%～4%,膳食纤维含量约为1.5%。叶菜类是维生素C、胡萝卜素、膳食纤维的良好来源,绿叶蔬菜、橙色蔬菜维生素含量尤为丰富,特别是胡萝卜素含量高。矿物质含量在1%左右,种类较多,如钾、钙、镁、铁、硒、锌等,是膳食矿物质的主要来源。常见叶菜类维生素含量见表7-10,矿物质含量见表7-11。

表7-10 常见叶菜类维生素含量

食物名称	胡萝卜素	维生素C	食物名称	胡萝卜素	维生素C
大白菜	120	31	菠菜	2 920	32
小白菜	1 680	28	芹菜	60	12
卷心菜	70	40	生菜	1 790	13
花菜	30	61	莴苣叶	880	13
西兰花	7 210	51	韭菜	1 410	24
苋菜	2 110	47	雪菜	310	31

注:胡萝卜素 μg/100 g,维生素C mg/100 g

表7-11 常见叶菜类矿物质含量

食物名称	钙	磷	钾	钠	镁	铁	锌	硒
大白菜	69	30	130	89.3	12	0.5	0.21	0.33
小白菜	90	36	178	73.5	18	1.9	0.51	1.17
卷心菜	49	26	124	27.2	12	0.6	0.25	0.96
花菜	23	47	200	31.6	18	1.1	0.38	0.73
西兰花	67	72	17	18.8	17	1	0.78	0.7
苋菜	187	59	207	32.4	119	5.4	0.8	0.52
菠菜	66	47	311	85.2	58	2.9	0.85	0.97
芹菜	48	50	154	73.8	10	0.8	0.46	0.47
生菜	34	27	170	32.8	18	0.27		1.15
韭菜	42	38	247	8.1	25	1.6	0.43	1.38
雪菜	230	47	281	30.5	24	3.2	0.7	0.7

注:硒 μg/100 g,其他 mg/100 g

(2) 根茎类：根茎类食物包括萝卜、胡萝卜、马铃薯、芋头、藕、葱、蒜等。根茎类蛋白质含量为1%~2%，脂肪不足0.5%，碳水化合物含量相差较大，3%~20%。膳食纤维较叶菜类低，约为1%。胡萝卜中含有4 130 μg/100 g的胡萝卜素。矿质元素硒的含量跟种植的土壤有关，大蒜等蔬菜具有富硒作用。常见根茎类维生素含量见表7-12，矿物质含量见表7-13。

表7-12 常见根茎类蔬菜维生素含量

食物名称	胡萝卜素	维生素C	食物名称	胡萝卜素	维生素C
白萝卜	20	21	马铃薯	30	27
胡萝卜	4 130	13	甘薯	220	24
藕	20	44	大蒜	30	7
山药	20	5.0	大葱	60	17
芋头	160	6	洋葱	20	8

注：胡萝卜素 μg/100 g，维生素C mg/100 g

表7-13 常见根茎类蔬菜矿物质含量

食物名称	钙	磷	钾	钠	镁	铁	锌	硒
白萝卜	36	26	173	61.8	16	0.50	0.30	0.61
胡萝卜	32	27	190	71.4	14	1.00	0.23	0.63
春笋	8	36	300	6.0	8	2.40	0.43	0.66
冬笋	22	56	0	0.0	0	0.1	0	0.00
藕	39	58	243	44.2	19	1.40	0.23	0.39
山药	16	34	213	18.6	20	0.30	0.27	0.55
芋头	36	55	378	33.1	23	1.00	0.49	1.45
马铃薯	8	40	342	2.7	23	0.80	0.37	0.78
甘薯	24	46	174	58.2	17	0.8	0.22	0.63
大蒜	39	117	302	19.6	21	1.2	0.88	3.09
大葱	29	38	144	4.8	19	0.70	0.40	0.67
洋葱	24	39	147	4.4	15	0.60	0.23	0.92

注：硒 μg/100 g，其他 mg/100 g

(3) 鲜豆类：鲜豆类食物包括毛豆、扁豆、豇豆及其他鲜豆等。与其他蔬菜相比，鲜豆类营养素含量相对较高。蛋白质为2%~14%，平均4%。碳水化合物的含量为4%左右，膳食纤维含量1%~3%，胡萝卜素含量普遍较高，大多在200 μg/100 g左右。此外，含有丰富的钾、钙、铁、锌、硒等矿质元素。

(4) 瓜茄类：瓜茄类食物包括冬瓜、南瓜、丝瓜、黄瓜、茄子、青椒、番茄等。瓜茄类一般水分含量高，营养素含量相对较低，蛋白质含量0.4%~1.3%，脂肪微量，碳水化合物含量为0.5%~9.0%，膳食纤维1%左右。瓜茄类是膳食维生素C的良好来源，南瓜、番茄、辣椒等维生素C尤为丰富，同时也含有丰富的胡萝卜素，辣椒中硒、铁、锌等矿质元素含量很高。常见瓜茄类维生素含量见表7-14，矿物质含量见表7-15。

表7-14 常见瓜茄类蔬菜维生素含量

食物名称	胡萝卜素	维生素C	食物名称	胡萝卜素	维生素C
茄子	50	5	冬瓜	80	18
番茄	550	19	黄瓜	90	9
红辣椒	1 390	144	南瓜	890	8
甜椒	340	72	丝瓜	90	5

注：胡萝卜素 μg/100 g，维生素C mg/100 g

表7-15 常见瓜茄类蔬菜矿物质含量

食物名称	钙	磷	钾	钠	镁	铁	锌	硒
茄 子	24	23	142	5.4	13	0.5	0.23	0.48
番 茄	10	23	163	5	9	0.4	0.13	0.15
红辣椒	37	95	222	2.6	16	1.4	0.3	1.9
甜 椒	14	20	142	3.3	12	0.8	0.19	0.38
冬 瓜	19	12	78	1.8	8	0.2	0.07	0.22
黄 瓜	24	24	102	4.9	15	0.5	0.18	0.38
南 瓜	16	24	145	0.8	8	0.4	0.14	0.46
丝 瓜	14	29	115	2.6	11	0.4	0.21	0.86

注：硒 μg/100 g，其他 mg/100 g

(5) 菌藻类：菌藻类食物包括食用菌和藻类食物。食用菌是指可供人类食用的真菌，味道鲜美，有特殊的保健作用。我国食用菌种类很多，可分为野生和人工栽培两大类，仅野生食用菌就有200多种，常见的有蘑菇、香菇、木耳、银耳、牛肝菌等。藻类属低等植物，我国海藻资源上千种，其中有经济价值的有100多种，如海带、紫菜、裙带菜等，含丰富的蛋白质和多糖，脂肪很少，还有多种维生素。菌藻类食物富含蛋白质、膳食纤维、碳水化合物、维生素和微量元素，并含有丰富的生物活性物质。蘑菇、香菇干品中蛋白质含量20%以上，且氨基酸组成均衡，必需氨基酸占总量的60%以上。菌藻类脂肪含量低，约1%左右，且多由必需脂肪酸组成，易吸收。大多数食用菌类有降血脂作用，木耳含有卵磷脂、脑磷脂和鞘磷脂等，对心血管和神经系统有益。

菌类干品碳水化合物含量在50%左右。香菇多糖对小鼠肉瘤抑制率很高，并可增强放化疗对胃癌、肺癌的疗效。银耳多糖可增强巨噬细胞的吞噬能力，提高人体免疫能力。菌藻类中铁、锌、硒等微量元素含量丰富，海带、紫菜含大量的碘，每100 g干海带中含36 mg碘。蘑菇等菌类含丰富的B族维生素。

2. 蔬菜类食物的合理利用

1) 蔬菜含丰富的维生素，一般叶部含量比茎部高，嫩叶比老叶高，深色比浅色高。蔬菜所含维生素和矿物质易溶于水，应尽量减少用水浸泡和弃掉汤汁及挤去菜汁的做法；宜先洗后切，减少跟空气接触，避免维生素被氧化破坏。烹调加热时间不宜过长，叶菜类尽量快火急炒，保留较多的维生素。

2) 菌藻类除了提供丰富的营养素外，还具有明显的保健作用，研究发现，香菇、木耳中的多糖具有提高机体免疫力和抗肿瘤作用；香菇嘌呤具有降血脂和抗癌作用；黑木耳有抗凝血，防血栓形成作用，有助于防治动脉粥样硬化。海带等海藻类还有丰富的碘，临床上用于辅助治疗缺碘性甲状腺肿。

二、水果类主要营养成分

水果是富含水分和糖分的植物果实，可分为鲜果、干果和坚果。鲜果中所含的营养素与蔬菜相似，主要提供维生素和矿物质，但数量和比例不同。水果中所含的各种有机酸能刺激人体消化腺分泌，增进食欲，同时对维生素C有保护作用。水果富含果胶等膳食纤维，有利于降低胆固醇，预防动脉硬化，促进肠道有害物质排出。

1. 鲜果及干果类 鲜果种类很多，有苹果、香蕉、橘子、葡萄、梨、桃子、菠萝等。新鲜水果的水分含量高，蛋白质、脂肪含量一般低于1%，碳水化合物含量差异较大，为5%~30%。新鲜水果一般含丰富的维生素C和胡萝卜素，野生酸枣、鲜枣、草莓、猕猴桃、橙子等含丰富的维生素C，其中野生酸枣维生素C含量极高，每100 g含量可达800 mg以上。水果中矿物质含量一般相差不大，其中枣子中含铁丰富，白果含硒高。

干果是新鲜水果经过加工晒干制成，如葡萄干、蜜枣、柿饼等。由于加工过程中部分维生素损失较多，营养不如新鲜水果，但便于贮存、运输。水果经加工成干果，其中的可溶性糖分浓缩，食之甘甜，且往往具有独特的风味。常见水果和干果维生素和矿物质含量见表7-16和表7-17。

表 7-16 常见水果和干果维生素含量

食物名称	胡萝卜素	维生素 C	食物名称	胡萝卜素	维生素 C
苹果	20	4	橙	160	33
梨	33	6	柑橘	890	28
桃	20	7	柠檬	0	22
李子	150	5	桂圆	20	43
杏	450	4	荔枝	10	41
枣(鲜)	240	243	香蕉	60	8
酸枣	0	900	西瓜	450	6
葡萄	50	25	杏干	610	0
柿子	120	30	桂圆(干)	0	12
沙棘	3 840	204	枣(干)	10	14
中华猕猴桃	130	62	柿饼	290	0
草莓	30	47	葡萄干	0	5

注：胡萝卜素 μg/100 g，维生素 C mg/100 g

表 7-17 常见水果和干果矿物质含量

食物名称	钙	磷	钾	钠	镁	铁	锌	硒
苹果	4	12	119	1.6	4	0.6	0.19	0.12
梨	9	14	92	2.1	8	0.5	0.46	1.14
桃	6	20	20	166	7	0.8	0.34	0.24
李子	8	11	144	3.8	10	0.6	0.14	0.23
杏	14	15	226	2.3	11	0.6	0.2	0.2
枣(鲜)	22	23	375	1.2	25	1.2	1.52	0.8
酸枣	435	95	84	3.8	96	6.6	0.68	1.3
葡萄	5	13	104	1.3	8	0.4	0.18	0.2
柿子	9	23	151	0.8	19	0.2	0.08	0.24
沙棘	104	54	359	28	33	8.8	1.16	2.8
猕猴桃	27	26	144	10	12	1.2	0.57	0.28
草莓	18	27	131	4.2	12	1.8	0.14	0.7
橙子	20	22	159	1.2	14	0.4	0.14	0.31
柑橘	35	18	154	1.4	11	0.2	0.08	0.3
柠檬	101	22	209	1.1	37	0.8	0.65	0.5
桂圆	6	30	248	3.9	10	0.2	0.4	0.83
荔枝	2	24	151	1.7	12	0.4	0.17	0.14
香蕉	7	28	256	0.8	43	0.4	0.18	0.87
西瓜	8	9	87	3.2	8	0.3	0.1	0.17
杏干	147	89	783	40.4	55	0.3	3.8	3.33
桂圆干	38	206	1 348	3.3	81	0.7	0.55	12.4
枣(干)	64	51	524	6.2	36	2.3	0.65	1.02
白果	54	23	17	17.5	0	0.2	0.69	14.5
柿饼	54	55	339	6.4	21	2.7	0.23	0.83
葡萄干	52	90	995	191	45	9.1	0.18	2.74

注：硒 μg/100 g，其他 mg/100 g

2. 坚果类 坚果类食物多数是植物的果实和种子。按主要营养成分不同分为油脂类坚果和淀粉类坚果。前者脂肪含量高，如花生、核桃、杏仁、松子、榛子、瓜子等；后者淀粉含量高而脂肪少，如白果、莲子、板栗等。坚果类食品营养成分相当丰富，蛋白质含量多在15%～30%，接近于豆类而远高于粮谷类。坚果类脂肪含量也高，多在40%左右，而核桃中的含量高达60%以上，而且其中大部分为多不饱和脂肪酸，是优质的植物性脂肪。坚果类食物碳水化合物含量差别较大，多数在15%以下，但板栗、莲子等含量高，在40%以上。此外，坚果类食品中还含有丰富的维生素E和B族维生素，富含钾、镁、磷、钙、铁等多种矿物质，铁的含量以黑芝麻为最高，腰果的硒含量高，坚果中普遍含锌丰富。常见坚果矿物质含量见表7-18。

表 7-18 常见坚果矿物质含量

食物名称	钙	磷	钾	钠	镁	铁	锌	硒
栗子(熟)	15	91	0	0	0	1.7	0	0.00
松子(炒)	161	227	612	3	186	5.2	5.49	0.62
杏仁(炒)	141	202	0	0	0	3.9	0	0.00
腰 果	26	395	503	251.3	153	4.8	4.3	34.00
榛子(炒)	815	423	686	153	502	5.1	3.75	2.40
花生(炒)	47	326	563	34.8	171	1.5	2.03	3.90
花生仁(炒)	284	315	674	445.1	176	6.9	2.82	7.10
葵花籽(炒)	72	564	491	1 322	267	6.1	5.91	2.00
莲子(干)	97	550	846	5.1	242	3.6	2.78	3.36
南瓜子(炒)	37	0	672	15.8	376	6.5	7.12	27.03
西瓜子(炒)	28	765	612	187.7	448	8.2	6.76	23.44
芝麻(黑)	780	516	358	8.3	290	22.7	6.13	4.70

注：硒 $\mu g/100\ g$，其他 $mg/100\ g$

三、水果的合理利用

水果类食物是人类膳食维生素和矿物质的主要来源，尽管总体营养素供应不及蔬菜，但也有着不可替代的营养作用。水果无需烹饪，食用方便，一般口味甘甜，是一种享受型食物。水果中含有的一些特殊营养成分还有防病和治病的功效，如梨有清热降火、润肺止咳等功效；红枣可提高机体免疫力，对体虚乏力、贫血者适用；核桃则有健脑、益智等效用。

蔬菜、水果类常含有各种芳香物质，其油状挥发性化合物称为精油，主要成分为醇、酯、醛酮、烃等芳香物质，赋予食物香味，能刺激食欲，有助于食物的消化吸收。

第五节 肉类和水产类食物的营养价值

畜禽肉及水产品是人类饮食结构的重要组成部分，为人类营养提供优质蛋白质，同时也是膳食脂类、脂溶性维生素、B族维生素和矿物质的重要来源，食用价值较高。

一、畜禽肉及内脏

1. 畜禽肉及内脏的主要营养成分 畜禽肉是指牲畜和禽类的肌肉、内脏及其制品。我国居民的肉类以猪肉为主，其次为鸡、牛、羊、鸭肉等，部分地区食用驴、马等肉。畜禽肉营养价值较高，可提供人体所需的多种必需氨基酸，尤其是富含植物性食物中所缺少的赖氨酸、蛋氨酸、苏氨酸、组氨酸和精氨酸等；脂肪酸、无机盐、维生素等营养素含量高，且容易吸收。其营养成分随动物种类、年龄、饲养方式、食用部位等有较大差异。

(1) 水分：动物肌肉含水量一般在75%左右，肌肉的持水率是一项重要的肉质指标，在加工、贮藏、烹饪过程中水分的丢失影响肉的嫩度、口感、风味等。

(2) 蛋白质：畜禽肉蛋白质含量一般在10%~20%，含量与动物种类、年龄、部位及肥瘦有关。肥肉多脂肪，瘦肉多蛋白质。猪肉蛋白质含量平均为13%，牛肉、羊肉、兔肉等含蛋白质更高，可达20%左右。禽肉中鸡肉蛋白质含量约为20%，鸭肉16%。一般心、肝、肾等内脏蛋白质、无机盐和维生素含量比肉高，营养价值高于一般肉类。常见畜禽肉及内脏蛋白质含量见表7-19。

(3) 脂肪：脂肪含量因动物品种、年龄、部位等不同。在畜肉中，猪肉脂肪含量最高，羊肉次之，牛肉、兔肉较低；禽肉中，鸡肉脂肪含量低，鹅肉、鸭肉脂肪含量高。畜禽内脏脂肪含量在2%~10%，动物脑脂肪含量最高，可达10%；猪肾、猪心等内脏居中，在5%~8%，其他在4%以下。畜肉脂肪主成分为甘油三酯，又以饱和脂肪酸含量较多，还有少量卵磷脂和胆固醇等。肥畜肉含胆固醇100~200 mg/100 g，内脏含胆固醇也较高，高胆固醇血症患者不宜过量摄取。禽肉脂肪含较多的亚油酸，易于消化吸收。常见畜禽肉及内脏脂肪及胆固醇含量见表7-20和表7-21。

表 7-19　常见畜禽肉及内脏蛋白质含量　　　　　　　　　　　　　　　　　　　　　　　　　　　　（%）

食物名称	蛋白质	食物名称	蛋白质	食物名称	蛋白质	食物名称	蛋白质
羊肉(瘦)	20.5	鹅肉	17.9	牛肝	19.8	牛肾	15.6
猪肉(瘦)	20.3	鸽肉	16.5	猪肝	19.3	牛心	15.4
牛肉(瘦)	20.2	牛肉(肥瘦)	19.9	羊肝	17.9	鹅肝	15.2
鹌鹑	20.2	羊肉(肥瘦)	19.0	猪心	16.6	鸭肝	14.5
兔肉	19.7	猪肉(肥瘦)	13.2	羊肾	16.6	羊心	13.8
鸡肉	19.3	猪肉(肥)	2.4	鸡肝	16.6	牛脑	12.5
鸭肉	15.5	狗肉	16.8	猪肾	16.0	猪脑	10.8

表 7-20　常见畜禽肉及内脏脂肪含量　　　　　　　　　　　　　　　　　　　　　　　　　　　　（%）

食物名称	脂肪	食物名称	脂肪	食物名称	脂肪
猪肉(肥)	88.6	羊肉(肥瘦)	14.1	鸡肝	4.8
猪肉(肥瘦)	37.0	羊肉(瘦)	3.9	鸭肝	7.5
猪肉(瘦)	6.2	兔肉	2.0	鹅肝	3.4
鸡肉	9.4	狗肉	4.6	猪心	5.3
鸭肉	19.7	牛脑	11.0	牛心	3.5
鹅肉	19.9	猪脑	9.8	羊心	5.5
鸽肉	14.2	猪肝	3.5	猪肾	8.1
牛肉(肥瘦)	4.2	牛肝	3.9	牛肾	2.4
牛肉(瘦)	2.3	羊肝	3.6	羊肾	2.8

表 7-21　常见畜禽肉及内脏胆固醇含量　　　　　　　　　　　　　　　　　　　　　　　（单位：mg/100 g）

食物名称	胆固醇	食物名称	胆固醇	食物名称	胆固醇
猪肉(肥)	109	羊肉(肥瘦)	92	鸡肝	356
猪肉(肥瘦)	80	羊肉(瘦)	60	鸭肝	341
猪肉(瘦)	81	兔肉	59	鹅肝	285
鸡肉	106	狗肉	62	猪心	151
鸭肉	94	牛脑	2 447	牛心	115
鹅肉	74	猪脑	2 571	羊心	104
鸽肉	99	猪肝	288	猪肾	
牛肉(肥瘦)	84	牛肝	297	牛肾	295
牛肉(瘦)	58	羊肝	349	羊肾	289

（4）碳水化合物：畜禽肉碳水化合物含量很少，多数在1.5%左右，主要以糖原的形式存在于肌肉和肝脏中。动物屠宰后随着存放时间的延长，在酶的作用下，糖原分解，乳酸含量增加，pH下降。

（5）维生素：畜禽肉可提供多种维生素，以B族维生素和维生素A为主。动物肝脏是各种维生素良好来源，含维生素A及维生素B_2尤其高；禽肉中含有较高的维生素E；瘦肉含维生素B_1高，基本不含维生素A和维生素C。常见畜禽内脏的维生素含量见表7-22。

表 7-22　常见畜禽内脏的维生素含量

食物名称	维生素A	维生素B_1	维生素B_2	烟酸	维生素C	维生素E
猪肝	4 972	0.21	2.08	15.00	20	0.86
猪脑	0	0.11	0.19	2.80	0	0.96
猪肾	46	0.29	0.69	6.00	7	0.33
猪心	13	0.19	0.48	6.80	4	0.74
牛肝	20 220	0.16	1.30	11.90	9	0.13
牛脑	0	0.15	0.25	4.00	0	0.00
牛肾	88	0.24	0.85	7.70	0	0.19
牛心	17	0.26	0.39	6.80	5	0.19

续 表

食物名称	维生素 A	维生素 B₁	维生素 B₂	烟 酸	维生素 C	维生素 E
羊 肝	20 972	0.21	1.75	22.10	0	29.93
羊 肾	126	0.35	2.01	8.40	0	0.13
羊 心	16	0.28	0.40	5.60	0	1.75
鸡 肝	10 414	0.33	1.10	11.90	0	1.88
鸭 肝	1 040	0.26	1.05	6.90	18	1.41
鹅 肝	6 100	0.27	0.25	0.00	0	0.29

注：维生素 A：μgRE/100 g，其他 mg/100 g

(6) 矿物质：畜禽肉矿物质含量为1%左右，瘦肉高于肥肉，内脏高于瘦肉。动物肌肉与内脏中的铁以血红素的形式存在，以猪肝和鸭肝含铁最丰富，可达 23 mg/100 g，吸收率很高，是膳食铁的良好补充剂。在动物内脏中还含有丰富的锌和硒，牛肾和猪肾的硒含量是一般食物的十倍。肉类是低钙的食物，但其中的钙吸收利用率却很高。

(7) 含氮浸出物：肉味鲜美是由于肉中含有"含氮浸出物"，能溶于水的非蛋白质含氮物如肌溶蛋白、肌肽、肌酸、肌酐、嘌呤碱和少量氨基酸，一般禽类肌肉中含量高于畜肉。

2. 畜禽肉的合理利用　畜禽肉蛋白质营养价值高，含丰富的赖氨酸，适合与谷类食物搭配食用，以发挥蛋白质的互补作用。为了充分发挥畜禽肉的营养作用，还应该注意将畜肉分散到每餐膳食中而不应该集中食用。因畜肉脂肪和胆固醇含量高，脂肪中含饱和脂肪酸比例高，食用过多易引起肥胖和高血脂等疾病。但禽肉的脂肪不饱和脂肪酸较多，所以老年人及心血管疾病患者可以选用。动物内脏含较多的维生素、铁、锌、硒和钙，且肝脏的维生素 B₂ 和维生素 A 含量十分丰富，是这些维生素和铁的良好食物来源。

二、水产品

1. 水产品的主要营养成分　水产品是指水域中捕捞和养殖的鱼类、甲壳类、软体类、海兽类动物。水产类食物是人类膳食蛋白质、矿物质、维生素的良好来源。

(1) 蛋白质：鱼虾蟹贝类含蛋白质15%~20%，平均18%，氨基酸组成与肉类相似，接近人体需要，所以利用率高，是膳食蛋白质的良好来源。鱼肉肌肉组织肌纤维较短，结缔组织较少，较畜肉鲜嫩易消化。鱼蛋白中赖氨酸丰富，特别适合儿童食用。有些珍贵水产品只因稀少而名贵，如鱼翅、海参等，尽管其蛋白质高达75%~80%，但氨基酸组成不平衡，缺乏色氨酸，营养价值不及一般鱼肉。

(2) 脂肪：水产类的脂肪含量在1%~10%，平均5%，主要分布在皮下和脏器周围，肌肉中脂肪含量少。鱼类脂肪中不饱和脂肪酸较多，一般在60%以上，消化吸收率高达95%。深海鱼类含有丰富的二十碳五烯酸(EPA)和二十二碳六烯酸(DHA)，是大脑营养必不可少的多不饱和脂肪酸，可以降低血中胆固醇、防血栓形成及降低动脉粥样硬化等心脑血管疾病发生，并有抗癌防癌功效。

(3) 碳水化合物：水产类食物碳水化合物含量较低，约为1.5%，主要以糖原的形式存在于肌肉组织。除了糖原，鱼类还含有黏多糖，如硫酸软骨素、硫酸角质素、透明质酸等。鱼类三大营养含量见表7-23。

表 7-23　鱼类三大营养素含量　　(%)

食 物	蛋白质	脂 肪	碳水化合物	食 物	蛋白质	脂 肪	碳水化合物
草 鱼	16.6	5.2	0.0	河 鳗	18.6	10.8	2.3
黄 鳝	18.0	1.4	1.2	带 鱼	17.7	4.9	3.1
鲤 鱼	17.6	4.1	0.5	海 鳗	18.8	5.0	0.5
泥 鳅	17.9	2.0	1.7	大黄鱼	17.7	2.5	0.8
青 鱼	20.1	4.2	0.0	沙丁鱼	19.0	1.1	0.0
鲢 鱼	17.8	3.6	0.0	鲈 鱼	18.6	3.4	0.0
鲫 鱼	17.1	2.7	3.8	鲨 鱼	22.2	3.2	0.0
鳊 鱼	18.3	6.3	1.2	鲳 鱼	18.5	7.3	0.0

(4) 维生素：鱼类维生素含量丰富，鳝鱼、海蟹、河蟹等含维生素 B_2 高；深海鱼油和鱼肝油富含维生素 A、维生素 D，还有维生素 E；一般鱼肉含 B 族维生素；生鱼中含硫胺素酶，可破坏维生素 B_1，所以鲜鱼应尽快加工，以降低维生素 B_1 的损失。鱼类维生素含量见表 7-24。

表 7-24 鱼类维生素含量

食物名称	维生素 A	维生素 B_1	维生素 B_2	烟酸	维生素 E
草鱼	11.0	0.04	0.11	2.80	2.03
黄鳝	50.0	0.06	0.98	3.70	1.34
鲤鱼	25.0	0.03	0.09	2.70	1.27
泥鳅	14.0	0.10	0.33	6.20	0.79
青鱼	42.0	0.03	0.07	2.90	0.81
鲢鱼	20.0	0.03	0.07	2.50	1.23
鲫鱼	17.0	0.04	0.09	2.50	0.68
武昌鱼	28.0	0.02	0.07	1.70	0.52
河鳗	0.0	0.02	0.02	3.80	3.60
带鱼	29.0	0.02	0.06	2.80	0.82
海鳗	22.0	0.06	0.07	3.00	1.70
大黄鱼	10.0	0.03	0.10	1.90	1.13
沙丁鱼	0.0	0.01	0.03	2.00	0.26
鲈鱼	19.0	0.03	0.17	3.10	0.75
鲨鱼	21.0	0.01	0.05	3.10	0.58
鲳鱼	24.0	0.04	0.07	2.10	1.26

注：维生素 A：$\mu gRE/100\ g$，其他 $mg/100\ g$

(5) 矿物质：鱼类矿物质含量为 1%～2%，高于畜肉，其中磷、硒、锌含量丰富，牡蛎是含锌、铜最高的海产品，此外，海产品富含碘，含碘量高达 500～1 000 $\mu g/kg$，而淡水鱼含碘量仅 50～400 $\mu g/kg$。

2. 水产品的合理利用 水产类食物是人类优质蛋白质和不饱和脂肪酸的主要来源。鱼肉富含优质蛋白质，氨基酸组成与人体营养需要接近，易被人体消化吸收，利用率高；鱼类含较少的饱和脂肪酸和较多的不饱和脂肪酸，鱼油中的二十碳五烯酸（EPA）和二十二碳六烯酸（DHA）有保护心血管系统作用，可以降低 LDL，升高 HDL，还具有抗癌作用，因此其营养作用受到特别重视。

第六节 乳及乳制品的营养价值

乳类是指哺乳动物的乳汁，通常是指牛奶和羊奶。乳类经浓缩、干燥及发酵等加工制成乳品，如奶粉、酸奶、炼乳。

乳类及乳制品含有丰富的蛋白质、脂肪、无机盐、维生素等各种人体所需的营养素，且易于消化吸收，是老、幼、病、弱者的营养滋补品，母乳更是可以为初生婴儿提供全部营养素的食品。牛奶与母乳相比，蛋白质含量高而乳糖含量低。有些乳制品因加工时除去大量水分，其营养价值比鲜乳更高，但某些营养素会因加工而含量下降。

一、乳类主要营养成分

水分含量在 86%～90%，因此营养素含量与其他食品相比并不高，但由于易与消化吸收，其营养价值很高。常见乳类营养素含量见表 7-25。

表 7-25 常见乳类营养素含量

乳类名称	蛋白质 (g/100 g)	脂肪 (g/100 g)	糖类 (g/100 g)	维生素 B_1 (mg/100 g)	维生素 B_2 (mg/100 g)	维生素 A (μg RE/100 g)	维生素 C (mg/100 g)	Ca(mg/100 g)	P(mg/100 g)	Fe(mg/100 g)	Zn(mg/100 g)
牛乳	3.0	3.2	3.4	0.03	0.14	24	1	104	73	0.3	0.42
人乳	1.3	3.4	7.4	0.01	0.05	11	5	30	13	0.1	0.28
羊乳	1.5	3.5	5.4	0.04	0.12	84		82	98	0.5	0.29

1. 蛋白质 牛奶中蛋白质含量平均约3.5%,比人乳高,蛋白质中以酪蛋白为主占86%,其次是乳清蛋白11%,乳球蛋白3%,三者均为完全蛋白质(含全部必需氨基酸),生物价85,容易被人体消化吸收。

2. 脂肪 牛奶脂肪含量约3.5%,与母乳相近,多数为中长链饱和脂肪酸,含一定量的低中级脂肪酸、必需脂肪酸和卵磷脂,并有脂溶性维生素。牛奶脂肪含量随饲料、季节不同略有变动,奶脂肪呈极小的脂肪球状,表面有脂蛋白膜,可防止脂肪球发生凝聚,也阻止了脂肪酶对其的水解,静置时聚集成奶油浮于上层。

3. 碳水化合物 乳类碳水化合物主要为乳糖,乳糖有促进胃液分泌、调节胃酸、促进钙等矿物质吸收等作用;有助于肠乳酸菌的繁殖,抑制腐败菌的生长,改善肠道微生态,对幼小动物的生长发育具有特殊意义。乳糖在肠中经消化酶作用分解为葡萄糖和半乳糖被吸收,但部分不经常饮奶的成年人由于体内乳糖酶活性过低,不能分解乳糖致成腹泻,称为"乳糖不耐受"。

4. 矿物质 牛奶中的矿物质包括钠、钾、钙、镁、磷、铜、铁等,其中以钙、磷尤为丰富。牛奶中的钙以与酪蛋白结合的形式存在,易被人体吸收,发酵乳中的钙含量高,并具有较高的生物利用率,是膳食钙的良好来源。牛奶中的矿物质含量因品种、饲料、泌乳期等因素的影响有所差异,初乳中含量最高,常乳中略有降低。乳中铁含量较低,属贫铁性食物。

5. 维生素 牛乳中含有几乎所有种类的维生素,包括维生素A、维生素D、维生素E、维生素K、各种B族维生素,鲜奶仅含极少量维生素C,消毒处理后所剩无几。

二、乳制品

常见乳制品包括炼乳、奶粉、酸奶等,各种乳制品营养成分有很大差异。

1. 炼乳 炼乳为浓缩乳的一种,分为淡炼乳和甜炼乳两种。鲜牛奶经低温真空条件下浓缩至原体积的25%~40%,再经高压灭菌制成,称淡炼乳。因加工过程中维生素受到一定的破坏,经维生素强化后按适当比例冲泡,营养价值与鲜奶相当。

甜炼乳:鲜牛奶蒸发浓缩后加入大量蔗糖以抑制其中部分细菌的生存,因糖分高,使用前需加大量水冲淡,其他营养素浓度下降,不适于婴儿食用。

2. 奶粉 奶粉是鲜奶经脱水干燥而制成的产品,根据食用目的,可制成全脂奶粉、脱脂奶粉、调制奶粉等。

全脂奶粉是将鲜奶浓缩去70%~80%的水分后,经喷雾干燥脱水制成。一般全脂奶粉的营养成分约为鲜奶的8倍左右。脱脂奶粉是将鲜奶除去脂肪,再将上述过程制成奶粉,脱脂过程同时也失去了大量脂溶性维生素,其他营养成分变化不大。调制奶粉又称配方奶粉,是以牛奶为基础,参照人乳组成进行调整和改善,使其更适合婴儿的营养需要。配方奶粉主要通过添加乳清蛋白,降低酪蛋白比例;强化各种维生素和矿物质。

3. 酸奶 酸奶是以新鲜的牛奶为原料,经过杀菌后向牛奶中接种一定量的乳酸杆菌和嗜热球菌,经发酵使其中的酪蛋白凝固而成黏稠状的制品。酸奶不但保留了牛奶的所有优点,而且游离氨基酸和肽增加,乳蛋白更容易消化吸收;酸奶中乳糖减少,酸度增加,有利于对各种维生素的保护;而乳酸菌进入肠道可抑制一些有害菌的生长,可调节肠道微生态,促进人体健康。因此酸奶对胃酸缺乏者、乳糖不耐症患者和老年人更为有益。几种乳及乳制品的维生素及矿物质含量见表7-26和表7-27。

表7-26 几种乳及乳制品的维生素含量

食物名称	维生素A	维生素B_1	维生素B_2	烟酸	维生素C	维生素E
牛乳(光明)	28	0.02	0.10	0.13		
牛乳(蒙牛)	14	0.02	0.11	0.11		
儿童奶粉(惠氏)	487	0.04	0.72	4.10	45.00	
全脂奶粉(伊利)	525	0.04	0.17	0.09		
酸奶	26	0.03	0.15	0.08		
硬质干酪	330	0.03	0.41	0.10		
奶油	840	0.02	0.02			2.23
甜炼乳(雀巢)		0.07	0.41	0.21		0.30

注:维生素A μgRE/100 g,其他mg/100 g

表 7-27　几种乳及乳制品的矿物质含量

食物名称	钙	磷	钾	钠	镁	铁	锌	硒
牛乳(光明)	85	87	132	24.8	8.0	0.10	0.25	1.7
牛乳(蒙牛)	98	94	159	48.9	11.0	0.20	0.51	1.1
儿童奶粉(惠氏)	495	450	721	248.0	59.0	5.60	5.4	
全脂奶粉(伊利)	750	550	209	220.0	91.0	3.90	3.97	11.8
酸奶	160	168	272	69.6	12.0	1.60	0.63	1.42
硬质干酪	731	500	76	687.0	29.0	0.30	4.10	6.0
奶油	2		31	1.7	0.0	0.10		1.0
甜炼乳(雀巢)	334	243	308	88.6	21.0	0.20	1.04	18.74

注：硒 μg/100 g，其他 mg/100 g

三、乳类及乳制品的合理利用

乳类含有丰富的优质蛋白和钙，不仅是婴儿的重要辅助食品，也是老弱病患的常用营养食品。为改善我国居民钙的营养状况，促进骨骼健康，《中国居民膳食指南》建议每人每天用奶或奶制品 300 g，相当于纯牛奶 250～500 ml 或者奶粉 45～50 g，每天饮 300 g 的奶或相当量的奶制品，可摄入 300 mg 的钙，相当于推荐摄入量的 1/3。

乳及乳制品的加工贮存条件影响其营养价值。由于鲜奶水分含量高，营养素种类齐全，十分有利于微生物的生长繁殖，应经严格的消毒灭菌后才可以食用。目前工厂规模生产时常采用高温瞬时消毒法即将牛奶在 137℃条件下加热 2～4 s 的巴氏消毒法，尽量减少营养素的损失，但维生素 C 的损失仍可达 20%～25%。

牛奶乳蛋白中酪蛋白远高于母乳，可利用乳清蛋白加以调整，使其乳蛋白组成接近人乳，从而生产出母乳化的婴儿奶粉。对于乳糖不耐受者，可选用酸奶和奶酪，同时避免空腹喝牛奶，从少量开始，逐步增加。

奶类是贫铁食物，长期牛奶及乳制品喂养的婴儿应注意补铁。

第七节　蛋和蛋制品的营养价值

蛋类食物是指禽蛋及其加工产品，常见蛋类包括鸡蛋、鸭蛋、鹅蛋、鹌鹑蛋等，食用较普遍的是鸡蛋。各种禽蛋在营养成分上大致相同，营养素含量丰富，吸收率高，且适合各种人群，是一类营养价值较高的食品。

一、蛋和蛋制品的主要营养成分

1. 蛋白质　鸡蛋全蛋蛋白质含量为 12%，蛋清较蛋黄蛋白质含量低，加工成咸蛋或皮蛋后，由于失水蛋白质含量比原料蛋提高。蛋清所含蛋白质主要是卵清蛋白等糖蛋白，而蛋黄中的蛋白质主要是与脂类结合的脂蛋白和磷蛋白。鸡蛋蛋白质氨基酸组成与人体需要最为接近，生物价高达 94，是天然食品中最优良的蛋白质，赖氨酸和蛋氨酸含量较高，与粮谷类和豆类互补。

2. 脂肪　蛋类蛋白质含量 10% 左右，其中胆固醇含量较高，蛋中 98% 脂肪存在于蛋黄中，而蛋黄中的脂肪几乎全部以与蛋白质结合的形式存在，易于消化吸收。鸡蛋黄中的脂肪含量为 28%～33%，其中包括中性脂肪酸、磷脂、固醇等。蛋黄中的磷脂主要为卵磷脂和脑磷脂；胆固醇含量极高，全蛋含胆固醇 500～700 mg/100 g；蛋清不含胆固醇。

3. 碳水化合物　蛋类含碳水化合物较低，蛋黄高于蛋清，分游离态单糖如葡萄糖、少量果糖、甘露糖、阿拉伯糖等，和与蛋白质结合两种状态存在。禽蛋类的三大营养素含量见表 7-28。

4. 维生素　鸡蛋中的维生素大部分集中于蛋黄，包括维生素 A、维生素 D、维生素 E、维生素 K、所有 B 族维生素和微量维生素 C。蛋中维生素含量与品种、季节、饲料等因素有关。禽蛋类的维生素含量见表 7-29。

表 7-28 禽蛋类的三大营养素含量

食物名称	蛋白质	脂肪	碳水化合物	食物名称	蛋白质	脂肪	碳水化合物
鸡蛋(白皮)	12.7	9.0	1.5	鸭蛋黄	14.5	33.8	4.0
鸡蛋(红皮)	12.8	11.1	1.3	松花蛋(鸭蛋)	14.2	10.7	4.5
鸡蛋白	11.6	0.1	3.1	咸鸭蛋	12.7	12.7	6.3
鸡蛋黄	15.2	28.2	3.4	鹅蛋	11.1	15.6	2.8
松花蛋(鸡蛋)	14.8	10.6	5.8	鹅蛋白	8.9		3.2
鸭蛋	12.6	13.0	3.1	鹅蛋黄	15.5	26.4	6.2
鸭蛋白	9.9	0.0	1.8	鹌鹑蛋	12.8	11.1	2.1

表 7-29 禽蛋类的维生素含量

食物名称	维生素 A	维生素 B_1	维生素 B_2	烟酸	维生素 E
鸡蛋(白皮)	310	0.09	0.31	0.20	1.23
鸡蛋(红皮)	194	0.13	0.32	0.20	2.29
鸡蛋白	0	0.04	0.31	0.20	0.01
鸡蛋黄	438	0.33	0.29	0.10	5.06
松花蛋(鸡蛋)	310	0.02	0.13	0.20	1.06
鸭蛋	261	0.17	0.35	0.20	4.98
鸭蛋白	23	0.01	0.07	0.10	0.16
鸭蛋黄	1 980	0.28	0.62	0.00	12.72
松花蛋(鸭蛋)	215	0.06	0.18	0.10	3.05
咸鸭蛋	134	0.16	0.33	0.10	6.25
鹅蛋	192	0.08	0.30	0.40	4.50
鹅蛋白	7	0.03	0.04	0.30	0.34
鹅蛋黄	1 977	0.06	0.59	0.60	95.7
鹌鹑蛋	337	0.11	0.49	0.10	3.08

注：维生素 A μgRE/100 g，其他 mg/100 g

5. 矿物质 蛋中的矿物质也主要存在于蛋黄中，含量为 1.0%～1.5%，有钙、磷、铁、锌、硒等。蛋清含矿物质很低。蛋黄矿物质含量很大程度上受饲料影响，饲料添加锌和硒等微量元素，可以增加这些微量元素的沉积。目前市场上有富硒蛋、高锌蛋、高钙蛋等鸡蛋和鸭蛋出售。禽蛋类矿物质含量见表 7-30。

表 7-30 禽蛋类的矿物质含量

食物名称	钙	磷	钾	钠	镁	铁	锌	硒
鸡蛋(白皮)	48.0	176.0	98.0	94.7	14.0	2.00	1.00	16.55
鸡蛋(红皮)	44.0	182.0	121.0	125.7	11.0	2.30	1.01	14.98
鸡蛋白	9.0	18.0	132.0	79.4	15.0	1.60	0.02	6.97
鸡蛋黄	112.0	240.0	95.0	54.9	41.0	6.50	3.79	27.01
松花蛋(鸡蛋)	26.0	263.0	148.0	0.0	8.0	3.90	2.73	44.32
鸭蛋	62.0	226.0	135.0	106.0	13.0	2.90	1.67	15.68
鸭蛋白	18.0	0.0	84.0	71.2	21.0	0.10	0.00	4.00
鸭蛋黄	123.0	55.0	86.0	30.1	22.0	4.90	3.09	25.00
松花蛋(鸭蛋)	63.0	165.0	152.0	542.7	13.0	3.30	1.48	25.24
咸鸭蛋	118.0	231.0	184.0	2 706.1	30.0	3.60	1.74	24.04
鹅蛋	34.0	130.0	74.0	90.6	12.0	4.10	1.43	27.24
鹅蛋白	4.0	11.0	36.0	77.3	9.0	2.80	0.10	8.00
鹅蛋黄	13.0	51.0	0.0	24.4	10.0	2.80	1.59	26.00
鹌鹑蛋	47.0	180.0	138.0	106.6	11.0	3.20	1.61	25.48

注：硒 μg/100 g，其他 mg/100 g

二、蛋类的合理利用

在生鸡蛋中蛋清含有抗生物素蛋白和抗胰蛋白酶,抗生物素蛋白能与生物素结合影响其吸收;抗胰蛋白酶能抑制胰蛋白酶的活性,影响蛋白质消化吸收,所以鸡蛋不宜生食,加热可破坏这两类抗营养因子。但蛋类不宜过度加热,否则会引起蛋白质过分凝固,影响消化吸收。鸡蛋黄是卵磷脂的良好来源,但蛋黄含有较高的胆固醇,多食可引起高血脂,导致动脉粥样硬化、冠心病等心血管疾病。蛋类蛋白质含量高,必需氨基酸齐全且生物价高,宜于粮谷类、豆类混合食用,以弥补谷类赖氨酸豆类蛋氨酸的不足。

思考题

1. 什么是营养质量指数?
2. 如何合理食用与烹调谷类食物?
3. 简述大豆制品的营养特点。
4. 乳类食品有哪些特点?
5. 简述蛋类食品的主要营养成分。

第八章
加工和贮藏对营养的影响

食品是人类生存和繁衍的物质基础。早期,人们对食品和营养的认识仅仅是为了生存。以后逐渐发展到利用食物来治病,争取健康长寿,如我国古代就有"民以食为天"和"医食同源,药膳同功"之说。至于食品的质量问题,长期以来人们衡量一个食品的好坏标准,多是以它的色、香、味决定的,仅以食品的感官评价确定其质量的高低。随着科学技术的发展,人们的食品质量观也发生了变化,食品的安全卫生和所含营养变成首要问题。

随着我国经济的快速发展,人民生活节奏加快,一家一户的家庭烹饪已不适应社会需求,人们迫切希望食品供应由传统的厨房劳动改变成社会化生产。这不但可提高社会劳动生产率,而且还有利于食品的运输、保存和方便摄食。在营养上,它可以不受原来天然食品的局限、通过科学的食品加工和多品种生产满足人们的不同需要。

据统计,在我国人民消费的食品中,来自未经加工的农副产品约占70%,只有30%左右的工业食品。这和发达国家相比差距很大。例如,美国所消费的加工食品占他们整个食品消费的92%,日本占82%,俄罗斯约74%。此外,食品加工业不发达,必然造成大量食物资源的浪费。如我国每年的水果腐烂损失率达25%以上,若将此损失减少10%,就有1 500 000 t之多。另外,从扩大国际贸易,增强出口创汇等方面看,也需要大力发展我国的食品加工工业。所以,科学地进行食品加工和营养强化,生产多种多样既有良好感官性状,又富于营养的工业食品,是食品科技工作者的责任也是食品研究今后的发展方向。

第一节 加工对食品营养素的影响

"民以食为天",我们每天必须摄取一定量的食物以满足人体对能量和各种营养素的需求,这些食物绝大多数来自动、植物。食品营养素是维持人的生命和健康,保证良好生长发育和从事劳动的物质基础。膳食结构中若营养素不足则有损于人体健康,甚至引起严重疾病。目前已知有40~45种人体必需的营养素存在于食品中。另外,为了保证食物品质,特别是为了便于运输和贮藏,以及为了满足人们的某些特殊需要,并适应人们不同的饮食习惯和嗜好,需要对食物进行适当的加工处理,制成形态、色泽、风味、质地以及营养价值均不相同的加工类食品。但是,经过加工处理的食品所含营养素要比新鲜食物低,是因为加工和贮存过程中会受到各种物理、化学和生物因素的作用,导致加工食品的质量发生多方面的变化。在食品加工过程中,各种营养素均会发生不同程度的损失,以致降低食品的营养价值。

一、加工对碳水化合物的影响

食品加工对于碳水化合物的影响主要体现在五个方面的变化。

1. 淀粉水解 淀粉经酸水解或酶水解可生成糊精。当以糖化型淀粉酶水解支链淀粉至分支点时所生成的糊精称为极限糊精。食品工业中常用大麦芽为酶源水解淀粉,得到糊精和麦芽糖的混合物,称为饴糖。饴糖在体内水解为葡萄糖后被吸收、利用。在制作羊羹时添加少许糊精可防止结晶析出,避免外观不良。

淀粉在使用 α-淀粉水解酶和葡萄糖淀粉酶进行水解时,可得到近乎完全的葡萄糖。此后再用葡萄糖异构酶使其异构化成果糖,最后可得到58%的葡萄糖和42%的果糖组成的玉米糖浆。由其进一步制成果糖含量55%的高果糖(玉米)糖浆是食品工业中重要的甜味物质。

2. 淀粉的糊化与老化　　当原淀粉加水调浆加热后会产生半透明、胶状物质，这种现象称为糊化作用，经糊化作用产生的糊化淀粉即 α-淀粉。淀粉糊化后可使其消化性增加，这是因为多糖分子吸水膨胀和氢键断裂，从而使淀粉酶能更好地对淀粉发挥酶促消化作用。未糊化的淀粉则较难消化。

经完全糊化的淀粉，在较低温度下自然冷却或缓慢脱水干燥，就会使在糊化时已被破坏的淀粉分子键发生再度结合时，胶体发生离水使部分分子重新变成有序排列，结晶沉淀为凝胶体，这种现象称为淀粉的老化或 β 化。另外，α-淀粉经高温、快速干燥，并使其水分低于 10% 时，可使 α-淀粉长期保存，称为方便食品或即食食品。此时，若将其加水，无需再加热即可得到完全糊化的淀粉。

3. 沥滤损失　　食品加工期间经沸水烫漂后的沥滤操作，可使果蔬装罐时的低分子碳水化合物，甚至膳食纤维受到一定损失。例如，在烫漂胡萝卜和芜菁甘蓝时，其低分子碳水化合物如单糖和双糖的损失分别为 25% 和 30%。青豌豆的损失较少，仅约为 12%，它们主要进入加工用水而流失。

4. 焦糖化反应　　糖类尤其是单糖在没有氨基化合物存在的情况下，加热到熔点以上的高温（一般是 140~170℃或更高）时，因糖发生脱水与降解，也会发生褐变反应，这种反应称为焦糖化反应，又称卡拉密尔作用（caramelization）。焦糖化反应在酸、碱条件下均可进行，但速度不同，如在 pH8 时要比 pH5.9 时快 10 倍。糖在强热的情况下生成两类物质：一类是糖的脱水产物，即焦糖或酱色（caramel）；另一类是裂解产物，即一些挥发性的醛、酮类物质，它们进一步缩合、聚合，最终形成深色物质。但焦糖化作用在食品加工中如果控制适当，尚可使食品具有诱人的色泽与风味，有利于提高食品的感官性状。

5. 羰氨反应　　羰氨反应又称美拉德反应（maillard reaction），它是碳水化合物在加热或长期贮存时，还原糖与氨基化合物发生的褐变反应。羰氨反应与酶无关，也称为非酶褐变。该反应的发生不仅影响食品的色泽和风味，也造成必需氨基酸的损失。通常，羰氨反应可分成三个阶段（图 8-1）：

（1）初期阶段：少量水分生成，pH 下降；宏观上无多大变化；没有色素生成。包括：① 羰氨缩合，氨基和羰基发生加成、脱水等反应。② 分子重排，羰氨缩合产物进一步以很快的速度发生分子内重排，生成较稳定的果糖胺，此时反应不可逆，为进一步反应创造了条件。

（2）中期阶段：进一步反应生成数千种大分子化合物，产生明显的气味，颜色未出现明显变化。初期产物双果糖胺在中期的变化：① 1,2-烯醇化途径，生成羟甲基糠醛（HMF）。HMF 积累到一定程度时，会快速进入反应末期，产生褐变，也能分解成活性更大的物质。② 2,3-烯醇化途径，生成还原酮，它具有还原性、反应性强等特点，能进一步分解、缩聚。③ 斯特勒克降解，发生糖裂解，产生二乙酰、丙酮等产物。

（3）终期阶段：该阶段最明显特征为颜色迅速变深；不溶物增加，黏结性增大。

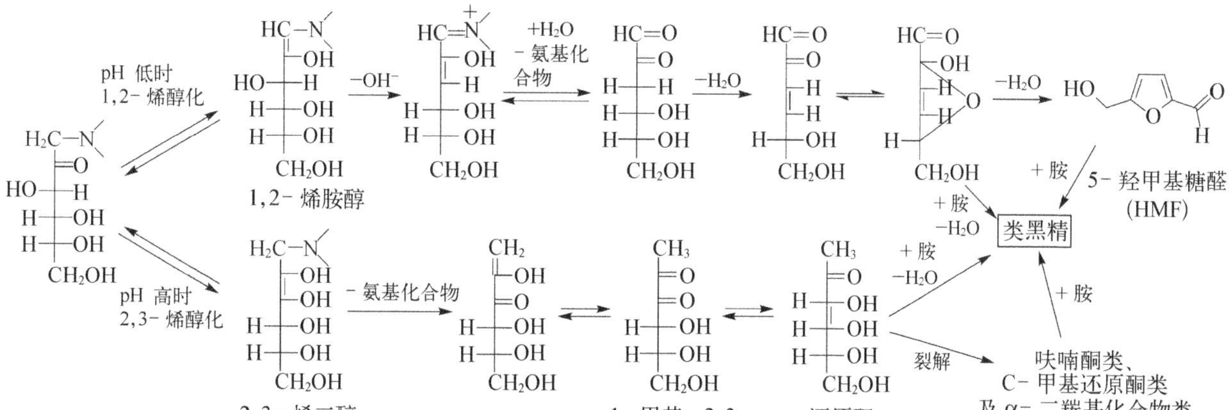

图 8-1　羰氨反应示意图

非酶褐变反应在蒸煮、热处理、蒸发和干燥时明显地增强，以中等水分食品的褐变反应速度最高，美拉德反应可形成相对分子质量较大和结构复杂的褐色或黑色的类黑精，这类色素是面包和焙烤产品产生褐色的原因。类黑精类的产物能够抑制某些必需氨基酸在肠道内的吸收。类黑精形成中伴随着少量蛋白质发生共价交联，这种交联能明显地损害这些蛋白质部分的消化性。某些蛋白质-碳水化合物模拟体系和加热产生的类黑精还表现出诱变性质,这种性质的能力决定于美拉德反应的强度。类黑精是不溶于水的物质,肠壁对其仅微弱地吸收,因此,它们在生理方面的危险性很小,但是分子较小的类黑精前体较容易吸收。

戊糖比己糖更易进行羰氨反应,非还原糖蔗糖只有在加热或在酸性介质中水解,变成葡萄糖和果糖后才发生此反应。

二、加工对蛋白质和氨基酸的影响

食品加工通常是为了灭菌或钝化酶以延长食品保存期、破坏某些营养抑制剂或毒性物质、提高食品的消化率和营养价值,以及改善感官性状等。但是,从营养学的角度来看,食品加工处理对于蛋白质和氨基酸的影响既有有利的一面,也有不利的一面。现将两者发生的主要变化简介如下。

1. 热加工的有益作用

(1) 杀菌和灭酶:热加工是食品保藏最普通和有效的方法。由于加热可使蛋白质变性,因而可杀灭微生物和钝化引起食品败坏的酶,相对地保存了食品中的营养素。热烫或蒸煮能使酶失活,例如脂酶、脂肪氧化酶、蛋白酶、多酚氧化酶和其他氧化酶及酵解酶类,酶失活能防止食品产生不应有的颜色,也可防止风味质地变化和维生素的损失。如菜籽经过处理可使黑芥子硫苷酸酶(myrosinase)失活,因而阻止内源硫葡萄糖苷形成致甲状腺肿大的化合物,即 5-乙烯基-2-硫恶唑烷酮。常见甘蓝属蔬菜硫葡萄糖苷含量见表 8-1。

表 8-1 甘蓝属蔬菜可食部分(茎叶)的芥子硫苷衍生物含量

植物	硫苷种类	含量/%
包心菜	3-甲亚磺酰丙基硫苷,3-吲哚甲基硫苷,2-烯丙基硫苷	0.42~1.56
中国甘蓝	3-吲哚甲基硫苷,2-苯乙基硫苷,3-丁烯基硫苷	0.13~1.51
花椰菜	3-甲亚磺酰丙基硫苷,3-吲哚甲基硫苷	0.61~1.16
球茎甘蓝	3-丁烯基硫苷,2-羟基-3-丁烯基硫苷,3-吲哚甲基硫苷	0.6~3.9
油菜	2-羟基-3-丁烯基硫苷,3-吲哚甲基硫苷	0.13~0.76

(2) 提高蛋白质的消化率:加热使蛋白质变性可提高蛋白质的消化率,这是因为蛋白质遇热变性以后,维持蛋白质立体结构的作用力被破坏,原来紧密地挤在一起的肽键变得松弛,容易被蛋白酶水解,从而提高消化率。有些物质如果不提前经过加热使其变性就很难被人体消化。比如,生鸡蛋、胶原蛋白以及某些来自豆类和油料种子的植物蛋白等都属于这种情况。人体对蛋白质的消化,其实就是在胃的酸性 pH 下使其变性。蔬菜和谷类的热加工,除了能够软化纤维性多糖和改善口感外,还能够提高蛋白质的消化率。

经过热处理的大豆的营养价值远远超过生大豆的营养价值,而且,在添加一定量的蛋氨酸后,其蛋白质功效比值(PER)更高。然而,如果加热过度则会降低蛋白质的营养价值。豆类在加热初期,其蛋白质功效比值随着加热时间的增加而提高,但当加热到一定程度时,若再继续加热,其蛋白质功效比值则会迅速降低(表 8-2)。

表 8-2 热处理*和添加蛋氨酸对大豆蛋白质功效比值的影响

项目	蛋白质功效比值**
生大豆	1.40
热处理大豆	2.63
生大豆+0.6%蛋氨酸	2.42
热处理大豆+0.6%蛋氨酸	2.99

* 115℃,20 min;** 大鼠

数据来源:Tannenbaum S R. Nutritional and safety aspects of food processing. 1979

(3) 破坏某些嫌忌成分:有些天然食物中存在着毒性物质、酶抑制剂、抗维生素等嫌忌成分,它们都对热不稳定,容易因加热变性、钝化而失去作用。上述物质大多来自植物并严重影响食品的营养价值。例如,豆科植物中大豆、花生、菜豆、蚕豆和苜蓿等的种子或叶片中存在着蛋白酶抑制剂,能抑制人体内的蛋白质水解酶,因而影响了蛋白质的利用率及其营养价值。据报告,当以生豆喂动物时,由于其中胰蛋白酶抑制剂和植物血球凝集素的毒性作用,导致动物全部死亡。而若将此豆加压蒸煮后,其中的毒性物质被破坏,使得蛋白

质的消化率增加、蛋白质功效比值提高(表8-3)。但是,若加热过度,仍会导致其营养价值降低。另外,通过加热还能破坏大米、燕麦中的抗代谢物。加热花生仁可以使脱脂粉的蛋白质功效比值增加,同时降低了被污染的黄曲霉毒素的含量。如果加热时间过长或温度过高均可降低蛋白质功效比值和可以利用的赖氨酸的含量。比如,利用中等热处理(100℃,1 h)向日葵时,其营养价值有所增加,而高温处理则会使其下降。

在许多动物组织,如血浆和胰腺中也发现了蛋白酶抑制剂,蛋清中含有胰蛋白酶抑制剂、卵类黏蛋白和蛋清半胱氨酸蛋白酶抑制剂,它们能加强卵胚抵抗微生物的侵袭。此外,牛奶中也发现有大量的牛血清蛋白酶抑制剂。

以上食物中存在的嫌忌成分可以通过温和的热处理而破坏,从而提高食品的安全性。

表8-3 热加工对菜豆蛋白质质量的影响

蒸煮时间*(min)	蛋白质功效比值
0(生豆)	动物全部死亡
10	1.31
20	1.35
30	1.29
40	1.20
60	0.89
90	0.92
120	0.88
150	0.78
180	0.63

* 121℃加压蒸煮,未预先浸泡
数据来源:FAO. Food and nutrition paper. 20,1982

(4) 改善食品的感官性状:含有蛋白质和糖类的食品进行热加工时,可因热加工所进行的羰氨反应致使发生颜色褐变或呈现良好的风味特征而改善食品的感官性状。如米面制品焙烤时,色氨酸等会与糖类发生羰氨反应,产生诱人的香味和金黄色。

2. 加工对蛋白质和氨基酸的影响

(1) 热处理的破坏:食品经过热加工,一般可以改善食用品质,但是不能过度加热。过度加热会使蛋白质分解、氨基酸氧化,还会使氨基酸的键发生交换或形成新键,既不利于酶的作用,又会使食品风味变劣。据报道,传统的杀菌方法可使牛奶的生物价值下降约6%,同时,其中赖氨酸和胱氨酸的含量分别下降10%和13%。而用传统加热杀菌法生产淡炼乳时,其可利用赖氨酸的损失可达15%~25%。对滚筒干燥烧焦了的奶粉,其赖氨酸的有效性可降到大约原来水平的30%。肉类罐头在加热杀菌后其中胱氨酸的损失可高达44%,猪肉在110℃加热24 h也有同样的损失。这些损失可通过脱硫反应发生、形成不稳定的脱氢丙氨酰残基,再与赖氨酸反应生成赖丙氨酸等蛋白质交联键,可以降低蛋白质的消化率和氨基酸的可利用性。

据研究,氨基酸的可利用性在焙烤制品中也有显著下降,饼干的厚度越薄,焙烤温度越高,持续时间越长,可利用氨基酸的损失率就越大。

蛋白质的氨基酸组成中以胱氨酸对热最为敏感,在温度稍高于100℃时就开始破坏,因而可作为低加热温度商品的指示物。加热温度达到115~145℃,时间过长,胱氨酸会发生分解,形成硫化氢和其他挥发性含硫化合物如甲硫醇、二甲基硫化物和二甲基二硫化物等。所以,选择适宜的热处理条件是食品加工工艺的关键。

加热能够影响蛋白质分子的空间结构,蛋白质分子由于热振动破坏了束缚力而使得分子展开,二硫键断裂,导致热变性,这种变化在初期是可逆的,但随着进一步加热就会达到不可逆状态,伴随产生氨基酸侧链的不可逆变化。含糖量低的蛋白质如鱼和肉在湿润或干燥状态下加热可显著破坏胱氨酸,赖氨酸也有所损失,而其他氨基酸则基本没有改变。

(2) 碱处理的影响:蛋白质经过碱处理会发生许多变化,在碱度不高的情况下能改善溶解度和口味,有的还能破坏毒性,如菜籽饼粕和棉籽饼粕用碱处理可以去除芥子苷和棉酚。如果pH过高则更多的是不利方面。

蛋白质用碱处理可使许多氨基酸残基发生异构化从而降低其营养价值,还会导致氨基酸构型的改变(由L型变成D型),而D型氨基酸不利于人体内酶的作用,人体也难以吸收,这些都将导致食品营养价值降低。由于含有D-氨基酸残基的肽键较难被胃和胰蛋白酶水解,因此氨基酸残基的外消旋使蛋白质的消化率降低。必需氨基酸的外消旋导致它们的损失并损害蛋白质的营养价值。D-氨基酸不易通过小肠黏膜细胞被吸收,即使被吸收,也不能在体内被用来合成蛋白质。例如,D-Pro会导致鸡的神经中毒。

此外,在碱处理期间蛋白质还可发生其他的结构变化,在蛋白质分子间或分子内形成交联链、生成某些新氨基酸,如赖丙氨酸等。赖丙氨酸的形成妨碍蛋白质的消化作用,降低赖氨酸的利用率,同时降低蛋白质的营养价值,甚至可能有毒。举例说明,用强碱处理过的鲱鱼粉喂鸡不能使其正常生长,并且高剂量使用时产生毒害作用。用NaOH处理过的大豆浓缩蛋白喂羊也会阻碍其正常生长。在2~3 bar压力条件下,将花生粉用NH_3处理15~30 min后,可以分解大部分所污染的黄曲霉毒素,同时可以降低10%~40%含量的胱氨酸或半胱氨酸,这种降低对花生粉的含水量(6%~15%)比对压力和处理时间更为敏感。

(3) 蛋白质与非蛋白质分子的反应:当含还原糖的蛋白质食品受热时,由羰氨反应引起的蛋白质的损害相比其他原因更严重,比如牛乳的干燥,使得赖氨酸的可利用率下降,还伴随蛋白质总氮消化性的降低,从而降低了食品的营养价值。

食品中的脂类物质容易发生氧化,一旦蛋白质与其氧化产物相互作用,就会严重影响蛋白质的营养价值。另外,蛋白质、氨基酸还可以与脂类过氧化物、氢过氧化物反应,从而降低了氨基酸的利用率及蛋白质的营养价值。

蛋白质能与醌类物质发生反应。醌能与游离氨基酸的氨基反应并引起氧化脱氨,苯醌能与蛋氨酸的硫酯基反应,醌与巯基的反应可形成蛋白质聚合物。

在腌制肉类食品时常常使用亚硝酸盐,用于使肉颜色鲜亮,抑制肉毒梭状芽孢杆菌的生长,并能形成独特的风味。但是,亚硝酸盐能与肉中的仲胺或叔胺反应生成对人体有危害的亚硝胺或亚硝酰胺等物质,而这些物质是强致癌物。另外,酪氨酸、组氨酸和色氨酸也可发生亚硝化。亚硝酸盐在肉中含量通常很低,但是却能够大大降低可利用氨基酸如赖氨酸、色氨酸或半胱氨酸的含量,从而影响蛋白质的营养价值。此外,高剂量的亚硫酸盐对肠道有害,并能部分抑制蛋白质的消化作用。

(4) 脱水和干燥:食物经过脱水干燥,有利于贮藏和运输。但是过度脱水会使蛋白质失去结合水而变性,使食品的复水性降低,品质变劣。冷冻真空干燥能使蛋白质分子外层的水化膜和蛋白质分子间的自由水先结冰,然后在真空条件下升华蒸发,达到干燥的目的。这样,不仅蛋白质分子变性少,而且还能保持食品的色、香、味。

(5) 低温处理:对食品进行冷藏和冷冻加工能抑制微生物和酶的作用,防止蛋白质腐败,有利于食品的保存。在冷藏或冰冻食品时,细胞内和细胞间隙的自由水和一部分结合水结冰,从而使存在于原生质中的蛋白质分子的一部分侧链暴露出来,同时由于水变成冰导致体积膨胀,冰晶的挤压使蛋白质之间互相靠近、凝聚沉淀,发生变性。因此冷冻会引起食品中蛋白质变性,造成食物性状的改变。例如豆腐经过冰冻会变成一种具有黏弹性结构的冻豆腐,牛乳经过冰冻会造成乳质分离,即使解冻也不能恢复原状。

蛋白质在冷冻条件下的变性程度与冻结速度有关。一般说来,冻结速度越快,冰晶越小,挤压作用也越小,变性程度就越小。根据该原理,食品工业往往采用快速冷冻法,以避免蛋白质变性,保持食品原有的风味。

(6) 辐射处理的影响:对食品蛋白质进行辐射处理时,能够发生分子间或分子内的共价交联,主要在氨基酸残基α-碳上形成自由基而发生聚合反应。γ-辐射还可引起低水分食品的多肽链断裂。在有过氧化氢酶存在时酪氨酸会发生氧化交联生成二酪氨酸残基。辐射引起的营养与安全性问题的研究尚在继续。

三、加工对脂类物质的影响

在食品加工处理过程中,脂类物质发生的各种变化包括水解、氧化、分解等对食品营养价值的影响日益受到人们的重视。油脂的精炼加工主要是为了改良其品质,去除其中的呈色、呈味物质,使其具有高度的化学稳定性。但是不可避免的是加工过程中脂类物质发生的变化对食品营养价值造成的不利影响。

1. 氢化　　油脂的氢化可使油脂中的必需脂肪酸进一步受损,因为氢化除了双键加氢外,还伴随不饱和脂肪酸的异构化。这包括不饱和脂肪酸的顺-反异构和双键的位置异构。天然的多不饱和脂肪酸多是顺式结构,随着脂肪的氢化,脂肪酸的饱和度增加,顺式结构也能够变成反式。据报道,当反式亚油酸存在时,可改变脂肪酸代谢。但是,油脂的氢化可以提高油脂的硬度和可塑性,增加风味和稳定性,增加油脂的耐贮藏性,人造奶油和起酥油通常都用氢化油生产,以便达到所期望的质地和稳定性,这是油脂加工有益的一面。

2. 酸败

(1) 水解酸败:脂肪在高温加工或在酸、碱、酶的作用下容易分解生成甘油和脂肪酸,产物有单酰甘油酯、二酰甘油酯和脂肪酸。水解本身对食品脂肪的营养价值并无明显影响,主要是所产生的游离脂肪酸可以产生不良气味,影响食品的感官质量。另外,伴随产物单酰甘油酯和二酰甘油酯有很强的乳化作用,能够影响食品的品质。

(2) 氧化酸败:当油脂暴露在空气中时会自发地进行氧化,而且这种氧化反应一旦开始,就会一直进行到氧气耗尽或自由基与自由基结合产生稳定的化合物为止。它是一种包括引发、增殖和终止三个阶段的连锁反应,即使添加抗氧化剂也不能阻止氧化的进行,只能延缓反应的诱导期和降低反应速度。氧化酸败产生的过氧化物本身无色无味,对脂类或食品的营养质量影响很小。但是它很不稳定,容易分解成各种各样的化合物,其中一些化合物达到一定浓度时对机体有害。常温下氧化的油脂,在其过氧化值不超过 100 meq/kg 时,不显示毒性,当其过氧化值大于 800 meq/kg 时,色香味恶劣,且有毒性。

在油脂的氧化产物中也可检测到许多不挥发性化合物,如醛甘油酯、不饱和醛甘油酯、含羟基和羰基的化合物和环氧化合物等,这些物质都能够影响食品营养素的消化和吸收。

3. 油炸对脂类物质的影响　　高温油炸时,食品中的脂类物质遭到破坏,营养价值降低。高温时脂肪氧化不同于常温氧化,常温氧化时产生许多短链的挥发性和不挥发性物质,而高温(>200℃)时脂类则可产生大量反式和共轭双键体系及环状化合物和多聚体等,影响肠道的消化吸收,尤其是高温氧化的聚合物对人体极为有害。值得一提的是,不连续的餐馆式油炸对油脂的影响较大,使得游离脂肪酸含量增加。由于其操作不当,对油脂进行长时间高温加热、反复冷却后再加热等操作,使其不饱和度降低、过氧化值升高,并形成共轭双键和聚合物等,致使油脂颜色越来越深,并且更加黏稠。

四、加工对矿物质的影响

在食品加工过程中,食品中矿物质的含量会因为条件的不同而发生不同程度或不同性质的变化,包括矿物质的化学组成、分布以及食品加工的不同。根据不同条件,矿物质含量可能降低,也可能由于加工用水或设备、容器不同等原因而使其含量增加。豆类发酵有利于磷的释放,但很多情况下加工会造成矿物质的损失。

1. 预处理对矿物质含量的影响　　清洗、泡发、热烫可以造成矿物质尤其是水溶性矿物质的溶解损失,如海带中的碘,淘米时淘洗次数越多,矿物质的损失率就越高。热水烫漂造成的损失更大,在烹制绿叶类新鲜蔬菜时,很多人喜欢烫过之后再炒,殊不知这样不仅会影响蔬菜的颜色,而且也会增加水溶性营养素如矿物质的损失。其损失程度则与它们的溶解度有关。菠菜在烫漂时其中矿物质的损失如表 8-4 所示。

表 8-4　烫漂对菠菜矿物质的影响

名　称	含量(g/100 g)		损失率(%)
	未烫漂	烫　漂	
钾	6.9	3.0	56
钠	0.5	0.3	43
钙	2.2	2.3	0
镁	0.3	0.2	36
磷	0.6	0.4	36
硝酸盐	2.5	0.8	70

资料来源:Fennema O R. Food Chemistry. 1985

2. 热处理对矿物质含量的影响 热处理主要有烹、煮、炒、油炸等。通常热处理会引起矿物质损失，如煮沸牛乳（与蛋白质沉淀有关）。尤其是在烹调过程中，矿物质很容易从汤汁内流失。不同类型的烹调对矿物质含量的影响不同，如马铃薯在烹调时的铜含量随烹调类型的不同而有所差别（表8-5）。铜在马铃薯皮中的含量较高，煮熟后含量下降，但是经过油炸后其含量却明显上升。

另外，煲骨头汤的时候汤中的钙不容易被人体消化吸收，但是如果在煲汤的后期加入少量的醋，钙就会与乙酸形成容易消化吸收的乙酸钙。

表8-5 烹调对马铃薯铜含量的影响

烹 调 类 型	含量(mg/100 g 鲜重)
生 鲜	0.21±0.10
煮 熟	0.10
烤 熟	0.18
油炸薄片	0.29
马铃薯泥	0.10
法式油炸	0.27
马铃薯皮	0.34

资料来源：Fennema O R. Food Chemistry. 1985

3. 谷物碾磨对矿物质含量的影响 谷物中的矿物质主要分布在糊粉层和胚组织中，所以谷物碾磨能使矿物质含量降低，其损失程度与碾磨精度有关，碾磨越精，矿物质损失的越多。

4. 大豆加工对矿物质含量的影响 大豆经浸泡和保温发酵后制成豆芽，在发芽的过程中经各种水解酶的作用使大分子营养物质或以复合物形式存在的各种营养素分解成可溶性小分子有机物，有利于人体吸收。在发芽过程中由于酶的作用还促使大豆中的植酸降解，更多的钙、磷、铁等矿物质元素被释放出来，增加了大豆中矿物质的消化利用率。

另外，主食加工过程中酵母发酵消耗了面粉中的可溶性糖和游离氨基酸，可以提高各种微量元素的生物利用性。酵母菌所含植酸酶水解了面粉中的大部分植酸，伴随着酵母菌的轻微乳酸发酵所产生的乳酸与钙、铁结合，可以形成容易为人体所利用的乳酸钙和乳酸铁，从而大大提高了钙、铁、锌的吸收率。

食品中的矿物质还可能因为加工用水、设备，以及与包装材料接触而有所增加，尤其是食品加工时使用的食品添加剂更是食品中矿物质增加的重要原因。

五、加工对维生素的影响

维生素在调节能量代谢和物质代谢中起着十分重要的作用，在食品加工中，蔬菜、水果等产品中的维生素是需要特别保护的成分。但是，在食品加工操作中仍会引起多种维生素的损失，一般来说，食品加工中的整理、烫漂、冷冻、脱水、加热、灭菌、辐射、碾磨等都可使食品中的维生素产生不同程度的损失，其损失程度取决于特定维生素对操作条件的敏感性。导致维生素损失的主要因素有氧化（在空气中）、加热（包括温度和时间）、金属离子的影响、pH、酶的作用、水分、照射（光或电离辐射）以及上述两种或两种以上因素的综合作用。此外，食品原料成熟度、光照、气候、水分、采收等也会影响维生素的含量。维生素损失程度的大小按其种类大致的顺序为：$C>B_1>B_2>$其他B族$>A>D>E$。

食品加工的另一特点是，可以增加某些食品中维生素的利用率。例如，玉米中的尼克酸多为结合型，不容易为人体所利用，但是如果人们在玉米粉中添加一定量的碳酸氢钠，便可使结合型的尼克酸变成可利用的游离型尼克酸，起到防止维生素缺乏症发生的作用。至于豆类发芽，可以使维生素C和维生素B_1含量有所增加，近来还发现每100 g黄豆芽中维生素B_{12}的含量达20 mg左右，并且发酵也能产生一定量的维生素B_{12}。

1. 加工对水溶性维生素的影响 水溶性维生素易溶解于水中，在酸性环境中比较稳定，但是大部分水溶性维生素在碱性条件下不稳定，不耐热和光。因此，这类维生素容易受到破坏。一般说来，水溶性维生素对热的稳定性比较差，遇热容易分解破坏（维生素C和维生素B_1对热最不稳定）。水洗、水流槽输送、烫漂、冷却和沥滤等加工过程可使水溶性维生素的损失达到0～60%。

（1）维生素 B_1 在食品加工中的变化：维生素 B_1 主要存在于谷类和豆类食品中，这类食品在烹饪时因为受到高温和碱的作用，会使维生素 B_1 受到大量破坏。例如，在使用发酵粉的发酵过程中，面粉中的硫胺素可损失达到50%以上。再如炸油条、面粉加碱过程对维生素 B_1 的损失都很大。食品在干燥的条件下，维生素 B_1 的耐热性增加，反之，在有水或潮湿的环境中，维生素 B_1 则容易受到破坏，损失率增加。另外，食物中含有维生素 B_1 分解酶和耐热性维生素 B_1 分解因子，维生素 B_1 分解酶对热不稳定，加热可以使其失去活性，而降低对维生素 B_1 的分解能力。因此，在烹调过程中酶对维生素 B_1 的破坏甚微。高压灭菌和紫外光也能破坏维生素 B_1，维生素 B_1 在辐射加工的食品中损失率约为63%。水果和果汁中加入亚硫酸盐以及将肉剁碎能够破坏大部分的硫胺素；牛奶的热消毒也能破坏硫胺素。硫胺素通常对温度最敏感，乳在喷雾干燥时维生素 B_1 的损失约为10%。冷冻干燥的鸡、猪肉和牛肉的维生素 B_1 的损失平均约为5%。

（2）维生素 B_2 在食品加工中的变化：维生素 B_2 对热比较稳定，水煮、烘烤、冷冻时对维生素 B_2 的损失都不大，在水溶液中短期高温加热也不破坏。当在120℃条件下加热6 h维生素 B_2 的损失也仅有少量破坏，但在碱性环境和阳光照射容易遭到破坏。比如将牛奶（奶中40%～80%核黄素为游离型）在日光下照射2 h，一半以上的核黄素可被破坏，其破坏的程度随着随着pH和稳定的增加而增加。

（3）维生素 B_6 在食品加工中的变化：维生素 B_6 的形式和含量会受到热加工、浓缩和脱水的过程的影响。对许多加工食品维生素 B_6 损失的分析表明：罐头制造时蔬菜中维生素 B_6 的损失为57%～77%，海味和肉类罐头的损失约为45%；冷冻蔬菜维生素 B_6 的损失为37%～56%，冷冻水果和果汁平均损失15%，加工肉损失50%～75%，加工和精制的谷类食品损失51%～94%。

（4）维生素 B_{12} 在食品加工中的变化：食品一般多在中性或偏酸性范围，所以维生素 B_{12} 在烹调加工过程中破坏的不多。添加于早餐谷物中的维生素 B_{12} 在食品加工中损失率约为17%，常温贮存一年可损失17%。肝在100℃煮5 min后维生素 B_{12} 损失率仅约为8%。肉在170℃烧45 min损失约30%，当含有鱼、炸鸡、火鸡和牛肉的冷冻便餐食前在普通炉灶上加热时，维生素 B_{12} 的保存率在79%～100%。若在中性pH时长时间加热，维生素 B_{12} 的损失较为严重。牛乳在经过不同热加工处理时维生素 B_{12} 的损失在10%～70%。

（5）叶酸在食品加工中的变化：叶酸衍生物在食品加工中的损失程度和机理尚不清楚。对乳品的加工和贮存研究表明，叶酸的钝化过程主要是氧化。叶酸的破坏与抗坏血酸的破坏相平行，而所添加的抗坏血酸可以保护叶酸。这两种维生素都可因乳的去氧合作用而增加稳定性，但是二者在室温（15～19℃）下贮存14 d后都有所下降。叶酸在冷藏时损失极少，但是在蔬菜灌装和蒸煮时会损失一部分。

（6）烟酸在食品加工中的变化：烟酸是比较稳定的一种水溶性维生素，在食品加工时也相当稳定。而且耐热，即使在120℃条件下加热20 min也几乎不被破坏，对光、氧、酸、碱也很稳定。烟酸易溶于水，因此容易随水流失。在高温油炸或加碱的条件下，食品中游离型的烟酸可损失一半左右。

（7）维生素C在食品加工中的变化：维生素C是维生素中最不稳定的一种。水果和蔬菜的清洗、去皮，可以造成维生素C的部分损失。蔬菜应坚持先洗后切的原则，以新鲜绿叶蔬菜为例，先洗后切其维生素C损失仅约1%，而切后浸泡10 min，维生素C损失达16%～18.5%，而且浸泡时间越长，维生素C损失越多。苹果皮中的维生素C含量比果肉高3～10倍，柑橘皮中的维生素C含量也比汁液中高。维生素C在各种脱水过程中都不稳定，损失率在10%～50%。但冷冻干燥对食品的营养素如维生素C没有不良作用。维生素C对辐射很敏感，其损害程度随辐射剂量的增加而加大。食品辐射剂量在5kGy以下时维生素C的损失通常在20%～30%或更低。另外，维生素C不耐热，而且很容易被氧化。一般来说，含维生素C的食物烹调时间越长，其损失程度越大，蔬菜如果煮5～10 min维生素损失率可达70%～90%，在有盐、酸或胶体物质存在时其损失就会减少。维生素C在酸性环境中比较稳定。烹调含维生素C较多的蔬菜时，不宜放碱、矾，也不宜用铜和其他重金属为炊具，因为重金属可以加剧维生素C的破坏。

（8）泛酸和其他营养成分在食品加工中的变化：泛酸在中性溶液中耐热，当pH5～7时最稳定。但是，泛酸对酸和碱都很敏感，其酸性或碱性溶液对热不稳定。但是，泛酸对氧化剂和还原剂极为稳定。据报道，从对507种加工食品的泛酸含量分析中得知：动物性的罐头食品泛酸损失20%～35%，植物性的罐头食品损失46%～78%，冷冻食品中泛酸的损失也很大，其中动物性食品为21%～70%，植物性食品为37%～57%，水果和果汁经冷冻和制罐头后的泛酸损失分别为7%和50%，加工和精制的谷类损失为37%～74%，加工肉损失 50%～75%，牛乳在加工期间泛酸的损失通常小于 10%。

生物素在食品加工处理和烹调期间非常稳定，胆碱在食品加工和烹调期间损失很少。

2. 加工对脂溶性维生素的影响 脂溶性维生素对热比较稳定，但却很容易被氧化破坏，特别是在高温条件或有紫外线照射下，氧化速度加快。脂溶性维生素对辐射也很敏感，其中以维生素 E 最为显著，它们对辐射敏感性的大小依次排列如下：维生素 E＞胡萝卜素＞维生素 A＞维生素 D＞维生素 K。在阳光暴晒下，食物中的脂溶性维生素损失较严重。北方人喜欢在冬季、秋季晒干菜（包括动、植物原料），这样会导致干菜中的脂溶性维生素遭到不同程度的破坏。

（1）维生素 E 在食品加工中的变化：维生素 E 对氧敏感，特别是在碱性条件下加热食物，能够使维生素 E 完全遭到破坏。在大量油脂中烹调食物，脂肪中所含的维生素 E 有 70%～90% 被破坏。在烹调中使用很少量的酸败油脂，就足以破坏正常油脂中或食物中大部分的维生素 E。维生素 E 在食品加工主要是谷物碾磨时会因机械作用脱去胚芽而受到损失。凡是能够引起类脂部分分离、脱除的任何加工、精制，或者脂肪氧化都能够引起维生素 E 的损失。食物中的维生素 E 在一般烹调加工时虽然损失不多，但是高温及油炸过程会使其活性大量丧失。

（2）维生素 D 在食品加工中的变化：维生素 D 对热、氧、碱均比较稳定，而且不容易被氧化，在 130℃ 加热 90 min 仍有生理活性。但是对光比较敏感，容易受紫外线照射的破坏。另外，油脂的氧化酸败也可以影响维生素 D 的含量，通常的食品加工处理和贮存或烹调不影响其生理活性。

（3）维生素 A 在食品加工中的变化：维生素 A 对氧和光很敏感，在高温和有氧存在时容易损失，添加抗氧化剂可以增加维生素 A 和胡萝卜素的稳定性。在金属离子的催化作用下也可以分解。如果把含有维生素 A 的食物隔绝空气进行加热，它们在高温下也比较稳定。如果在 144℃ 条件下焙烤食品，维生素 A 的损失较少。对脱水食品进行贮存时，维生素 A 和维生素 A 原的活性容易受到损失，因为它更易被氧化。在通常的烹调加工中，无论是维生素 A 还是胡萝卜素均比较稳定，基本没有什么损失。食物加工和热处理有助于提高植物细胞内胡萝卜素的释放，按照我国的烹饪方式，胡萝卜素一般可以保存 70%～90%。由于维生素 A 容易溶于脂肪中，所以当对食物进行油炸处理时，可使部分维生素 A 溶于油中而损失。然而，与脂肪一起烹调却可以大大提高维生素 A 原的吸收利用率。

（4）维生素 K 在食品加工中的变化：维生素 K 对酸、碱、氧化剂、光和紫外线照射都很敏感，但对热、空气和水分都很稳定。关于维生素 K 在食品加工、保藏等过程的研究报道很少，一般的食品加工也很少损失。

3. 切分、去皮对维生素的影响 植物组织经过修整或去皮，均会导致营养素的部分丢失。苹果皮中抗坏血酸的含量比果肉高，凤梨心比食用部分含有更多的维生素 C，胡萝卜表皮层的烟酸含量比其他部位高，土豆、洋葱和甜菜等植物的不同部位也存在营养素含量的差别。因而在修整这些蔬菜和水果以及摘去菠菜、花椰菜等蔬菜的部分茎、梗和梗肉时，会造成部分营养素的损失。在一些食品的去皮过程中，由于使用强烈的化学物质，如碱液处理，使外层果皮的维生素（如叶酸、抗坏血酸及硫胺素）遭受破坏。

动植物产品经切分或其他处理而损伤的组织，在遇到水或水溶液时会由于浸出而造成水溶性维生素的损失。Jorg 等报道，在完全相同的脱水土豆食品生产过程中，土豆泥只保留 9% 的维生素 B_1，维生素 C 和叶酸的保留率都在 50% 以下，而土豆片的维生素 B_1 的保留率达到 63%，维生素 C 和叶酸的都达到 50% 以上。组织被切割的越彻底，与空气接触的面积和受光面积均增大，会促进维生素 C 和 B 族维生素的损失。

谷物的制粉涉及为除种皮和胚芽而进行的碾磨和分级过程，因为许多维生素都浓缩于胚芽和种皮中，因而也会造成维生素的损失。根茎类蔬菜如果去皮后煮会损失 40% 的维生素 C，不去皮则只损失 20%～30% 的维生素 C。据文献报道，山药带皮烹调会保留 95% 的维生素 C，去皮后保留率降至 65%。对于各种烹调方法，带皮的蔬菜总是较去皮的能保留更多的维生素，这与表皮对维生素损失的机械阻挡有关，亦与许多维生素本身就存在于果蔬的表皮有关。

4. 漂洗、烫漂对维生素的影响 在清洗加工阶段会对维生素造成一定的损失。淘洗次数越多，营养素损失的也就越多，尤其是 B 族维生素和无机盐，因此大米经清水淘洗两次即可，不要用力揉搓（表 8-6）。蔬菜的叶子和外皮所含的营养素往往高于菜心。另外，蔬菜应坚持先洗后切的原则，以新鲜绿叶蔬菜为例，先洗后切其维生素 C 仅损失 1%，而切后浸泡 10 min，维生素 C 损失达 16%～18.5%，且浸泡时间越长，维生素损失越多。

表 8-6　大米经淘洗 2~3 次后营养成分损失情况

营养成分	B_1	B_2 和烟酸	矿物质	蛋白质	脂肪	糖类
损失量	29%~60%	23%~25%	70%	16%	43%	2%

烫漂是水果和蔬菜加工中不可缺少的一种温和的处理方法,目的在于使有害的酶失活、减少微生物的污染、排除空隙中的空气,以满足食品加工的卫生要求。烫漂时的维生素损失可能较大,主要是由食物的切面或其他易受影响的表面被萃取出来,以及水溶性维生素的氧化和加热破坏所引起。应当指出,尽管烫漂本身会引起维生素损失,但却又是食品保藏中保存维生素的一种方法。热处理的方式有热水、蒸汽、热空气或微波等。如果采用蒸汽烫漂,然后在空气中冷却就可减少水溶性维生素因沥滤所造成的损失。

（1）微波加热：利用微波对食品原料进行加热处理时,由于微波加热食品时,升温快,效率高,而且微波加热能够保持食品中的大量水分,基本无水分流失,所以非常有利于保存食品中的维生素,尤其对于热敏感性维生素如维生素 C 等更是有效。另外,食物中维生素的保存率还受到以下因素的影响,微波处理时间、食品内部温度、产品的类型、微波炉的大小、类型及功率等。

（2）蒸汽加热：与一般的烫漂处理相比,食品因蒸汽加热处理所造成的维生素损失较少,但仍要比微波加热处理时所损失的维生素多。

5. 食品添加剂对维生素的影响　　在食品加工过程中为了防止食品的腐败变质或提高食品的品质,常常需要在食品中添加一些食品添加剂,有的食品添加剂对维生素有一定的影响。例如,氧化剂通常对维生素 A、维生素 C 和维生素 E 有破坏作用,所以在面粉中使用的漂白剂等氧化剂往往会降低上述维生素的含量。

亚硫酸盐（或 SO_2）常用来防止水果、蔬菜的酶促褐变和非酶促褐变,它作为还原剂时也可以保护维生素 C 不被氧化,但是作为亲核试剂则可破坏维生素 B_1。为了改善肉制品的颜色,往往添加硝酸盐和亚硝酸盐,而有些蔬菜本身如菠菜、甜菜中也有含量很高的亚硝酸盐,食品中的亚硝酸盐不但与维生素 C 能快速反应,而且还会破坏胡萝卜素,维生素 B_1 和叶酸等。

6. 冷冻对维生素的影响　　为了保持食品的感官性状、营养质量以及长期保存食品,常常对食品进行冷冻处理,这是最常用的食品贮藏方法。冷冻全过程包括冷冻、冷冻贮存、解冻 3 个阶段,维生素的损失主要包括贮存过程中的化学降解和解冻过程中水溶性维生素的流失。因为维生素 C 和维生素 B 是最容易发生降解的水溶性维生素,常被用作衡量食品中其他维生素损失情况的指标。

冷冻期间维生素的损失一般很小,但是猪肉组织的维生素损失挺大。另外,如果在冻结之前对食物进行烫漂,尤其用沸水烫漂,则如前所述,水溶性维生素会有很大损失。而对食品进行冷冻贮存时其中所含的维生素损失颇大,而且贮藏温度起着重要影响。如果冷藏温度在 $-18\sim-7℃$ 的范围以外,在很大程度上能降低维生素 C 的损失。解冻阶段对维生素损失的影响很小,只是可能会有水溶性维生素随着解冻时的渗出液流出来。

动物组织在解冻期间损失的水溶性维生素可能很多,且损失量与渗出液的量成正比关系。通过分析解冻时渗出液中的固形物成分,其中损失的蛋白质和氨基酸的量不大,主要是 B 族维生素和矿物质被破坏。

对于冷冻食品来说,总体的维生素损失量通常会比较小,只不过在冷冻前的烫漂或者动物组织解冻时其中的水溶性维生素可能产生中等有时会是大量的损失。而对于冷冻水果来说,其中的损失主要是维生素 C 在转移到解冻时的渗出液中时所产生的。

7. 热加工对维生素的影响　　食品加工中的热加工处理主要包括烹调、杀菌等过程,而烹调又包括炸、蒸、煮、烤、炖等。热加工有利于延长食品的保存期,改善食品的感官性状等,但是不可避免的是加工期间对维生素所造成的损失。烹调方法对维生素的保存率也有很大影响,捞、煮处理的米饭在煮制前含硫胺素如为 100%,蒸制成熟后保存率只有 33%,碗蒸米饭只能保存 62%。猪肝炒 3 min,其中的硫胺素和核黄素损失率仅为 1%,而卤猪肝（1 h）,上述两种维生素损失增加到 37%。

（1）烹调加热对维生素的影响：食物在烹调时要经受高温,并在加热条件下与氧气、酸、碱和金属炊具接触,引起许多维生素被氧化与破坏,造成不同程度的损失。几种不同烹调方式对谷类食物维生素的影响见表 8-7。

表 8-7　谷类食品烹调加热后维生素的损失率　　　　　　　　　　　　（%）

食　物	烹调方式	维生素 B_1	维生素 B_2	烟　酸
米　饭	捞、蒸	67	50	76
米　饭	碗　蒸	38	0	70
馒　头	发酵蒸	30	14	10
面　条	煮	49	57	22
饼	烙	21	14	0
油　条	炸	100	50	48

（2）加热灭菌对维生素的影响：食品灭菌处理的目的是杀死其中的微生物，从而提高食品的安全性和货架寿命。经典的灭菌处理是巴氏杀菌，但食品经过巴氏杀菌处理后有相当一部分的维生素被热破坏；目前广泛采用的高温瞬时灭菌法则是一种很理想的灭菌法，可以达到完全灭菌并最大程度地保留维生素的目的。根据化学反应的动力学和热力学原理，微生物灭菌的速度常数随灭菌温度的升高变化大，而化学反应的速度常数随灭菌温度的升高变化相对较小，所以食品的灭菌温度越高，所需灭菌时间越短，维生素的损失量就少。对于瓶装乳杀菌和浓缩处理时由于加热时间比较长，所以对维生素造成的损失很大。

8. 脱水对维生素的影响　　脱水干制是食品贮存的主要方法之一，其原理是通过脱除食品中的水分而达到抑制微生物腐败的作用。在工业上有多种食品脱水或干燥的方法，其中最为古老的是日光干燥，另外，现在使用最多的是烘房干燥、滚筒干燥、隧道式干燥和喷雾干燥等，它们主要是将热能应用到食品上使水分蒸发而达到干燥的目的。而食品中的维生素在脱水过程中很不稳定，所以在脱水干燥过程中要选择能够最大程度上保持食品营养素不受损失的合理方法，将营养素损失降到最低。

在脱水干制的过程中维生素 C 的降解反应对食品中的水分活度和加工稳定都很敏感，维生素 C 在迅速干制时损失率小于缓慢干制。另外，黏度也是控制维生素 C 降解的重要因素，黏度越高，损失率越低。据报告，在对食品进行冷冻干燥和冷冻升华干燥时其中的维生素 C 不会受到不良影响，因为是在低温和高真空条件下进行的。而 B 族维生素中的硫胺素（维生素 B_1）对温度通常很敏感，温度越高，对其破坏越大，而且在中性和高 pH 条件下稳定性也不好。乳在喷雾干燥时维生素 B_1 损失约 10%，而滚筒干燥时可达 15%。蛋类在喷雾干燥时其中维生素 B_1 的损失程度与水分含量有关，水分含量越高，损失越大。核黄素（维生素 B_2）在碱性溶液中容易被分解，而且在任何碱性溶液中维生素 B_2 均易受到可见光的破坏，但是在酸性或中性溶液中却对热稳定。其他水溶性维生素在脱水干制时也有不同程度的损失，但是其中的烟酸却对热很稳定，没有明显的损失。

脂溶性维生素如维生素 A、维生素 E 和胡萝卜素都会在脱水干制时受到一定的影响，而且损失率随着产品的特性而变化。胡萝卜素在日晒条件下损耗很大，但在脱水干燥尤其是喷雾干燥时损失却很小。贮存脱水食品时其中的维生素 A 和维生素 A 原的活性容易受到损害。关于维生素 E 在脱水干燥期间的损失程度的报告很少，它具有天然抗氧化的性质，而且其稳定性与很多因素有关，如脱水过程中的干燥稳定、脱水时间、有无氧气及产品中矿物质的含量等。

9. 碾磨对维生素的影响　　谷类的加工精细程度与谷类营养素尤其维生素的保留程度有很大关系。加工精细度越高，维生素的含量越低。例如，稻谷的出米率以糙米为 100%，其余两种为 94.3% 和 90.2% 时，其维生素 B_1 的含量（$\mu g/g$）分别为 4.02，2.46 和 1.42。

10. 辐射对维生素的影响　　辐射的基本原理是利用射线对食品和农产品的辐照生物学和辐照化学效应，杀灭食品中的寄生害虫、腐败微生物和病原微生物，抑制新鲜植物产品的新陈代谢活动，实现杀虫灭菌、抑制发芽、延缓其生理过程，从而达到安全保存和保证食物安全的目的。研究表明，辐射技术对食品中的糖类、蛋白质、脂肪、必需氨基酸和矿物质的影响很小。常规剂量下，对水溶性维生素的影响也不大，脂溶性维生素受到损伤的顺序依次为维生素 E、维生素 A、维生素 D、维生素 K。

维生素 C 对辐射很敏感，而且受损的程度与辐射剂量有关，剂量越大，受损越严重。维生素 C 之所以被破坏是因为它和水受辐射时所分解的自由基发生反应产生的，如食品在冷冻状态进行辐射时，由于此时水分子的自由基流动性小,所以维生素 C 破坏的少。B 族维生素中对辐射最不稳定的是维生素 B_1,在冰冻状态下损失很少。维生素 B_2 及其他 B 族维生素受辐射的影响比维生素 B_1 小,另外烟酸受到的影响也远小于维生素 B_1 和 B_2。但是当烟酸与维生素 C 共存时却可以被迅速破坏。如烟酸在桃中的损失可高达 50%。

综上所述,食品加工处理总会对食品中的各种营养素造成不同程度的损害,而且任何一种天然食品都不会具有完整的营养素,这就要求了要通过营养强化的途径来满足人体的营养需求,改善食品的营养品质。

第二节 贮藏对食品营养素的影响

食品是人类赖以生存的物质基础,各种食品中所含的丰富的营养物质和能量是人们日常生活所必须,人们的身体和生命健康必须靠每天涉入的一定数量的食品维持,但是,由于季节的交替和食品的腐败变质问题,如何在一年中获得各季食品且不让其因腐败变质而浪费成为一大问题,为了解决这个问题,延长食品保质期,各种食品贮藏方法应运而生。

食品常用贮藏方法有常温贮藏法,机械冷藏法,气调贮藏发,减压贮藏法、辐照贮藏法、化学保藏法、干制贮藏法和罐藏保藏法。不同的食品其贮藏方法不同,对食品中的营养成分产生不同的影响。

一、常温贮藏对食品营养素的影响

常温贮藏是利用环境温度的变化来调节贮藏场所温度的,且相对湿度会随着温度的改变而变化,具体的常温贮藏方式需要结合当地的条件和所贮藏食品的生物学特性进行选择,同时应采取相应的防腐防虫措施,以减少损失和提高贮藏时间。

由于谷类的含水量较少,不容易发生微生物导致的变质,造成其腐败的原因一般为氧气和虫害,所以常温保藏是其最常用的保藏方法。粮谷在贮藏初期,淀粉酶较为活跃,蛋白质水解为氨基酸,维生素消耗减少,若含水量增加,上述反应加速。如小麦在常温贮存过程中,含水量为 12% 的小麦在 5 个月的贮藏中共损失维生素 B_1 12%,而含水量为 17% 的小麦则损失维生素 B_1 30%,其维生素的损耗情况还与氧气的含量有关,带壳的稻谷(相当于隔绝空气)在贮存时维生素几乎无损耗。

在豆类和坚果的贮藏过程中,由于其生命活力没有得到抑制,其机体内的营养成分会被慢慢降解,特别是富含油脂的豆类和坚果,极易因为油脂的氧化和降低其营养价值,所以不宜长时间贮存。

牛奶在室内光线条件下,保存 1 d,维生素 B_2 损失 30%,维生素 B_6 损失 20%。

二、低温冷藏法对食品营养素的影响

低温冷藏法根据贮藏食品时温度的不同可分为冷却保藏和冻结保藏法,在科学高速发展的今天,低温冷藏法在多种多样的食品保藏技术中显示出越来越重要的地位。低温保藏不仅能最大限度的保存食品的色香味及各种营养成分,还更好地保留着食品原有的质地和外观,其保藏方法所需技术较为简单,经济,为世界各地所普遍采用。低温冷藏技术冲破了时间、空间、地域及季节的限制,最大限度地满足着世界各地人们的需求。

1. 冷却保藏　冷却保藏(cold storage)技术:食品的低温保藏技术是将食品贮藏在高于冰点的某个低温环境中,使其品质能在合理的时间内得以保持的一种低温保藏技术。冷却保藏适用于所有的食品的保藏,尤其是水果、蔬菜的保藏。

冷却保藏由于温度较高,对大多数食品来说,无法做到长期而有效地阻止食品腐败变质,只能减缓其腐败趋势,但只要在短期贮存中处理得当,其对营养物质的影响远远小于其他方式。

新鲜水果蔬菜的冷藏过程中,维生素 C 的损失比常温下贮藏的小,在冷藏过程中,维生素的损失情况如表 8-8 所示

在食品的冷却过程中,除了维生素的相对损失,还会发生一些反应,这些反应除了肉类的熟化外,其他均使食品品质降低,如:水分蒸发、冷害、窜味、脂类氧化、淀粉老化、寒冷收缩等。所以,在食品的冷却保藏中,需要综合一系列因素,选择合适的保藏温度,使营养损失降到最低。

表 8-8 果蔬冷藏过程中维生素 C 的损失率

产品	初含量(mg/100 g)	每天损失率(%d[①])		
		0~2℃[②]	4~8℃[③]	16~24℃[④]
苹果	12	0.1~0.5	—	3.0~8.0
龙眼卷心菜	114	—	5.0	22.0
花椰菜	73	0.1~0.2	0.1~0.7	7.0~14.0
樱桃	15	—	18.0~25.0	18.0~25.0
甘蓝	105	0.5~4.4	—	20.0~23.0
橙	50	26.0	10.0	16.0~20.0
豌豆	25	1.0~2.0	2.0~6.0	11.0~13.0
菠萝	19	18.0	10.0	17.0
土豆	17	—	0.2~0.6	—

① 贮存时间 2~21 d。② 贮存室的相对湿度为 76~98%。③ 冰箱中存储,相对湿度为 70%~90%。④ 贮存室相对湿度为 50%~70%

2. 冻结保藏 冻结保藏(frozen storage)技术:冻保结藏是采用缓冻或速冻方法将食品冻结,而后再在能保持食品冻结状态的温度下贮藏的保藏方法。常用的贮藏温度为 -12~-23℃,最适用温度为 -18℃。冻藏适用于长期贮藏。

冻结保藏通常被认为是保持食品感官性状、营养及长期保藏的最好方法。整个冻结保藏过程包括:预冻结处理、冻结、冻藏和解冻。食品在冻结过程中,若不经过预处理环节,鱼、肉、禽等动物性食品在解冻后感官品质与营养成分变化不大,蛋白质、碳水化合物、脂肪和微量元素几乎不变,但水果、蔬菜等植物性食品若不经过前期处理而直接冻结,解冻后食品品质恶化明显。

(1) 预冻结处理对食品营养素的影响:由于植物组织在冻结前具有生命活力,又具有易结冰晶的液泡等组织,在冻结时,细胞内水分结冰致死,氧化酶活性增强而引起褐变,失去其原有色泽。所以蔬菜水果类植物性食品在冻结前要进行预处理环节,其前处理工序一般为烫漂或加糖等。而动物性食品因其冻结前为死细胞,所以可不需前处理。

蔬菜在烫漂过程中,纤维素、淀粉、脂肪、碳水化合物和脂溶性维生素损失较少,几乎可忽略不计,但水溶性维生素损失严重,其维生素等营养成分的损失是由沥滤而不是由化学降解引起的。

对于动物性食品,其预冷却处理是指将动物性原料的品温降低至靠近其冻结点却没有冻结的过程。其在宰杀后迅速预冷却的目的是让其迅速降温,一方面便于以后的冻结保藏,另一方面是为了最大限度地保证动物性原料的新鲜程度。

例如,肉畜类,在宰杀后进行预冷却(0~4℃)可以使肉类在进行冻结前得到酶嫩化作用,使肉的颜色、风味、口感及柔韧度都得到改善。而鱼类等水产品由于在捕捞后条件的限制无法直接进行冻结保藏,这使得鱼类等水产品大量死亡,所以可以进行预冷却来延缓其变质过程。鱼类死后的僵硬期是判别鱼类是否新鲜的标志,但死后僵硬期的早晚,持续时间的长短与鱼类等水产品的种类,其被捕捞的方法,贮藏的温度有很大关系。对鱼类等水产品进行预冷却(0~15℃)可以很大程度上保持水产品的新鲜程度,延长僵硬期,使水产品的保鲜时间得到延长。

(2) 在冷冻及冻藏过程中营养成分的损失:经过烫漂后的蔬菜在冷冻过程中除了维生素外,蛋白质、脂肪、碳水化合物等几乎损失为零。冷藏温度对维生素 C 的影响很大,青豆、花椰菜、豌豆等蔬菜在 -18~-7℃ 的温度范围内冷藏,其温度每升高 10℃ 时维生素 C 的降解速率就会提高 6~20 倍,水果中维生素 C 的影响更为明显,如某些桃和草莓等,在 -18~-7℃ 内冷藏,每升温 10℃,维生素将以高于平时 30~70 倍的速率增加。

蔬菜、水果、肉制品等在经过预处理和冷冻后,常用的贮藏温度为 -12~-23℃ 的损失量为未烫漂的 25%~50%。表 8-9 所示为青豆等蔬菜在整个冷藏过程中维生素 C 的损失情况。

水果和果汁在冻藏期间的维生素 C 损失取决于品种、产品类型、有无糖浆、汁液浓缩程度和包装。表 8-10 为几种经过处理的水果在冻藏时维生素损失情况。

表 8-9 蔬菜在整个冷藏过程中维生素 C 的损失

蔬菜种类	新鲜蔬菜中维生素 C 的正常含量(mg/100 g)	−18℃下冷藏 6~12 个月维生素 C 的损失*(%)
芦笋	33	12(12~13)
青豆	19	45(30~68)
利马豆	29	51(39~64)
嫩茎花椰菜	113	49(35~68)
花椰菜	78	50(40~60)
豌豆	27	43(32~67)
菠菜	51	65(54~80)

* 括号中数字表示范围

表 8-10 水果于−18℃冻藏期间维生素 C 的损失

项 目	贮存期(月)	维生素 C 损失*(%)
草莓		
加糖草莓片	5	17(0~44)
草莓酱加糖量 5∶1	6	16
整草莓	10	34
切片草莓加糖量 6∶1	10	42
柑橘制品		
浓缩橘汁 42°Bx	9	1
橘汁	6	32
橘瓣	6	31
葡萄柚瓣	9	4
糖水杏	5	19
糖水杏(加维生素 C)	5	22
糖水桃片(加维生素 C)	8	23(12~40)
去核糖水樱桃	10	19(11~28)

* 括号中数字表示范围

动物性食品在冻藏过程中除维生素 B_6 的损失较多外,其他 B 族维生素的损失并不大,而在整个冷藏过程中,维生素 B_1、B_2、B_6 损失较大,其他维生素损失几乎可以忽略。其在冻藏和整个冷藏过程中维生素损失如表 8-11 和 8-12 所示。

表 8-11 动物性食品在−18℃冻藏 6 个月的 B 族维生素的损失

种 类	B 族维生素的损失(%)				
	B_1	B_2	PP	B_3	B_6
牛排	0	<1	+	<10	22
猪排骨和烤肉	+	0~37	+	0~8	18
羊排骨	+	−	+	−	−
牡蛎	33	19	3	17	59

表 8-12 动物性食品在冷藏过程中 B 族维生素的损失　　　　　(%)

食品种类	贮藏条件	B_1	B_2	烟酸	泛酸	B_6
牛排	−18℃,180 d	8	9	a	8	24
	−18℃,300~360 d	2	43	4		
	−20℃,60 d	32	35	+		
牛肝片	−18℃,360 d	11	44	14	+	
猪腰子	−18℃,240 d	42	11	a		
火鸡	−23℃,90 d	18	a	a		
牡蛎	−18℃,180 d	22	a	35	+	46

注:a 表示数据变动较大,+表示含量增加

(3) 解冻过程中营养素的损失：速冻食品解冻是速冻食品在食用前和进一步加工制作前所必需的工艺。如何减少在解冻过程中的营养损耗是食品冻藏的另一问题。

由表 8-11 和表 8-12 比较可得，动物性食品在冻藏过程中 B 族维生素除 B_6 外几乎无损耗，而在整个冻藏过程中 B 族各个维生素都有所损失，这是由于在解冻过程中，动物性食品汁液流失所致，如果其解冻后的流失液被废弃，则会造成大量的水溶性营养素的流失，解冻时汁液流失造成的维生素损失为 10%～14%。而除此之外，其蛋白质、氨基酸的损失不大。

由研究表明，在解冻过程中，蔬菜类固形食品的营养成分流失甚微，含有水分的食品会有一定的水溶性维生素随解冻时的流失液流失，维生素的损失量与流失液的多少成正比。

在整个冷冻加工的过程中不难看出，水果蔬菜等食品的营养成分流失主要是因为冻结预处理过程中烫漂和加糖处理，水果的种类、是否糖化、果汁浓缩程度以及包装情况会很大程度影响水果在冻结冷藏过程中维生素的损失；而蔬菜中维生素等营养成分的流失主要由烫漂引起。在动物性食品的加工过程中，冻藏过程和解冻过程是决定其维生素损失多少的关键。

三、气调冷藏法对食品营养素的影响

气调冷藏法也叫 CA(controlled atmosphere)冷藏法，是指在冷藏的基础上，利用调整环境气体(通常是增加 CO_2 浓度，降低 O_2 浓度以及根据需求调节其气体成分浓度)来延长食品货架期的方法。气调冷藏法被公认为是当今贮存水果效果最好的贮藏方式，现在这项技术已经发展到肉、禽、鱼、焙烤食品以及其他方便食品的保鲜。

通过大量的食品贮藏规律的研究发现，引起食品品质下降的食品自身生化过程及微生物作用多数与 O_2 和 CO_2 有关。O_2 的存在及含量直接决定着果蔬的呼吸作用、酶促褐变、脂肪氧化等自身理化过程和微生物的呼吸繁殖等；而 CO_2 的存在对引起食品变质腐败的微生物起到了抑制呼吸的作用，所以，在气调冷藏的过程中，在低温冷藏的基础上，通过改变食品贮藏环境中气体组成，提高 CO_2 浓度，降低 O_2 浓度，以达到延长食品寿命，延长货架期的目的。

确定果蔬气调贮藏的工艺条件是气调贮藏成功与否的关键，不同果蔬在进行 CA 贮藏时，对气体成分的要求有所不同，正确地利用气调保鲜技术就可以延缓果蔬衰老，保持水果的硬度、保持蔬菜的绿色、减轻或缓解果蔬的某些生理调节、控制果蔬虫害的发生，但若工艺条件不合理，就会对贮藏的果蔬产生有害的影响。特别要注意各种果蔬的"临界需氧量"，保证 CA 贮藏室内的氧浓度不低于临界需氧量，同时，也要防止二氧化碳浓度过高而引起果蔬伤害。如过低的氧浓度会引起马铃薯黑心症状；当氧气浓度低于 1% 时，由于发酵作用会使果蔬失去原有的风味，这些都成为 CA 伤害。表 8-13 是一些果蔬的适宜 CA 贮藏条件。

表 8-13 一些果蔬的适宜的 CA 贮藏条件

果树品种	气调条件			对低 O_2 和高 CO_2 的耐受度	
	贮藏温度(℃)	O_2 浓度(%)	CO_2 浓度(%)	低 O_2 浓度(%)	高 CO_2 浓度(%)
苹果：红玉	0	3	3～5	2	2
元帅	-1.1～0	2～3	1～2	—	—
洋梨：巴梨	0～1	2～3	0～1	—	—
凤梨	10～15	5	10	3	7
甜樱桃	0～5	3～10	10～12	—	20
无花果	0～5	5	15	—	8
猕猴桃	0～5	2	5	2	—
桃	0～5	1～2	5	2	20
李	0～5	1～2	0～5	2	20
草莓	0～5	5～10	10		
梅子	0	2～3	3～5		
栗子	0	3	6		
香蕉	12～14	5～10	5～10		

续 表

果树品种	气调条件			对低 O_2 和高 CO_2 的耐受度	
	贮藏温度(℃)	O_2 浓度(%)	CO_2 浓度(%)	低 O_2 浓度(%)	高 CO_2 浓度(%)
蜜橘	3	10	0~2	—	5
柿子	0~5	3~5	5~8	3	5
豌豆荚	0	10	3	4	—
菠菜	0	10	10	1	—
马铃薯	3	3~5	2~5	—	—
胡萝卜	0	2~4	5~8	4	5

CA 贮藏法有很多方法,根据达到 CA 气体组成成分的方式不同,可将其分成两大类:

① 自发气调:利用新鲜果蔬自身的呼吸作用降低贮藏环境中的 O_2 浓度,同时提高 CO_2 浓度,如自发降氧法等,但由于难以控制 O_2/CO_2 之比例,长期保存,效果不佳。

② 人工气调:根据产品的需要人为地调节贮藏环境中气体成分的浓度并保持稳定,如机械降氧法、减压降氧法。

番茄汁和板栗在不同贮藏条件下的营养品质变化分别见表 8-14、表 8-15。

表 8-14 番茄汁气调贮藏期间营养品质的变化

贮藏方法	贮藏时间(d)	维生素 C(mg/100 g)	总糖(%)	总酸(%)	失重率(%)
室温气调(26~34℃)	6~8	9.36	25.5	0.21	7.6
冷藏气调(12~20℃)	15~16	10.34	24.8	0.23	7.3
室温贮藏(26~34℃)	1~2	12.60	28.1	0.29	12.8

表 8-15 板栗在不同贮藏条件下营养成分的变化

贮藏方法	贮藏时间(d)	水分含量(%)		总糖含量(%)		淀粉含量(%)	
		贮藏前	贮藏后	贮藏前	贮藏后	贮藏前	贮藏后
自发气调	156	55.340	45.17	9.580	25.415	72.360	32.144
浸涂虫胶	156	55.340	12.77	9.580	35.172	72.360	24.091
普通袋藏	156	55.340	10.36	9.580	34.796	72.360	25.277

四、减压贮藏法对食品营养素的影响

减压贮藏又称低压贮藏,指的是在冷藏基础上将密封环境中的气体压力由正常的大气状态降低至负压,造成一定的真空度后来贮藏新鲜园艺产品的一种贮藏方法。根据果蔬特性和贮藏温度,压力可降至 10~80 mmHg 不等。

减压贮藏的原理是:气压的降低会使空气的各种气体组分的分压都随之降低。在整个环境气压降至比植物组织内气压低的时候,植物组织内气体成分加速向外扩散,组织内乙烯向外扩散,减少内源乙烯的含量。内源乙烯的减少可以延缓蔬菜水果采摘贮藏过程中的后熟作用,延缓其腐败变质。而其他挥发性物质如乙醛、乙醇等的向外扩散可减少因其存在而造成的果实生理伤害。

减压处理根据其抽气处理的方式不同可分为两种方式:定期抽气减压法(静止式)和连续抽气减压法(气流式)。定期抽气减压法是将贮藏容器抽气达到要求真空度后,便停止抽气,以后适时补充 O_2 和抽空以维持规定的低压。这种方式由于其间断不流通性虽可促使果蔬组织内乙烯等气体向外扩散,却不能达到容器内的这些气体不断向外排出的目的。气流式减压法是在整个装置的一端用抽气泵连续不停地抽气排空,另一端不断输入新鲜空气,进入减压室的空气经过加湿槽以提高室内的相对湿度。

减压贮藏的低压排气在延缓成熟,保持蔬菜绿色、防止组织软化、减轻冷害和一些贮藏生理病害上发挥巨大作用。如菠菜、生菜、青豆、青葱、水萝卜、蘑菇等在减压贮藏中都有保色作用。在正常大气压下,番茄

35 d成熟,在 $7.3967×10^4$ Pa 和 $4.3570×10^4$ Pa 下,番茄分别需要 65 d 及 87 d 成熟,而在 $1.6212×10^4$ Pa 条件下贮藏,番茄 100 d 也不成熟,但解除低压后,100 d 都未成熟的番茄 7 d 就可正常成熟。综上可见,减压贮藏不仅可以延缓成熟,还有保持绿色、防止组织软化、减轻冷害和一些贮藏生理病害的效应。

五、辐照贮藏法对食品营养素的影响

食品辐照处理是利用 γ 线、X 线以及电子束等电离辐射线与物质作用产生的物理效应、化学效应和生物效应,达到杀虫灭菌、防止霉变提高食品的卫生质量、保持营养品质、风味及延长贮藏期和货架期的目的。

食品辐射又被称为"冷巴氏杀菌",辐射处理几乎不会出现食品的温度升高现象(<2℃)。2~7 kGy 的辐射量可以有效地杀死沙门菌、李斯特菌、金黄色葡萄球菌或大肠杆菌等常见致病菌,还能很好地保持食品的特性,不产生有害残留。世界粮农组织、世界卫生组织和世界原子能协会专家委员会(FAO/WHO/IAEA)于 1980 年 11 月经过讨论认定,任何食品、农产品辐射总平均剂量低于 10 kGy 时不会产生毒性危险,不需要进行毒理学实验。

按照照射剂量的不同可分为低剂量(1 kGy 以下)、中剂量(1~10 kGy)和高剂量(10 kGy 以上)三类。低辐射剂量主要用于抑制蔬菜、水果的发芽,延缓水果与蔬菜的后熟过程,减少腐烂,延长保质期,还用于杀灭大米、小麦、谷物中的寄生虫和象鼻虫等。中剂量辐射主要适用于为了延长货架期而进行的鱼虾类、肉类的杀灭病毒和灭菌操作,适当的中剂量辐射对于食品工艺品质的改良有很大的作用,例如,大豆经 2.5 kGy 或 5 kGy 的剂量辐射后,可改进豆奶和豆腐的品质。对葡萄进行辐射,可以提高出汁率。高剂量的辐射常用于香料和调味品的消毒,并改善其风味。

在利用放射线对食品进行杀菌过程中,食品中的营养成分会受到一定的影响,如水、氨基酸、蛋白质、糖类、脂类以及维生素,大量研究结果表明,辐射对食品中的营养成分的影响在一定范围内一定程度上是可以忽略的。

例如,茶叶经过不同剂量辐照处理后,粗蛋白、茶多酚含量与辐照前没有明显的变化,可溶性糖和咖啡碱只有在特定的辐照强度时才有一定浓度增加,其他情况中含量无明显变化。如表 8-16 所示。

表 8-16 辐射对茶叶主要品质成分的影响 (%)

辐射剂量(kGy)	粗蛋白	可溶糖	茶多酚	咖啡碱
0	24.0	2.71	21.8	2.87
3	23.1	2.75	20.2	2.79
5	23.5	2.95	21.8	3.01
7	24.0	2.57	20.0	2.88
9	23.3	2.68	20.0	2.97

对鳕鱼中维生素含量受辐射条件影响的研究结果表明,在低辐射情况下,只有维生素 B_1 含量下降明显,其他维生素变化很小,有的可以忽略,其研究情况如表 8-17。

表 8-17 不同辐射剂量对鳕鱼维生素含量的影响 (单位:mg/kg)

辐射剂量(kGy)	维生素 B_1	维生素 B_6	尼克酸	维生素 E
0	0.51	1.75	16.8	7.0
1	0.57	1.46	16.4	6.0
3	0.87	1.64	17.9	7.0
6	0.07	1.54	16.5	6.5
10	0.07	0.95	18.2	5.5
25	0.02	0.81	15.4	5.0
45	0.02	0.46	13.5	4.5

六、化学保藏法

化学保藏法是指在食品生产贮藏中利用腌渍、烟熏、添加化学保藏剂等化学方法,抑制和阻止微生物生

长,提高食品耐藏性,阻止食品变质的方法。

1. 腌渍 腌渍是指将食盐、糖等渗入组织内,降低食品水分活度,提高渗透压,控制微生物生长、发育,防止食品腐败变质,延长贮存期的一种方法。

在腌渍过程中,由于食品处于高浓度的腌渍液中,周围环境的渗透压远高于食品内部渗透压,食品内部处于脱水状态,微生物细胞内的水分就会透过原生质膜向外渗透,造成细胞的原生质因脱水而与细胞壁发生质壁分离,使细胞变形,严重时则会造成微生物脱水致死,从而达到防腐目的。

在腌制过程中产生的亚硝酸盐和硝酸盐对腌制品的色泽和风味有很大的影响,脂肪在弱碱环境下分解成甘油和脂肪酸,脂肪酸与硝酸盐等发生还原反应使肉制品的油腻感降低,还可形成特有的风味。蛋白质在腌制过程中发生反应,生成氨基酸等成分,增加其风味特色。但维生素损失较多。

2. 烟熏 肉类的烟熏保藏拥有着悠久的历史,它是指利用木屑等不完全燃烧、闷烧产生的烟气来熏制食品的保藏技术。烟熏保藏主要用于肉制品、禽制品和鱼制品的保藏,常用方法有冷熏法、热熏法和液熏法。

烟熏常与加热处理结合。烟熏与加热不仅起到了杀灭微生物的作用,同时对食品中营养成分产生很多影响。在烟熏过程中,肉类中的蛋白质和含氮物质中的游离氨基与熏烟中的羰基化合物发生美拉德反应,从而形成独特的金黄色或棕色,增加其感官性。由于烟熏的抗氧化作用,所以烟熏还可以起到防止肉制品表面脂肪氧化和固定脂溶性维生素的作用。

由于烟熏法利用的是木屑等的不完全燃烧产生的烟气来熏制食品,所以会产生如苯并芘等致癌物质,所以应少食用烟熏制品。

3. 化学保鲜技术 化学保鲜技术是利用抑菌或杀菌化学药剂来抑制微生物生长或杀灭微生物的技术,其优点在于只要往食品中加入少量化学制剂就能在室温条件下延缓食品的腐败变质。常用的制剂有防腐剂、抗氧化剂、保鲜剂。

由于食品保藏剂在延缓变质的同时易产生使食品产生异味和其他安全问题,所以化学保藏剂必须严格按照规定有限的使用。

(1) *食品防腐剂*:食品防腐剂是指能防止微生物所引起的食品腐败变质,延长食品保质期的食品添加剂。常用的食品防腐剂有:苯甲酸及其钠盐、山梨酸及其钾盐、对羟基苯甲酸酯类、脱氢乙酸及其钠盐、亚硫酸及其盐类、硝酸和亚硝酸等。

(2) *食品抗氧化剂*:食品抗氧化剂是指能防止或延缓食品氧化,提高食品稳定性和延长贮存期的食品添加剂。主要应用于抑制油脂以及含脂食品的氧化酸败,防止食品褐变、产生异味、褪色和维生素的破坏等。根据抗氧化剂的溶解度不同,分为脂溶性和水溶性抗氧化剂。脂溶性抗氧化剂有:丁基羟基茴香醚(BHA)、二丁基羟基甲苯、没食子酸丙酯、叔丁基对苯二酚和生育酚混合物。水溶性抗氧化剂有:L-抗坏血酸和茶多酚类抗氧化剂。

在抗氧化剂的使用中,丁基羟基茴香醚(BHA)是应用最多的抗氧化剂之一,其对动物性脂肪的抗氧化作用较好,持久力较好,对热稳定,在弱碱环境中也不易被破坏,所以主要应用于肉制品的烤焙。

(3) *食品保鲜剂*:食品保鲜剂是能够防止新鲜食品脱水、氧化、变色腐败的物质。它可通过喷淋、浸泡等方式附着于食品表面而对食品保鲜。

常用的食品保鲜剂按其作用可分为七类,分别为抑制果蔬呼吸并防止后熟老化的乙烯脱除剂,防腐防病保鲜的防腐保鲜剂,抑制果蔬呼吸作用并减少水分蒸发的涂被保鲜剂,可催熟、着色、去涩的气体发生剂,能产生气调效果的气体调节剂,能调节果蔬生理活性的生理活性调节剂,能调节湿度的湿度调节剂。

七、干制贮藏法

干制贮藏法即干藏,是食品的水分含量(或水分活度)降低到足以防止其腐败变质的水平,并保持在此条件下进行长期保藏的方法。干制和脱水食品,由于水分含量低,有利于防止微生物污染,但会加速食品中脂类物质的氧化。

干制贮藏法具有缩小食品体积、减轻食品重量的特点,干制贮藏法可以分为:对流干燥法、接触干燥法、辐射干燥法和冷冻干燥法。不同的干燥方法对食品营养成分造成的营养损失率不同。不同干燥法对豆乳的营养价值影响如表 8-18 所示。

表 8-18 不同干燥法对豆乳营养价值的影响

干燥方法	温度(℃)	有效氨基酸[g/(100 g 蛋白质)]	蛋白质的有效利用率
喷雾干燥	166	5.4	2.22
	182	5.3	2.10
	227	4.9	1.99
	277	4.0	1.63
	316	1.9	0.16
滚筒干燥			
空　气	150	5.5	2.19
真　空	108	5.3	2.22
冷冻干燥		5.6	2.14

在干制品的保藏过程中,干制品的水分含量是影响保藏效果的主要原因,在不损害干制品的质量的情况下应该尽量降低干制品中水分的含量。当干制品中水分超过 10% 时,昆虫卵就会得到适宜的水分条件而发育成长,破坏干制品品质。干制品的水分还与它所接触的空气温度和相对湿度有关,当其所接触的空气相对湿度低于 50%～60% 时,干制品不易长霉,而在相对湿度为 80%～85% 和 12.8℃ 的环境温度下贮藏时,极易长霉。干燥后的乳制品若在温度较高的环境中贮藏,高浓度的蛋白质极易发生褐变,使赖氨酸等氨基酸损失严重,脂肪的氧化则会影响脂溶性维生素的稳定。高水分的乳粉因为蛋白质和乳糖反应造成产品的色、香、味和溶解度发生不良变化。

光线也是影响干制食品贮藏品质的重要条件,光线会促使干制果品变色且失去香气。在透光的环境中贮藏乳粉,会因脂肪的氧化而加速风味的恶化,使用价值下降,且其下降程度与光线为食品提供的能量总数有直接关系。

所以,干制品必须在光线较暗、低温和干燥的环境中贮藏,最好与低温贮藏结合,温度越低,干制品保存品质越好,保存期越长,不宜超过 10～14℃,在 0～2℃ 最好,且相对湿度应在 65% 以下。防止虫害鼠害是干制贮藏过程中保证干制品品质的另一个重要措施。

八、罐藏贮藏法

在现代食品加工贮藏的发展过程中,罐藏贮藏法由于其加工范围广,成品易于携带加工而备受关注,罐藏贮藏法不仅可应用于水果、蔬菜的罐头加工贮藏,还可以用于肉类保藏和鱼虾等的保藏。

果蔬在贮藏过程中会产生营养素和微量元素的损失,其损失程度取决于食品预处理的条件、罐头的杀菌方法、罐头的贮藏温度、食品的种类及所含营养成分的性质。罐装的蔬菜和水果应在低于 5℃ 的温度下贮藏,此时其维生素和矿物质等损失较小,当烤豆在 0℃ 以下贮存两年后仅损失 8% 的维生素 B_1,但是当温度升到 21℃ 贮藏时,两年后损失达 40%,当温度继续升到 38℃ 贮藏两年,维生素损失率达 75%,且烤豆出现变色现象。所以低温罐藏不仅能提高维生素等营养物质的保存率,还可以保持罐头内食品的色泽和外观。

在肉类罐头的贮藏过程中,除了脂肪会发生一定的酸价和碘价的升高外,各种营养成分变化不大,如表 8-19 所示。而维生素只有在较高温度下贮藏时,维生素 B_2 会发生明显的损失,低温贮藏几乎不损失。据试验证明,罐藏的肉制品在 -18℃ 贮藏时维生素 B_2 没有损失,在 0℃ 时 3 年损失 B_1 10%,而在 21℃,维生素 B_1 在 24 月内损失 45% 左右。

表 8-19 牛肉罐头贮藏过程中油脂的酸价、碘价变化

贮藏期(年)	2	5	7	10	15
酸价	10.44	11.40	13.67	25.47	30.45
碘价	45.98	43.56	43.65	48.10	49.08

维生素的损失是鱼虾类罐头在贮藏过程中需要格外注意的问题,由于在其贮藏过程中,不同的维生素有其不同的贮藏稳定性,而蛋白质含量的略有减少、挥发性盐基氮的略有增加和脂肪的变化可忽略不计。所以,在贮藏过程中除了贮藏稳定性外,还要确定贮藏温度和时间,贮藏温度越高,时间越长,则维生素损失越多。表8-20是几种罐装水产品的维生素损失情况。

表8-20 罐装水产品的维生素损失 （单位：mg/100 g）

产　品	维生素 B_6		泛　酸	
	生　的	罐装的	生　的	罐装的
蛤	0.80	0.80	—	—
鳗鱼	2.30	1.23	1.50	—
黑线鳕	0.82	—	1.30	1.25
鲱	3.70	1.60	9.70	7.00
牡蛎	0.50	0.37	2.50	—
鳕鱼子	1.65	1.40	32.0	19.65
鲑	7.00	3.00	13.0	5.50
太平洋沙丁鱼	2.80	2.20	10.0	6.00
小虾	1.00	0.60	2.80	2.10
鲉鱼	9.00	4.25	5.00	3.20

第三节　食品营养强化

民以食为天,食以营养为重,膳食的本质是营养。营养状况是反映一个国家经济水平和人们生活质量的重要指标,激烈的经济、技术竞争实际上是人才的竞争,是民族整体素质的较量。然而,要想提高民族的整体素质,首先要保证健康的体魄,不断改善公众的营养健康状况,从而提高全民族的营养健康水平。

为了提高国民营养水平、消灭特定的营养素缺乏症,国家政府提出了专门针对公众健康问题的食品营养强化这一概念。历史证明,食品营养强化是一种有效的公众营养健康改善技术和措施,曾经在缺铁性贫血、癞皮病、脚气病等一系列疾病的治疗和预防方面都发挥过极其重要的作用。

一、食品营养强化的概况

1. 概念和分类　根据不同人群的营养需要向食物中添加一种或多种营养素、或某些天然食物成分的食品添加剂,用以提高食品营养价值的过程称为食品营养强化,或简称食品强化。营养素强化过去是指向食品中添加原来不存在或含量比较少的维生素和矿物质等营养素,一般在具有特定营养素缺乏症的地区实施。

我国在《食品卫生法》中定义:"食品营养强化剂是指为增强营养成分而加入食品中的天然的或人工合成的属于天然营养素范围的食品添加剂。"1994年11月卫生部颁发了《食品营养强化剂使用卫生标准》和《食品营养强化剂卫生管理办法》。这是我国第一部有关食品营养强化方面的标准法规。

根据食品营养强化的目的不同,可将食品营养强化分为补偿强化和增量强化。补偿强化是指在食品中添加营养素以补偿在加工过程中所受的损失;增量强化是指添加营养素使之高于食品中原来的含量。根据强化营养素的种类不同,可将食品营养强化分为单一营养素强化和复合营养素强化。单一营养素强化是指在食物载体中强化铁、碘、维生素A等任何一种营养素;复合营养素强化是指在食物载体中加入两种或两种以上的微量营养素,如铁、碘、维生素A等。

另外,食品营养强化依据目的不同还可以具体分为以下四类。

1) 营养素的强化(fortification):即向食品中添加一些原来含量不足的营养素以提高食品的营养素含量,如可以向谷物食品中添加赖氨酸等。

2) 营养素的恢复(restoration):即通过补充在食品加工过程中损失的营养素,以完全或部分弥补食品营养素的损失。例如,向出粉率低的面粉中添加维生素等。

3) 营养素的标准化(standardization)：即为了使某一种食品能够为食用者提供全面的营养需要，根据某一标准向食品中加入各种营养素以满足食用者的需求，如宇航食品和人乳化配方奶粉等产品的生产。

4) 维生素化(vitaminization)：即向原来不含有某种维生素的食品中添加该种维生素，以达到强化食品中维生素的作用。例如，在乳制品中强化维生素 A、维生素 D、维生素 C、维生素 B_1、维生素 B_2、维生素 B_6、维生素 B_{12} 及尼克酸等，制成调制乳粉，以供应不同人群的需要。

2. 食品营养强化的发展历史、现状及前景趋势

(1) 食品强化的历史：食品的营养强化最早起源于 1833 年，当时法国化学家 Boussing 提出向食盐中加碘防止南美的甲状腺肿。自 1833 年至第二次世界大战之前，主要是针对维生素和矿物质在食物中的添加进行初步尝试，旨在解决营养素缺乏导致的病症，因为当时的营养学研究发现，补充某种特定营养素就能缓解或消除相应的症状。

1936 年，美国营养审议会建议在牛乳和人造奶油中强化维生素 A 和 D，消灭婴幼儿的佝偻病。美国 FDA 在 1941 年年底提出了一个强化面粉的标准，并公布了食品强化的法规，对食品强化的定义、范围和强化标准等均做了明确的规定。在今天，美国约有 92％以上的早餐谷类食物进行了强化。

继美国之后，欧洲一些国家，加拿大、日本和菲律宾等相继出现了强化食品。例如，英国规定人造奶油中必须添加维生素 A 和 D。丹麦也规定人造奶油及精白面粉中必须进行营养强化等。日本在 1949 年设立关于食品强化的研究委员会，大力推进米的营养强化，也取得了显著效果，使得维生素 B_1 缺乏症基本消失。我国食品营养强化工作起步较晚，20 世纪 50 年代曾以大豆、大米为主要原料，同时强化动物骨粉、维生素 A、D 及核黄素、小米等，制成"5410"婴儿代乳粉，开创了我国食品营养强化的先例。在 20 世纪 80 年代，随着改革开放的进行，一些企业开始自发在面粉等主食中添加强化钙、铁、赖氨酸等，同时还开展铁强化酱油、钙醋、碘盐等方面的试验。卫生部于 1986 年年底开始，颁布一系列的法规和管理办法等，使营养强化剂的研发、生产、应用步入正轨。从 20 世纪 80 年代末至今，商品化的营养素得到大幅度的增长。

(2) 食品强化的现状：在一些发达国家，食品营养强化在日常膳食和食品加工工业中具有普遍性。目前，维生素 C 和维生素 E 复合补充剂在美国居营养品销量的第三位，其中有 25％的食品强化了铁，25％的乳制品强化了维生素 A，几乎全部面包强化了 B 族维生素。到 1999 年，美国人口中有 72％的人使用维生素和矿物质补充剂，66％的人使用其他各种强化食品。

国家发改委、卫生部等国家八部委联合开展的"公众营养改善项目"，对我国主食营养强化起到了很大的推动作用。从 2002 年开始，国家在小麦面粉中实施微量营养素强化工作。国家公众营养改善项目办公室在甘肃兰州和河北承德两地"退耕还林"的农户中试点，主要在面粉中强化 5 种维生素(维生素 A、维生素 B_1、维生素 B_2、尼克酸和叶酸)和 3 种微量元素(铁、锌、钙)，无偿发放给"退耕还林"的农户作为口粮补助，取得了较好效果。从我国目前的情况来看，人均消费营养强化剂的数量远低于发达国家的水平，而营养不良问题又十分突出。据国务院 2004 年 10 月发布的《中国居民营养与健康状况调查》资料显示，尽管我国居民的膳食与营养状况有了明显的改善，但依然面临着营养缺乏与营养结构失衡的双重挑战，说明了中国国民营养水平仍有待改善和提高，食品营养强化任重道远。

(3) 食品营养强化的新标准：卫生部公告了新修订的《食品营养强化剂使用标准》(GB 14880—2012)，该标准于 2013 年 1 月 1 日起正式施行。

本次修订对原有《食品营养强化剂使用标准》(GB 14880—1994)中营养强化剂的使用规定和历年卫生部批准的食品营养强化剂使用情况进行汇总、梳理，根据确定的营养强化原则和风险评估结果对原有内容合理性等进行了分析，确保其与现行的法律法规、标准的协调一致。

二、食品营养强化的意义和作用

随着科学技术的发展以及人们对营养需求的重视化，食品营养的吸收利用成为人们关注的问题，但仍存在以下问题。

● 人群所生存的地域环境不同，土壤中所含有微量元素也不同，可能缺乏某一元素，而对健康有影响。例如，黑龙江省克山县很早以前就发现一种地方病"克山病"，后来经调查研究，是缺乏微量元素硒所引起的。

远离沿海的高山地区因缺乏微量元素碘而引起的甲状腺病等。

- 人群的饮食习惯不同,不能平衡膳食营养成分而引起的,如摄入脂肪过多,而引起各种慢性疾病,高血压,心脏病等所谓营养过剩所引起的疾病。我国北方摄入食盐较南方多,心血管病发病率较高。由于饮食习惯可导致某种元素或某些营养素的缺乏,如某些人不喝牛奶,使钙的摄入量不足等。
- 人体在不同时期对营养素的要求也不相同,尤其是婴幼儿、孕妇、老年人等。某些人群偏食等引起较少摄入某种营养素等。

因此,为了平衡天然食品中某些营养素不足,以强化天然营养素的含量,或补偿因食品加工、贮存过程的损失,提高食品的营养价值,补充人体对营养素的需要和防止由于缺乏某种天然营养素所导致的生活疾病等,需要食品的营养强化。

食品营养强化的目的是为人们提供较高营养价值的食品,使其获得全面合理的营养,满足生理生活和劳动的正常需要,维持和提高人体的健康水平。

食品强化的重要的现实意义在于以下几个方面。

1. 弥补天然食品的缺陷　　由于人们的饮食和居住区域不同,导致了某些营养成分摄入不足。例如,居住在内地以及山区的地方,由于盐等的缺乏,有的地方缺碘,有的地方缺锌。这些地方的居民因此患有不同的营养缺乏症。再如以米面为主食的地区,由于米、面中含有的蛋白质含量不足以提供人们日常生活所必需的量和质,特别是像赖氨酸等必需氨基酸,还有多种维生素的缺乏,使食品的营养价值降低。而新鲜水果虽然含有大量维生素,但缺乏蛋白质和能源物质,蛋、肉、乳制品等虽然含有大量蛋白质,但维生素的含量无法满足人们的需求,如维生素C。当维生素C缺乏时,会降低人体免疫力,严重时为坏血病,危及生命安全。为此,应该对不同地区的营养需求进行调查,然后根据结果有针对性地对食品进行强化,增加食品中短缺的营养物质,提高食品的营养价值。

2. 补充食品在加工贮藏运输中的营养素损失　　食品的加工和贮藏是保持食品新鲜性和质量的重要环节,这是一个必要的过程,而在食品的加工贮藏过程中,营养成分的流失是无法避免的。如在果蔬的贮藏过程中,由于自身酶系统的作用,导致了维生素的流失,特别是维生素C。再如小麦在研磨过程中,会有大量的维生素的损失,加工精度越高损失越大,在小麦粉面包和饼干的烤制过程中,人体必需的氨基酸如赖氨酸会损失严重。在果汁饮料的贮藏过程中,由于容器的渗氧性,果汁中的维生素C损失较为严重,实验结果显示,将橘汁在聚乙烯容器中于室温存放一年,其维生素C可全部损失,若用纸质容器,两个月维生素C消耗殆尽。因此,为了弥补营养素在食品加工、贮运环节中的损失,满足人体的全面营养需要,在适当的环节增补易受损失的营养素,使之到消费者手中时能够保持合理含量,在食品加工学和营养学方面具有积极意义。

3. 简化膳食处理方便摄食　　既然天然的单一食物不能全面满足人体营养需要,人们为满足全面的营养需要就必须同时进食多种食物以搭配、补充。例如,我国饮食以谷类为主,谷类能满足机体的能量需要,但其蛋白质不仅含量低,而且质量差,维生素和矿物质也不足,必须混食肉类、豆类、水果、蔬菜等。这在膳食的处理上是比较繁琐的。如果采取一家一户的家庭烹饪,在快节奏的现代化生活中是很难实现的,不但浪费时间,而且还消耗精力。如果通过营养强化方式全面提高食品中的营养,增加方便食品和即食食品的花样和种类,完全可以解决这一难题。如婴儿在6个月后可食用强化了维生素A、维生素C、维生素D、维生素B_1、维生素B_2、维生素B_6以及烟酸的调制奶粉,这样就可以既满足婴儿的营养需要,又大大简化膳食处理手续,方便摄食。

4. 适应不同人群生理及特殊职业的需要　　对于不同年龄、性别、工作性质,以及处于不同生理、病理状况的人来说,我们所需营养的情况是不同的,对食品进行不同的营养强化可分别满足他们的营养需要。

婴儿期是人一生中生长、发育最快的时期,1岁婴儿的体重为出生时的3倍,这就需要有充分的营养供应。婴儿以母乳喂养最好,一旦母乳喂养有问题,则需要有适当的"代乳食品"。此外,随着孩子的长大,不论是以人乳或牛乳喂养都不能完全满足孩子生长、发育的需要,这就有必要给以辅助食品,或选用营养强化食品。例如,人乳化配方奶粉就是以牛乳为主要原料,以类似人乳的营养素组成为目标,通过添加或提取出某些成分,使其组成成分不论在数量上,而且在质量上都接近母乳,更适合于婴儿的喂养。这除了需要按人乳成分改变牛乳的乳清蛋白和酪蛋白的比例、降低矿物质含量外,尚需增加不饱和脂肪酸、乳糖或可溶性多糖的含量,并应适当增加维生素等微量营养成分。至于孕妇、乳母,由于其特殊的营养需要,除应全面增加高质量膳食的供应外,尚需注意对她们最易缺乏的钙和铁等的强化。不同的职业人群对某些营养素也存在不同的需要。

5. 减少营养缺乏病或因营养缺乏引起的并发症 从预防医学的角度看,食品营养强化对预防和减少营养缺乏症,特别是某些地方性营养缺乏症的发生具有重要的意义。

碘缺乏引起甲状腺激素分泌不足,曾经严重威胁人类的大脑和神经系统正常发育,并由孕妇缺碘而造成婴儿终生残疾。补碘可以使甲状腺肿的发病率下降40%~95%。另一个成功的范例是维生素A的强化。用维生素B_1来防治食米地区的脚气病,用维生素C防治坏血病均已为人们所共知。

此外,某些食品强化剂还可提高食品的感官质量和改善食品的保藏性能:β-胡萝卜素和核黄素既具有维生素的作用,又可作为食品着色剂使用,达到改善食品色泽的目的;维生素C和维生素E在食品中具有良好的抗氧化作用,在食品加工中可作为抗氧化剂使用,维持品质、延长保质期,当它们在肉制品中和亚硝酸盐并用时还具有阻止亚硝胺生成的作用,提高食品的安全性。

三、谷物及其制品的营养强化

由于谷物籽粒中的营养成分如维生素等多分布在外层,且自外向内营养含量逐渐下降,而现在人们喜欢食用精制的米、面制品,这就导致了营养的摄入不足,如在对大米食用前进行淘洗,做成米饭后维生素B_1和维生素B_2的含量分别由1.5 mg/kg和0.5 mg/kg都降至0.1 mg/kg左右。所以,为了每日摄入足够的营养成分,有必要对谷物食品进行营养强化。

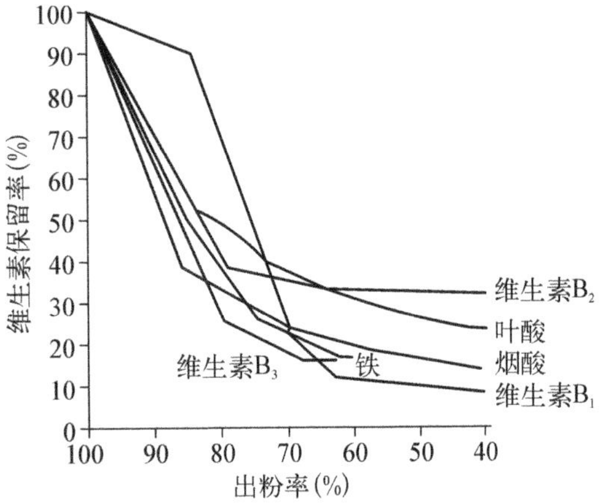

图8-2 麦粒磨粉后微营养成分的变化

1. 面粉的营养强化 面粉是我国人民大众一日三餐的主食。但随着面粉加工精度的提高,原来小麦籽粒中富含的维生素B_1、维生素B_2、维生素B_6、烟酸、叶酸、铁等微量营养素在加工过程中大部分失掉了(图8-2)。为了使面粉加工过程中损失掉的微量营养素得以恢复,并根据居民膳食营养调查对所缺少的微量营养素加以补充,即提出面粉的营养强化。

人体对所需微量营养素的摄取有多种途径,如服用药剂,食用保健品等。但相比之下从食物中摄取,特别是从主食中摄取更具有优越性。选择面粉作为营养强化的载体,这是因为:① 面粉是人们食用的主食,可保证一定的摄入量。② 面粉价格低廉,能为广大人民群众所接受。③ 面粉具有良好的散落性、流动性,使营养素的均匀添加在工艺上简单易行。④ 面粉品质稳定、安全,货架期长,生物利用率高。

通常面粉中维生素、蛋白质、矿物质的含量较低,各种氨基酸特别是必需氨基酸的比例与人体的吸收平衡比例相差较大。严重影响了面粉制品的营养价值。在面粉以及其面粉制品的营养强化过程中,主要涉及氨基酸类、维生素类、矿物质类三种强化剂。营养强化面粉生产中,一般将强化工艺融合在面粉生产的后处理中。

营养强化面粉对人体健康的促进作用是明显的。例如,在加拿大纽芬兰岛,对面粉进行营养强化后,维生素B_1和维生素B_2缺乏症的发生率分别由原来的18%和11%降至2%以下。而利用强化面粉制作的面包、馒头、面条等也并未因为面粉的强化发生口感、气味、色泽的差异,其面粉的各项指标也并未受到很大影响。因此面粉的强化具有重要意义。

2. 大米的营养强化 大米是我国老百姓的主食,中国人的营养有一半来自大米。大米中营养成分分布很不平衡,并且谷物经过清理、脱壳得到糙米,糙米再碾去皮层得到白米,虽然大米精度越高,粗纤维含量越少,好吃且越易消化,但是蛋白质、脂肪、无机盐以及维生素等营养成分大量流失,造成人们的营养不均衡,缺乏维生素、钾、铁、钙等营养素。因此,在大米中添加一些营养元素,可以让老百姓的营养更全面。长期食用"营养强化大米"可以有效提高各种稀缺营养素的摄入量,对儿童健康发育和全民族身体素质的提高都有好处。

目前,大米强化过程中添加的主要是 B 族维生素,尤其是维生素 B_1;多种氨基酸,如赖氨酸、色氨酸;一些矿物质,如钙、硒等。

目前,营养强化大米较常见的强化工艺有 3 种。① 精白米直接浸吸法:将大米浸泡于营养素溶液中 6~24 h,蒸米 2~3 min,使大米的表面糊化,干燥(60℃以下)后即得。② 喷涂法:营养素溶解后,喷涂于大米表面,如同片剂的薄膜包衣。③ 营养粒(假米)法:采用碎米等原料,与营养素混合后,挤压成型为米,经干燥制成人造营养米,也叫"假米"。

四、油脂的营养强化

油脂是人们膳食中最重要的营养成分和能量的来源之一。油脂品质的优劣和食用方法的合理与否,对人们的营养乃至健康影响较大,因此油脂的营养问题历来受到人们的格外关注。天然油脂中的类脂物有效成分非常丰富,如米糠油中含有谷维素,棕榈油中含有类胡萝卜素,它也因此而得名红棕油等。这些有效成分含有较高的营养价值,特别是某些特种油脂中还含有一些生理活性物质,对人体十分有益。但令人遗憾的是,在油脂精炼过程中,这些有效成分大多被当做"杂质"除去了,在成品油中的含量已微乎其微。从这个角度而言,过度精炼的食用油其营养成分流失严重。

维生素 A 的营养状况对儿童的生长发育非常重要,它可以提高机体的免疫力,特别是对皮肤黏膜以及儿童眼睛的发育非常重要。如果长期缺乏维生素 A,人体的免疫力会降低,容易感染、感冒,对孩子的生长发育以及其日常的营养素摄入都会有很大影响。中国军事医学科学院营养研究室的一项最新研究显示,添加了维生素 A 的强化食用油能有效防治儿童维生素 A 边缘缺乏。

此外,平时用眼较多的人,如经常用电脑工作的人,对维生素 A 的需要量比一般人多。平时吃绿叶蔬菜、奶制品少,特别是饮食不规律、整天看电脑的上班族,最容易缺乏维生素 A,常吃营养强化食用油可以减轻眼睛的干涩感,还能提高对感染性疾病的抵抗力。

植物油的生产和精炼本质上均是一种提取、浓缩过程,它们是强化维生素 A、维生素 D 和维生素 E 的适宜载体,由于维生素 A,维生素 D、维生素 E 均为脂溶性维生素,易于在油脂中分散,易于被人体吸收。

1. 大豆油的强化 大豆油常温下呈现出液态,在稍微加热的情况下就可将维生素溶于其中,选择合适的强化剂才能保证维生素在油中的稳定性。

强化大豆油所增加的维生素 A 的稳定性取决于体系中是否存在氧气、接触光线等因素。若强化大豆油在密封罐内贮存,其中的维生素 A 几乎可以保留 100%。在烹调过程中,豆油的维生素 A 稳定性良好。

据调查,使用强化大豆油为原料制造的食品包括蛋黄酱、各种油炸品等,因为口味无异,消费者易于接受,而且维生素 A 强化感官无差异。强化了维生素 E 的油脂其抗氧化作用增强,不仅增加了其稳定性,营养价值还显著增加。

2. 人造奶油的强化 粗制植物油是维生素 E 的丰富来源,但在它后续加工过程中损失较多,损失量取决于加工工艺。

大多数西方国家对人造奶油进行强制性营养强化,大部分国家维生素 A 的添加量范围为 3 180~45 000 IU/kg,而维生素 D_3(胆钙化醇)添加量为 480~5 300 IU/kg。在这种强化水平上,一大汤匙人造奶油(约 15 g)分别为学龄前儿童提供维生素 A 和维生素 D 的 RDI(膳食推荐摄入量标准)规定量的 4%~51%和 2%~20%。作为一种营养素,维生素 E 强化油脂和奶油的水平为 65~190 mg/kg 较为适宜。但是,若随膳食摄入 PUFA(多不饱和脂肪酸),则维生素 E 的 RDI 值应提高。

在油脂强化中最常用的是一种维生素 A 和维生素 D_3 液态混合物,其关键步骤是在 45~50℃,向澄清、脱臭油脂中加入适当数量的维生素 A 和维生素 D_3 混合浓缩物。为了保证分布均匀,添加强化剂的油脂需要充分搅拌均匀。

油脂的营养强化对于眼球干燥症的发病指数降低直至消失起到了很大的作用,强化的油脂还能够改善居民的维生素 A 的营养状况,对人体健康有很大的帮助。

五、乳及其乳制品的营养强化

乳和乳制品是世界上很多国家和地区的重要食品,随着食品工业的发展和人们生活水平的提高,乳及乳制品在我国的销量逐年上升,但与发达国家相比仍有很大差距。乳是营养最好的食物之一,其中富含的优质蛋白质可以提供全部的必需氨基酸,所以属于"完全蛋白质"。此外,乳是必须脂肪酸、免疫球蛋白和其他微量营养素的重要来源。

1. 液态乳的强化 牛奶是人们日常生活中十分重要的食品,能赋予人们丰富的营养,特别是钙的含量几乎是所有食品之最,而且牛奶能一次性补足某些营养素(如维生素 A、维生素 B_1、维生素 B_2、钙、铁、锌等)的不足,另外还含有较丰富的免疫物质和抗体。通过牛奶科学地添加一些营养素可满足不同人群营养素的需要,改善国民营养、预防因营养不良引发的营养性疾病。

(1) 向乳中添加营养素:目前,有些国家制定法律强制性向液态乳中强化维生素 A 和维生素 D。在爱尔兰,老年人的维生素 D 缺乏症比较严重,因此该国对液态乳强化维生素 D 和钙,事实证明维生素 D 强化液态乳对于日照时间不足的人群而言极有帮助,尤其在冬季效果更明显。

我国已经开发出同时强化铁、钙、锌的产品。

(2) 液态乳的营养强化工艺流程:液态乳的营养强化安排在巴氏杀菌或超高菌处理工序之前进行,也就是在热处理之前就应确保所添加的营养素在乳中均匀分布。牛乳强化的成本比较低,限于所添加强化剂的费用和强化质量监控费用,对常规牛乳生产线的变动很小。另外,液态乳的强化在解决一些营养素缺乏症方面的功效已经被很多国家的实践证明。

2. 乳粉的强化

(1) 乳粉的定义、分类:乳粉是指以新鲜乳为原料,用加热或冷冻等方法除去乳中几乎所有的水分,得到干燥的粉末状产品,统称为乳粉。乳粉又名奶粉,广义的乳粉是指以新鲜牛乳为原料或主要原料,添加一定数量的植物或动物蛋白质、脂肪、维生素、矿物质等配料,除去其中几乎全部的水分而制成的粉末状乳制品。

根据所用原料和加工工艺以及所用辅料和添加剂的不同可以将乳粉分成全脂乳粉、脱脂乳粉、速溶乳粉、配方乳粉、酪乳粉和强化乳粉等不同种类。

在乳粉中最常强化的营养素为维生素 A、维生素 D、钙和铁。但是在婴儿配方乳粉中除此之外,还会强化多不饱和脂肪酸、牛磺酸等营养素。

(2) 乳粉的营养强化工艺流程:最简单的强化乳粉的方法是直接将干粉状的维生素和矿物质强化剂与乳粉混合,也可加入油状强化剂,重要的是保证混匀。乳粉与液态乳不同的地方是,干粉状乳粉可以在热处理前后加入强化剂。

在生产强化乳粉时,不少产品是先将牛乳脱脂,然后向脱脂乳中添加乳糖(或者葡萄糖、麦芽糖等)、植物油(或是花生油、玉米油等),以及维生素和矿物质等而制成的。另外为了适应婴儿食用,在普通强化乳粉的基础上,以牛乳和脱盐乳清粉为主原料,以类似人乳的组成为目标,通过提出牛乳中的某些成分和添加某些营养素,使其组成成分在数量和质量上接近人乳。这种强化乳粉称为母乳化配方乳粉。

思考题

1. 什么是淀粉的糊化与老化?
2. 什么是羰氨反应,主要有哪些反应过程?
3. 热加工的有益作用有哪些?
4. 什么是水解酸败?
5. 食品加工过程中影响维生素稳定性的因素主要有哪些?
6. 什么是食品营养强化?
7. 食品营养强化分几类?

第九章
合理营养与营养相关疾病

第一节 膳食营养素参考摄入量

一、DRI 产生的背景

人体所需的各种营养素都需要从每天的饮食中获得,营养学家根据有关营养素需要量的知识提出了各人群的膳食营养素参考摄入量。随着科学研究和社会实践的发展,人们对营养学知识的积累和生活水平的改变,膳食营养素参考摄入量也呈现着不断变化的特点。从 20 世纪早期营养学家就开始建议营养素的参考摄入量,40 年代到 80 年代,许多国家都制定了各自推荐的营养素供给量。我国自 1955 年开始采用"每日膳食中营养素供给量(RDA)"来表达建议的营养素摄入水平,作为膳食的质量标准,设计和评价群体膳食的依据,并作为制订食物发展计划和指导食品加工的参考。

随着科学研究和社会实践的发展,特别是强化食品及营养补充剂的发展,国际上自 20 世纪 90 年代初期就逐渐开展了关于 RDA 的性质和适用范围的讨论。英国,欧洲共同体和北欧诸国先后使用了一些新的概念或术语。美国和加拿大的营养学界进一步发展了 RDA 的包容范围,增加了可耐受最高摄入量(UL),形成了比较系统的新概念——膳食营养素参考摄入量(dietary reference intake),简称 DRI。

中国营养学会 1988 年制订的中国居民膳食营养素参考摄入量(DRI)是中国营养学会和中国预防医学科学院营养与食品卫生研究所在制订"中国居民膳食指南及平衡膳食宝塔"之后的又一项重要活动。膳食营养素参考摄入量(DRI)给出了日常推荐的各种物质的摄入量,在概念和应用上都发生本质的变化。

二、有关 DRI 的基本概念

DRI 是在 RDA 基础上发展起来的一组每日平均膳食营养素摄入量的参考值,包括 4 项内容:平均需要量(EAR)、推荐摄入量(RNI)、适宜摄入量(AI)和可耐受最高摄入量(UL),见图 9-1。

1. 平均需要量 平均需要量(EAR, estimated average requirement)是指平均每天的营养素摄入水平,是根据个体需要量的研究资料制订的。它是根据某些指标判断可以满足某一特定性别,年龄及生理状况群体中 50% 个体需要量的摄入水平,这一摄入水平不能满足群体中另外 50% 个体对该营养素的需要。EAR 是制定 RDA 的基础。

2. 推荐摄入量 推荐摄入量(RNI, recommended nutrient intake)相当于传统使用的 RDA,是可以满足某一特定性别,年龄及生理状况群体中绝大多数(97%~98%)个体需要量的摄入水平。长期摄入 RNI 水平,可以满足身体对该营养素的需要,保持健康和维持组织中有适当的储备。RNI 的主要用途是作为个体每日摄入该营养素的目标值。个体的实际摄入水平达到 RNI,可以认为个体摄入充分,如果没有达到这个水平,就需要看实际摄入水平离 RNI 的距离,距离越远,个体缺乏的概率越大。一个群体的摄入不足的概率通常与该群体中单独个体摄入量的分布形态和变异程度有关,需要用另外一个指标,即平均需要量,而不能用 RNI。RNI 是以 EAR 为基础制订的。不是全部的营养素都制订有 RNI 值,这是因为有些营养素目前没有足够充分的数据为其制订 RNI 值。在这种情况下,可以用适宜摄入量来代替 RNI 做膳食计划或者做膳食评估,用法基本相同。

3. 适宜摄入量 在个体需要量的研究资料不足不能计算 EAR,因而不能求得 RNI 时,可设定适宜摄入量(AI, adequate intakes)来代替 RNI。AI 是通过观察或实验获得的健康人群某种营养素的摄入量。例如，纯母乳喂养的足月产健康婴儿，从出生到 4~6 个月，他们的营养素全部来自母乳。母乳中供给的营养素量就是他们的 AI 值，AI 的主要用途是作为个体营养素摄入量的目标。

AI 与 RNI 相似之处是二者都用作个体摄入的目标，能满足目标人群中几乎所有个体的需要。AI 和 RNI 的区别在于 AI 的准确性远不如 RNI，可能显著高于 RNI。因此使用 AI 时要比使用 RNI 更加小心。

4. 可耐受最高摄入量 可耐受最高摄入量(UL，tolerable upper intake level)指某一生理阶段和性别人群，几乎对所有个体健康都无任何副作用和危险的平均每日营养素最高摄入量。这个量对一般人群中的几乎所有个体都不至于损害健康。以维生素 C 的可耐受最高摄入量为例：据了解，美国的维生素 C 的可耐受最高摄入量(UL)为 2 000 mg/d，英国的维生素 C 的可耐受最高摄入量(UL)为 1 000 mg/d，而中国营养学会提出的维生素 C 的可耐受最高摄入量(UL)也为 1 000 mg/d。

三、DRI 的应用

制订 DRI 主要目的是为了满足不断发展的应用需要。以往只有 RDA，各种用途如制订人群食物供应计划，评价个体和群体的食物消费资料，确定食品援助计划目标，制订营养教育计划，以及指导食品加工和营养标签等都参考同一套推荐值。这样针对性不强，特别是评估过量摄入的危险性很不理想。DRI 包含多项内容，可以针对个体或群体不同的应用目的提供更适宜的参考数据，营养素摄入不足和过多的危险性如图 9-1 所示。

1. 应用 DRI 评价个体 应用 DRI 评价个体的摄入量 要直接比较一个人的摄入量和需要量是很困难的：① 这个特定个体的需要量是不知道的；② 几乎不可能测定一个人真正的日常摄入量，因每天的摄入量不同，而且测定摄入量会有误差。由于其日常摄入量几乎无法获得，只好运用统计学方法评估在一段时间内观察到的摄入量是高于还是低于其需要。

2. 应用观测摄入量进行评价 在实际应用上，观测摄入量低于 EAR 时可以认为需要进行改善，因为摄入不足的概率可达 50%；摄入量在 EAR 和 RNI 之间者也可能需要提高，因为他们摄入充足的概率不足 97%~98%。只有通过很多天的观察，摄入量达到或超过 RNI 时，或虽系少数几天的观察但结果远高于 RNI 时才可以有把握地认为摄入量是充足的。

3. 用 AI 评价个体摄入量 某些营养素因为现有资料不足，不能制订 RNI，只能制订一个 AI 值。上述根据 EAR 进行评价的方法不适用于此类营养素，但可以使用一种基于统计学假说的方法，把观测摄入量和 AI 进行比较。如果一个人的日常摄入量等于或大于 AI，几乎可以肯定其膳食是适宜的；但是，如果摄入量低于 AI，就不能对其是否适宜进行定量或定性估测。

4. 制订 UL 的主要依据

(1) 根据人体在不同暴露情况下的评估制订的：主要包括无毒副反应水平(NDAEL)，即在人体研究中未发现不良作用的最高摄入量和最低毒副反应水平(LOAEL)，即在人体研究中观察到毒副反应的最低摄入量。

(2) 用 UL 评价个体摄入量：UL 是一个对一般人群中绝大多数个体，包括敏感个体，似不致危害健康的高限。如果日常摄入量超过了 UL 就有可能对某些个体造成危害。有些营养素过量摄入的后果比较严重，有的后果甚至是不可逆的。

对于某些营养素，摄入量可以只计算通过补充、强化和药物途径的摄入，而另外一些营养素则应把食物来源也包括在内。

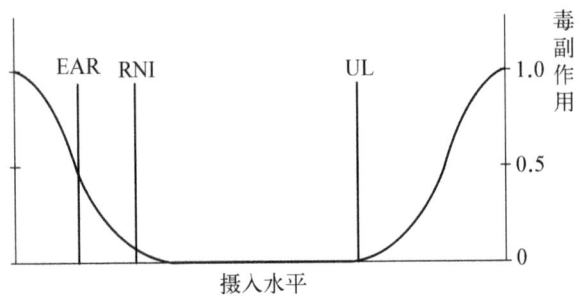

图 9-1 营养素摄入不足和过多的危险性图解

四、DRIs 应用的前提

评价人群的营养素摄入量需要获得准确的膳食资料，选择适当的参考值(DRIs)，调整个体本身摄入量变异的分布及影响因素,并对结果进行正确的解释,在实际工作中,评价群体摄入量是否充足有两种方法可供选择:① 概率法;② 平均需要量(EAR)切点法。不管采用何种方法来估测摄入不足的情况,都是使用 EAR 作为参考值。

1. 评价群体摄入量方法

(1) 概率法:产生一个估测值表明有多大比例的个体面临摄入不足的风险。实际上,有了人群需要量的分布资料(中值、变异、形态)以后,对每一摄入水平都可以给出一个摄入不足的概率。人群摄入不足的概率可以用每一摄入水平的平均危险度加权计算求得。在摄入量和需要量不相关或极少相关的条件下,这种方法的效果良好。

(2) EAR 切点法:EAR 切点法不要求计算每一摄入水平的摄入不足危险度,只需简单的计数在观测人群中有多少个体的日常摄入量低于 EAR。EAR 切点法要求观察营养素的摄入量和需要量之间没有相关;需要量可以认为呈正态分布;摄入量的变异要大于需要量的变异。

2. 调整摄入量的分布 评估群体营养素摄入不足的流行,必需日常摄入量的分布资料,可以用统计学方法调整每一个体的观测摄入量求得。调整摄入量的分布至少要观测一个有代表性的亚人群,其中每一个体至少有两个独立的日膳食资料,或者至少有连续三天的膳食资料。如果每人只有一天的膳食资料,就需要借助根据别的资料系列估测的摄入量个体内差异。

3. 个体膳食评价结语 在任何情况下一个人的真正需要量和日常摄入量只能是一个估算结果,因此对个体膳食适宜性评价都是不精确的。膳食评价是营养状况评价的组成部分。单根据膳食状况不足以确定一个人的营养状况,但把营养素摄入量与其相应的 DRI 进行比较是合理的。如能把膳食状况和临床、生化及体格测量资料结合起来对一个人的营养状况进行评价则为理想的方法。

4. 应用 DRI 评价个体和群体摄入量 评价人群的营养素摄入量需要获得准确的膳食资料,选择适当的参考值(DRI),调整个体本身摄入量变异的分布及影响因素,并对结果进行正确的解释。如果知道人群中所有个体的日常摄入量和需要量,就可以直接算出摄入量低于其需要量的人数比例,可以看出有多少个体摄入不足(表 9-1)。但要获得此种资料是不实际的,所以只能用其他方法来估测摄入不足的概率。

表 9-1 应用 DRI 评价个体和群体的摄入量

参考摄入量	用 于 个 体	用 于 群 体
EAR	用以检查日常摄入量不足的概率	用以估测群体中摄入不足个体所占的比例
RNI	日常摄入量达到或超过此水平则摄入不足的概率很低	不用于评价群体的摄入量
AI	日常摄入量达到或超过此水平则摄入不足的概率很低	平均摄入量达到或超过此水平表明该人群摄入不足的概率很低
UL	日常摄入量超过此水平可能面临健康风险	用以估测人群中面临过量摄入健康风险的人所占的比例

5. 应用 DRI 评价膳食易发生的偏差

(1) 平均摄入量或中位摄入量一般不能用于评估人群摄入量是否适宜。过去经常把平均摄入量和 RDA 比较,特别是当平均摄入量等于或大于 RDA 时就得出"本人群的膳食营养素摄入量达到了推荐的标准,因而是适宜的"的结论。这种用法是不恰当的,因为摄入不足的概率决定于日常摄入量的分布形态和变异程度,而不决定于平均摄入量。

(2) 不宜用 RNI 来评估人群摄入不足的流行。根据定义,RNI 是一个超过人群中 97%~98%的个体需要的摄入水平(假定人群的需要量呈正态分布)。如果用 RNI 作为切点来估测摄入不足结果必然严重的高估了摄入不足的比例。

(3) 不宜用食物频数问卷资料评价人群摄入量。评估人群的膳食营养素摄入必需有人群日常摄入量的分布资料,因而需要每一个体的定量的膳食资料。半定量的食物频数问卷资料一般不宜用于评价人群摄入量是否适宜。

五、营养素摄入不足或过多的危险性

人体长期摄入某种营养素不足就有发生该营养素缺乏症的危险。当一个人群的平均摄入量达到 EAR 水平时,人群中有半数个体的需要量可以得到满足;当摄入量达到 RNI 水平时,几乎所有个体都没有发生缺乏症的危险;RNI-UL间为安全摄入范围;摄入量超过UL水平再继续增加,则产生毒副作用的可能性就随之增加。

第二节　膳食结构与膳食指南

一、膳食结构

1. 膳食结构的概念和意义　膳食结构是指膳食中各类食物的数量及其在膳食中所占的比例,即居民消费的食物种类及其数量的相对构成。由于影响膳食结构的生产、经济、文化、科学因素是在逐渐变化的,所以膳食结构不是一成不变的,人们可以通过均衡调节各类食物所占的比例,充分利用食品中的各种营养,达到膳食平衡,促使其向更利于健康的方向发展。

合理的膳食结构包括具有广杂性、主从性和匹配性,不仅适应人类消化管的组织结构,符合人体生理全面营养的需要,有助于人类的健康和种族繁衍,还能够较大限度地合理利用现有自然农业资源,提高食物资源效益。膳食结构往往反映人们的饮食习惯和生活水平高低,反映一个民族的传统文化,一个国家的经济发展,一个地区的环境和资源等多方面的情况。一个地区膳食结构的形成与当地生产力发展水平,文化、科学知识水平以及自然环境条件等多方面的因素有关。不同历史时期、不同国家或地区、不同社会阶层的人们,饮食结构往往有很大的差异。一般可以根据各类食物所能提供的能量及各种营养素的数量和比例来衡量膳食结构的组成是否合理。

2. 膳食结构的变迁　由于影响膳食结构的这些因素是随生产力的发展而逐渐变化的,所以膳食结构不是一成不变的,通过适当的干预可以促使其向更利于健康的方向发展。

世界上膳食结构的变迁大致经历了五次大的变革。

第一次变革:旧石器时代火的利用。食物由生变为熟,加工食品出现,食物来源广泛,食谱广。主要食物仍为野生植物,但也食用少量肉类。这种食物的特征是低脂肪、高纤维素、富含维生素C,有足够的蛋白质。这种饮食结构一直延续到新石器时代前期(约1万年前)。

第二次变革:1万年前开始了新石器时代,随之而来的第一次农业革命使人类生活发生了较大的变化。人类发明了谷类耕作和饲养动物,生产和贮存食物的能力有了很大的提高,开始了食物采集向食物生产的转变,但由于生产力水平低下和无法抵御的自然灾害,一直到2 000年前人类绝大多数过着以素食为主的生活。

第三次变革:16、17世纪,世界范围的作物和家畜大交流,食品资源增加。但是受生产力发展水平的限制,人类膳食结构的组成并没有太明显的改变。

第四次变革:18世纪中期开始的工业革命以及紧随的第二次农业革命使人类的生活发生了根本性的变化。技术革新和市场经济的发展,食物的数量和种类极大丰富,人们开始远离素食和谷类食物,肉类食物的多少成为老百姓的追求目标和炫耀财富的标志。膳食结构中脂肪和饱和脂肪酸的摄入量明显增加,相应的来源于植物性食物的维生素C和维生素E的摄入量降低。人类营养状况有了很大改善,寿命普遍延长。

第五次变革:20世纪60年代发达国家动物性食品消耗增加,加工食品比例升高,维生素C和维生素E的比例继续下降,ω-3不饱和脂肪酸减少,而反式脂肪酸开始出现在人们的膳食结构中。随之,疾病谱发生变化,图9-2。

此外,人类的居住、交通、卫生和医疗条件也大大改善,传染病和损伤引起的死亡大

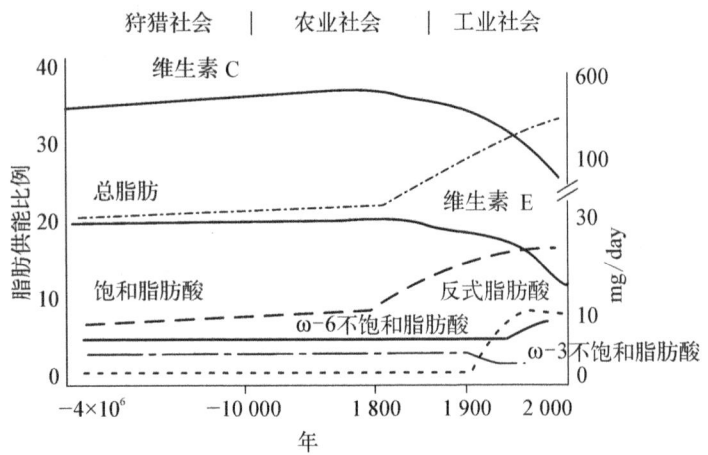

图9-2　人类历史发展及膳食结构的变迁

数据来源:A P Simopoulos. Poultry Science. 2000, 79: 961-970

大减少,人均期望寿命明显增加。所有这一切都发生在短短的200年内(而我国发生这种改变的时间更短),与人类的进化史相比,这种变化显然太快了。这样不适应导致了许多新的疾病,其中最主要的是心脑血管疾病和癌症。

3. 膳食结构的模式 根据膳食中动物性、植物性食物所占的比例,以及能量、蛋白质、脂肪和碳水化合物的供给量作为划分膳食结构的标准,可将世界不同地区的膳食结构分为以下四种基本模式。

(1) 动植物食物平衡的膳食结构(日本模式):该模式也称营养模式,主要特点是既有以粮食为主的东方膳食传统特点,也吸取了欧美国家膳食长处,加之经济发达,人均年摄取粮食110 kg,动物性食品135 kg左右。动物蛋白占总蛋白的一半,而水产品蛋白又占动物蛋白的一半。能量和脂肪低于欧美发达国家,每天能量摄入保持在2 000 kcal左右。宏量营养素供能比例为:碳水化合物57.7%,脂肪26.3%,蛋白质16.0%。该类型的膳食能量能够满足人体需要,又不至于过剩。蛋白质、脂肪和碳水化合物的供能比例合理。来自植物性食物的膳食纤维和来自动物性食物的营养素如铁、钙等均比较充足,同时动物脂肪又不高,有利于避免营养缺乏病和营养过剩性疾病,促进健康。

(2) 植物性食物为主的膳食结构(发展中国家模式):该膳食模式以植物性食物为主,动物性食物为辅。大多数发展中国家如印度、巴基斯坦和非洲一些国家等属此类型。谷物消费量大,人均200 kg/年,动物性食品消费量少,人均10~20 kg/年,动物蛋白占蛋白质总量的10%~20%,低者不足10%,植物食品供能量近90%,能量基本可满足人体需要,蛋白质、脂肪摄入量均低,来自动物性食物的营养素如铁、钙、维生素A摄入不足。营养缺乏病是这些国家人群的主要营养问题,人的体质较弱、健康状况不良、劳动生产率较低。

(3) 动物性食物为主的膳食结构(发达国家模式):以西方发达国家为代表的膳食结构中,粮谷类食物过少,而动物性食品和食糖占较大比例,因而膳食营养上具有高热量(3 300~3 500 kcal)、高脂肪(胆固醇)(130~150 g)、高蛋白质(100 g)、低纤维的"三高一低"特点。这种膳食结构的优点是动物性食物占有的比例大,优质蛋白质在膳食结构中占的比例高,同时动物性食物中所含的无机盐一般利用率较高,脂溶性维生素和B族维生素含量也较高。其缺点是食糖过多,热量供应过剩,而热量过剩是"富裕型"疾病多发的重要因素。此类膳食结构谷物消费量少,动物性食物消费量大。谷物消费量人均仅160~190 g/d;动物性食物,肉类约280 g/d,奶及奶制品300~400 g/d以上、蛋类40 g/d左右。能量摄入3 300~3 500 kcal,蛋白质100 g左右,脂肪130~150 g,尽管膳食质量比较好,但营养过剩。这种膳食模式容易造成肥胖、高血压、冠心病、糖尿病等营养过剩性慢性病发病率上升。

(4) 地中海膳食结构(地中海饮食):有关研究统计报告显示,以希腊为代表的地中海沿岸国(包括葡萄牙、西班牙、法国、意大利等14国)其心、脑血管疾病和癌症发病率、死亡率最低,平均寿命更是比西方高17%。其膳食结构特点为:

① 地中海模式以使用橄榄油为主,由于这种脂肪有降低人体低密度脂蛋白、升高高密度脂蛋白的功能,同时还具有增强心血管功能及抗氧化、抗组织衰老的作用。

② 地中海的动物蛋白以鱼类最多,鱼类蛋白质目前认为是蛋白质中的高级蛋白,其次为牛肉、鸡等。而植物蛋白中的豆类也对人体有多种益处,地中海模式豆类摄入高于东方膳食结构近两倍。

③ 在碳水化合物中,虽然东方人的蔬菜摄取量较多,但地中海模式中水果、薯类加蔬菜总量远高于东方膳食模式。以新鲜水果作餐后食品,甜食每周只食用几次。

④ 加工程度低,新鲜度较高,该地区居民以食用当地产的食物为主。

⑤ 地中海模式中饮酒量高于东、西方,但以红葡萄酒为主。葡萄酒在酿制中将皮、籽一起酿造,现已证明常饮葡萄酒有降脂、降血糖、强心、抗衰老多种功效。

⑥ 脂肪提供能量占膳食总能量比值在25%~35%,饱和脂肪所占比例较低,在7%~8%。

地中海膳食结构突出特点是饱和脂肪摄入量低,膳食含大量复合碳水化合物,蔬菜、水果摄入量较高。

4. 中国居民的膳食结构

(1) 我国膳食结构的地区差异与城乡差异:由于我国地域辽阔,城乡及经济收入的差异,难免会造成膳食结构的地区差异与城乡差异。我国南方居民多以大米为主食,北方以小麦粉为主,谷类食物的供能比例占70%以上。农村谷类及根茎类消费量明显高于城市;而动物性食物、糖、坚果及油籽、蔬菜水果的消费量远远低于城市。收入最高的广东省、上海市和北京市的城市人群平均每标准人日的谷类食物消费量均在 400 g 以下,动物性食物均在 200 g 以上,由脂肪提供的能量均已超过膳食能量的 30%。大量研究工作证明,此种膳食发展会增加人群中患慢性非传染性疾病的危险。

（2）中国居民的膳食结构现状及变化趋势：当前中国城乡居民的膳食仍然以植物性食物为主,动物性食品为辅。但中国幅员辽阔,各地区、各民族以及城乡之间的膳食构成存在很大差别,富裕地区与贫困地区差别较大。随着经济的发展,人民生活水平的提高,中国人群膳食结构逐渐与健康的膳食结构相偏离。1959 年、1982 年、1992 年、2002 年分别进行过四次全国营养调查。2005 年 7 月,我国首次发布《中国居民营养膳食与营养状况变迁》系列报告。报告显示,我国居民的膳食结构发生了明显改变。2002 年,油脂由 37 g 提高到 44 g,脂肪供能比达到 35%,超过世界卫生组织推荐的 30% 的上限。谷类食物供能比仅为 47%,明显低于 55%～65% 的合理范围。能量及蛋白质摄入基本得到满足,优质蛋白占蛋白质总量的 31%。奶类、豆类制品摄入过低仍是全国普遍存在的问题。儿童营养不良在农村地区仍比较严重。铁、维生素 A 等微量营养素缺乏仍是我国城乡居民普遍存在的问题。全国城乡钙摄入量仅为 391 mg/标准人日,相当于推荐量的 41%。慢性非传染病上升,在超重和肥胖的成人中,大城市尤为严重,分别高达 30.0% 和 12.3%,城市的儿童肥胖率也已达 8.1%。预计今后肥胖患病率将会有较大幅度增长。

二、膳食指南

膳食指南(dietary guideline)：由营养健康权威机构为某地区或国家的普通民众发布的指导性意见,以营养学原则为基础,结合本国或本地的实际情况,以促进合理营养、改善健康状况为目的,教育国民如何明智而可行地选择食物、调整膳食。为了给居民提供最基本、科学的健康膳食信息,卫生部委托中国营养学会组织专家,制订了《中国居民膳食指南》(2011)。中国居民膳食指南是根据营养学原则,结合国情,教育人民群众采用平衡膳食以达到合理营养,促进健康的指导性意见。

1. 一般人群膳食指南(适用于 6 岁以上人群)

（1）食物多样,谷类为主,粗细搭配：人类的食物是多种多样的。各种食物所含的营养成分不完全相同,每种食物都至少可提供一种营养物质。平衡膳食必须由多种食物组成,才能满足人体各种营养需求,达到合理营养、促进健康的目的。

谷类食物是中国传统膳食的主体,是人体能量的主要来源。谷类包括米、面、杂粮,主要提供碳水化合物、蛋白质、膳食纤维及 B 族维生素。坚持谷类为主是为了保持我国膳食的良好传统,避免高能量、高脂肪和低碳水化合物膳食的弊端。人们应保持每天适量的谷类食物摄入,一般成年人每天摄入 250～400 g 为宜。另外要注意粗细搭配,经常吃一些粗粮、杂粮和全谷类食物。稻米、小麦不要研磨得太精,以免所含维生素、矿物质和膳食纤维流失。

（2）多吃蔬菜水果和薯类：新鲜蔬菜水果是人类平衡膳食的重要组成部分,也是我国传统膳食重要特点之一。蔬菜水果能量低,是维生素、矿物质、膳食纤维和植物化学物质的重要来源。薯类含有丰富的淀粉、膳食纤维以及多种维生素和矿物质。富含蔬菜、水果和薯类的膳食对保持身体健康,保持肠道正常功能,提高免疫力,降低患肥胖、糖尿病、高血压等慢性疾病风险具有重要作用。推荐我国成年人每天吃蔬菜 300～500 g,水果 200～400 g,并注意增加薯类的摄入。

（3）每天吃奶类、大豆或其制品：奶类营养成分齐全,组成比例适宜,容易消化吸收。奶类除含丰富的优质蛋白质和维生素外,含钙量较高,且利用率也很高,是膳食钙质的极好来源。各年龄人群适当多饮奶有利于骨健康,建议每人每天平均饮奶 300 ml。饮奶量多或有高血脂和超重肥胖倾向者应选择低脂、脱脂奶。

大豆含丰富的优质蛋白质、必需脂肪酸、多种维生素和膳食纤维,且含有磷脂、低聚糖,以及异黄酮、植物固醇等多种植物化学物质。应适当多吃大豆及其制品,建议每人每天摄入 30～50 g 大豆或相当量的豆制品。

（4）常吃适量的鱼、禽、蛋和瘦肉：鱼、禽、蛋和瘦肉均属于动物性食物,是人类优质蛋白、脂类、脂溶性维生素、B 族维生素和矿物质的良好来源,是平衡膳食的重要组成部分。瘦畜肉铁含量高且利用率好。鱼类脂肪含量一般较低,且含有较多的多不饱和脂肪酸;禽类脂肪含量也较低,且不饱和脂肪酸含量较高;蛋类富含优质蛋白质，各种营养成分比较齐全，是很经济的优质蛋白质来源。

目前我国部分城市居民食用动物性食物较多，尤其是食入的猪肉过多。应适当多吃鱼、禽肉，减少猪肉摄入。相当一部分城市和多数农村居民平均吃动物性食物的量还不够，还应适当增加。动物性食物一般都含有一定量的饱和脂肪和胆固醇，摄入过多可能增加患心血管病的危险性。

（5）减少烹调油用量，吃清淡少盐膳食：脂肪是人体能量的重要来源之一，并可提供必需脂肪酸，有利于脂溶性维生素的消化吸收，但是脂肪摄入过多是引起肥胖、高血脂、动脉粥样硬化等多种慢性疾病的危险因素之一，膳食盐的摄入量过高与高血压的患病率密切相关，食用油和食盐摄入过多是我国城乡居民共同存在的营养问题。为此，建议我国居民每天烹调油摄入量不宜超过 25 g 或 30 g，不要太咸，不要摄食过多的动物性食物和油炸、烟熏、腌制食物。

（6）食不过量，天天运动，保持健康体重：进食量和运动是保持健康体重的两个主要因素，食物提供人体能量，运动消耗能量。如果进食过大而运动量不足，多余的能量就会在体内以脂肪的形式积存下来，增加体重，造成超重或肥胖；相反若食量不足，可由于能量不足引起体重过低或消瘦。正常生理状态下，食欲可以有效控制进食量，不过有些人食欲调节不敏感，满足食欲的进食量常常超过实际需要。食不过量对他们意味着少吃几口，不要每顿饭都吃到十成饱。

（7）三餐分配要合理，零食要适当：合理安排一日三餐的时间及食量，进餐定时定量。早餐提供的能量应占全天总能量的 25%～30%，午餐应占 30%～40%，晚餐应占 30%～40%，可根据职业、劳动强度和生活习惯进行适当调整。一般情况下，早餐安排在 6:30～8:30，午餐在 11:30～13:30，晚餐在 18:00～20:00 进行为宜。要天天吃早餐并保证其营养充足，午餐要吃好，晚餐要适量。不暴饮暴食，不经常在外就餐，尽可能与家人共同进餐，并营造轻松愉快的就餐氛围。零食作为一日三餐之外的营养补充，可以合理选用，但来自零食的能量应计入全天能量摄入之中。

（8）每天足量饮水，合理选择饮料：水是膳食的重要组成部分，是一切生命必需的物质，在生命活动中发挥着重要功能。体内水的来源有饮水、食物中含的水和体内代谢产生的水。水的排出主要通过肾脏，以尿液的形式排出，其次是经肺呼出、经皮肤和随粪便排出。进入体内的水和排出来的水基本相等，处于动态平衡。饮水不足或过多都会对人体健康带来危害。饮水应少量多次，要主动，不要感到口渴时再喝水。饮料多种多样，需要合理选择，饮水最好选择白开水。

（9）如饮酒应限量：高度酒含能量高，白酒基本上是纯能量食物，不含其他营养素。无节制的饮酒，会使食欲下降，食物摄入量减少，以致发生多种营养素缺乏、急慢性乙醇中毒、乙醇性脂肪肝，严重时还会造成乙醇性肝硬化。过量饮酒还会增加患高血压、中风等疾病的危险；并可导致事故及暴力的增加，对个人健康和社会安定都是有害的，应该严禁酗酒。另外饮酒还会增加患某些癌症的危险。若饮酒尽可能饮用低度酒，并控制在适当的限量以下，建议成年男性一天饮用酒的乙醇量不超过 25 g，成年女性一天饮用酒的乙醇量不超过 15 g。孕妇和儿童青少年应忌酒。

（10）吃新鲜卫生的食物：食物放置时间过长就会引起变质，可能产生对人体有毒有害的物质。另外，食物中还可能含有或混入各种有害因素，如致病微生物、寄生虫和有毒化学物等。吃新鲜卫生的食物是防止食源性疾病、实现食品安全的根本措施。正确采购食物是保证食物新鲜卫生的第一关。烟熏食品及有些加色食品可能含有苯并芘或亚硝酸盐等有害成分，不宜多吃。高温加热能杀灭食物中大部分微生物，延长保存时间；冷藏温度常为 4～8℃，只适于短期贮藏；而冻藏温度低达 -23～-12℃，可保持食物新鲜，适于长期贮藏。烹调加工过程是保证食物卫生安全的一个重要环节。需要注意保持良好的个人卫生以及食物加工环境和用具的洁净，避免食物烹调时的交叉污染。有一些动物或植物性食物含有天然毒素，为了避免误食中毒，一方面需要学会鉴别这些食物，另一方面应了解对不同食物去除毒素的具体方法。

《中国居民膳食指南》(2011)根据孕妇、乳母、婴幼儿、学龄前儿童、青少年以及老年的特定人群的生理特点和营养需要特制订了相应的膳食指南。

第三节 营养调查

营养调查(nutritional survey)：运用科学手段来了解某一人群或个体的膳食和营养水平，以判断其膳食营养摄入是否合理和营养状况是否良好。营养调查与评价的目的是了解不同人群的膳食结构和营养状况，了解与食物不足和过度消费有关的营养问题，发现与膳食、营养素有关的营养问题，评价居民膳食结构和营养状况的发展，并预测发展趋势，为制定政策法规及社会发展规划提供科学依据，为某些与营养有关的综合性或专题性研究课题提供基础资料。通过综合/专题性研究（如地方病、疾病与营养关系），研究某些生理常数、营养水平判定指标，复核营养参考摄入量。营养调查的内容包括膳食调查、人体体格测量、人体营养水平的生化检验、营养不足或缺乏的检查、人体测量资料分析五个部分。

一、膳食调查

膳食调查是营养调查的一个基本组成部分，它本身又是相对独立的内容。通过调查了解不同人群或个体在一定时间内所摄入的各种食物种类和数量、热能和各种营养素总量和比例、饮食习惯以及烹调加工方法等，为改进食物结构、合理安排膳食、合理营养提供科学依据。

常见的膳食调查方法有：称重、记账、询问、膳食史、频率、化学分析等。这些方法可单独进行，也可联合进行。一般根据调查目的、人群范围、对结果的准确性要求、调查经费、调查时间长短等因素来确定适当的调查方法。调查日数一般为 5~7 d，其中不包括节日。若居民有星期日吃得较好的习惯则应包括星期日在内的 7 d 调查。调查的日数也随膳食管理方法及调查方法而定。

1. 称重法　称重法（weighted method）是指将测试对象每餐各种饭菜、生熟食品及吃剩的饭菜一一称重记录的一种调查方法。对某一伙食单位或个人一日三餐中每餐各种食物的食用量进行称重，计算出每人每日各种营养素的平均摄入量，调查时间为 3~7 d。通过准确称量掌握调查对象在调查期间每日每餐各种食物的消耗量，从而计算出每人每日的营养素的摄入量。称重法一般用于比较严格的调查研究中，称量法的特点为与膳食加工和进餐过程同步进行，即对食物进行烹调加工的同时进行称量。称重法的优点是比较准确，能实际称量食物大小或重量；缺点主要表现在：① 环节多、工作量大，需要较多的人力和经费，故难以对大规模人群使用；② 忽略了烹调加工对营养素的损失或影响。

2. 记账法　记账法（recording）是根据账目的记录得到调查对象的膳食情况来进行营养评价的一种膳食调查方法，常和称重法一起应用。由调查对象或研究者称量记录一定时期内的食物消耗总量，研究者通过这些记录并根据同一时期进餐人数，计算出每人每天各种食物的平均摄入量。记账法一般用于建立了伙食账目的集体食堂或家庭（如幼儿园）。记账法的调查方法为：① 食物消耗量的记录，食物消耗量＝（调查前的库存量＋采购量）－调查结束时的库存量。② 进餐人数登记。③ 算出平均每人每日各种食物的摄入量。

记账法容易掌握、手续简便、节省人力和经费，可以调查较长的时间，减少时间和季节间的误差，能得到较准确的结果，但是只有平均数据，没有个人数据；不能反映某一个体的实际摄入水平和个体间的差异；调查结果只能得到全家或集体人均的膳食摄入量，难以分析个人的膳食摄入情况。

3. 询问法　询问法（questioning）又称为 24 h 回忆法，是通过访谈的形式收集膳食信息的一种回顾性膳食调查方法。通过询问的方法，让被调查对象回顾和描述在调查时刻以前 24 h 内摄入的所有食物的数量和种类，并借助食物模型、家用量具或食物图谱对其食物摄入进行计算和评价，并填写在调查表内。一般调查 3 d 以上，然后计算平均每天营养素的摄入量，并进行初步的评价。该方法是目前最常用的调查方法，简便易行但结果粗糙。询问法调查误差较大的原因：对食物的量的判断不准确；回忆不清楚，存在误报、漏报或少报；心理因素的影响，存在多报或少报，被调查者不配合。

4. 食物频率法　食物频率法（food frequency method）是估计被调查者在指定的一段时期内吃某些食物的频率的一种方法。这些食物类型指在各种食物都比较充裕的条件下，以问卷形式进行膳食调查，以调查个体经常性的食物摄入种类，经常在膳食与健康关系的流行病学研究调查中使用。根据每日、每周、每月甚至每年所食各种食物的次数或食物的种类来评价膳食营养状况。食物频率法分为定性的食物频率法和定量的食物频率法调查两种。定性的食物频率法调查，通常是指得到每种食物特定时期内（如过去 1 个月）所吃的次数，而不收集食物量、份额大小的资料。定量食物频率法，可以得到不同人群食物和营养素的摄入量，并分析膳食因素与疾病的关系。

食物频率调查的食物种类，取决于调查的目的，定量方法要求受试者提供所吃食物的数量，通常借助于测量辅助物。应答者负担轻，因此应答率高。该法调查容易实现自动化，而且费用低。食物频率法的主要优点是能够迅速得到平时食物摄入种类和摄入量，反映长期营养素摄取模式；可以作为研究慢性病与膳食模式关系的依据；其结果也可作为在群众中进行膳食指导宣传教育的参考。在流行病学研究中可以用来研究膳食与疾病之间的关系。食物频率法的缺点是需要对过去的食物进行回忆，应答者的负担取决于所列食物的数量、复杂性以及量化过程等；与其他方法相比，对食物份额大小的量化不准确。

5. 化学法 化学法（chemical analysis）不仅收集调查对象的食物摄入量，而且在实验室中测定调查对象一日内全部食物的营养成分，可准确地获得各种营养素的摄入量。准确收集样品的方法是双份饭菜法，即制作两份完全相同的饭菜，一份供食用，另一份作为分析样品。要求收集的样品在数量和质量上一定与实际食用的食物一致。由于代价高，仅适于较小规模的调查。如营养代谢实验，了解某种或几种营养素的体内吸收及代谢状况等。很少单独使用，常与称重法结合使用。

6. 膳食史法 膳食史法（diet history questionnaires, DHQ）是了解被调查对象过去一定时期内（半年、1年、2年……）摄入的食物（包括饮料）的种类和数量，通常由三部分组成：① 对平常膳食模式的询问；② 食物摄入频度的询问；③ 三天的食物记录。膳食史法通常注重于总膳食中的食物，但有时也专门调查膳食中的某些组成；利用膳食史法可以得到食物的摄取频率和数量，以及有关食物制备方法的资料和受试者的饮食习惯。采用膳食史法可以更全面地了解人群膳食摄入情况；膳食史法通常注重于总膳食中的食物，但有时也专门调查膳食的某些组成，可以更全面地了解人群膳食摄入情况。对于许多慢性疾病如心血管疾病、糖尿病、肿瘤以及慢性营养不良等，研究过去的膳食摄入状况比现在更有意义。

表9-2 六种膳食调查方法的比较

调查方法	优点	缺点	应用
称重法	准确	费时、费力、不适用大规模	家庭、个人、团体
查账法	简单易行，省时、人、物	时间短不够准确，代表性有影响	账目清楚的机关、部队、学校
24 h 回顾法	简单易行，省时、人、物	主观，不太准确，回忆偏倚	家庭、个人
频率法	应答者负担轻，应答率高，经济、方便；可调查长期	量化不准确（偏高），遗漏	个人，膳食习惯与某些慢性疾病的关系
化学分析法	准确	操作复杂，成本高、费时、力、财	科研，治疗膳食
膳食史法	全面，可调查长期	量化不准确，回忆偏倚	个人，膳食习惯与某些慢性疾病的关系

二、膳食营养评价

营养评价（nutritional assessment）是根据营养调查的结果，对被调查者的营养状况进行综合分析和评价。

1. 膳食营养评价的主要内容 营养素种类是否齐全、营养素数量和比例是否合适、是否易被人体消化吸收利用。

2. 膳食调查资料的收集、分类和整理 膳食调查资料的收集、分类和整理是膳食调查结果评价的前提和依据，尤其是个体膳食调查资料的整理，对群体营养状况评价是必不可少的。膳食营养评价的总体思路：

- 利用《中国食物成分表》进行计算。
- 与参考摄入量比较，分析各种营养素摄入量是否充足。
- 从热能来源分析，三大供能营养素占总热量的百分比是否合理。
- 分析蛋白质的不同来源所占比例，并予以评价。
- 一日三餐热能分配是否合理。
- 综合以上结果分析，编写改进食谱。

3. 膳食营养评价 对食物的营养价值进行评价有三个方面：
① 全方面了解各种食物的天然组成成分。

② 了解食物营养素在加工烹调过程中的变化和损失,采取相应措施来最大限度地保存食物中营养素的含量,提高食物营养价值。

③ 指导人们科学地选购食物和合理地配制平衡膳食。

三、人体体格测量

体格测量的根本目的是评价机体膳食营养状况,特别是学龄前儿童的测定结果,常被用来评价一个地区人群的营养状况。可以反映人体营养状况的指标很多,不同年龄、不同生理状况的人选用的体格测量指标有所不同,而且指标的测定方法也存在较大差异。成年人常用的有身高、体重、上臂围、腰围、臀围和皮褶厚度等,其中以身高、体重最重要。因为它综合反映了蛋白质、能量以及其他一些营养素的摄入、利用和储备情况,反映了机体、肌肉、内脏的发育和潜在能力。对成人而言由于身高已经基本无变化,当蛋白质和能量供应不足时体重的变化更灵敏,因此常作为了解蛋白质和能量摄入状况的重要观察指标。儿童生长发育测量最常用的指标有体重、身高、坐高、头围、胸围、上臂围等,其中以身高、体重、头围和胸围为儿童体格测量的主要指标。

1. 体格测量的标准化 体格测量的标准化是体格测量工作质量管理的重要基础,也是提高体格测量工作质量的有效手段。通过对体格测量实施"标准化",对每名调查员的测量质量进行评定,分析找出测量中出现的问题和原因,提高测量的准确性和精确性。

通过标准化使体格测量的精确度和准确度均尽量接近真值。精确度又称精密度,指以最小的差异重复测定一个个体的能力。准确度是指测定值和"真值"相同的程度,即以尽可能的程度使所测值代表真实值的能力。真值又叫真实值,是最能反映被测个体体格的值。实际工作中常将最有经验的调查人员所测的数值或者是多人多次测定同一个体的平均数值作为近似的"真值"。

2. 身高、体重测量 体重、身高是临床常用的营养状况评价指标,体重是指身体各部分的重量总和。它主要反映构成体重成分的骨骼、肌肉、内脏、体质和水分等的变化情况。体重反映或长或短时间内营养状况的变化,而身高则反映长期的营养状况。短期的体重变化主要反映体液平衡的改变,较长期的体重变化则代表组织重量的变化。常用的体重评价指标有以下几种:

(1) 理想体重的百分比:计算公式如下:

计算成人理想体重多用 Broca 改良公式和平田公式。Broca 改良公式:理想体重(kg)＝身高(cm)－105。平田公式:理想体重(kg)＝[身高(cm)－100]×0.9。实际体重占理想体重百分比的评价标准为:实际体重占理想体重百分比为 90%～110%时可判定体重正常,＜80%为消瘦,80%～90%为偏轻,110%～120%为超重,120%～130%为轻度肥胖,130%～150%为中度肥胖,＞150%为重度肥胖。

(2) 体质量指数:体质量指数简称体质指数又称体重指数,英文为 Body Mass Index(简称 BMI),体质指数(BMI)＝体重(kg)÷身高^2(m)。是目前国际上常用的衡量人体胖瘦程度以及是否健康的一个标准。主要用于统计用途,当需要比较及分析一个人的体重对于不同高度的人所带来的健康影响时,BMI 值是一个中立而可靠的指标。

① 中国成年人体质指数。体重过轻:BMI＜18.5;健康体重:18.5≤BMI＜24;超重:24≤BMI＜28;肥胖:BMI≥28;最理想的体重指数是 22。

② 18 岁以下青少年 BMI 的参考值为:11～13 岁:BMI＜15.0 时存在蛋白质-能量营养不良,＜13.0 为重度营养不良。14～17 岁:BMI＜16.5 时存在蛋白质-能量营养不良,＜14.5 为重度营养不良。

(3) 脂肪分布:在对体脂进行评价时,除了注意到体脂含量的异常外,还应注意到体脂分布的异常,尤其是那些 BMI 正常或处于边缘值的患者。这种情况下可以用腰围/臀围的比值(waist-hip ratio, WHR)与 BMI 等指标结合起来判断患者营养状况。我国的参考值是男性＜0.9,女性＜0.8,超过此值者为中央性(或内脏型、腹内型)肥胖。

3. 人体组成测定 人体组成的测定包括脂肪组织的测量、无脂组织的测量,临床常用的方法包括皮褶厚度测定、上臂围测定、生物电阻抗法等。

(1) 皮褶厚度测定:皮褶厚度测定可以测定皮下脂肪的含量,间接推算体脂总量,判定营养状况,还可根据皮褶厚度的变化反映机体能量代谢的变化。临床常见的测量部位有：肱三头肌、肩胛下角和脐旁皮褶厚度，WHO推荐的测量评价如表9-3。

表9-3 WHO推荐皮褶厚度的测量评价 （单位：mm）

性 别	瘦	中 等	肥 胖
男	<10	10～40	>40
女	<20	20～50	>50

(2) 生物电阻抗测量：生物电阻抗测量(BIA)或简称阻抗技术：是一种利用生物组织与器官的电特性及其变化规律提取与人体生理、病理状况相关的生物医学信息的检测技术。它具有无创、无害、廉价、操作简单和功能信息丰富等特点。

(3) 其他：评价机体组成时除用上述指标外，还有一些用组织密度的检查结果计算不同组织含量的方法，如水下称重法、双能X射线吸收法、核磁共振法、中子激活法等。

4. 婴幼儿测量指标——体重、身长、头围的意义 婴幼儿体重对营养状况较为敏感，而且婴幼儿体重测量的误差小于身长测量误差，故体重是婴幼儿营养状况评价的常用指标。身长作为对应儿童的坐高和身高测量指标来反映婴幼儿体格纵向发育情况，头围和胸围是婴幼儿体格测量常用的横向测量指标。在正常情况下一个营养状况良好的婴幼儿胸围赶上头围的时间往往提前。而营养不良的婴幼儿由于胸部肌肉和脂肪发育较差胸围超过头围的时间较迟。

四、人体营养水平的生化检验

由于营养不良在临床症状出现之前往往先有生理、生化改变，因此选择正确的实验室检查方法可以及时的制订合理的治疗方案，预防营养不良的发生。实验室检查一般包括营养指标检查和免疫指标检查。

1. 机体营养状况分类 从生化检测结果可将机体营养状况分为五类：① 正常，② 边缘状况，③ 生化损伤，④ 缺乏，⑤ 过多。

2. 生化检测方法 目前已有检查多种营养成分的各种生化检验方法，这些方法基本上分为下列几种：
- 测定血液中营养成分的浓度。
- 测定营养成分经尿排出的速率。
- 测定尿中营养成分的代谢产物。
- 测定血和尿中来源于营养成分摄取量不足或低于限度以下时出现的异常代谢产物。
- 测定与营养成分摄取量有关的血液成分或酶活性的改变。
- 负荷、饱和及同位素试验等。

近年来国内外除了常规的生化检查测定人体主要营养成分的方法，一些新的检测方法引入到营养成分的检测，主要包括微生物法、毛细管电泳法、高效液相色谱法、液相色谱-质谱法，以及同位素稀释质谱法等。参考指标如表9-4所示。

表9-4 人体营养水平的生化检验参考指标

营 养 水 平	生化检验指标正常范围
总胆红素(TBIL)	2.0～20.0 μmol/L
蛋白质	1. 总蛋白(TP)60～80 g/L
	2. 血清白蛋白(ALB)35～50 g/L
	3. 血清球蛋白(GLO)20～40 g/L
	4. 白蛋白/球蛋白(A/G)1.5～2.5∶1
	5. 空腹血中氨基酸总量/必需氨基酸量>2
	6. 血液相对密度>1.015
	7. 尿羟脯氨酸系数(mmol/L 尿肌酐系数)>2.0～2.5
	8. 游离氨基酸 40～60 mg/L(血浆)，65～90 mg/L(红细胞，RBC)
	9. 每日必要损失氮(ONL)：男 58 mg/kg，女 55 mg/kg

续 表

营养水平	生化检验指标正常范围
血 脂	1. 总脂 4 500～7 000 mg/L 2. 甘油三酯 200～1 100 mg/L 3. α-脂蛋白 30%～40% 4. β-脂蛋白 60%～70% 5. 胆固醇 1 100～2 000 mg/L(其中胆固醇酯 70%～75%) 6. 游离脂肪酸 0.2～0.6 mmol/L 7. 血酮＜20 mg/L
钙、磷、维生素 D	1. 血清钙 90～110 mg/L(其中游离钙 45～55 mg/L) 2. 血清无机磷(mg/L)：儿童 40～60，成人 30～50 3. 血清 Ca×P＞30～40 4. 血清碱性磷酸酶：儿童 5～15，成人 1.5～4.0 菩氏单位 5. 血浆 25-(OH)-D$_3$ 10～30 μg/L；1,25-(OH)$_2$D$_3$ 30～60 μg/L
钾、钠、氯	1. 血清钾 3.5～5.5 mmol/L 2. 血清钠 136～146 mmol/L 3. 血清氯 90～110 mmol/L
铁	1. 全血血红蛋白浓度(g/L)：成人男＞130，成人女＞120，儿童＞120，6 岁以下小儿及孕妇＞110 2. 血清铁蛋白＞10～20 μg/L 3. 血清红细胞压积(HCT 或 PCV)：男 40%～50%，女 37%～48%
锌	1. 发锌(μg/g)：125～250(临界缺乏＜110，绝对缺乏＜70) 2. 血浆锌：800～1 100 μg/L 3. 红细胞锌：12～14 mg/L
维生素 A	1. 血清中视黄醇(μg/L)：儿童＞300，成人＞400 2. 血清胡萝卜素(μg/L)：＞800
	24 h 尿　　　　4 h 负荷尿　　　任意一次尿/克肌酐　　　　血
维生素 B$_1$	＞100 μg　　(5 mg 负荷)　　　　　　　　　RBC 转羟乙醛酶活力 ＞80 μg　　　＞66 μg　　　　　　　　　　　TPP 效应＜16%
维生素 B$_2$	＞120 μg　　＞800 μg　　　　＞80 μg　　　　　＞140 μg/L RBC
烟酸	＞1.5 mg　　＞2.5 mg　　　　　　　　　　　＞1.6 mg(50 mg 负荷)
维生素 C	＞10 mg　　＞3 mg(500 mg 负荷)　＞10 mg　　　＞3 mg/L 血浆
叶酸	＞3 μg/L 血浆 ＞0.16 μg/ml RBC
其 他	尿糖(-)；尿蛋白(-)；尿肌酐 0.7～1.5 g/24 h；尿肌酐系数：男 23 mg/kg 体重，女 17 mg/kg 体重；全血内酮酸 4～12.3 mg/L

第四节 食谱编制

一、食谱的定义、分类、原则

1. 食谱的定义 食谱是根据就餐者的营养需要量、饮食习惯、食物的供应状况等，将一天或一周各餐主、副食的食物原料品种、数量、各种食物的烹调方法、进餐时间等作详细的计划，并以表格的形式展示给就餐者及食物加工人员。

2. 食谱的分类 根据时间的长短，食谱有日食谱、周食谱、十日食谱、半月食谱和月食谱等，更短或更长的膳食安排营养学意义不大，也没有操作的实用性。按就餐的对象有个体食谱和群体食谱。按目的可分为普通食谱和特殊食谱，为达到某些治疗或诊断目的而设计的膳食计划也可纳入食谱范畴。

3. 食谱的编制原则

(1) 保证营养平衡

① 按照膳食指南，营养素齐全，品种多样，数量充足，满足需要，防止过剩。

② 各营养素之间比例适宜，能量来源及各餐分配合理；优质蛋白质占总蛋白质 1/3；以植物油为主。

③ 食物搭配要合理，成酸、成碱食物；主食与副食；杂粮与精粮；荤与素搭配合理。

④ 膳食制度合理,一日三餐制;三餐两点制。

(2) 照顾饮食习惯:注意饭菜口味,色、香、味、形

(3) 考虑季节和市场供应

(4) 兼顾经济条件

二、食谱编制的方法和步骤

目前食谱编制的基本方法有计算法、食物交换份法、计算机(配餐软件)食谱编制法。

1. 确定用餐者全日能量需要量　　确定能量有两种方法:第一种方法为计算法,即根据标准体重和每千克体重所需能量计算。第二种为直接查表法,即按照被编制者的性别、年龄、劳动分级等,直接在《中国居民膳食参考摄入量》中对号入座应用 RNI 或 AI 为营养目标。原则上健康成人可直接查表。个体确定能量的依据应根据用餐者的劳动强度、年龄、性别情况,查膳食营养素参考摄入量中能量的推荐摄入量就可以确定。

2. 确定宏量营养素应提供的能量　　能量的主要来源为蛋白质、脂肪和碳水化合物,为了维持人体健康,这三种能量营养素占总能量比例应当适宜,一般蛋白质占 10%~15%,脂肪占 20%~30%,碳水化合物占 55%~65%,以上比例可以根据本地生活水平具体做出适当调整。以每日摄入总热量数乘以三大产能营养素各自的比例,可得三大产能营养素的一日能量供给量。

3. 确定三种能量营养素每日需要数量

知道了三种产能营养素的能量供给量,还需将其折算为需要量,即具体的质量,这是确定食物品种和数量的重要依据。食物中产能营养素产生能量的多少按如下关系换算即 1 g 碳水化合物产生 4.0 kcal 能量,1 g 蛋白质产生 4.0 kcal 能量,1 g 脂肪产生 9.0 kcal 能量。根据三大产能营养素的能量供给量及其能量折算系数,可求出全日蛋白质、脂肪、碳水化合物的需要量。

4. 确定三种能量营养素每餐需要量　　一般而言三餐供能比为 3:4:3 较为适宜,基本为早餐 30%,中餐 40%,晚餐 30%。

5. 主副食品种和数量的确定　　已知三种能量营养素的需要量,根据食物成分表,就可以确定主食和副食的品种和数量了。

(1) 主食品种、数量的确定:由于粮谷类是碳水化合物的主要来源,因此主食的品种、数量主要根据各类主食原料中碳水化合物的含量确定。主食的品种主要根据用餐者的饮食习惯来确定,北方习惯以面食为主,南方则以大米居多。

(2) 副食品种、数量的确定:根据三种产能营养素的需要量,首先确定了主食的品种和数量,接下来就需要考虑蛋白质的食物来源。

蛋白质广泛存在于动植物性食物中,除了谷类食物能提供的蛋白质,各类动物性食物和豆制品是优质蛋白质的主要来源。因此副食品种和数量的确定应在已确定主食用量的基础上,依据副食应提供的蛋白质质量确定。

6. 蔬菜量确定　　确定了动物性食物和豆制品的数量,就可以保证蛋白质的摄入,最后微量营养素和纤维的量选择蔬菜补齐。蔬菜的品种和数量可根据不同季节市场的蔬菜供应情况,以及考虑与动物性食物和豆制品配菜的需要来确定。根据平衡膳食的要求,设计食谱时,必须调配足够的蔬菜和水果,以保证各种维生素和无机盐的摄取,通常每人每日进食蔬菜量应为 500 g,其中最好有一半是绿叶菜类。由于各种蔬菜各有其不同的营养特点,故以少量多品种的方式进行配制。

7. 确定纯能量食物的量　　油脂的摄入应以植物油为主,有一定量动物脂肪摄入。因此以植物油作为纯能量食物的来源。由食物成分表可知每日摄入各类食物提供的脂肪含量,将需要的脂肪总含量减去食物提供的脂肪量即为每日植物油供应量。

8. 食谱编制　　根据计算的每餐的饭菜用量,编制一日食谱,早餐、午餐、晚餐的能量分配在 30%、40%、30% 左右即可。

9. 食谱能量和营养素计算　　从食物成分表中查出每 100 g 食物所含营养素的量,计算出每种食物所含营养素的量,将所用食物中的各种营养素分别累计相加,计算出一日食谱中各种营养素的量。

三、食谱的评价与调整

根据以上步骤设计出营养食谱后,还应该对食谱进行评价,确定编制的食谱是否科学合理。应参照食物成分表初步核算该食谱提供的能量和各种营养素的含量,与DRI进行比较,相差在10%以内,可认为合乎要求,否则要增减或更换食品的种类或数量。

值得注意的是,制定食谱时,不必严格要求每份营养餐食谱的能量和各类营养素均与DRI保持一致。一般情况下,每天的能量、蛋白质、脂肪和碳水化合物的量出入不应该很大,其他营养素以一周为单位进行计算、评价即可。

第五节 营养相关疾病

在当今经济社会快速发展的背景下,居民营养缺乏和营养失调两种情况依然并存,这表明生活水平的提高不能自动消除营养性疾病。要保持身体健康,注重科学饮食和合理营养是预防、治疗营养不良和慢性非传染性疾病的主要手段。

与微量元素和维生素相关的疾病与在相关章节中予以介绍,在此不再赘述。本节主要介绍与现代营养方式密切相关的四类疾病的情况。

一、蛋白质-能量营养不良

1. 病因及临床表现 蛋白质-热能营养不良(protein-energy malnutrition,PEM)是指蛋白质和能量摄入不足引起的营养缺乏病,往往还伴有维生素和矿物质的缺乏。

(1)病因:蛋白质-能量营养不良分为原发性营养不良和继发性营养不良两种。

① 原发性蛋白质-能量营养不良的发生原因有:食物短缺,如灾荒或战争年代、宗教或理念等原因导致食物供应短缺,人们处于饥饿状态;摄入低蛋白、低能量膳食,如偏食、限食、素食等;机体需要量增加而摄入量不足,如在妊娠、授乳、生长发育等阶段。

② 继发性蛋白质-能量营养不良的发生原因有:消化系统疾病,如短肠综合征、胰腺炎、胃切除等疾病导致患者食欲差、对食物的消化吸收障碍,使患者机体长期处于饥饿状态;高热、烧伤、败血症、大手术、恶性肿瘤等疾病,使机体处于高代谢状态,导致蛋白质、能量代谢加快,继而使蛋白质丢失过多,体重严重丧失,即短时间内体重降低超过10%;糖尿病、心血管疾病、肝脏病、肾脏病等慢性消耗性疾病导致蛋白质代谢障碍。

(2)临床表现:蛋白质-能量营养不良在临床上可分为水肿型营养不良、消瘦型营养不良和混合型营养不良。

① 水肿型营养不良:是因为蛋白质严重缺乏而能量勉强可维持机体需要的营养不良症,常见于儿童。患者体重为其标准体重的60%~80%,表现为精神萎靡、冷淡、哭声低弱、食欲减退、体重减轻、贫血、黏膜炎症、下肢凹陷性水肿、皮肤干燥、色素沉着、毛发稀少无光泽、肝脾肿大等。

② 消瘦型营养不良:是由于长期蛋白质和能量皆严重缺乏而引起的营养不良症,在婴幼儿中常见。患者体重低于其标准体重的60%,表现为生长发育迟缓、明显消瘦、体重减轻、皮下脂肪较少或消失、肌肉萎缩、皮肤干燥、毛发细黄无光泽、对疾病的抵抗力较低、无水肿、贫血、容易感染疾病而死亡;精神状态异常,情绪淡漠或烦躁易怒;通常伴有胃肠道感染和腹泻症状。

③ 混合型营养不良:其临床表现介于以上两种分型之间。

2. 流行病学特点 蛋白质-能量营养不良是所有营养不良中最致命的一种,由于婴幼儿在生理上需要较多的能量和蛋白质、抵抗力差、容易感染,故儿童所受危害最大。根据联合国粮食及农业组织提供的最新报告,每年全世界有600多万儿童因饥饿和营养不良而死亡。2002年中国居民营养与健康状况调查结果显示,虽然城乡居民中蛋白质-能量营养不良患病率较以前有大幅度下降,但农村贫困儿童的营养不良情况仍然严重。目前这种状况在西部地区依然存在。蛋白质-能量营养不良在消瘦人群中也较为常见。

3. 营养防治原则 预防和控制蛋白质-能量营养不良需要从多方面抓起,包括营养教育,食物生产与供给,早期发现,营养改善策略等。

(1) 营养教育:除了经济上贫穷等原因,导致蛋白质-能量营养不良的重要原因之一是营养知识的缺乏。接受营养教育的对象不仅是患者本身和其家属,还包括医生、护士在内的全社会所有相关人员,让他们都掌握全面的营养科学知识。

营养教育的内容包括:① 广泛宣传中国居民膳食指南及平衡膳食宝塔、特定人群膳食指南,使各人群都能做到科学饮食,合理营养;② 积极推行婴儿母乳喂养,提高母乳喂养率,减少婴幼儿喂养不当造成的营养不良;③ 注意个人、环境卫生知识的传播和重症疾病康复期的合理营养;④ 早期治疗慢性消耗性疾病。

(2) 补充蛋白质和能量:蛋白质-能量营养不良患者摄入的蛋白质和能量应比正常人高,如每天要摄入优质蛋白质 $2\sim2.5\ g/kg$ 体重。其补充原则是:① 蛋白质和能量应逐步增加到所需要的量,不能急于求成;② 蛋白质和能量最好同时补充,使身体可以较好耐受;③ 要根据患者状态及其胃肠道功能等具体情况来选择合适的补充蛋白质和能量的途径,比如口服、管饲、静脉营养等;④ 在补充蛋白质时,应注意充分发挥食物蛋白质的互补作用,可通过选用多种植物性食物、植物性食物与动物性食物混合食用、混合必需氨基酸补充剂等方法来提高膳食蛋白质的生物价,如粮谷类和豆类混合可以弥补其限制氨基酸的缺乏。

(3) 补充维生素和矿物质:在补充蛋白质和能量的同时,还应补充维生素和矿物质。对于儿童来讲,补充维生素 A 尤其必要。钙、镁、钾、铁、锌等矿物质也是体内合成代谢所必需的物质,因此应注意补充。

(4) 社会营养措施:国家实施的长期的政府约束和有效的政府行为,可以提高全社会居民的营养观点,促进人们消除潜在的营养危险因素。营养工作相关者要积极参与蛋白质-能量营养不良的防治工作,针对具体人群,采取切实有效的营养措施和公共保健措施。

4. 食物选择 蛋白质-能量营养不良患者宜选用高蛋白、高能量膳食。

(1) 动物类食品:动物来源的蛋白质质量好、利用率高,属优质蛋白,如牛奶、鸡蛋、瘦肉、鱼类等,同时富含脂肪酸和胆固醇,应侧重选用。

(2) 植物类食品:虽然粮谷类蛋白质利用率较低,但富含碳水化合物,是能量的主要来源物质。大豆制品的蛋白质利用率较高,可适量增加此类食品的摄入量。

(3) 新鲜蔬菜和水果:要保证新鲜蔬菜和水果的摄入量,确保膳食在提供充足的能量和蛋白质以外,能提供充足的维生素和矿物质。

二、肥胖病

1. 病因及临床表现 肥胖病(obesity)是指机体能量摄入超过能量消耗量,体内脂肪堆积过多和分布异常导致的体重过重,呈现为脂肪细胞体积增大和(或)脂肪细胞数目增多。

(1) 病因:按照肥胖病的病因和发病机制,可分为单纯性肥胖病和继发性肥胖病。单纯性肥胖病是由遗传因素和不良行为生活方式因素共同作用的结果,是一种慢性代谢异常疾病,可发生于个体的任何年龄阶段。单纯性肥胖通常是糖尿病、高血压、脑血管意外的危险因素。继发性肥胖病系由某种疾病所引起,如下丘脑病变、垂体病变、甲状腺功能减退症等。

(2) 临床表现:多数患者的症状与肥胖的严重程度和年龄有关,主要由机械性压力和代谢性紊乱两方面所引起,并导致许多并发症。

① 一般表现:轻度肥胖病患者一般无明显症状,中度、重度肥胖病患者可出现气喘、气急、关节疼、肌肉酸痛、焦虑、抑郁、孤独、自卑等。患者代谢率较高,容易出汗等。

② 内分泌代谢紊乱:通常男性体内脂肪集中分布在腰腹部,有人称之苹果形肥胖,女性体内脂肪则易堆积于腰部以下,称为梨形肥胖,苹果形肥胖比梨形肥胖更易发生代谢综合征。腹部肥胖容易引起胰岛素抵抗,虽可限制脂肪的进一步堆积,但更易引发脂肪氧化。特定器官的抗胰岛素性不同可能是导致局部脂肪堆积的原因。另外,体脂过多特别是苹果形肥胖与排卵功能障碍、雄性激素过多、激素敏感性、肿瘤之间有显著的生殖内分泌学关系。

③ 消化系统:肥胖患者常见有消化不良,因其脂肪代谢活跃,大量游离脂肪酸进入肝脏,极易出现脂肪肝,并出现肝功能异常。

④ 并发症：肥胖病患病率升高时，与之密切相关的一些疾病如心血管疾病、高血压病、糖尿病的患病率也随之升高。

2. 判定方法及标准　　参见本章第三节相关内容。

3. 流行病学现状　　大量研究资料表明，世界各地区的肥胖病流行情况虽不一样，但是全球性肥胖病流行的格局已经形成。美洲的肥胖病发生率高于欧洲和亚洲。特别是在发展中国家，随着经济逐渐好转，肥胖人数急剧增加，如加勒比海地区、南美、澳大利亚等。我国的研究结果表明，居民肥胖病发生率呈现逐渐升高的趋势，且女性肥胖高于男性，城市高于农村。近年来，儿童肥胖病发病率持续升高的趋势已引起世界各国的高度重视。

4. 营养相关因素

(1) 能量：长期的能量摄入大于能量消耗是导致体内脂肪大量贮存的主要原因。幼年时起病者多为脂肪细胞数量增加和体积增大，不易控制，而成年人起病多为脂肪细胞体积增大。

(2) 脂肪和碳水化合物：膳食脂肪能量密度高，摄入过多容易使能量摄入超标，大量脂肪酸转化为体脂堆积体内。碳水化合物中的单糖、双糖在肠道内消化吸收快，在体内也能转化为脂肪。

(3) 蛋白质：蛋白质也是能源物质，摄入过多也可引起肥胖，而且，在能量摄入受限制的情况下，蛋白质营养过度会引发肾功能损害。

(4) 饮酒：酒类中含有乙醇，其代谢过程可为机体提供能量，大量、经常饮酒是促发或加剧肥胖的重要因素。

(5) 膳食纤维：食物中的膳食纤维特别是可溶性纤维，可以减缓食物胃部进入小肠的速度，即减缓胃排空，降低脂肪和碳水化合物的吸收率，加之其吸水膨胀而产生饱腹感，因而有助于控制体重增长。过多食用精制的米面类主食和蔬菜及水果摄入不足者，更容易发生肥胖。

5. 营养防治原则　　应当采用以行为、饮食为主的综合治疗措施，合理安排饮食，控制能量摄入，增加能量消耗，促进体脂分解，从而减轻体重，维持身心健康。

(1) 预防重于治疗：最根本的预防措施是适当控制饮食量，改变不良的生活方式和饮食习惯，提高个体对肥胖危险因素的识别能力，强化控制体重增长比减肥容易得多的理念，及时给予科学指导。每天坚持适量饮食，进行科学的运动锻炼是调节能量平衡、控制体重增加的主要措施。

(2) 控制能量：每天对能量的摄入量应低于消耗量，以利于减轻体重；能量控制因人而异，适可而止；采用低热量或极低热量膳食，但每人每日膳食供能至少为 4 184 kJ(1 000 kcal)。

(3) 限制脂肪：限制脂肪尤其是动物性脂肪的摄入量尤为重要。肥胖易感人群的膳食脂肪供能比例应控制在 20%～25%，肥胖者还可更低，可为 15%～20%；膳食胆固醇的每天摄入量应低于 300 mg；日常烹饪多选用主要由单不饱和脂肪酸和多不饱和脂肪酸构成的植物油，如橄榄油、玉米油、花生油等，少食动物油脂和煎炸食品。

(4) 限制碳水化合物：应多选食粗杂粮等谷类食物，严格控制精制糖的摄入量。碳水化合物供能比例以 50%～55% 为宜，避免酮症、负氮平衡的发生。

(5) 蛋白质摄入要充足：对于肥胖病患者，蛋白质的供能比例可高达 20%～30%。为维持正常的氮平衡，必须保证膳食中有足够的优质蛋白质食物，如牛奶、鸡蛋、鱼类、豆类、瘦肉类等。

(6) 保证维生素和矿物质的摄入：节食减肥时，由于长期限制饮食，容易导致微量营养素摄入不足，故应注意补充新鲜蔬菜和水果，因其富含维生素、矿物质、膳食纤维、水分，属于低能量食品。当肥胖症并发高血压时，应限制钠盐的摄入，每天食盐摄入量应低于 6 g。

(7) 限量饮酒：经常饮酒的肥胖病患者应做到少量饮酒甚至戒酒。

(8) 改变饮食行为：每顿饭食不过饱，控制进食量；少吃能量密度较大的各类高脂、高糖食物；要细嚼慢咽，降低进食速度；避免晚上睡前进食。

6. 食物选择

(1) 宜用食物：① 粮谷类，限量的各种瘦肉、鱼、蛋、奶、豆类；② 富含膳食纤维的蔬菜和水果类。

(2) 忌用食物：① 富含脂肪的高能量食物，如动物油脂、煎炸食品、肥肉、浓汤、坚果等；② 富含精制糖的各种食品,如甜点心、饮料、饼干等。

三、冠心病

1. 病因及临床表现　　冠心病(coronary heart disease, CHD)是冠状动脉粥样硬化性心脏病的简称,是指冠状动脉硬化使管腔狭窄或阻塞而导致的以心肌缺血、缺氧为主要表现的心脏病。

动脉粥样硬化有三种基本的病理改变,即脂肪条纹形成、纤维斑块形成和进展性斑块形成。近年来的研究表明,易损性斑块的破裂是导致冠脉综合征和引起患者死亡的主要原因,所以,预防斑块的形成、促进斑块的消退和提高斑块的稳定性是动脉粥样硬化的主要防治策略。

冠心病的发生发展是一个缓慢渐进的过程,患者从青少年起即开始有血管壁的脂肪条纹形成,至40岁左右,病变的血管逐渐明显变窄,冠状动脉供血减少,并可能发生出血、溃疡、血栓等改变,由此导致相应的临床症状,如心绞痛、心肌梗死、猝死等,严重危及患者生命。

2. 流行病学特点　　全球疾病负担研究资料表明,每年死亡的4 000余万例(其中发达国家1 200余万,发展中国家2 800余万)中有1 000多万例死于心血管疾病,其中发达国家和发展中国家各占1/2。

我国目前冠心病发病率在国际排序中尚处于较低发病的行列,但在某些经济发达地区,冠心病的发病死亡率并不是很低,北方的发病率明显高于南方,最高和最低的相差32.9倍。经我国卫生部统计资料表明,近十年来我国冠心病死亡率继续呈上升趋势,冠心病危险因素在增长,包括经济增长、生活方式改变、高血压、血脂异常、吸烟、饮酒、膳食变迁、超重和肥胖、精神压力等,这些因素是促使我国冠心病发病增加的病因基础。

3. 营养相关因素　　随着各种研究资料的积累,导致心血管疾病的危险因素已被确定,包括吸烟、总胆固醇(TC)和低密度脂蛋白胆固醇(LDL-C)水平升高、超重和肥胖、高血压、糖尿病、久坐少动的生活方式(sedentary lifestyle)、高密度脂蛋白胆固醇(HDL-C)水平降低、甘油三酯(TG)升高、载脂蛋白A水平增加等。许多危险因素可以通过膳食和生活方式所调控,膳食营养因素无论是在冠心病的发病和防治方面都具有重要作用。

在膳食营养与心血管疾病危险因素方面的研究中,过去注重于传统的危险因素的研究,如脂肪的数量和种类,而近年来出现了新的研究动向和观点,如通过调控膳食中碳水化合物和蛋白质的数量和种类从而降低心血管疾病的危险性;过去被看好的抗氧化维生素与心血管疾病的相关性不大;一些B族维生素和植物性化学物质与心血管危险因素之间的关系逐渐受到较大的关注等。

(1) 膳食脂类:流行病学调查结果表明,膳食脂肪摄入总量与动脉粥样硬化症的发病用单不饱和脂肪酸(MUFA)代替膳食饱和脂肪酸(SFA),可降低血浆LDL-C和甘油三酯,且不会降低HDL-C。MUFA可使Ⅱ型糖尿病患者血糖和甘油三酯水平降低,因而有助于降低LDL-C对氧化修饰的敏感性。用多不饱和脂肪酸(PUFA)代替膳食SFA,可使血清中TC、LDL-C水平明显降低,且不会升高TG,还可以抑制血凝,防止动脉粥样硬化形成。吃鱼类较多的日本人和中国舟山群岛渔民的冠心病发病率较低,因为海产鱼类含有较多n-3系列的PUFA,如EPA和DHA。

用反式脂肪酸替代SFA的能量可使冠心病的危险性明显增加,即反式脂肪酸致动脉粥样硬化的作用比SFA更强。

磷脂在肝内合成,以结合蛋白的形式在血液中运输,卵磷脂是血浆主要成分。卵磷脂使胆固醇酯化形成胆固醇脂,酯化作用增强时,胆固醇不易在血管壁沉积,或使血管壁的胆固醇转入血浆而排出体外。

(2) 碳水化合物:肝脏能利用非酯化脂肪酸、糖类合成极低密度脂蛋白,故碳水化合物摄入过多也可能引起血液甘油三酯水平增高。进食大量的碳水化合物,特别是能量密度高的双糖或单糖类,使糖代谢加强,细胞内ATP增加,脂肪合成增加。膳食碳水化合物摄入量占总能量的百分比与血清HDL-C水平负相关。

低血糖指数(GI)的食物,在胃肠停留时间长、吸收率低,葡萄糖释放缓慢,进入血液后对血糖的影响较小,使餐后血糖的波动较小。研究表明低GI的膳食可以增加Ⅱ型糖尿病患者对胰岛素的敏感性,降低血浆TG、HDL-C,从而降低冠心病的发病率。

膳食纤维可缩短食物通过小肠的时间,减少胆固醇的吸收;膳食纤维可吸附胆酸,减少其重吸收,从而促进肝脏胆固醇转化成胆酸,进而降低血浆胆固醇。可溶性纤维比不可溶性纤维的作用更强。

(3) 膳食蛋白质:已有资料表明,来自动物和植物的膳食蛋白质,尤其是大豆蛋白,对许多心血管疾病的危险因素有预防作用。流行病资料表明,高蛋白质摄入量占23%总能量时,可显著地降低心血管疾病的危险性。但是通过动物食品增加蛋白质,如果不是选择瘦肉和脱脂奶,将会升高血液胆固醇的含量,从而抵消高蛋白质膳食可能产生的健康效应。

植物蛋白尤其是大豆蛋白,降低血浆胆固醇和预防动脉粥样硬化的作用。有资料表明,用大豆蛋白替代动物蛋白可使TG和LDL-C分别下降19%和24%,由于大豆蛋白这种显著的降胆固醇作用,可以潜在性地使冠心病的危险性降低20%~40%。此外大豆中含有许多生物活性物质,尤其是异黄酮类,具有降低血清TG和抗动脉粥样硬化的作用。而且大豆蛋白与其天然相伴的异黄酮对降低TC有协同作用。

(4) 抗氧化膳食成分:自由基介导的氧化反应及其产物在动脉粥样硬化过程中起重要作用。体内和体外实验表明,维生素E、维生素C、β-胡萝卜素有抗氧化和清除自由基的作用,因此被认为有助于预防动脉粥样硬化的发生。

(5) 同型半胱氨酸:20世纪90年代以后通过多种实验研究、流行病学、营养素补充干预研究得出基本结论,血浆同型半胱氨酸水平增高是冠心病的独立危险因素。血浆同型半胱氨酸升高导致心血管疾病的机制主要有以下几个方面:损伤内皮细胞,促进血栓形成,增强LDL致动脉粥样硬化作用,促进血管平滑肌细胞增生,增加氧化应力和氧自由基。维生素B_6、维生素B_{12}、叶酸作为重要的辅助因子参与同型半胱氨酸代谢过程,因此,建议冠心病患者或高危人群每天通过补充适量的叶酸、B族维生素以防止冠心病的进展。

(6) 乙醇:经调查在西方动脉栓塞性血管病变发生较高的人群中,乙醇消费量与总死亡率及心血管疾病死亡率的关系总体上呈J形曲线。60多个前瞻性研究表明,适量饮酒对心脏具有保护作用,可降低冠心病和缺血性脑卒中的危险,但是长期大量饮酒(>60 g/d乙醇)使总死亡率和各种类型脑卒中的危险性增加。

(7) 茶和咖啡:茶和咖啡是人类膳食中抗氧化物质的主要来源,其黄酮类、多酚类、绿原酸等含量要比蔬菜水果中的含量高出数倍。动物实验和流行病学研究表明,饮茶有降低胆固醇在静脉沉积,抑制血小板凝集,清除自由基等作用。咖啡中含有咖啡脂,有强烈升高血清TC的作用,因尽量饮用滤纸过滤后的咖啡。

(8) 宫内营养不良:宫内营养不良即"胎原假说",通过一系列的流行病学研究,有些专家认为婴儿期的贫困与成年期冠心病的发生有重要联系,冠心病起源于胎儿期个体对宫内营养不良环境的反应和适应,这种反应和适应引起机体的组织结构、生理功能和代谢发生持续的改变,最终导致包括冠心病在内的一系列成人疾病。

4. 营养防治原则

(1) 控制能量的摄入:每人每日所需能量因年龄、性别、劳动强度不同差别很大,成人一般可摄入8.4~12 MJ。每日膳食能量的摄入应以维持理想体重为目标,尤其要控制来自脂肪的能量,积极预防或消除超重和肥胖,因为肥胖是高血脂、高血压、冠心病、糖尿病等疾病的危险因素。

(2) 限制脂肪摄入量:控制膳食中的脂肪和胆固醇的摄入量是防止血清TC升高,预防冠心病发病率上升的重要措施。① 成人膳食脂肪摄入量应占总能量的20%~30%。② 在脂肪酸的种类方面,应减少饱和脂肪酸的摄入,少食或不食动物脂肪,以含不饱和脂肪酸较多的植物油代替。中国营养学会推荐建议SFA供能比例应小于10%。中国营养学会推荐MUFA量为占总能量的8%~10%,,PUFA:MUFA:SFA=1:1:1,n-6PUFA/n-3 PUFA为(4~6):1。来自食品中氢化植物油的反式脂肪酸供能比例应小于1%总能量。③ 每日胆固醇的摄入量应控制在300 mg以下,治疗膳食不应超过200 mg。植物食品如豆类、粮谷类、蔬果类等含植物固醇,可竞争性的抑制动物固醇的吸收,提倡多食用。

(3) 适量的碳水化合物和蛋白质:碳水化合物是人体热能的主要来源,摄入过多时,多余的葡萄糖在肝脏内转化为甘油三酯,成为血脂的来源,进而促进冠心病的发生,因此,碳水化合物应占总能量的55%~65%为宜。提倡多选用含复合碳水化合物如淀粉的粗杂粮类,少食富含精制单糖、蔗糖的甜食类,如甜点心、各种糖果、冰淇淋、巧克力等。

膳食蛋白质摄入量以 1 g/kg 体重为宜,可占总能量的 12%~14%。应注意植物蛋白和动物蛋白的合理搭配,要以较多的大豆蛋白代替动物蛋白,进而控制同时来自动物性食品的饱和脂肪。优质蛋白质最好占蛋白质总量的 30% 左右。

(4) 增加膳食纤维的摄入:膳食纤维具有吸附胆固醇的作用,还能加速胆酸从粪便排出,减少血胆固醇的升高,防治冠心病的发病。膳食纤维每日摄入量应 25 mg 以上。

(5) 充足的维生素和矿物质:维生素 C、维生素 E 有利于冠心病的防治;铬、锌有利于糖类和脂类的代谢;碘可抑制胆固醇在肠道的吸收。相反,铅和镉对动脉粥样硬化有促进作用;钠的摄入过多也十分有害,每天钠盐摄入量应在 6 g 以下,以控制血压的上升,降低发生冠心病的危险性。每天摄入 400~500 g 蔬菜、100~200 g 水果可为人体提供充足的维生素和矿物质。

(6) 适量选用嗜好品:饮酒应限量,尤其要避免大量饮用高度酒。不喝浓茶、浓咖啡。

5. 食物选择

(1) 可选食物:① 富含优质植物蛋白的大豆制品。② 富含膳食纤维的粗粮,如玉米、小麦、高粱、燕麦等。③ 富含维生素和矿物质的蔬菜水果类,如叶菜类、颜色较深的果蔬。④ 富含优质蛋白质及不饱和脂肪酸的坚果及深海水产品。⑤ 富含特殊成分、抗氧化物质的海带、洋葱、芹菜、木耳、大蒜等。

(2) 限用食物:① 含脂肪多的食品如油条、炸糕等油炸食品、全脂奶、奶油、肥肉、动物内脏、动物油脂等。② 含胆固醇较多的食品,如鱼子、肝、脑、松花蛋等。③ 富含氢化植物油的高热量、高糖食品,如甜点心、冰淇淋等。④ 刺激性强的食物,如过咸、过甜、过辣的食物。⑤ 乙醇饮品。

四、糖尿病

1. 病因及临床表现 糖尿病(diabetes mellitus,DM)是一组由遗传和环境因素相互作用而引起的以血浆葡萄糖(简称血糖)水平升高为特征的慢性、代谢性疾病群。

(1) 发病机制及临床特点:糖尿病的病理生理机制是由于各种原因导致胰岛 β 细胞分泌胰岛素相对或绝对不足,以及靶细胞对胰岛素的敏感性降低或胰岛素本身缺陷等,进而引起碳水化合物、蛋白质、脂肪、水、电解质的代谢紊乱。患者血糖明显升高时可出现多尿、多饮、体重减轻,有时可伴多食和视物模糊。可危及患者生命的糖尿病的急性并发症为酮症酸中毒及非酮症性高渗综合征。

糖尿病在临床上可分为胰岛素依赖型糖尿病(IDDM,Ⅰ型)、非胰岛素依赖型糖尿病(NIDDM,Ⅱ型)和其他特殊类型糖尿病。

① Ⅰ型糖尿病:患者的胰岛 β 细胞遭受破坏,导致胰岛素分泌绝对不足或缺乏,有发生酮症酸中毒倾向,血浆胰岛素水平低于正常值低限,必须依赖胰岛素治疗维持生命。可发生在任何年龄但多发生于青少年时期,多数起病较急,症状明显且严重。

② Ⅱ型糖尿病:包括胰岛素抵抗和胰岛素分泌缺陷两种病理状态,不发生胰岛 β 细胞的自身免疫损伤,患者血浆胰岛素水平可正常或升高,很少自发性发生酮症酸中毒,大多数在发病初不需依赖胰岛素治疗。此型糖尿病可发生于任何年龄,但多见于 40 岁以上的中老年人,它的危险性随年龄、肥胖和缺乏体力活动而增加,遗传易感性较Ⅰ型强,且更加复杂,是最常见的糖尿病类型,占糖尿病总人数的 90% 左右。患者多数起病缓慢,病情相对较轻。

③ 其他类型:包括妊娠期糖尿病、激素等药物或其他化学物质引起的糖尿病、遗传疾病伴有的糖尿病等。

(2) 诊断标准:我国采用世界卫生组织(WHO)糖尿病专家委员会于 1999 年提出的糖尿病诊断标准为:糖尿病症状(三多一少)加任意时间血浆葡萄糖≥11.1 mmol/L,或空腹血浆葡萄糖(FPG)≥7.0 mmol/L,或口服葡萄糖耐量试验(OGTT)中 2 h 血浆血糖≥11.1 mmol/L。需重复一次确认,诊断才能成立。

2. 流行病学现状 糖尿病是常见病、多发病。2002 年全国居民营养和健康状况调查结果显示,在接受调查的 27.2 万 18 岁以上居民中,糖尿病患病率为 2.6%,空腹血糖受损率为 1.9%,城市患病率明显高于农村。糖尿病的发病特点是中、老年人高于年轻人,脑力劳动者高于体力劳动者,超重和肥胖者发病率较高,富裕地区高于贫困地区,城市高于农村。

2007~2008年,中华医学会糖尿病学分会组织开展了对全国14个省市20岁以上人群中的4.8万多人进行糖尿病流行病学调查,通过加权分析,估计我国成年人糖尿病患病率为9.7%,大约每10个成年人中就有1人是糖尿病患者。此外,葡萄糖耐量异常(IGT)患病率为15.5%,大约有1.5亿人,这些人的血糖浓度处于正常与糖尿病之间,尚不能诊断为糖尿病,是处于往糖尿病进展的阶段,或者说是从准糖尿病患者恢复到正常人的一个阶段和机会,一旦这些准患者跨越这个阶段,就成为糖尿病患者。目前美国、欧洲国家糖尿病的发生率已经到了上升缓慢的平台期,而我国的发病还呈快速上升期。

3. 营养相关因素

(1) 能量:糖尿病患者体内胰岛素缺乏,或胰岛素受体数量减少,组织对胰岛素不敏感,易发生能量代谢紊乱。能量摄入过低,机体处于饥饿状态,易引发脂类代谢紊乱,产生过多的酮体,出现酮血症;摄入能量过多则易使体重增加,血糖难以控制,加重病情。

(2) 碳水化合物:碳水化合物是机体的主要能源物质,糖尿病患者摄入过多的碳水化合物时,因调节血糖的机制失控,容易出现高血糖;而摄入过低时,易引起体内蛋白质和脂肪的分解,导致酮血症。随着对饮食营养治疗的深入,发现适当增加碳水化合物的摄入量可以改变糖耐量,并不增加胰岛素的需求,反而可以提高组织细胞对胰岛素的敏感性。

(3) 脂肪:正常人的脂肪被吸收后,一部分在肌肉中被氧化产生二氧化碳、水、能量;另一部分经肝细胞转化为酮体,然后在身体各组织被氧化供能;剩余的转化为体脂贮存。但糖尿病患者胰岛素不足,体内脂肪分解加速,脂肪代谢紊乱。当脂肪摄入种类和数量不当时,可引发或加重高脂血症,继而导致脂肪肝、血管病变、高血压等并发症。

(4) 蛋白质:糖尿病患者体内糖异生增加,蛋白质分解代谢增加,由于胰岛素不足,肝脏肌肉中蛋白质合成减慢,易发生负氮平衡。

(5) 维生素:维生素是调节机体生理功能和物质代谢的重要酶类的辅酶,B族维生素参与糖代谢,糖尿病患者糖异生作用旺盛,B族维生素消耗增多,如果供给不足,会进一步减弱糖酵解、有氧氧化和磷酸戊糖途径,加重糖代谢紊乱。与糖尿病关系密切的还有维生素C、维生素A、维生素E以及微量元素硒,能帮助消除积聚的自由基,防止生物膜的脂质过氧化,维生素C还有清除过氧化脂质的作用,预防微血管病变。

(6) 矿物质:与糖尿病关系最密切的矿物质主要有铬、锌、钙、磷、镁、钠等。3价铬是葡萄糖耐量的组成成分,是胰岛素的辅助因素,有增加葡萄糖的利用和促进葡萄糖转化为脂肪的作用。铬缺乏与II型糖尿病关系密切。锌是体内许多酶的组成成分,参与体内蛋白质的合成和细胞的分裂增殖,协助葡萄糖在细胞膜上的转运,并与胰岛素的合成和分泌有关。锌的缺乏和过量均影响胰岛素的分泌,加重糖尿病及其并发症。糖尿病患者常伴有钙、磷代谢紊乱,大量的钙、磷丢失会引发糖尿病患者出现继发性骨质疏松,骨骼有异常和风湿样表现。摄入过量钠容易导致糖尿病并发高血压。

4. 营养治疗原则 I型糖尿病患者在适宜的膳食总能量和食物成分以及有规律的餐次安排等的基础上,再配合胰岛素治疗,有助于控制高血糖和防止低血糖的发生。II型患者尤其是超重和肥胖患者,饮食治疗有助于减轻体重、改善高血糖、脂质代谢紊乱和高血压,减少降血糖药物的剂量。

(1) 合理控制能量摄入量:要通过调整能量摄入量使患者体重维持在正常范围之内,乃至获得标准体重。能量的控制要因人而异,适可而止,同时坚持适当运动锻炼。但每人每日的膳食供能至少为4 200 kJ(1 000 kcal)。

(2) 适当的碳水化合物摄入量:目前观点认为,在总能量控制的前提下,适当提高碳水化合物摄入不仅可以改变糖耐量,还可提高周围组织对胰岛素的敏感性。碳水化合物供给充足时,可以减少蛋白质和脂肪的分解,预防酮血症。但摄入不宜过多,过多可升高血糖增加胰岛负担。摄入的碳水化合物占总能量50%~60%为宜,要严格控制血糖生成指数较高食物的摄入及晚餐后和睡前的碳水化合物的摄入。

富含游离葡萄糖、易水解的寡糖和可被迅速消化的淀粉等食物血糖生成指数(glycemic index, glycaemic index, GI)相对较高。而含不易消化和水解的寡糖、多糖及抗性淀粉食物血糖指数较低。低血糖食物对于治疗糖尿病患者有很好的疗效,但并不是所有的低血糖食物都是糖尿病患者好的选择。因为一些低血糖指数的食物脂肪含量可能较高,而一些高血糖指数食物可能脂肪含量低,所以用血糖指数来指导糖尿病患者选择食物时,必须考虑食物的组成成分,即食物的脂肪含量(表9-5)。

表9-5 含碳水化合物食物的血糖指数

食物名称	血糖指数	食物名称	血糖指数	食物名称	血糖指数	食物名称	血糖指数
蛋糕	87	香蕉	83	冰激凌	84	硬意大利面条	78
甜饼	90	生香蕉	51	全奶	39	黑意大利面条	53
小麦饼干	99	过熟香蕉	82	脱脂奶	46	速食	118
松饼	88	猕猴桃	75	加糖酸奶	46	烤薯	121
精制蛋糕	123	芒果	80	甜味剂酸奶	27	新薯	81
大麦粒	49	橘子	62	烘豆	69	煮白薯	80
大麦粉	96	橘子汁	74	豇豆	59	薯泥	100
黑麦粉	92	珍珠大麦	36	棉豆	44	薯条	107
黑麦薄脆饼干	93	碎大麦	72	鹰嘴豆	47	红薯	77
白面包	101	荞麦	78	灌装鹰嘴豆	59	山药	73
全面粉	99	碾碎小麦	68	扁豆	54	胶质软糖	114
全麸	60	蒸粗麦粉	93	芸豆	42	巧克力	84
玉米片	119	甜玉米	78	灌装芸豆	74	爆米花	79
牛奶什锦早餐	80	栗	101	小扁豆	38	炸玉米片	105
燕麦麸	78	白米	81	绿小扁豆	42	炸土豆片	77
燕麦粥	87	低淀粉米	126	罐装绿小扁豆	74	花生	21
爆米花	123	高淀粉米	83	菜豆	46	豆汤	84
爆麦花	105	黑米	79	干绿豌豆	56	西红柿	54
小麦片	99	速食米	128	绿豌豆	68	蜂蜜	104
苹果	52	蒸米	68	杂色豆	61	果糖	32
苹果汁	58	特种米	78	大豆	23	葡萄糖	138
干杏	44	黑麦粒	48	黄豌豆	45	蔗糖	87
罐装杏	91	木薯	115	扁面条	71	乳糖	65

(3) 保证蛋白质:因糖尿病患者糖异生作用增强,蛋白质消耗增加,容易出现负氮平衡。为维持正常的氮平衡,必须保证膳食中有足够的蛋白质,因此蛋白质供能比例要高于健康人,应占总能量的15%～20%,以优质蛋白质为主,但并发肾脏病的患者应限制大豆蛋白质的摄入。

(4) 限制脂肪和胆固醇:当糖尿病患者膳食脂肪摄入不当时,易引起或加重高脂血症,进一步导致血管病变,此为糖尿病的常见并发症。因此糖尿病患者需要适量摄入脂肪,应占总能量的20%～30%,特别注意限制含饱和脂肪酸较多的动物性脂肪摄入,限制胆固醇的摄入量不要超过300 mg/d,并发高脂血症患者应低于200 mg/d。

(5) 充足的维生素、合适的矿物质:糖尿病患者代谢旺盛,较易发生维生素和矿物质缺乏。注意补充B族维生素、维生素C和矿物质有助于改善物质代谢,防止出现并发症。但对并发高血压者应限制钠盐的摄入。

(6) 其他:糖尿病患者要做到少量多餐,可每日5～6餐。此外要戒烟、限酒。

5. 食物选择

(1) 宜用食物:① 粗杂粮包括燕麦面、玉米面、荞麦面等。② 各种豆制品。③ 富含维生素、矿物质、膳食纤维的新鲜蔬菜。

(2) 忌用食物:① 低分子质量的糖类如红糖、白糖、蜜饯、雪糕等。② 含脂肪和胆固醇较高的食物,如动物内脏、猪油、鱼子等。③ 血糖生成指数较高的食物,特别是含果糖和葡萄糖较高的水果。④ 含淀粉较多的食物如马铃薯、土豆、芋头、山药等。⑤ 乙醇饮品。

五、恶性肿瘤

1. 病因及临床表现 肿瘤是指在多种内在和外在的致癌因素共同作用下,一些组织细胞异常增生而形成的新生物。肿瘤细胞和正常细胞相比,有结构、功能和代谢的异常,具有超过正常的增生能力,这种增生与机体不相协调。

目前对恶性肿瘤的病因尚未完全了解。大量的流行病学调查研究及实验与临床观察,发现环境因素、个体行为、饮食对人类恶性肿瘤的发生有着极为重要的影响。据估计,约80%以上的恶性肿瘤与环境因素有关。环境因素可分为致癌因素与促癌因素,包括化学因素、物理因素以及病毒、细菌和寄生虫感染等。机体的内在因素在肿瘤的发生、发展中也起着重要作用,如遗传、内分泌与免疫机制等。

肿瘤可发生于许多器官组织,根据肿瘤的特性、对健康的危害、对生命的威胁程度可分为良性肿瘤和恶性肿瘤。

(1) 恶性肿瘤:肿瘤细胞具有浸润、转移能力,并能导致宿主死亡。起源于上皮组织(皮肤、黏膜等)的恶性肿瘤称为癌(cancer),约占所有恶性肿瘤的90%以上,如胃癌、肝癌、乳腺癌等;起源于原始间叶细胞的恶性肿瘤称为肉瘤(sarcoma),如骨肉瘤、淋巴肉瘤、平滑肌肉瘤等。

(2) 良性肿瘤:无浸润和转移能力,对机体的影响较小,主要表现为局部压迫和阻塞症状,与其发生部位和继发变化有关。

2. 流行病学特点　　恶性肿瘤是危害人类生命和健康的一种严重疾病,近年来在不少国家恶性肿瘤死亡占三大死因(癌症、心血管病、脑血管病)的首位。我国每年因恶性肿瘤死亡人数约有130万,2001年中国卫生部信息统计中心公布的资料显示恶性肿瘤死亡率为135.59/10万,占总死亡的24.93%,为死因首位。

3. 营养相关因素

(1) 能量:动物试验资料表明,限制进食的动物比自由进食的动物自发性肿瘤的发病率低,肿瘤发生的潜伏期延长;不限制摄入热量但强迫动物运动以促进总能量的消耗,也可以抑制化学致癌物对实验动物的致癌作用。但在减少总能量摄入的同时,要注意满足蛋白质、维生素和矿物质的需要,从而增强体质。

(2) 脂肪:肿瘤流行病学的调查资料表明,脂肪摄入量与结肠癌、乳腺癌、动脉粥样硬化性心脏病、乳腺癌、肺癌的发病率呈正相关,而与胃癌呈负相关。流行病学实验表明,膳食脂肪中的脂肪酸种类与肿瘤的发病危险性之间也存在一定的相关性;饱和脂肪酸和动物性脂肪可能增加肺癌、乳腺癌、结肠癌、直肠癌、前列腺癌的发生危险性;多不饱和脂肪酸和植物性脂肪均与乳腺癌不相关;单不饱和脂肪酸与前列腺癌、结肠癌、直肠癌等均不相关;EPA、DHA的适量食用对实体瘤、肺癌等肿瘤的发生恶化有明显的抑制作用;我国多个县的生态学调查显示,血浆胆固醇水平与肝癌、结肠癌、直肠癌、肺癌、脑肿瘤呈正相关,而与乳腺癌、前列腺癌、直肠癌无相关性。

(3) 蛋白质:流行病学调查证明,低蛋白饮食可使肝癌和食管癌的发病率增高;儿童时期不食或少食动物脂肪及蛋白质,可致胃癌发病率增高。动物实验表明,牛奶中的酪蛋白对胃内致癌物亚硝胺合成有抑制作用,多饮牛奶可使胃癌发病率降低。有实验证明,经常饮用大豆制品者,发生胃癌的相对危险度较低,因为大豆中不仅含丰富的蛋白质,还含有抑癌作用的大豆异黄酮,它有抑制胃癌、结肠癌和乳腺癌的作用。但是,在摄入较多动物蛋白的同时会使脂肪摄入增加,容易引起结肠癌;即使不增加脂肪摄入只增加蛋白质摄入,也会增加结肠癌、胰腺癌和乳腺癌的发病率。因此,膳食蛋白质的摄入应当适量,过高或过低均易促发癌症。

(4) 碳水化合物:不同种类碳水化合物的作用各异。高淀粉膳食可能容易引起胃癌,因为摄取高淀粉膳食时常伴有蛋白质摄入偏低和其他保护因素摄入不足,而且高淀粉膳食和大容量相联系,此物理因素导致胃黏膜受损,进而使胃壁细胞恶变。膳食纤维可以通过改善肠道细菌的微生态环境,吸附致癌物质,增加容积以稀释致癌物,从而起到防癌作用。食用菌类食物和海洋生物中的多糖有防癌功效,这类多糖物质具有提高人体免疫力和抑制肿瘤细胞生长的作用。

(5) 维生素:大量的流行病学、动物实验以及实验室研究表明,维生素A和β-胡萝卜素与肿瘤有着密切关系。维生素A类化合物的防癌作用机制有抗氧化作用、提高机体免疫力、调控基因表达、诱导细胞的正常分化等,从而预防癌症的发生。维生素C可阻断亚硝胺在体内的合成,降低肿瘤的发生率。流行病学研究表明,维生素C的高摄入量可明显降低胃癌的危险性,也可降低口、咽、食管、肺、胰腺和宫颈癌的危险性。维生素E对致癌物有解毒作用,可能有降低肺癌、子宫颈癌发生危险性的作用,其防癌作用机制可能为清除致癌因子自由基、抑制癌细胞的增殖、诱导癌细胞向正常细胞的分化、提高机体免疫功能等。维生素B_1缺乏使肿瘤的形成和生长速度明显加快。维生素B_6、叶酸和烟酸缺乏均可促进肿瘤的发生。维生素B_{12}缺乏可增加胃癌和白血病的发病率。

（6）矿物质：膳食矿物质与肿瘤的发生和防治有密切关系。锌、铁的摄入过高和过低时都将降低机体的免疫力，具有抑制和诱发癌症的双向性；硒是谷胱甘肽过氧化酶的重要组成部分，能清除氧自由基，保护细胞膜和线粒体膜的结构和功能，还有加强免疫功能的作用，因此有防癌作用；碘过多和缺乏都可增加患甲状腺癌的危险性。

（7）饮酒、吸烟：大量饮酒可增加肝脏负担，导致肝功能失常，增加肝癌发生的可能性。饮酒可增加口腔癌、咽癌、食管癌、乳腺癌、甲状腺癌等的发生率。乙醇和烟草的致癌因素起协同作用，可成倍地增加肿瘤发生率。

4. 营养防治原则

（1）肿瘤的饮食预防：预防肿瘤发生是首要措施，要达到免于患癌和延迟患癌两个目的，做到以下几方面十分重要。① 膳食结构要平衡合理：按照中国营养学会提出的中国膳食指南，以植物性食物为主，摄取平衡的多样化膳食，维持正常体重。② 增加保护性营养素的摄入：要多食新鲜蔬菜和水果，获取类胡萝卜素、维生素C、维生素E、硒、膳食纤维等保护性营养素，提高免疫功能，减少患肿瘤的机会。③ 减少食物中致癌物和致癌前体物的摄入：霉变食物中含有的黄曲霉毒素、烟熏油炸食物中含有的多环芳烃类物质、油煎蛋白质食物产生杂环胺类、腌制食品中含有的亚硝胺都是致癌物质。腌制食品中含有的仲胺和亚硝酸盐为致癌前体物，可以在体内合成致癌物。对于这些食物应不食或少食，避免致癌物和致癌前体物的摄入。④ 少饮酒或不饮酒。

（2）肿瘤患者的营养治疗：手术切除、化疗和放疗是对肿瘤患者常用的治疗手段。手术后的化疗和放疗在对肿瘤细胞发挥细胞毒性作用时会损伤正常组织和细胞，进而导致不良反应的出现，影响食欲和消化功能，给身体营养状况带来不良影响。因此，化疗和放疗患者应在调整营养素平衡的同时，补充抗氧化营养素如类胡萝卜素、硒、维生素E等。

晚期肿瘤患者的能量消耗大于能量摄入，患者营养状况极为不良，免疫功能极为低下，患者抗氧化能力很低，血中的脂质过氧化物明显升高。其治疗原则是采取措施和积极鼓励患者增加食物摄取量，维持较好的营养状况、机体免疫力和抗氧化能力，进而缓解病情进展，提高生存质量，延长生命。

5. 食物选择

1）宜用食物：① 多选用含膳食纤维较多的食物，各种新鲜蔬菜如芹菜、油菜、茭白等。② 多摄入含蛋白质特别是优质蛋白质较多的食物，如蛋类、奶类、豆类及其制品。③ 选择含抗氧化营养素较多的食物，如新鲜蔬菜、水果等。④ 增加有提高人体免疫功能的食物的摄入，如洋葱、大蒜、韭菜、香菇、平菇、枸杞等。

2）忌用食物：① 少食脂肪、胆固醇含量较高的动物类食品，如肥肉、动物内脏、鱼子、蛋黄、脑等。② 忌食含致癌物或致癌前体物较多的食物，如霉变食物、腌制食物、烟熏和油炸食物等。③ 少食粗、硬、热、酸、辣等刺激性食物。④ 戒烟、限酒。

思考题

1. 什么是推荐摄入量及其作用？
2. 简述推荐摄入量和适宜摄入量的异同之处。
3. 什么是可耐受最高摄入量？
4. 什么是膳食结构？
5. 什么是膳食指南？
6. 国内外主要有几种基本的膳食结构？分析其优缺点。

第十章

食物中的功效成分与保健食品

第一节 概 述

一、保健食品定义

中华民族有着悠久的食疗养生传统,所谓养生就是根据生命发展的规律,采取能够保养身体,减少疾病,增进健康,延年益寿所进行的保健活动,是人们提高生命质量的手段。

古代"药食同源"的理论实际上就是保健食品的观点。唐朝时期的《黄帝内经太素》一书中写道:"空腹食之为食物,患者食之为药物",反映出"药食同源"的思想。中医中药作为传统的医药和养生文化,至今仍是我国保健食品开发研制的重要理论基础和有效的物质来源,同时也是我国发展保健食品的独特优势。

除营养(一次功能)和感觉(二次功能)之外,还具有调节生理活动(三次功能)的食品,即称为功能性食品。保健食品监督管理条例(送审稿)第二条规定"本条例所称保健食品,是指声称并经依法批准具有特定保健功能的食品。保健食品应当适宜于特定人群食用,具有调节机体功能,不以治疗疾病为目的,并且对人体不产生急性、亚急性或者慢性危害。"

保健食品必须具备两个基本特征:一是安全性,对人体不产生任何急性、亚急性或慢性危害;二是功能性,对特定人群具有一定的调节作用,但与药品有严格的区分,不能治疗疾病,不能取代药物对患者的治疗作用。同时又要符合下面三项基本要求:① 由通常食品所使用的材料或成分加工而成。② 以通常形态和方法摄取。③ 标有生物调整功能的标签、成分和含量。

所以欲申报保健食品的产品,必须具有三种属性:① 食品属性;② 功能属性,具有特定的功能;③ 非药品属性。

与普通食品相比两者都能提供人体生存必需的基本营养物质(食品的第一功能),都具有特定的色、香、味、形(食品的第二功能)。区别在于:① 保健(功能)食品含有一定量的功效成分(生理活性物质),能调节人体的机能,具有特定的功能(食品的第三功能);而一般食品不强调特定功能(食品的第三功能)。② 保健(功能)食品一般有特定的食用范围(特定人群),而一般食品无特定的食用范围。

因此保健食品投入市场前,依法须经过一套严格的科学的评价程序,其适宜的特定人群是有理论依据的;其所具有的调节机体功能的功效是确切的;其食品的属性又限定其是不以治疗疾病为目的。因此其标签标志有严格的规定,如不得用"治疗"、"治癌"、"疗效"、"痊愈"、"医治"样的词汇等。

《保健食品管理办法》规定保健食品必须符合下列要求:

(一) 经必要的动物和/或人群功能试验,证明其具有明确、稳定的保健作用。

(二) 各种原料及其产品必须符合食品卫生要求,对人体不产生任何急性、亚急性或慢性危害。

(三) 配方的组成及用量必须具有科学依据,具有明确的功效成分。如在现有技术条件下不能明确功效成分,应确定与保健功能有关的主要原料名称。

(四) 标签、说明书及广告不得宣传疗效作用。(批准文号为"卫食健字( )第 号",现在统一为"国食健字G××××××××")。

图 10-1 是国产和进口保健食品专用标志,为天蓝色,呈帽形。

图 10-1　国产（左）和进口（右）保健食品标志

据此，那些添加非食品原料或非食品成分（如各种中草药和药效成分）而生产的食品，不属于功能性食品范畴。

除了以上具有特定功能的食品可以申报保健食品外，营养素类产品也纳入了保健食品的管理范畴，称为营养素补充剂，如以维生素、矿物质为主要原料的产品，以补充人体营养素为目的的食品。营养素补充剂不列入保健食品定义，但列入保健食品管理，采取备案制。

关于"功能性食品"的提法，虽尚未得到全世界的公认，但它强调食品的第三功能这一观点却已为全世界所共识。

二、保健食品的发展

1982 年，日本厚生省的文件中最早出现功能食品（functional food）的名称。1987 年，日本文部省在《食品功能的系统性解释与展开》最先使用该词。1989 年 4 月厚生省进一步明确定义为：对人体能充分显示身体的防御功能、调节生理节奏以及预防疾病和促进康复等方面的工程化食品。1990 年 11 月又提出"特殊保健用途食品"（food for specified health use）。

美国于 1994 年 10 月在国会参、众两院通过了"营养增补剂（nutritional supplement）、健康与教育法案"以取代"健康食品法案"，其要点：

① 把草药、植物性物质与维生素、矿物质、氨基酸等同视为营养增补剂，可以补充到食品中。② 这类产品按使用说明食用，安全、无害。③ 可以任何形式上市（片剂、胶囊、粉剂等）。④ 可附功能性说明，但不用于疾病的预防、诊断与治疗。⑤ 产品上市前，需要经 FDA（美国食品与药物管理局）认定，包括文献资料在内的证据。

欧洲诸国普遍采用健康食品（health food）的概念，以增进健康为宗旨，采用天然材料，遵守健康原则，保证食品卫生与质量。其范围：① 含有充分的营养素。② 补充膳食中缺少的营养素。③ 特定需要的食品或滋补品，最好含有特殊的营养物质。④ 以增强体质和美容为目的的食品。⑤ 以维持和增进健康为目的，以天然原料为基础的食品。

此外有的国家和地区称之为设计食品（designed food）、膳食补充剂（dietary supplement）、营养食品（nutritional food）、改善食品（reform food）等。

中华人民共和国卫生部在 1996 年 3 月 15 日正式定名为保健食品。强调其成分对人体能充分显示机体防御功能、调节生理节律、预防疾病和促进康复等功能的工业化食品。

要求保健食品必须符合下面条件：① 无毒、无害，符合应有的营养要求。② 其功能必须是明确的、具体的，而且经过科学验证是肯定的。同时，其功能不能取代人体正常的膳食摄入和对各类必需营养素的需要。③ 功能性食品通常是针对需要调整某方面机体功能的特定人群而研制生产的。④ 它不以治疗为目的，不能取代药物对患者的治疗作用。

纵观功能食品的发展历史，它大体可分三个阶段，也可分为三代产品。

第一阶段的功能食品主要是各类强化食品，这是最原始的功能食品，仅根据食品中各类营养素或所强化的营养素的功能来推断该类食品的功能，没有经过任何实验予以验证，目前日本、美国已将此类列入一般食品之中。

第二阶段功能食品，经过人体和动物试验证明它具有某项生理调节功能，相当于日本、美国等国强调的真实性、科学性。

第三阶段功能食品,不仅需要经过人体和动物试验证明它具有某项生理调节功能,还需明确具有该项功能的功能因子(或有效成分)的结构及其含量,并且要求功能因子在食品中应有稳定的形态。

目前欧美、日本等国都在大力发展第三代功能食品。我国尚未见到自己研制、开发的第三代功能食品。

今后一段时间随着生活方式和节奏的改变,功能性的休闲食品、个性化功能食品以及从天然资源中寻找开发新的功能成分是未来功能食品发展的重要方向。

三、保健食品的功能

从1996年6月1日国家卫生部发布《保健食品管理办法》至今,经过1997年,1999年和2003年三次调整,保健食品功能有所调整。

目前根据"保健食品检验与评价技术规范(中华人民共和国卫生部2003年版)"规定,保健食品功能调整为:

1. 增强免疫力功能;
2. 辅助降血脂功能**;
3. 辅助降血糖功能**;
4. 抗氧化功能**;
5. 辅助改善记忆功能**;
6. 缓解视疲劳功能*;
7. 促进排铅功能**;
8. 清咽功能**;
9. 辅助降血压功能*;
10. 改善睡眠功能;
11. 促进泌乳功能**;
12. 缓解体力疲劳#;
13. 提高缺氧耐受力功能;
14. 对辐射危害有辅助保护功能;
15. 减肥功能**#;
16. 改善生长发育功能**;
17. 增加骨密度功能;
18. 改善营养性贫血**;
19. 对化学肝损伤有辅助保护功能;
20. 祛痤疮功能*;
21. 祛黄褐斑功能*;
22. 改善皮肤水分功能*;
23. 改善皮肤油分功能*;
24. 调节肠道菌群功能**;
25. 促进消化功能*;
26. 通便功能**;
27. 对胃黏膜损伤有辅助保护功能**。

其中标注**需要动物+人体试食试验,*需要人体试食试验,#增加兴奋剂检测。

2012年6月4日《保健食品功能范围调整方案(征求意见稿)》对上述27种功能重新组合,命名,调整后的功能为18项:

1. 有助于增强免疫力;
2. 有助于降低血脂;
3. 有助于降低血糖;
4. 有助于改善睡眠;
5. 抗氧化功能;
6. 有助于缓解运动疲劳;
7. 有助于减少体内脂肪;
8. 有助于增加骨密度;
9. 有助于改善缺铁性贫血;
10. 有助于改善记忆;
11. 清咽;
12. 有助于提高缺氧耐受力;
13. 有助于降低酒精性肝损伤危害;
14. 有助于排铅;
15. 有助于泌乳;
16. 有助于缓解视疲劳;
17. 有助于改善胃肠功能;
18. 有助于促进面部皮肤健康。

第二节 食品中的功效成分

一、主要功效因子类别

功效成分(功能因子)即在食品中真正能够起调节作用的活性成分。

目前保健食品内常含有的功能因子包括活性多糖、食用纤维、低聚糖、活性肽、活性蛋白质、多不饱和脂肪酸、类脂、皂苷、类黄酮、乳酸菌、维生素、矿物质、大蒜素、胆碱、植物固醇、褪黑激素等。具体包括:

(1) 活性多糖:如膳食纤维、抗肿瘤、调节免疫功能的多糖、调节血糖水平的多糖等。
(2) 功能性甜味料:如功能性单糖、功能性低聚糖及多元糖醇等。
(3) 功能性油脂:如ω-3多不饱和脂肪酸、必需脂肪酸、复合脂质等。
(4) 氨基酸、肽与蛋白质:如牛磺酸、酪蛋白磷肽、高F值低聚肽、乳铁蛋白、金属硫蛋白及免疫球蛋白等。

(5) 维生素：如维生素 A、维生素 D、维生素 E、维生素 C 及 B 族维生素等。

(6) 矿物元素：包括常量矿物元素与微量活性元素等。

(7) 微生态调节剂：主要是乳酸菌类，尤其是双歧杆菌。

(8) 自由基清除剂：包括酶类与非酶类清除剂。

(9) 醇、酮、酚与酸类：如黄酮类化合物、廿八醇、谷维素、茶多酚、L-肉碱及潘氨酸等。

(10) 低能量或无能量基料：包括油脂替代品与强力甜味剂等。

(11) 其他基料：如褪黑素、皂苷、叶绿素等。

二、主要功效因子

1. 超氧化物歧化酶（SOD） 1968 年，美国人 McCord 在 Fridovich 指导下，从牛红细胞中提取出含 Cu·Zn 的酶，并发现它能催化 O_2^-·歧化，所以把这种酶蛋白命名为超氧化物歧化酶，英文简称为 SOD。SOD 存在于几乎所有有氧呼吸的生物体内，包括细菌、真菌、高等植物、高等动物和人体中。SOD 是一类含金属的酶，按其所含金属辅基不同可分为含铜锌 SOD（Cu·Zn-SOD）、含锰 SOD（Mn-SOD）和含铁 SOD（Fe-SOD）3 种。

生理作用：① 抗氧化、抗衰老作用；② 提高机体对疾病的抵抗能力。③ 增强机体对外界的适应能力。④ 减轻肿瘤患者在化疗、放疗过程中的严重毒副作用。

主要存在于动物组织、菠菜、银杏、番茄等食物中。

2. 大豆多肽 大豆是极好的植物性食物，除有优质的植物蛋白外，还含有许多有特色的植物成分，或生理活性成分，如大豆皂苷、大豆异黄酮及大豆多肽等。

大豆多肽是由大豆蛋白经蛋白酶水解后，再经特殊处理而获得的蛋白质水解产物。主要由 2~10 个氨基酸组成的短链多肽和少量游离氨基酸组成。

生理作用：① 增强肌肉运动力、加速肌红蛋白的恢复；② 促进脂肪的代谢；③ 降低血清胆固醇。

3. 谷胱甘肽 谷胱甘肽（GSH）是一种具有重要生理功能的活性三肽，由谷氨酸、半胱氨酸、甘氨酸经肽键缩合而成，化学名 γ-L-谷氨酸-L-半胱氨酸-甘氨酸。由于谷胱甘肽分子有一个特异的 γ-肽键，决定了它在人机体中的许多重要生理功能，如蛋白质和核糖核酸的合成、氧及营养物质的运输、内源酶的活力、代谢和细胞保护、参与体内三羧酸循环及糖代谢。

GSH 广泛存在于自然界中，动物肝脏、酵母、小麦胚芽中都有丰富的 GSH。

生理作用：① 有效消除自由基，防止自由基对机体的侵害；② 对放射线、放射性药物或抗肿瘤药物引起的白细胞减少症具有保护作用；③ 防止皮肤老化及色素沉着，减少黑色素生成；④ 能与进入机体的有毒化合物、重金属离子或致癌物质等相结合，并促其排出体外，起到了中和解毒的作用。

4. 高 F 值寡肽 高 F 值寡肽即是由动、植物蛋白酶解后制得的具有高支链、低芳香族氨基酸组成的寡肽，以低苯丙氨酸寡肽为代表，具有独特的生理功能。F 值是指支链氨基酸（BCAA）与芳香族氨基酸（AAA）的摩尔比值。支链氨基酸包括缬氨酸（Val），异亮氨酸（Ile），亮氨酸（Leu），各自具有独特的生理功能。

高 F 值寡肽具有消除或减轻肝性脑病症状、改善肝功能和改善多种患者蛋白质营养失常状态及抗疲劳等功能，除可制作治疗肝疾药品外，还可广泛用作保肝、护肝功能食品，烧伤、外科手术、脓毒血症等高付出患者及消化酶缺乏患者的蛋白营养食品和肠道营养剂，高强度劳动者和运动员食品营养强化剂等。

5. 牛磺酸 牛磺酸（taurine）又称 β-氨基乙磺酸，是一种含硫氨基酸，具有广泛的生物学效应，是调节机体正常生理功能的重要物质。

生理作用：① 促进脑细胞 DNA、RNA 的合成，增加神经细胞膜的磷脂酰乙醇胺含量和脑细胞对蛋白质的利用率，从而促进脑细胞尤其是海马细胞结构和功能的发育，增强学习记忆能力；② 改善视神经功能；③ 抑制自由基损伤，提高 SOD、GSH-Px 的活性，减少 LPO 产生，从而提高机体的抗氧化能力；④ 肝脏中牛磺酸的作用是与胆酸结合形成牛磺胆酸，牛磺胆酸常以盐的形式存在，对于消化管中脂类的消化吸收是必需的；它能增加各种脂肪酶的活性,加速脂肪水解;可降低脂肪的表面张力,使脂肪乳化成微粒,分散于水溶液中,从而增加与脂肪酶作用的界面,促进水解的进行;还能与甘油一酯结合,促进胆固醇、脂溶性维生素等的消化吸收及胆汁的分泌,增加胆汁排泄量,抑制胆结石形成;⑤ 免疫调节作用。

牛磺酸广泛分布于动物组织细胞内,海生动物含量尤为丰富。

6. 膳食纤维 膳食纤维(dietary fiber, DF)是指"凡是不能被人体内源酶消化吸收的可食用植物细胞、多糖、木质素以及相关物质的总和"。这一定义包括了食品中的大量组成成分如纤维素、半纤维素、木质素、胶质、改性纤维素、黏质、寡糖、果胶以及少量组成成分如蜡质、角质、软木质。虽然膳食纤维在人体口腔、胃、小肠内不被消化吸收,但人体大肠内的某些微生物仍能降解它的部分组成成分。从这个意义上说,膳食纤维的净能量并不严格等于零。而且,膳食纤维被大肠内微生物降解后的某些成分被认为是其生理功能的一个起因。

膳食纤维有许多种分类方法,根据溶解特性的不同,可将其分为不溶性膳食纤维和水溶性膳食纤维两大类。不溶性膳食纤维是指不被人体消化管酶消化且不溶于热水的那部分膳食纤维,是构成细胞壁的主要成分,包括纤维素、半纤维素、木质素、原果胶和动物性的甲壳素和壳聚糖,其中木质素不属于多糖类,是使细胞壁保持一定韧性的芳香族碳氢化合物。水溶性膳食纤维是指不被人体消化酶消化,但溶于温水或热水且其水溶性又能被 4 倍体积的乙醇再沉淀的那部分膳食纤维。主要包括存在于苹果、橘类中的果胶,植物种子中的胶,海藻中的海藻酸、卡拉胶、琼脂和微生物发酵产物黄原胶,以及人工合成的羧甲基纤维素钠盐等。

膳食纤维的主要理化性质:① 膳食纤维化学结构中含有很多亲水基团,具有很强的持水力。② 膳食纤维分子表面带有很多活性基团,可以螯合吸附胆酸、胆固醇、化学药物及有毒物质等有机分子,从而抑制人体对它们的吸收,促进其排出体外。③ 膳食纤维虽不能被人体消化管内的酶所降解,但却能被大肠内的微生物所发酵降解,产生乙酸、丙酸和丁酸等短链脂肪酸,使大肠内 pH 降低,从而影响微生物菌群的生长和增殖,诱导产生大量的好气有益菌,抑制厌气腐败菌。

膳食纤维的生理作用:① 预防便秘。膳食纤维在肠腔中被细菌产生的酶所降解,产生二氧化碳并使酸度增加,粪便量增加以及加速肠内容物在结肠内的转移而使粪便易于排出,从而达到预防便秘的作用。② 调节肠内菌群和辅助抑制肿瘤作用。③ 减轻有害物质所导致的中毒和腹泻。膳食纤维可减缓许多有害物质对肠道的损害作用,从而减轻中毒程度。④ 调节血脂。⑤ 延缓和抑制对糖类的消化吸收,并改善末梢组织对胰岛素的感受性,降低对胰岛素的要求。⑥ 使碳水化合物的吸收减慢,防止了餐后血糖的迅速上升并影响氨基酸代谢,对肥胖病患者起到减轻体重的作用。

7. 低聚糖 低聚糖(oligosaccharide)又称寡糖,一般由 2~10 个单糖结合而成。多具甜味。目前研究较多的功能性低聚糖有低聚果糖、大豆低聚糖、低聚半乳糖、低聚异麦芽糖、低聚木糖、低聚乳果糖等。具有低热值、防龋齿、使肠内有益菌增殖的作用。低聚糖最为重要的作用是活化肠道内双歧杆菌,并促进其生长繁殖,同时抑制肠道中的致病菌如拟杆菌等的生长。

生理作用:① 低聚糖是体内有益肠道细菌—双歧杆菌的增殖因子,可改善肠道微生态环境,加强胃肠道消化吸收功能,有效排除体内毒素,增强机体的抗病能力。② 对预防龋齿具有积极作用。③ 增强抗体的产生,激活巨噬细胞吞噬活性,提高机体抗感染力。预防、抑制和杀死肿瘤细胞。④ 肠内双歧杆菌的增加,产生大量有机酸,乳酸、乙酸、降低肠腔内 pH,增加粪便湿度,刺激肠道蠕动,改变大便次数与性状来预防便秘,而且这些酸也能抵御病原菌感染。⑤ 作为一种新型的甜味剂,可用于糖尿病患者食品中。

8. 活性多糖 多糖:是指含有 10 个以上糖基的聚合物。

活性多糖:是指具有某种特殊生物活性的多糖聚合物,它参与细胞的各种生命现象的调节,激活免疫细胞,抑制肿瘤,提高机体免疫功能,而对正常细胞没有毒副作用。

(1) 植物和真菌多糖:常见的有:茶多糖、枸杞多糖、银杏叶多糖、海藻多糖、香菇多糖、灵芝多糖、黑木耳多糖、银耳多糖、茯苓多糖等。

生理功能:① 调节免疫功能;② 抑制肿瘤;③ 延缓衰老作用;④ 抗疲劳作用;⑤ 降血糖。

(2) 动物多糖:常见的有:海参多糖、壳聚糖、透明质酸等。

生理功能:① 降血脂作用;② 增强免疫、抗肿瘤作用;③ 排除肠道毒素和降低重金属对人体的毒害、抗辐射、抗龋齿等作用。

9. 大豆卵磷脂 大豆卵磷脂是磷脂酰胆碱（PC）的通俗名称，是由卵磷脂、脑磷脂、肌醇磷脂、游离脂肪酸等几种成分组成的复杂混合物。大豆卵磷脂的主要来源是大豆加工豆油的油脚，利用丙酮、乙醇等有机溶剂互溶的特点，先对油脚进行脱油处理，再用乙醇分离提纯卵磷脂。

生理功能：① 卵磷脂经代谢释放出的胆碱，在胆碱乙酰转移酶作用下与乙酰 CoA 反应生成乙酰胆碱，乙酰胆碱含量增加可促进大脑神经突触迅速发达，从而使大脑中神经细胞间信息传递速度加快，提高记忆力和学习能力。② 大豆卵磷脂通过乳化作用，影响胆固醇与脂肪的运输与沉积，可以显著降低胆固醇、甘油三酯、低密度脂蛋白。③ 大豆卵磷脂可以修复受损伤的脑细胞，打通大脑与血液循环之间障碍，维持脑神经细胞的正常功能，并增强大脑神经系统功能，具有预防老年性痴呆症的功效。④ 维持细胞膜结构和功能的完整性。⑤ 卵磷脂是细胞膜的重要组成成分，补充卵磷脂可以修补被损伤的肝脏细胞膜，增加细胞膜的脂肪酸的不饱和度，改善膜的功能，从而对抗由于脂质过氧化引起的肝脏损伤。

10. 二十碳五烯酸（EPA）和二十二碳六烯酸（DHA） 二十碳五烯酸（EPA）和二十二碳六烯酸（DHA）统属于 ω-3 型多不饱和脂肪酸（polyunsaturated fatty acid，PUFA），是人体难以合成，需由食物提供的必需脂肪酸。与人体的生理功能密切相关，可维持大脑、视网膜等的正常功能和生长发育，具有抑制血小板凝聚、抗血栓、调血脂、提高免疫力、健脑益智等功效。

生理功能：① 降血脂、防止动脉硬化；② 抗凝血、预防心脑血管疾病；③ 抗炎作用；④ 健脑作用；⑤ 保护视力。

自然界中 DHA 和 EPA 主要来源于陆地植物和海洋生物，主要以甘油酯的形式存在于海产鱼贝类，尤其是鱼油中。鳕鱼肝油、墨鱼肝油、鲐鱼油等含量丰富。

11. 益生菌

（1）有益微生物：对人体具有保健功能的有益菌群。人体内有益菌群主要有乳酸菌和双歧杆菌。

双歧杆菌对促进人体的发育、维持和提高免疫力、延缓机体衰老等方面起着重要的作用。人体在成长过程中，由于疾病、衰老等原因，体内双歧杆菌在数量上和总菌占有率上均逐渐下降。因此，有人将体内双歧杆菌的数量作为健康的标志之一。目前含有双歧杆菌的保健食品已有多种，也有它的优势，但生产成本相比之下偏高及活菌的保存有一定的难度。目前市场上流行一种在食品或饮料中添加可以促进双歧杆菌生长的低聚糖，食入后能刺激肠道内原有的双歧杆菌生长繁殖，达到同样的目的。

（2）乳酸菌的定义：乳酸菌是一类可发酵利用碳水化合物（主要是葡萄糖）而产生大量乳酸的细菌通称。包括乳杆菌属、链球菌属、明串珠菌属、双歧菌属、片球菌属等。

（3）有益微生物及发酵制品生理功能：① 促进消化吸收。② 调节胃肠道菌群的平衡，纠正肠道功能紊乱。③ 调节免疫、抑制肿瘤作用。④ 降低血清胆固醇。⑤ 防止便秘。

12. 松果体素 松果体素（melatonin，N-acety-5methoxytryptamin）又称褪黑素，是由人体大脑中央松果体分泌的一种物质。20 世纪 60 年代，医学工作者研究发现它与睡眠有关。其后又发现它与人体生理过程有着极为重要而广泛的联系。除了调节内分泌、影响免疫功能和能量代谢之外，尚有抗氧化、清除自由基、稳定机体内外环境作用。近年来备受青睐。

有人认为，人的衰老可能与松果体素减少导致内分泌功能下降、免疫衰退、体内自由基清除能力下降而蓄积有关。也有人认为适量补充松果体素会延缓衰老、改善记忆力、增强性功能、防止前列腺肥大、预防老年痴呆、帕金森氏综合征等。目前国家批准的仅有改善睡眠功能，其他功能有待进一步验证。

13. 硒 硒是一种非常重要的微量元素，是硒谷胱甘肽过氧化酶的活性成分，Se-GPX 存在于胞浆和线粒体基质中，能使有毒的过氧化物还原成无毒的羟基化合物，并使过氧化氢分解成醇和水，摄入硒不足时使 Se-GPX 酶活力下降，在体内处于低硒水平时，Se-GPX 活力与硒的摄入量呈正相关，但到一定水平时，酶活力不再随硒水平上升而上升。有人曾对糖尿病大鼠补充硒和维生素 E，其 GPX 和超氧化物歧化酶（SOD）活性均有不同程度增加，而脂质过氧化产物丙二醛含量随之下降，可能是因为抗氧化酶蛋白与葡萄糖的糖化反应受到硒和维生素 E 的抑制而使抗氧化酶活性得到保护。另外，高糖环境中增加的糖基化蛋白会自动氧化产生大量自由基，而引起一系列连锁氧化过程，硒和维生素 E 的抗氧化性可阻断这一过程中的某些环节。

14. 磷脂　　生物体内除油脂以外,还含有类似油脂的物质,在细胞的生命功能上起重要作用,统称为类脂。类脂中主要的是磷脂、糖脂、固醇和蜡。其中,磷脂为含磷的单脂衍生物,分为甘油醇磷脂及神经氨基醇磷脂两类。

生理功能:① 维持生物膜的完整性,磷脂在生物膜中以双分子层排列构成膜的基质,膜的完整性受到破坏时将出现细胞功能上的紊乱。② 促进神经传导,提高大脑活力乙酰胆碱是由胆碱和乙酸反应生成的。食物中的磷脂被机体消化吸收后释放出胆碱,随血液循系统送至大脑,与乙酸结合生成乙酰胆碱。当大脑中乙酰胆碱含量增加时,大脑神经细胞之间的信息传递速度加快,记忆力功能得以增强,大脑的活力也明显提高。③ 促进脂肪代谢胆碱对脂肪有亲和力,可促进脂肪以磷脂形式由肝脏通过血液输送出去或改善脂肪酸本身在肝中的利用,并防止脂肪在肝脏里的异常积聚。④ 降低血清胆固醇、改善血液循环、预防心血管疾病。磷脂(特别是卵磷脂)具有良好的乳化特性,能阻止胆固醇在血管内壁的沉积并清除部分沉积物,同时改善脂肪的吸收与利用。

第三节　保健食品的功能原理

下面对新规定的18种保健功能分别简要介绍。

一、有助于增强免疫力

1. 免疫　　免疫(immunity)是指机体接触"抗原性异物"或"异己成分"的一种特异性生理反应,它是机体在进化过程中获得的"识别自身,排斥异己"的一种重要的生理功能。在正常情况下,免疫反应通常对机体是有利的,但在某些条件下(免疫异常)也可以是有害的。

人体免疫系统由免疫器官、免疫细胞和免疫分子组成。免疫活性细胞对抗原分子的识别、自身活化、增殖、分化及产生效应的全过程被称为免疫应答,包括非特异性免疫和特异性免疫。非特异性免疫系统包括皮肤、黏膜、单核-吞噬细胞系统、补体、溶菌酶、黏液、纤毛等;而特异性免疫系统又分为T淋巴细胞介导的细胞免疫和B淋巴细胞介导的体液免疫两大类。

免疫是机体在进化过程中获得的识别自身、排斥异己的一种重要生理功能。免疫功能包括免疫防护、免疫自稳和免疫监视等三方面内容。免疫系统通过对自我和非我物质的识别和应答以维持机体的正常生理活动。

2. 保健食品增强免疫功能的原理　　与免疫功能有关的保健食品是指那些具有增强机体对疾病的抵抗力、抗感染以及维持自身生理平衡的食品。研究表明,蛋白质、氨基酸、脂类、维生素、微量元素等多种营养素,以及核酸、类黄酮物质等某些食物成分具有免疫调节作用。保健食品能够增强机体的免疫功能,主要与含有以上营养素或食物成分有关。其作用原理大致包括以下三个方面。

(1) 参与免疫系统的构成:蛋白质可参与人体免疫器官及抗体、补体等重要活性物质的构成。

(2) 促进免疫器官的发育和免疫细胞的分化:体内、体外研究发现,维生素A、维生素E、锌、铁等微量营养素通常可通过维持重要免疫细胞正常发育、功能和结构完整性而不同程度地提高免疫力。

(3) 增强机体的细胞免疫和体液免疫功能:例如,维生素E作为一种强抗氧化剂和免疫刺激剂,适量补充可提高人群和试验动物的体液和细胞介导免疫功能,增加吞噬细胞的吞噬效率。许多营养因子还能提高血清中免疫球蛋白的浓度,并促进免疫机能低下的老年动物体内的抗体形成。

3. 评价程序和检验方法　　包括动物实验和人体试食实验,实验项目包括细胞免疫功能和体液免疫功能。要求选择一组能够全面反映免疫系统各方面功能的试验,其中细胞免疫、体液免疫及单核-巨噬细胞功能三个方面至少各选择一种试验,在确保安全的前提下尽可能进行人体试食试验。

二、有助于降低血脂

高脂血症是指血液中一种或多种脂质成分异常增高的病症,是比较常见的疾病。它既可以由于遗传和环境因素,尤其是饮食不当所引起,也可因糖尿病、肥胖症、胰腺炎以及肝、胆和肾脏等疾病所诱发。不论何种原因所引起的高脂血症均有可能导致动脉粥样硬化和冠状动脉粥样硬化性心脏病即冠心病,而后者的死亡率较高。冠心病是指狭窄性冠状动脉疾病,它引起心肌供血不足,是一种心肌缺血性疾病。冠状动脉性心脏病是由冠状动脉粥样硬化引起的,而高血脂及脂质代谢障碍是造成动脉粥样硬化的主要危险因素。因此,积极防治高脂血症具有十分重要的意义。

血浆中的脂质主要包括磷脂,胆固醇(cholesterol,Ch)及其酯,甘油三酯(triglyceride,TG)及非酯化脂肪酸。脂类一般不溶于水,血浆中的脂类是与蛋白质载体(apoliprotein)结合在一起运输的。所谓的高脂血症实际上是高脂蛋白症,即运输胆固醇的低密度脂蛋白(low density lipoprotein,LDL)和运送内源性甘油三酯的极低密度脂蛋白(very low density lipoprotein,VLDL)浓度过高,超出正常范围。我国正常人血脂浓度(空腹)正常值见表10-1。

表10-1 我国正常人血脂浓度(空腹)正常值

磷 脂	110~120 mg/100 g
胆固醇及酯(Ch)	110~220 mg/100 g(胆固醇占70%~75%)
甘油三酯(TG)	20~110 mg/100 g
游离脂肪酸	6~16 mg/100 g

临床上所称的高脂血症主要是指胆固醇高于220~230 mg/100 g,甘油三酯高于130~150 mg/100 g者。血浆脂蛋白是由载脂蛋白、磷脂、胆固醇酯、胆固醇和甘油三酯组成的复合体。血浆脂蛋白不止一种,通常采用超速离心方法和电泳方法进行分离。

1. 乳糜微粒(CM) 乳糜微粒是在小肠上皮细胞合成的,经过乳糜管、胸导管进入血液。它的主要成分来自食物脂肪。它的功能是从小肠转运甘油三酯至肝及肝外组织。

2. 极低密度脂蛋白(VLDL) 主要是由肝细胞合成的,释放入血液,其中的甘油三酯是肝细胞利用脂肪酸和葡萄糖合成的,故为内源性脂肪。极低密度脂蛋白的主要生理功能是从肝脏转运甘油三酯至身体的各个组织。当血液经脂肪组织、肝脏和肌肉等组织中的毛细血管时,极低密度脂蛋白被毛细血管壁脂蛋白脂肪酶水解,所以在正常人空腹血浆中不易检出。若其含量增高,与冠心病的发病率有一定的关系,所以它被认为是一种致动脉粥样硬化的脂蛋白。

3. 低密度脂蛋白(LDL) 它是来自肝脏的极低密度脂蛋白转变而来的。极低密度脂蛋白因失去甘油三酯颗粒变小,位于表面的apoC连同一部分胆固醇和磷脂转移到高密度脂蛋白颗粒上去,于是原来富含甘油三酯的极低密度脂蛋白逐渐转变为富含胆固醇的低密度脂蛋白。低密度脂蛋白是血浆运送胆固醇及其酯的工具,转运胆固醇等物质至各组织中去。一般认为它是一种致动脉粥样硬化的脂蛋白,血中含量增高对冠心病的防治不利。

4. 高密度脂蛋白(HDL) 高密度脂蛋白也来自肝脏,其颗粒最小,主要脂质成分为磷脂和胆固醇,分别约占30%和20%,甘油三酯很少。它的功能是转运胆固醇,促使极低密度脂蛋白转变为低密度脂蛋白。由于高密度脂蛋白有摄取肝外组织胆固醇的作用,并将其送至肝脏,在肝内代谢中清除,所以高密度脂蛋白又有胆固醇清道夫之称。这无疑对冠心病的防治有利,因此高密度脂蛋白被认为是抗动脉粥样硬化脂蛋白。

5. 评价程序和检验方法评价 有助于降低血脂功能食品的常用指标有:

1) 血清总胆固醇(total cholesterol,TC)含量。
2) 血清总甘油三酯(total triglyceride,TG)含量。
3) 动脉硬化指数。
4) 卵磷脂胆固醇酰基转移酶(LCAT)活性。
5) 高密度脂蛋白胆固醇含量。
6) 低密度脂蛋白胆固醇含量。

可见一个降血脂食品,应能降低血清中总胆固醇和甘油三酯含量,增加HDL含量,降低动脉硬化指数,提高 LCAT 的活性。

实验采用混合型高脂血症动物模型、高胆固醇血症动物模型,选择对健康影响的终点血脂指标(甘油三酯、总胆固醇)进行评价,人体试食试验采用严谨的随机对照人体试验设计。

三、有助于降低血糖

糖尿病(diabetes mellitus,DM)是目前继肿瘤、心脑血管疾病之后第 3 位威胁人类健康的重大非传染性疾病。据世界卫生组织(WHO)统计,全球已确诊糖尿病患者 3.47 亿,预计到从 2008 年到 2030 年患者人数将增长 2/3 倍。截止到 2008 年中国已确诊的糖尿病患者为总人口数的 9.7%。糖尿病是由于体内胰岛素绝对或相对不足而引起的以糖代谢紊乱为主的全身性疾病。以多饮、多食、多尿,体重减轻,血糖及尿糖增高为主要特征。可伴有脂肪、蛋白质代谢紊乱。若病情得不到很好的控制,易并发血管病变、酮症酸中毒,这些并发症严重威胁着患者的健康甚至生命。糖尿病目前尚不能彻底治愈,但是通过努力是可以控制的。

在正常情况下,人体摄入的碳水化合物在肠道内通过多种消化酶的作用,可分解为单糖,如葡萄糖、果糖、半乳糖等,这些单糖被小肠黏膜上皮细胞吸收进入血液。血液中的葡萄糖除主要来自肠道吸收外,还有部分来自肝糖原分解或糖原异生(即由蛋白质和脂肪转化为糖)释放出来的葡萄糖。

血中葡萄糖,绝大部分经过氧化分解,即通过加磷酸作用和三羧酸循环等,最后转变为身体组织细胞所需的热能;还有一部分合成糖原贮存于肝脏、肌肉等组织细胞内。另一部分转化为非糖物质,如非必需氨基酸等及合成脂肪。

激素的调节起着非常主要的作用。对于血糖浓度的恒定,调节糖代谢的激素主要有胰腺 β 细胞分泌的胰岛素及 α 细胞分泌的胰高血糖素、肾上腺髓质分泌的肾上腺素、肾上腺皮质分泌的糖皮质激素以及垂体前叶分泌的生长激素等。正常血糖的调节,是由降低血糖水平的激素——胰岛素,与升高血糖水平的激素——胰高血糖素、肾上腺素、糖皮质激素、甲状腺素以及生长激素等综合作用的结果。一旦调节过程发生紊乱,就会导致糖代谢异常,进一步发展时,可引起脂肪、蛋白质、水和电解质代谢紊乱。

正常人在清晨空腹血糖浓度为 80~120 mg/dL。空腹血糖浓度超过 130 mg/dL 称为高血糖。如果血糖浓度超进 160~180 mg/dL,就有一部分葡萄糖随尿排出,这就是糖尿。

保健食品的作用机理如下。

1. 改善对胰岛素的敏感性 降低膳食的血糖生成指数(GI)可能改善受体对胰岛素的敏感性。许多研究都观察到,对非胰岛素依赖型糖尿病患者用低 GI 膳食时可改善其对血糖的控制,间接证明低 GI 膳食可以改善其对胰岛素的敏感性,后来在冠心病患者中直接证明有这种作用。

2. 延缓肠道对糖和脂类的吸收 许多植物的果胶可延缓肠道对糖和脂类的吸收,从而调节血糖。另外,糖醇类在人体代谢不会引起血糖值和血中胰岛素水平的波动,可用作糖尿病和肥胖患者的特定食品。

3. 参与葡萄糖耐量因子的组成 铬是葡萄糖耐量因子的组成部分,可协助胰岛素发挥作用,铬缺乏后可导致葡萄糖耐量降低,使葡萄糖不能充分利用,从而导致血糖升高,可能导致 II 型糖尿病的发生。已证明含低 GI 的膳食可以改善糖尿病患者的葡萄糖耐量。

评价有助于降低血糖保健食品的动物试验分为方案一(胰岛损伤高血糖模型)和方案二(胰岛素抵抗糖\脂代谢紊乱模型)两种,根据受试样品作用原理不同,方案一和方案二动物模型任选其一进行动物实验。选择对健康影响的终点空腹血糖、餐后糖耐量指标进行评价,功能评价采用通用和传统试验模型。人体试食试验采用严谨的随机对照人体试验设计,涉及空腹血糖、糖耐量、糖化血红蛋白、尿糖、血脂以及自觉症状等多项指标。可以客观反映保健食品有助于降低血糖的作用。

四、有助于改善睡眠

觉醒和睡眠是人体生理活动所必要的过程。只有在觉醒状态下,人体才能进行劳动和其他活动。而通过睡眠,可以使人体的精力和体力得到恢复,以保持良好的觉醒状态。但是随着现代社会生活节奏的加快,生存压力的加大和竞争的不断激烈化,人类的睡眠正在受到严重的威胁。

所谓失眠就是睡眠障碍。失眠有多种表现形式,如入睡困难、早醒、睡眠中醒来后难再眠、睡眠多梦、睡眠时间明显减少等。除了精神因素外,还有很多其他因素可引起失眠。如某些疾病,神经官能症、高血压病、肿瘤、脑血管疾病、冠心病等;年龄因素,年龄越大失眠发生率越高;用脑过度也可引起失眠。

人体需要睡眠就像需要食物与水一样。睡眠对人体心理及生理的恢复,扮演着相当重要的角色。长期的睡眠不足,将导致人体内各系统的严重受损,不但会破坏人体免疫系统功能,降低免疫力,还会阻碍大脑正常运作,无法集中注意力及清楚思考,失去对抗压力的能力,焦虑增加,焦躁易怒,并影响判断能力。因此,睡眠对人体身心健康具有非常重要的意义。目前改善睡眠的评价采用通用模型,包括延长戊巴比妥钠睡眠时间、戊巴比妥钠(巴比妥钠)阈下剂量催眠试验、巴比妥钠睡眠潜伏期试验,符合睡眠的基础理论,选择以睡眠终点为指标,在国内外广泛应用,在有关功效评价中的可行性也得到普遍认可。

五、抗氧化功能

任何需氧的生物在正常发育和功能活动中都会产生活性氧(ROS)。最常见的 ROS 有过氧基自由基(ROO·)、氮氧自由基(NO·)、超氧阴离子自由基(O_2^-·)、羟自由基(·OH)、单线态氧($^1O_2$)、过氧亚硝基(·ONOO—)和过氧化氢(H_2O_2)。ROS 导致 DNA,脂质和蛋白质等生物大分子的氧化性损伤,并可能增加肿瘤、心血管疾病、类风湿性关节炎、帕金森氏病等疾病的发生率。衰老是人体在生命过程中形态、结构和功能逐渐衰退的现象,其发生发展受遗传、神经、内分泌、免疫、环境、社会、生活方式等多种因素的影响。衰老机制比较复杂,其中为人们普遍接受的是自由基学说。该学说认为体内过多的氧自由基诱发脂质过氧化,使细胞膜结构受到损伤,从而引起细胞的破坏老化和功能障碍。研究证实,维生素 E、类胡萝卜素、维生素 C、锌、硒、脂肪酸等多种营养素,以及茶多酚、多糖、葡萄籽原花青素、大豆异黄酮等食物成分均具有明显的抗氧化与延缓衰老功效。作用机理如下。

1. 保持 DNA 结构和功能活性 DNA 的氧化损伤会引起 DNA 链断裂和/或对碱基的修饰,从而可能导致基因点突变、缺失或扩增。研究表明,维生素 C、维生素 E、类胡萝卜素和黄酮类等具有抗 DNA 氧化损伤的生物学作用。

2. 保持多不饱和脂肪酸的结构和功能活性 动脉壁中低密度脂蛋白的氧化,对动脉脂肪条纹形成的发病机制起重要作用,而脂肪条纹的形成导致动脉粥样硬化。脂蛋白的脂类和蛋白质部分都受到氧化修饰,氧化型低密度脂蛋白的特点是可促进致动脉粥样硬化。此外,氧化应激在神经元退行性病变过程中可能起重要作用,因为 ROS 能导致所有细胞膜的多不饱和脂肪酸发生过氧化作用。研究表明,上述抗氧化营养素具有抗动脉粥样硬化和神经保护作用。

3. 参与构成机体的抗氧化防御体系,提高抗氧化酶活性 硒、锌、铜、锰为 GSH-Px、SOD 等抗氧化酶构成所必需。姜黄素能使动物肝组织匀浆中 SOD,GSH-Px 和过氧化氢酶的活性提高,对动物心、肾、脾等组织都有明显的抗氧化作用。

抗氧化功能评价动物试验采用自然衰老模型和建立的 D-半乳糖模型、乙醇氧化损伤模型,为通用评价抗氧化功能动物模型,人体试食试验采用严谨的随机对照人体试验设计。已有脂质过氧化含量指标 MDA、抗氧化酶指标(SOD、GSH-Px),另外拟增加 8-表氧-异前列腺素(8-isoprostane)、蛋白羰基、核酸损伤等指标。这些指标以氧化损伤的自由基学说为基础,与学术界对氧化损伤造成的健康影响主流观点相一致。

六、缓解体力疲劳

疲劳是一种生理性现象,对人来说是一种保护性的机制。这是身体向我们发出应该休息的信号。如果对它不管不顾,身体就会受到损害,最后积劳成疾。疲劳一般可分为体力疲劳、脑力疲劳、心理疲劳和病理疲劳。

现代生活导致的疲劳往往不是单一原因引起的,它既有体力、脑力的原因,也有心理、社交的原因,也可能还夹杂着疾病的原因,使各种单一疲劳的"症状"不很突出和典型,这种非单一因素引起的疲劳称为"综合性疲劳"。

以上四种疲劳中,除了病理性疲劳外,如果不是持久性过度性的疲劳,一般可以通过科学膳食,合理营养等自我保健手段来进行调理、消除。

评价缓解体力疲劳的生化指标分为三类：① 能量物质的贮存及动员情况，如肌糖原、肝糖原、血糖、血液游离脂肪酸和肌肉中的磷酸肌酸等。② 劳动或运动时代谢调节的指标，如酶、激素、维生素等。③ 劳动和运动时物质代谢的产物，如肌肉和血液中的乳酸、丙酮酸、血液尿素氮、尿蛋白等。功能评价试验的设计与指标选择立足于动物游泳疲劳试验的终点指标，兼顾能量供应指标和运动代谢产物的指标，可以反映保健食品缓解运动疲劳的作用。

现有的小鼠负重游泳试验、肝糖原、尿素氮、血乳酸测定的检测指标技术和手段成熟、可行，修订增加的血清磷酸肌酸激酶(CPK)指标，可以更客观地反映保健食品缓解运动疲劳的作用。

七、有助于减少体内脂肪

肥胖是一种由多因素引起的慢性代谢疾病，而且是Ⅱ型糖尿病、心血管病、高血压病、脑卒中和多种癌症的危险因素。超重和肥胖症在一些发达国家和地区人群中的患病情况已呈流行趋势，我国目前体重超重者已达22.4%，肥胖者为3.01%，因此预防和控制肥胖症，刻不容缓。

肥胖发生原因与遗传、静态生活方式、高脂膳食以及能量平衡失调等因素有关。同时也与高血压、胰岛素抵抗、糖尿病以及心血管疾病的危险性增加有关。肥胖降低人们的活力和工作能力，引发一些合并症，导致死亡率增加。

在减肥食品中，各种膳食纤维、低聚糖、多糖都可作为减肥食品的原料。燕麦、螺旋藻、食用菌、魔芋粉、苦丁茶等都具有较好的减肥效果。

1. 调节脂类代谢　脂肪代谢调节肽具有调节血清甘油三酯的作用，能够促进脂肪代谢，从而抑制体重的增加，有效防止肥胖的产生。有的物质能水解单宁类物质，在儿茶酚氧化酶的催化下形成邻醌类发酵聚合物和缩聚物，对甘油三酯和胆固醇有一定的结合能力，结合后随粪便排出；而当肠内甘油三酯不足时，就会动用体内脂肪和血脂经一系列变化而与之结合，从而达到减脂的目的。

2. 减少能量摄入　L-肉碱作为机体内有关能量代谢的重要物质，在细胞线粒体内使脂肪进行氧化并转变为能量，减少体内的脂肪积累，并使之转变成能量。膳食纤维由于不易消化吸收，可延缓胃排空时间，增加饱腹感，从而减少食物和能量的摄入量。人们还研制了很多宏量营养素的代用品，减少能量摄入以降低体重或维持正常体重。

3. 促进能量消耗　咖啡因、茶碱、可可碱等甲基黄嘌呤类物质，以及生姜和香料中的辛辣组分均有生热特性。含有这些"天然"食物组分的食品，可能是促进能量消耗、维持能量平衡、进而维持体重保持在可接受范围之内的有效途径。

动物试验直接称量内脏脂肪的变化，人体试验通过电阻抗法测量体内脂肪，均得到科学上广泛认可。功能评价试验的设计与指标选择与修订后的功能名称更加贴切。

试验原则：有助于减少体内脂肪保健食品以减少体内多余脂肪为目的，不单纯以减轻体重为目标，引起腹泻或抑制食欲的受试样品不能作为减肥功能食品，每日营养素摄入量应基本保证机体正常生命活动的需要，对机体健康无明显损害。实验前应对同批受试样品进行违禁药物的检测。

主要指标包括体重、腰围、臀围、体内脂肪含量等。动物试验增加高脂饮食诱导肥胖易感大鼠(OP)模型和肥胖抵抗大鼠(OR)模型，更加接近人类代谢情况，可以更客观地反映保健食品减少体内脂肪的作用。

八、有助于增加骨密度

骨生长或骨成形是下述两个过程的综合结果：首先形成新骨，继之再吸收以维持原结构形态，其净结果是获得骨量。男性和女性青少年到18岁时可达到其个体骨量峰值的95%～99%。青春期后，骨生成和再吸收在数量上达平衡，这种状态称为骨的再成形。35～40岁后，骨的生成和再吸收不再匹配，发生骨的净丢失，最终导致骨质疏松症。骨质疏松症是指骨量减少，即单位体积内骨组织含量减少。由于人口趋向老龄化，骨质疏松不仅威胁老年人特别是经绝后妇女的健康，而且已经成为严重的社会问题。预防或延缓骨质疏松症的策略包括：提高在青春期可达到的骨量峰值和预防生命后期的骨丢失。

1. 直接补充钙质　如各种钙剂、磷酸盐、维生素D等，可通过直接补充钙质而达到增加骨密度的目的。磷酸盐可促进骨形成,抑制骨细胞的破坏,可以长期应用。

2. 调整内分泌而促进钙的吸收 如降钙素可减少骨质吸收,降低血循环中的钙,增加骨质中的钙含量,降钙素由于可降低血钙,所以在用降钙素时应补足钙量,起到治疗骨质疏松的作用。对防治绝经性骨质疏松,雌激素替代疗法是一种有效措施。研究发现,大豆中的某些成分,如大豆皂苷、大豆异黄酮等物质具有雌激素样作用,可与雌激素竞争受体,同时可避免雌激素的副作用。因此,中老年妇女经常摄入大豆及其制品可减缓骨丢失,防止骨质疏松。

试验方案一中样品是以补钙为主的受试物,方案二中样品含骨代谢有关的其他功效成分,如以内分泌调节等作用为主的不含钙或不以补钙为主的受试物。根据受试样品作用原理的不同,选取方案一或方案二进行动物实验。方案二需满足每日钙摄入量在 100 mg 以下的条件。

九、有助于改善缺铁性贫血

贫血是指单位容积的循环血液中血红蛋白、红细胞数和红细胞压积低于正常值的一种病理状态。

缺铁性贫血是常见的营养缺乏病,发病遍及世界各国,特别是发展中国家最主要的营养问题之一,我国也是缺铁性贫血高发病率国家之一。据 2002 年第四次全国营养调查表明,我国居民贫血患病率平均为 15.2%,儿童、孕妇和老年人是重点人群。造成缺铁性贫血的主要原因有:膳食摄入铁不足、偏食、生理需铁量增加、激烈活动引起的铁丢失以及由慢性引起的继发性营养性贫血。补充营养素是改善营养性贫血的主要措施之一。

动物试验采用缺铁模型,人体试验主要针对缺铁性贫血,评价方法和判断标准科学、公认、可行,功能评价试验的设计与指标选择营养性贫血的终点指标血红蛋白,血红蛋白是红细胞中运输氧的蛋白质,是国内外普遍采用的衡量贫血的指标。

十、有助于改善记忆

学习和记忆是脑的高级机能之一。学习是指人或动物通过神经系统接受外界环境信息而影响自身行为的过程。记忆是指获得的信息或经验在脑内贮存、提取和再现的神经活动过程。记忆可分为感觉性记忆、短时性记忆和长时性记忆。大脑皮质含有大约 100 亿个神经元,皮层与皮层下、脑干与下丘脑之间有直接传入和传出联系。如果皮层 50% 以上受损无疑会造成遗忘症,如果损伤面积仅 10% 以下,则学习记忆几乎不受影响。海马是大脑边缘系统中与学习记忆关系最显著、最易确定的一个结构,有人认为海马具有辨别空间信息的功能。动物实验和临床资料表明,海马损伤可导致明显的记忆障碍。

动物试验的评价方法采用了三种记忆障碍模型,分别采用跳台、避暗、穿梭箱和水迷宫实验进行评价;人体试验采用严谨的随机对照人体试验设计,按照心理学系统实验的要求,对指向、联想、影像回忆、图形识别、人物特征联系回忆、记忆熵等认知功能指标分别进行评价。

十一、清咽

咽喉部疾病是一种常见病,常常继发于感冒及上呼吸道感染,也可由于过度使用声带,过度吸烟饮酒所引发。例如,长期从事歌唱事业的工作者以及几十年如一日站在讲台上传道授业的老师,职业的关系,使声带长期处于紧张状态,许多人患了咽喉部疾病。咽喉部疾病主要表现为咽喉干燥、不适异物感、灼热疼痛、声音嘶哑、咳嗽无痰、咽部充血以及扁桃体发炎等。疼痛是其主要症状。

动物试验采用致炎致敏剂棉球植入试验和致炎致敏剂足趾注射试验,观察受试物对动物炎症和过敏反应的影响。人体试食试验采用严谨的随机对照人体试验设计,必须对至少 50 例受试者进行 30 d 以上的人体试食试验,主要不适症状有咽痛、咽痒、咽干、干咳、异物感加重等。在食用受试物后对咽部不适症状的缓解效果直接进行评价。

十二、有助于提高缺氧耐受力

氧是人体进行新陈代谢的关键物质,是人体生命活动的第一需要。由肺吸入的氧转化为人体内可利用的血氧,血液携带血氧向全身输入生物氧化所需的能源,因此氧是正常生命活动中不可或缺的重要物质。

由于氧的摄取、携带或运输障碍,或由于外界环境中氧分压的降低,或由于组织细胞受损,而使组织或器官不能得到足够的氧的供给或者不能充分利用氧来进行代谢活动,从而引起代谢、功能和形态结构变化的病理过程称为缺氧。缺氧是一种相当常见的病理过程,可以直接引起机体死亡。不仅在大气中氧分压过低情况下发生,也可在循环、血液、呼吸等系统疾病时由于氧供给和氧利用障碍而出现。机体所有组织中,神经系统,特别是大脑皮层对缺氧最为敏感。每克脑组织在1 min内需氧0.09~0.10 ml,几乎是肌肉组织需要量的20倍。进入机体的氧,约有1/4被大约占体重2.5%的大脑所利用,大脑的能量主要来自葡萄糖的氧化分解,糖在大脑能量代谢中起主要作用,脑的耗糖量约占全身耗糖量的1/4,在无氧酵解中所产生的乳酸,极易导致大脑细胞疲劳,引起脑组织严重缺氧。因此,氧在脑组织代谢中占有十分重要的地位。如果用脑过度,如长时间、高强度的脑力劳动,耗氧量会成倍增加。提高脑的耐缺氧能力显得十分重要。

缺氧对机体是一种紧张性刺激,影响机体各种代谢,特别是影响机体的氧化供能,最终会导致机体的心、脑等主要器官缺氧供能不足而死亡。

动物试验采用常压耐缺氧、亚硝酸钠中毒模型和急性脑缺血缺氧实验直接评价动物耐受环境和细胞缺氧的能力、受试物的保护作用。三项实验中任两项结果阳性可判定受试样品具有提高缺氧耐受力功能。

十三、有助于降低乙醇性肝损伤危害

乙醇性肝损伤是由于长期的过度饮酒导致的肝脏损伤疾病。在正常情况下,少量的乙醇是可以通过肝脏分解、代谢掉的,但是摄入过量的乙醇之后,就会对肝细胞有较强的毒性。已知乙醇进入肝细胞以后,经过肝乙醇脱氢酶、过氧化氢体分解酶和肝微粒体乙醇氧化酶系三条途径氧化为乙醛。乙醛对肝细胞有明显的毒性作用,使其代谢发生障碍,从而导致肝细胞的变性坏死及纤维化,严重时可致肝硬化。

动物试验采用进食大量酒精造成肝损伤动物模型,通过观察与肝功能有关的代谢、病理和酶学指标,包括肝组织中的丙二醛(MDA)含量、还原型谷胱甘肽(GSH)、甘油三酯(TG)、血清谷丙转氨酶(ALT),谷草转氨酶(AST)及肝脏病理组织检查。评价受试物对动物耐受乙醇所造成肝损伤能力的影响。

十四、有助于排铅

铅及其化合物进入机体后能对神经、造血、消化、肾脏、心血管和内分泌等多个系统产生危害。必须指出:脱离铅接触后一段时期内,先前进入体内的铅仍会蓄积体内继续发生毒性作用,仍需针对毒物的化学特性和毒性作用,采用特殊的营养手段来促进排铅,促进康复。铅中毒人群的日常饮食中,应提供足够量的优质蛋白质和氨基酸。因为蛋白质(特别是富含巯基氨基酸的蛋白质)对降低体内铅的浓度,减轻中毒症状有利。所以,要多吃牛奶、鱼虾、豆制品、瘦肉、蛋黄和贝壳类食品。其次,铅接触人群体内常有维生素的缺乏,补充维生素不仅可减少铅的吸收,缓减铅中毒症状,还可通过保护巯基酶参与解毒过程,促进铅的排出。再者,果胶和膳食纤维等大分子多糖类成分可吸附铅,铁、锌、钙等离子可以竞争性抑制铅吸收,镁、硒、锗等对铅的毒性均有一定的拮抗作用。这些营养素富含在水果、果仁和蔬菜中,因此,每天保证2~3种水果,3~5种的蔬菜。此外少吃松花蛋、膨化食品、烧烤食品、腌制食品和铁皮罐头。

食物中具有多种螯合铅和抗损伤的成分,合理的营养措施能提高抵抗力,增强机体对有毒物质的代谢解毒能力,减少毒物吸收,促使其转化为无毒物质排出体外,有利于康复或减轻中毒症状。

采用增加进食铅造成体内铅增加动物模型,通过观察体内血液、骨骼和肝脏组织的铅含量变化,评价受试物对动物体内铅含量影响。人体试食试验采用严谨的随机对照人体试验设计,在食用受试物后对体内血铅和尿排铅量变化进行评价。

十五、有助于泌乳

母乳喂养不仅能满足婴儿的营养需要,而且还为婴儿抵抗疾病提供抗体,它是儿童健康生存的重要因素,母乳中含有婴儿所需要的各种营养成分和具有免疫功能的多种抗体,而且具有经济、方便、新鲜、清洁、温度适宜、能迅速被婴儿吸收等优点。用母乳喂养的婴儿,不仅比人工喂养的抵抗力强、生长发育快,而且智力

发育也更好。因此,用母乳喂养,对下一代的健康成长是很有裨益的。但是,有一些产妇在产后没有乳汁,或者乳汁分泌不足,对婴儿的生理和心理发育极为不利。

影响乳汁产生的主要影响因素有:激素(雌激素、催乳素)、哺乳的刺激作用、精神和情绪状况、产妇的身体条件和营养状况以及药物等。

动物实验可采用超负荷哺乳和缺乳动物模型任一种,通过观察仔鼠体重变化,评价受试物对母鼠泌乳量的影响。人体试食试验采用严谨的随机对照人体试验设计,每组受试者不少于 50 例,连续观察 15 d,主要指标有乳房胀度、泌乳量和乳汁蛋白含量。在食用受试物后对相应指标直接进行评价。

十六、有助于缓解视疲劳

由于视觉器官长期过度的紧张活动,超过其代偿能力而引起的一时性视功能减退和一系列不适应症状可称之为视疲劳。

眼睛是人体掌管视觉的感受器官,它的构造复杂,功能敏锐,是人体中最重要的器官之一。造成视力减退的原因多种多样,对中老年而言,视力下降的原因主要是由于各屈光单位的老化。从某种意义来讲,对于这一部分人群,主要是从延缓衰老方面做相应的工作,以保护视力,而青少年视力下降的原因则主要是基于近视(幼儿和小学一、二年级远视和弱视也是主要原因),而近视的原因又是多方面的,所以保护视力也必须从多方面着手。除加强体育锻炼、注意适当的营养,以增进身体健康;防止用眼过量;照明良好,读书写字姿势要正确等措施外,从营养角度来看,鱼肝油具有保护视力的功效,鱼肝油的主要成分是维生素 A 和维生素 D,其中保护视力作用的成分是维生素 A,如果过量服用鱼肝油,可引起维生素 A 中毒症状。维生素 A 的最好来源是各种动物的肝脏、鱼卵、全奶、奶油和禽蛋等。胡萝卜素在体内可变成维生素 A,它在菠菜、豌豆、胡萝卜、辣椒、杏和柿子等食物中含量较为丰富,因此,多吃这些蔬菜或水果对视力具有保护作用。

人体试食试验采用严谨的随机对照人体试验设计,采用的功效指标有眼痛、眼胀、畏光、视物模糊、干涩等症状,包括视疲劳症状评分和明视持久度试验,基本可以反映保健食品缓解视疲劳的作用。

十七、有助于改善胃肠功能

细菌、真菌等微生物广泛存在于我们生活的自然环境中,同时也寄居在人体的体表和体腔内。在正常情况下,这些细菌一般对人体无害,有些菌群甚至是有益的,它们与人体和外界环境之间构成了一个复杂的相互依存、相互制约的微生态系统。这些菌群在人体中的组成和数量处于动态平衡状态,被称为正常菌群。如果由于各种原因导致肠道菌群平衡被破坏,而使某种或某些菌种过多或过少、外来的致病菌或过路菌的定殖或增殖、某些肠道菌向肠道外其他部位转移,即称为肠道菌群失调。婴幼儿喂养不当、营养不良、年老体弱、肠道与其他系统急慢性疾病、长期使用抗生素、激素、抗肿瘤药、放疗、化疗等均可引起肠道菌群失调。

近年来,人们十分重视肠道微生态。利用有益活菌制剂及其增殖促进因子可以保证或调整有益的肠道菌群构成,从而保障人体健康,是当前国内外保健食品开发的重要领域。目前,改善胃肠功能的保健食品主要包括调节胃肠道菌群的保健食品、润肠通便的保健食品、保护胃黏膜以及促进消化吸收的保健食品等。其作用原理如下。

1. 最佳肠道功能与粪便组成的调节 粪便的重量和稠度、排便频率和肠道总通过时间的特征,都可能是整个结肠功能的可靠标志。润肠通便的功能成分主要有膳食纤维、生物碱等。膳食纤维吸水膨胀,可增加内容物体积,促进肠道蠕动,加速粪便排出,同时可促进肠道有益菌的增殖。因此富含膳食纤维的食品是主要的润肠通便的保健食品。

2. 结肠菌群组成的调节 结肠菌群是一个复杂的、相互作用的微生物群体,其功能是各种微生物相互作用的结果。双歧杆菌和乳酸杆菌被认为是有利于促进健康的细菌。由于胃肠道菌群组成的变化而导致的主要疾病包括:肠道感染、便秘、过敏性肠综合征、炎性肠道疾病和结肠直肠癌等。

3. 对肠道相关淋巴组织功能的调节 人类的肠道为机体中最大的淋巴组织。机体每天产生的免疫球蛋白中大约 60% 分泌到胃肠道。结肠菌群是某些特殊免疫反应的主要抗原性刺激物。外来抗原的异常肠道反应以及局部的免疫炎性反应,由于破坏了肠道屏障,可能造成继发性肠道功能损害。

4. 对发酵产物的控制 以丁酸、乙酸和丙酸等短链脂肪酸形式存在的发酵产物对肠健康的重要性已受到越来越多的关注。丁酸是最有意义的短链脂肪酸,因为丁酸除了对黏膜有营养作用外,还是结肠上皮的重要能量来源。

通便、调节肠道菌群、促进消化、对胃黏膜损伤有辅助保护四项功能均属于胃肠功能范畴。相应的人体试食试验采用严谨的随机对照人体试验设计,在食用受试物后对肠道菌群、消化功能、排便功能和胃黏膜损伤直接进行评价。动物试验,一方面对动物的肠道菌群和消化功能直接进行观察,另一方面采用肠蠕动抑制和胃损伤动物模型,通过观察动物排便量和胃黏膜损伤变化,评价受试物对动物胃肠功能的影响。

十八、有助于促进面部皮肤健康

皮肤具有保护和感觉作用,能缓冲外来压力,保护深层组织器官。另外,黑色素也是防御紫外线的天然屏障。皮肤含有丰富的神经纤维网和各种神经末梢,感受各种外界刺激。皮肤具有重要的调节体温作用,可通过毛细血管的扩张或收缩,以增加或减少能量的散失来调节体温,适应外界环境气温的变化。皮肤参与全身代谢过程,维持机体内外生理的动态平衡。整个机体中有10%~20%的水分贮存于皮肤中,这些水分不仅保证皮肤的新陈代谢,而且对全身的水分代谢都有重要的调节作用。此外,皮肤还贮存着大量的蛋白质和碳水化合物等,供机体代谢所用。皮肤含有7-脱氢胆固醇,经阳光中紫外线照射后,可转变为维生素D。皮肤还具有分泌与排泄作用,如皮脂腺的分泌,不仅能润湿皮肤和毛发、保护角质层、防止水和化学物质的渗入,还起到抑菌、排除体内某些代谢产物的作用。汗腺的排泄作用可以调节体温,维持皮肤表面酸碱度,协助肾脏排泄代谢废物。

1. 维持皮肤的正常结构 皮肤从内至外由真皮层、基底层、表质层和角质层组成。神经酰胺基本上蓄积在角质层,为角质细胞间脂质的主要成分,在发挥角质层屏障功能中起着重要作用。随着年龄增长和皮肤老化,角质细胞间的脂质量会明显减少,其中的主要成分神经酰胺也随之下降,使皮肤容易出现干燥、皱纹、粗糙等现象。因此,经常补充神经酰胺可恢复皮肤的正常结构,从而恢复皮肤原有的屏障功能,提高皮肤的耐应变性。口服神经酰胺能改善全身皮肤的含水性,提高皮肤弹性,减少皱纹。

2. 促进新陈代谢,抑制黑色素生成 多种天然物质可通过活血化淤,加速血液循环,促进新陈代谢,有助于排除黑素细胞所产生的黑色素,促进滞留于体内的黑色素分解,使之不能沉淀形成色斑,或使已沉淀的色素分解后排出体外;也可通过抗氧化作用抑制酪氨酸酶的活性来降低黑色素的形成。

3. 抑制过氧化脂质的形成 维生素C、维生素E、类黄酮等多种天然物质可通过抑制过氧化脂质的形成以消除黄褐斑,达到增白美容的效果

祛痤疮、祛黄褐斑2项功能均属于改善面部皮肤代谢、减少有毒有害物质或色素蓄积范畴,为避免功能划分过细,便于规范管理,将其合并为一项功能,同时在适宜人群上有所区分,以体现针对性。

相应的合并后的改善皮肤功能评价试验设计和指标选择直观的终点指标,便于观察和评价,现有的黄褐斑面积、损伤和大小、痤疮的数量和面积检测方法和技术手段成熟、可行,增加计算机图像分析方法,评价的客观性和科学性进一步提高。可以反映保健食品促进面部皮肤健康的作用。

思考题

1. 什么是保健食品?
2. 保健食品的基本要求。
3. 保健食品必须具备的条件。

附1 既是食品又是药品的物品名单(按笔画顺序排列)

丁香、八角茴香、刀豆、山药、山楂、小茴香、小蓟、马齿苋、木瓜、乌梢蛇、乌梅、火麻仁、玉竹、甘草、龙眼肉(桂圆)、代代花、白芷、白果、白扁豆、白扁豆花、百合、肉豆蔻、肉桂、决明子、麦芽、赤小豆、花椒、芡实、杏仁(甜、苦)、牡蛎、佛手、余甘子、沙棘、阿胶、鸡内金、青果、枣(大枣、酸枣、黑枣)、郁李仁、昆布、罗汉果、金银花、鱼腥草、茯苓、枳椇子、栀子、枸杞子、砂仁、香橼、香薷、胖大海、姜(生姜、干姜)、莱菔

子、荷叶、桔梗、桃仁、益智仁、桑叶、桑葚、葛根、紫苏、紫苏籽、黑芝麻、黑胡椒、蒲公英、槐米、槐花、蜂蜜、榧子、酸枣仁、鲜白茅根、鲜芦根、蝮蛇、薤白、薏苡仁、薄荷、橘皮、橘红、覆盆子、藿香。

附2 可用于保健食品的中草药名单(按笔画顺序排列)

人参、人参叶、人参果、三七、土茯苓、大蓟、山茱萸、川贝母、川牛膝、川芎、女贞子、马鹿茸、马鹿骨、马鹿胎、天门冬、天麻、木香、木贼、五加皮、五味子、太子参、车前子、车前草、牛蒡子、牛蒡根、升麻、丹参、巴戟天、石决明、石斛(需提供可使用证明)、平贝母、北沙参、生地黄、生何首乌、白及、白术、白芍、白豆蔻、玄参、地骨皮、西洋参、当归、竹茹、红花、红景天、麦门冬、远志、赤芍、苍术、芦荟、杜仲叶、吴茱萸、牡丹皮、龟甲、怀牛膝、沙苑子、诃子、补骨脂、青皮、玫瑰花、玫瑰茄、苦丁茶、刺五加、刺玫果、罗布麻、制大黄、制何首乌、知母、侧柏叶、佩兰、金荞麦、金樱子、泽兰、泽泻、珍珠、茜草、荜茇、胡芦巴、枳壳、枳实、柏子仁、厚朴、厚朴花、韭菜子、骨碎补、香附、姜黄、首乌藤、绞股蓝、党参、积雪草、益母草、浙贝母、桑白皮、桑枝、黄芪、菟丝子、野菊花、银杏叶、淫羊藿、越橘、蛤蚧、番泻叶、湖北贝母、蒺藜、蒲黄、槐实、蜂胶、酸角、墨旱莲、熟大黄、熟地黄、鳖甲。

第十一章 现代营养学的发展

第一节 概　述

营养学研究的主要目标是通过合理的日常饮食预防疾病和保障人类健康。现代营养学已从研究合理营养与人体健康的传统营养学阶段发展到研究日常饮食改善个体健康、预防疾病，进而探讨营养或功能性因子预防和保护机体的机制、生物活性分子的鉴别及其功能的现代营养学阶段。1953年沃森和克里克提出的DNA双螺旋模型是生物学进入分子生物学时代的标志，21世纪70年代出现的基因工程技术极大地加速和扩展了分子生物学的发展，1990年启动的人类基因组计划是生命科学史上第一个大科学工程，开始了对生物全面系统研究的探索，2003年已完成了人和各种模式生物体基因组的测序，第一次揭示了人类的生命密码。人类基因组计划和随后发展的各种组学技术把生物学带入了系统科学的时代。采用基因组学、蛋白组学和代谢组学等系统生物学方法全面而系统地进行营养学研究，不仅有助于理解预防疾病和保障健康的分子机制，也能拓展营养学研究领域和加快研究步伐，还能提高营养学研究的准确性，促进营养学研究的长足发展。转录组学、蛋白质组学、代谢组学等分析手段成为揭示食物对健康影响机制的重要先进手段。随着各种组学在营养学中的应用，出现了一批新的营养学分支，如食品组学（Foodomics），营养基因组学（Nutrigenomics），营养遗传学（Nutrigenetics），代谢组学（Metabolomics）等。

这些学科之间的关系如图11-1所示：

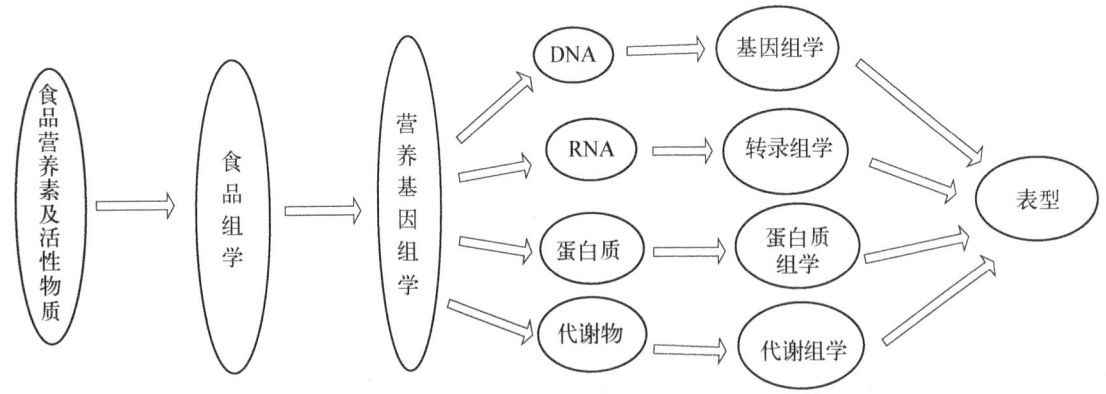

图11-1　现代营养学与分子生物学的关系

现代营养学的研究已经观察到营养素与基因的一些直接和间接的关系。如维生素C和维生素E具有清除自由基，抗氧化的功能，从而可以保护DNA免受氧化损伤，防止DNA链及染色体断裂。多不饱和脂肪酸为转录因子PPARs的配体，同时可以激活SREBPs的基因表达。人类营养科学近几十年的发展已经从考虑食物作为简单能量和营养素来源转向认识它们在维持健康和减少疾病中的作用。在人类营养学中，基因组学（Genomics，对DNA结构和功能的总体分析）是研究对多种食物反应的科学领域（非特定针对个体的膳食和健康）。食品组学是将食品范畴与营养范畴作为一个整体来研究的科学，它对不同的样品采用相同的、先进的组学技术，利用生物信息学技术，整合所有结果以期得到改进健康和卫生的总体结果。营养遗传学描述了遗传因素在营养素代谢和加工过程中的作用。可以说明食用不同种类的食物和营养素，个体的遗传背景如何构成了危险和有益因素。营养基因组学用于描述食物如何影响基因表达和稳定性，可以探寻提供如何食用膳食的推荐摄取量标准,以使基因表达正常,从而减少疾病和有助于疾病康复的,同时有助于健康个体的持续健康。营养代谢组学主要研究各种代谢途径的底物和产物等小分子代谢物,主要的技术手段是质谱(MS),色谱(HPLC,GC)以及核磁共振(NMR)等,有助于发现不同生理和病理状况下的生物标志物及其相关的基因和蛋白质。描述代谢组学有两个术语:Metabolomics 和 Metabonomics,前者主要指研究总体代谢谱,而后者则是描述生物干扰所引起的多种(但不一定是全部)代谢物的变化。实际上,这两个术语在使用上多有重叠。这些学科的研究领域互有交叉,补充,值得关注的研究方向有:

1) 特殊的膳食组成可以在基因表达水平通过直接或间接的方式调节健康和疾病发生之间的精细平衡。

2) 个体基因的组成,即营养调控基因的多样性,与个体罹患疾病的危险有关。

3) 个体化的饮食,作为基因型的部分,代表了营养基因组学/营养遗传学的终极研究目的,因为它可以降低有遗传患病倾向者或人群的发病危险。

因此为个体提供营养推荐值是今后食品和营养组学研究的主要工作方向。

第二节 主要研究方法和技术

营养基因组学的建立是基于药物与基因相互作用的研究工作,但基因与食物中的营养素和生物活性分子的相互作用要复杂得多。营养基因组学研究策略主要通过营养干预模型(人体、动物和细胞)应用高通量组学技术,根据不同目的选择不同研究层次进行筛选。主要有四个层次:① 结构基因组,主要通过 DNA 测序、SNP 芯片、比较基因组杂交芯片(CGH chip)和甲基化芯片等检测 DNA 结构和修饰等基因组的差异;② 转录组学(transcriptionomics)以基因表达芯片,包括 mRNA 芯片和非编码 mRNAs 和 lncRNA 芯片,以及深度测序技术等主要手段筛选基因差异表达谱。③ 蛋白质组学以蛋白质分离技术(2-DE、DIGE、LC 和 CE 等)为主获得差异蛋白质谱。蛋白质组研究可分为两个方面。一个是对蛋白质表达模式(或蛋白质组成)的研究,另一方面是对蛋白质组功能模式(目前主要集中在蛋白质相互作用网络关系)的研究。目前,主要有三种常用的蛋白组学技术,即 2-DE 分离经胶上原位酶解后的质谱鉴定技术、特异性酶解后多维色谱-质谱联用蛋白质鉴定技术(MudPIT)和抗体芯片表面增强激光解析电离法检测技术(SELDI-TOF-MS),方法的选择取决于研究目的和可利用的仪器设备。④ 代谢组学(metabolomics)以代谢物小分子分离(GC,LC 和 CE)加质谱(MS)或核磁共振技术(NMR)鉴定获取小分子代谢物。

NMR 核磁共振技术是基于原子核磁性的一种技术,可以快速定量分析检测样品,对样品不具破坏性,而且对样品的制备无太多要求,制备简便,另外,利用该技术可在短时间内同时获得样品中多种组分的弛豫时间曲线图谱,从而能准确地对样品进行分析鉴定。根据要提取成分的极性选择合适试剂将有效成分提取出,将提取液高速离心(10 000 r/min 以上)以除去固体颗粒不溶物以及大分子蛋白,所得上清液进行 NMR 分析。一般使用氘代试剂(如 D_2O、CD_3OD、CCL_3D)进行样品制备,加入缓冲溶液以减小溶液 pH 对化学位移的影响;还需根据所选氘代试剂加入内标(如 TMS,TSP 等)。

核磁共振技术常用于体液(尿液、血液)分析研究。与 MS 技术相比,NMR 技术应用的较为广泛。以氢谱(^1H-NMR)为例,只需将准备好的生物标本(包括各种体液或组织提取液),简单处理,直接上样检测即可。根据一定的规则或与标准氢谱比照可以直接鉴定出代谢物的化学成分,信号的相对强弱则反映了各成分的相对含量。

^1H-NMR 是代谢组学的主要分析技术。这些高通量技术往往获取大量数据进行加工处理后还需要与生物信息学(Bioinforomics)技术结合才能获得比较明确和有用信息。

代谢组学研究中,数据分析过程应用的技术主要集中在模式识别上。其中应用最广泛的是主成分分析(PCA),其他的还有非线形映射(nonlinear mapping, NLM)、聚类分析(hierarchical cluster analysis, HCA)等非监督学习方法和 SIMCA(soft independent modeling of class analogy)、偏最小二乘法-显著分析(PLS-discriminant analysis, PLS-DA)、ANN(artificial neural network)等有监督学习方法。

代谢组学的分析流程一般是(图 11-2):

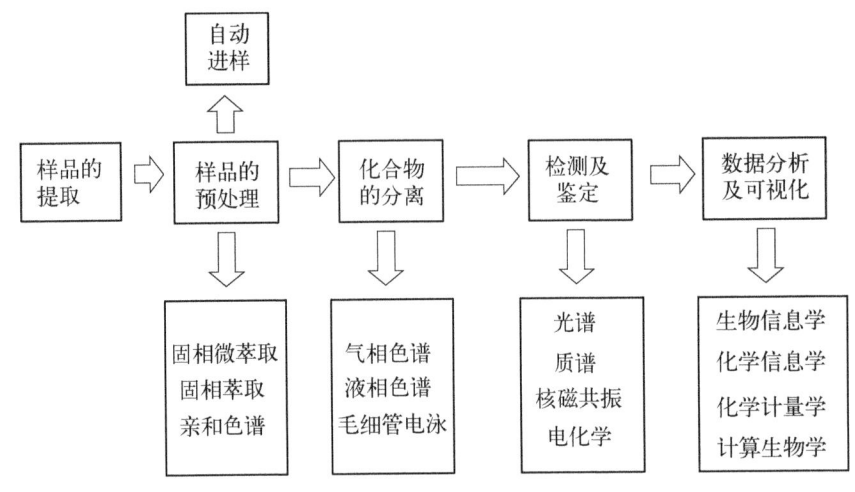

图 11-2 代谢组学的一般分析流程

第三节 食品组学和代谢组学的主要研究应用领域

一、食物中营养素和活性成分的研究

对迷迭香(Rosmarinus offcinalis)中多酚物质的研究发现，迷迭香的提取物(卡诺醇和尾草酸的含量分别为 226.39 μg/mg 和 151.55 μg/mg)，可以分别改变 SW480 和 HT29 结肠癌 1 250 和 1 308 个基因的表达，其中 234 个基因(约占差异表达基因的 18%)在两种肿瘤中是相同的，其中 23 个基因在两种肿瘤中都有改变，但变化方向恰恰相反。这些基因与细胞发育、死亡、生长与分化及细胞周期有关。并且能够明显下调与核受体(RXRa、RXR、CAR、PPAR)相关的基因转录水平。这有助于进一步研究迷迭香多酚物质对结肠癌细胞的作用，发现新的信号通路。

对维生素 D 预防癌症的作用从基因、转录、转录后调节等方面进行了深入研究。维生素 D 与预防癌症的关系来自生态学和地理学的研究，发现增加日照时间或者生活在低纬度地区的人群结肠癌的发病率较低。研究最多的与维生素 D 营养状况相关的基因是维生素 D 受体(VDR)。现在发现人类 VDR 的基因存在多达 470 个单核苷酸多态性，而且绝大多数具有较低的等位基因频率。研究发现存在于 FokI 上的 f 等位基因在非洲人的存在频率比高加索和亚洲人低。然而 BsmI 上的 B 等位基因，在亚洲人的存在频率要远远小于其他种族(FokI f：高加索人 34%，亚洲人 51%，非洲人 24%；BsmI B：高加索人 42%，亚洲人 7%，非洲人 36%)。野生型的蛋白 FF 与蛋白 ff 相比与转录因子 TFⅡB 的互作增加 1.7 倍。表现在细胞内的结果就是 ff 基因型与低维生素 D 状态相似，事实也是如此，血清 25(OH)D 的浓度在 ff 型个体中的浓度低于 FF 基因型的个体(64 对 100 μmol/L，$P=0.005$)。

Dissmore 等将 MCF-7 人类乳腺癌细胞和 MCF-10 正常细胞在不同浓度番茄红素(lycopene)中培养，发现随剂量的增加，对乳腺癌细胞增殖的抑制作用增强；用 2-DE 分析其表达蛋白，发现乳腺癌细胞中角蛋白-19 表达上调，说明了番茄红素通过对细胞角蛋白-19 的调控而起到抑癌作用，并与其浓度成正相关。

花粉是蜜蜂蛋白质、氨基酸和脂质的主要食物来源，与成年蜜蜂生理发育过程中降低对寄生虫和病原体的易感性密切相关。Alaux 等对占蜜蜂基因组 60% 的 8 000 个基因采用 DGE(digital gene expression)技术分析发现，花粉营养对健康的蜜蜂能够上调或下调的基因基本相近，对螨虫寄生的蜜蜂有一定的抑制基因作用。这种抑制可以在转录水平上解释蜜蜂体重下降和新生蜜蜂的减少。与饲喂无花粉的蜜蜂相比，花粉中的营养素可以明显上调与蛋白水解、脂质代谢和肽酶及碳水化合物代谢相关的基因，与精氨酸、亮氨酸、异亮氨酸和缬氨酸相关的代谢途径上调，而螨虫感染的蜜蜂中赖氨酸、色氨酸、亮氨酸、异亮氨酸和缬氨酸代谢途径下调。然而上述氨基酸在螨虫感染但饲喂花粉的蜜蜂中却没有明显受到影响,说明花粉营养素可以补偿由于螨虫感染所带来的对氨基酸代谢的副作用。另外花粉营养素可以激活 TOR(target of rapamycin)途径,激活与长寿相关基因,如编码抗氧化剂的基因(卵黄蛋白原和超氧化物歧化酶)。然而饲喂花粉并不能逆转螨虫对蜜蜂代谢和免疫功能的损伤。

二、营养素代谢调控作用的研究

DNA 甲基化,就是通过甲基转移酶(Dnmt)对 CpG 二核苷酸残基中的胞苷进行甲基化修饰,修饰可以反过来改变染色体结构。在我们日常生活当中,营养成分可能就是通过改变全局性的 DNA 甲基化,亦即染色体的整合、基因的特异性启动子、增强子、沉默子和绝缘子等 DNA 甲基化与基因表达相联系。

叶酸是一种广泛分布的水溶性 B 族维生素,具有促进 DNA 合成、修复以及功能代谢的作用,此外还可促使红细胞生成。孕妇在妊娠期间缺乏叶酸可引起胎儿神经管不完全闭合,从而导致以脊柱裂和无脑畸形为主的神经管畸形。叶酸自身携带甲基基团,作为 AdoMet(S-腺苷-L-甲硫氨酸)合成的甲基提供者,是 DNA 甲基化反应的独特提供者。饮食中的叶酸水平和基因组,特别是 $p16$ 基因的启动子 DNA 的甲基化状态成正相关,同时也可以测定到老化小鼠结肠中 $p16$ 基因表达水平的改变。低叶酸饮食会造成 DNA 甲基化重新编程异常,这可能是神经管缺陷的机制。Steegers-Theunissen 等调查了 120 名围孕期母亲饮食中叶酸含量与其 17 周胎儿胰岛素样生长因子 $IGF-2$ 基因甲基化区域分化的关系,发现应用叶酸饮食的孩子差异的甲基化比没有叶酸饮食的孩子高 $4.5\%(P=0.014)$。这些结果表明叶酸可能作用于子宫内的生长和发育程序,从而对后代一生的健康和疾病发挥作用。

针对 781 名患者的研究分析了叶酸血液水平、饮食和生活方式对于正常结肠直肠组织中 DNA 甲基化的影响。随着年龄增高两个肿瘤抑制基因 $ER\alpha$(estrogen receptor alpha)和 $SFRP1$(secreted frizzled related protein-1)的甲基化也相应增高。无论是叶酸治疗或是阿司匹林治疗与甲基化水平均没有显著的相关性。然而,在研究数据中研究人员发现红细胞中叶酸水平较高的患者与较低的患者之间 $ER\alpha$ 和 $SFRP1$ 两种抑癌基因的甲基化程度有着显著的差异,红细胞叶酸水平高的患者比水平低的患者衰老程度平均要超过 10 年,因此研究者担心长期过量地摄入叶酸将引起更多的 DNA 甲基化,从而有可能导致癌症以及一些其他的衰老性疾病的发病概率增高。

三、代谢组学在食品品质鉴别中的应用

Christy 等用近红外光谱结合主成分分析(principal component analysis,PCA)和偏最小二乘法鉴别了掺入豆油、向日葵油、玉米油、核桃油、榛子油的伪劣橄榄油,结果表明:偏最小二乘校正方法建立的模型可预测橄榄油中掺入玉米油、向日葵油、豆油、核桃油、榛子油的误差分别为 0.57、1.32、0.96、0.56 和 0.57。另外利用 PCA 建立的模型几乎能 100% 的区分出橄榄油中是否有掺杂

利用超高效液相色谱-飞行时间质谱联用技术(UPLC-Q-Tof MS),Kim 等根据代谢产物轮廓技术研究了 60 种 1~6 年的人参随种植年代代谢产物的变化。采用 RF,PAM 和 PLS-DA 聚类分析分别对 119,1 146 和 198 种代谢物进行分析。结果显示随着人参栽培时间的增长,其代谢物也发生了明显的差异,采用此项技术可以根据所选择的代谢物的变化精确区分人参 4 年、5 年或者 6 年的生长期。该方法快速、准确、可靠,对于人参的标准化生产和加工具有参考意义。

四、代谢组学在食品产地鉴别中的应用

判断用来酿酒的葡萄质量的传统方法是分别测定其糖分、酸度、pH 和总酚含量。而 Pereira 等利用传统质量标准与葡萄果皮和果肉提取液的 ^{1}H-NMR 图谱建立了波尔多 4 个不同葡萄酒产区成熟葡萄的代谢物指纹图谱。通过 PCA 对传统质量标准和 ^{1}H-NMR 数据分别进行分析,结果表明 4 个产区的葡萄有着明显的聚类差异。尤其 ^{1}H-NMR 可以通过已识别和一些暂时无法识别的代谢物成分进行代谢物指纹分析,而传统方法无法做到这一点。

种植环境影响葡萄的品质,进而决定着葡萄酒的质量。HONG-SEOK SON 等分析了三个韩国不同产

地的葡萄,用模式识别方法分析果肉、果皮、葡萄籽及葡萄酒中代谢物的^{1}H NMR 数据。具有差异的成分是 Na、Ca、K、苹果酸、柠檬酸、苏氨酸、丙氨酸、脯氨酸和葫芦巴碱。生长于阳光充足,低降雨地区的葡萄与生长于阳光不足、降雨较高地区的葡萄相比含有较高的糖分、脯氨酸、Na 和 K,而苹果酸、柠檬酸、丙氨酸和葫芦巴碱的含量相对较低。前者地区所产葡萄酿造的葡萄酒,贮存 3~6 个月后,其 2,3-丁二醇、苹果酸、酒石酸、柠檬酸、琥珀酸的含量相对较高。该方法与传统的生物和化学分析方法相比,更加简便,迅速。

Ritota M 等用带有 HRMAS 探头的核磁共振结合多变量分析方法对意大利不同产地的两种甜辣椒的代谢物进行了指纹分析。利用 PLS-DA 建立的模型可以将两种甜辣椒明显区分开来,并且确定了引起两者之间区分的化合物是糖、有机酸和脂肪酸。另外,用 PLS-DA 对所获得的 NMR 数据分析,可根据其地理来源将甜辣明显的区分开。

五、代谢组学在食品安全中的应用

蛋白组学为食物过敏原的鉴定和表征提供了技术支持。Yu 等采用 2-DE-MALDI-TOF 技术研究了斑节对虾的致敏原,结果显示该致敏原是一种具有精氨酸激酶的蛋白质,它能与虾过敏性患者血清 IgE 发生反应,从而引起虾过敏性患者的皮肤过敏反应。Koller 等采用 2-DE 和 MS/MS 及能够检测、鉴定超过 2 500 种蛋白质的多维蛋白质鉴定技术对水稻(*Oryza sativa*)的叶、根和种子组织进行了系统的蛋白组学研究,结果在种子样品中鉴定出了几种已经表征过的过敏性蛋白,显示了蛋白组学技术在食物过敏事件的监督中具有很大的潜能。

代谢组学在转基因食品中的应用为了使农作物具有耐贮藏、抗病虫和抗除草剂的能力,提高农产品营养价值及更快,更高效的提高产量,科学家们应用转基因的方法,改变生物的遗传信息,生产了新的转基因食品。目前,对于转基因食品的质量以及对人类健康的影响仍有质疑。

Zhou 等采用 GC-MS 技术分析转基因大米的代谢物图谱,采用 t-test 分析变化情况。结果发现大部分观察到的代谢物变异与培育带来的基因变化有关,变化较大的是氨基酸、有机酸、糖及糖的衍生物。进一步研究发现与非转基因的植株回交可以较快的消除转基因所带来的代谢物变异。

Kusano 等以两种过表达 Miraculin(一种天然甜味剂,提取自 *Synsepalum dulcificum* 的糖蛋白)的番茄与六种自然种植的番茄为材料,采用 GC-MS、LC-MS 和 CE-MS 等分析平台,进行实质等同性评价。发现与 Miraculin 相关的代谢标记是天冬酰胺的下降(与果实成熟的氮代谢有关)、脯氨酸的升高(可靠的应激指示剂)和亚精胺(合成代谢调节剂)的上升。而肌醇及其前体物 1-磷酸肌醇水平下降。他们分析认为转基因系与非转基因之间的差异要小于不同成熟时期及不同栽培品种之间的区别,今后的重点应放在分子类型的研究如大的次生代谢物和蛋白质。

Fatma 等采用 ^{1}H-NMR 代谢组学技术分析了两种转基因番茄果汁营养成分的变化,发现基因的转入对此没有影响。该技术简便迅速,可以从大量样品组织中发现微小的成分变化。100 个样品从提取到信号采集仅仅只用了 36 h。

六、饮食对表观遗传学的影响

蜜蜂模型可以用来说明饮食对表现型的作用。不管是工蜂还是蜂王,其表型仅仅取决于食品。蜂王在整个幼虫期采食的是蜂王浆,而工蜂幼虫的食品则是成年工蜂营养腺(又称舌腺)的分泌物和花粉为主。其表现型的不同主要依赖于其食品所诱导的 DNA 的甲基化模式不同,Dnmt3 静默的新生幼虫,其发育轨迹具有类似蜂王浆的作用。最近的研究发现,约 35% 注射过的蜜蜂基因都具有 CpG 岛的甲基化模式,以及保守的 DNA 甲基化系统,可见蜜蜂应用 DNA 甲基化来控制保守的生物过程所需要基因表达水平。

第四节　发展前景及展望

经典食品营养学认为食品具有提供营养、满足嗜好、生理反应等三项功能。现代营养基因组学和营养遗传学的研究发现生物活性食品成分和营养素可以改变表观遗传现象,例如,DNA 甲基化和组蛋白修饰,因此通过对相关的关键性基因的表达修饰,可以控制其生理、病理、胚胎发育、老化和癌症形成。显然,食品和营养不仅为我们提供基本营养,同时也和机体不断地进行信息交流,这种信息交流可以通过改变机体的基因表达改变染色质的结构和修饰,从而改变机体的表现型。在此基础上,今后营养学的研究不仅可以弄清营养相关疾病的发病机制,同时结合每个人的内在基因特征选择适合的膳食营养,亦即个体化营养成为可能。一方面可以为具有特定内在基因的个体设计个性化食谱,另一方面又可以针对不同个体的需求生产含有特定营养素的食品。消费者根据自身的要求选择食物和食物供应;生产者可以根据不同遗传背景和基因特征人群的需求进行食物生产,从而真正解决"吃什么?"和"如何吃?"的问题。

当然现实还有许多困难困扰着我们。目前现有基因检测结果在疾病风险和膳食营养指导方面的作用尚有局限。基因检测的信息涉及个人、家族乃至整个民族,其中既包括优势特征也包括缺陷特征。基因信息的泄露或不正当使用会给个人就业、婚姻、家庭带来威胁,甚至会威胁到整个民族、国家乃至人类,必须建立完善的个人信息保护体制。要做到真正的个性化营养消费,最终取决于消费者对个性化食物的接受程度。如为满足个体的特殊需求,转基因食品会越来越多地出现在餐桌上。我国居民对于疾病相关的基因检测可以接受,而对转基因食品则有较大的抵触感。

总之个体化营养是未来的必然发展方向,达到此目标还有很长的一段路要走。目前针对一些遗传代谢性疾病的个体化营养治疗是可行的,通过加快对营养基因组学、代谢组学的研究,通过法律渠道解决伦理问题,可以逐步实现大众化个体营养的目标。

主要参考文献

蔡美琴. 2007. 医学营养学. 2版. 上海：上海科学技术文献出版社.
范志红. 2010. 食物营养与配餐. 北京：中国农业大学出版社.
陈炳卿. 2000. 营养与食品卫生学. 4版. 北京：人民卫生出版社.
冯志哲，沈月新. 2001. 食品冷藏学. 北京：中国轻工业出版社.
顾景范，杜寿玢，查良锭，等. 2003. 现代临床营养学. 北京：科学出版社.
顾景范，郭长江，2009. 特殊营养学. 2版. 北京：科学出版社.
葛可佑. 2004. 中国营养科学全书. 北京：人民卫生出版社.
葛可佑. 2005. 中国营养师培训教材. 北京：人民卫生出版社.
焦广宇，蒋卓勤. 2007. 临床营养学. 3版. 北京：人民卫生出版社.
刘北林. 2003. 食品保鲜技术. 北京：中国物资出版社.
李景明，马丽艳，温鹏飞. 2006. 食品营养强化技术. 北京：化学工程出版社.
刘志皋. 1994. 食品营养学. 北京：轻工业出版社.
马力. 2007. 食品化学与营养学. 北京：中国轻工业出版社.
孙长颢. 2007. 营养与食品卫生学. 6版. 北京：人民卫生出版社.
孙明远. 2006. 食品营养学. 北京：科学出版社.
苏祖斐. 1989. 实用儿童营养学. 2版. 北京：人民卫生出版社.
吴翠珍. 2005. 营养与食疗学. 北京：中国中医药出版社.
汪勋清，哈益明，高美须. 2005. 食品辐照加工技术. 北京：化学工业出版社.
徐玉东，王建红. 人体解剖生理学. 2007. 北京：人民卫生出版社.
曾名湧，刘尊英，董士远. 2007. 食品保藏原理与技术. 北京：化学工业出版社.
曾庆孝. 2002. 食品加工与保藏原理. 北京：化学工业出版社.
张慜. 1998. 速冻食品. 北京：中国轻工业出版社.
赵晋府. 2002. 食品技术原理. 北京：中国轻工业出版社.
左明雪. 2009. 人体解剖生理学. 2版. 北京：高等教育出版社.
American Diabetic Association. 2006. Study Guide for the Registration Examination for Dietitians, 8th Edition. USA：CDR.
Daniel D Chiras. 1999. Human, Biology：Health, Homeostasis, and the Environment. 3rd Edition. Sudbury：Jones and Bartlett Publishers，Inc.
Dennis R Heldman，Richard W Harte. 2003. 食品加工原理. 夏文水等译. 北京：中国轻工业出版社.
Jim Mann，Stewart Truswell. 2002. Essentials of Human Nutrition. 2nd Edition. New York：Oxford University Press.
Frances Sizer. 2000. Nutrition：Concepts and Controversies(影印版). 8th Edition. 北京：清华大学出版社.
Janice Thompson，Melinda Manore. 2005. Nutrition：An Applied Approach. San Francisso：Benjamin-Cummings Publishing Company.
Judith E Brown. 2007. Nutrition through the life cycle. 3rd Edition. Belmonti：Thomson Wadsworth.
Lauralee Sherwood. 2003. Human physiology from cell to systems(影印版). 4th Edition. 北京：高等教育出版社.
Pike R L et al. 1984. Nutrition：an integrated approach. 3rd edition. New Jersey：John wiley & Sons.
Rome. 1997. Carbohydrate in Human. FAO food and nutrition paper. 66.
WHO Technical Report Series 935. 2007. Protein and amino acid requirements in human nutrition.
Audrey H Ensminger, et al. 1995. The Concise Encyclopedia of Foods and Nutrition. 2nd Edition. Boca Roton：CRC Press.

附 录

附表1　能量和蛋白质的每日推荐摄入量(RNI)及脂肪供能比

年　龄	能量 RNI(MJ)		蛋白质 RNI(kcal)		脂肪 RNI(g)		占能量比例(%)
	男 M	女 F	男 M	女 F	男 M	女 F	
0~	0.4 MJ/kg		95 kcal/kg *		1.5~3 g/(kg·d)		45~50
0.5~							35~40
1~	4.60	4.40	1 100	1 050	35	35	
2~	5.02	4.81	1 200	1 150	40	40	30~35
3~	5.64	5.43	1 350	1 300	45	45	
4~	6.06	5.83	1 450	1 400	50	50	
5~	6.70	6.27	1 600	1 500	55	55	
6~	7.10	6.67	1 700	1 600	55	55	
7~	7.53	7.10	1 800	1 700	60	60	
8~	7.94	7.53	1 900	1 800	65	65	25~30
9~	8.36	7.94	2 000	1 900	65	65	
10~	8.80	8.36	2 100	2 000	70	65	
11~	10.04	9.20	2 400	2 200	75	75	
14~	12.00	9.96	2 900	2 400	85	80	25~30
18~ 体力活动水平							20~30
轻	10.03	8.8	2 400	2 100	75	65	
中	11.29	9.62	2 700	2 300	80	70	
重	13.38	11.30	3 200	2 700	90	80	
孕妇		+0.84		+200		+5,+15	
乳母		+2.09		+500		+20	
50~ 体力活动水平							20~30
轻	9.62	8.00	2 300	1 900	75	65	
中	10.87	8.36	2 600	2 000	75	65	
重	13.00	9.20	3 100	2 200	75	65	
60~ 体力活动水平							20~30
轻	7.94	7.53	1 900	1 800	75	65	
中	9.20	8.36	2 200	2 000	75	65	
70~ 体力活动水平							20~30
轻	7.94	7.10	1 900	1 700	75	65	
中	8.80	8.00	2 100	1 900	75	65	
80~	7.74	7.10	1 900	1 700	75	65	20~30

注：≠各年龄组的能量的 RNI 与其 EAR 相同；　*为 AI,非母乳喂养应增加20%;凡表中数字缺之处表示未制定该参考值

附表 2 常量和微量元素的每日推荐摄入量或适宜摄入量

年龄	钙 Ca AI (mg)	磷 P AI (mg)	钾 K AI (mg)	钠 Na AI (mg)	镁 Mg AI (mg)	铁 Fe AI (mg)	碘 I RNI (mcg)	锌 Zn RNI (mg)	硒 Se RNI (mcg)	铜 Cu AI (mg)	氟 F AI (mg)	铬 Cr AI (mcg)	锰 Mn AI (mg)	钼 Mo AI (mcg)
0~	300	150	500	200	30	0.3	50	1.5	15(AI)	0.4	0.1	10		
0.5~	400	300	700	500	70	10	50	8.0	20(AI)	0.6	0.4	15		
1~	600	450	1 000	650	100	12	50	9.0	20	0.8	0.6	20		15
4~	800	500	1 500	900	150	12	90	12.0	25	1.0	0.8	30		20
7~	800	700	1 500	1 000	250	12	90	13.5	35	1.2	1.0	30		30
11~	1 000	1 000	1 500	1 200	350	*16/18	120	*18/15	45	1.8	1.2	40		50
14~	1 000	1 000	2 000	1 800	350	*20/25	150	*19/16	50	2.0	1.4	40		50
18~	800	700	2 000	2 200	350	*15/20	150	*15/12	50	2.0	1.5	50	3.5	60
50~	1 000	700	2 000	2 200	350	15	150	11.5	50	2.0	1.5	50	3.5	60
孕妇														
孕早期	800	700	2 500	2 200	400	15	200	11.5	50					
孕中期	1 000	700	2 500	2 200	400	25	200	16.5	50					
孕晚期	1 200	700	2 500	2 200	400	35	200	16.5	50					
乳母	1 200	700	2 500	2 200	400	25	200	21.5	65					

注：凡表中数字缺之处表示未定该参考值。
带 * 号有男女之分,例：*16/18,意指"/"符号前为男性数据,"/"符号后为女性数据

附表 3 脂溶性和水溶性维生素的每日推荐摄入量或适宜摄入量

年龄	维生素 A RNI (mcgRE)	维生素 D RNI (mcg)	维生素 E AI (mg) ♯	维生素 B₁ RNI (mg)	维生素 B₂ RNI (mg)	维生素 B₆ AI (mg)	维生素 B₁₂ AI (mg)	维生素 C RNI (mg)	泛酸 AI (mg)	叶酸 RNI (mcg)	烟酸 RNI (mg)	胆碱 AI (mg)	生物素 AI (mcg)
0~	400	10	3	0.2(AI)	0.4(AI)	0.1	0.4	40	1.7	65(AI)	2(AI)	100	5
0.5~	400	10	3	0.3(AI)	0.5(AI)	0.3	0.5	50	1.8	80(AI)	3(AI)	150	6
1~	500	10	4	0.6	0.6	0.5	0.9	60	2.0	150	6	200	8
4~	600	10	5	0.7	0.7	0.6	1.2	70	3.0	200	7	250	12
7~	700	10	7	0.9	1.0	0.7	1.2	80	4.0	200	9	300	16
11~	700	5	10	1.2	1.2	0.9	1.8	90	5.0	300	12	350	20
14~	*800/700	5	14	*1.5/1.2	*1.5/1.2	1.1	2.4	100	5.0	400	*15/12	450	25
18~	*800/700	5	14	*1.4/1.3	*1.4/1.2	1.2	2.4	100	5.0	400	*14/13	450	30
50~	*800/700	10	14	1.3	1.4	1.5	2.4	100	5.0	400	13	450	30
孕妇													
孕早期	800	5	14	1.5	1.7	1.9	2.6	100	6.0	600	15	500	30
孕中期	900	10	14	1.5	1.7	1.9	2.6	130	6.0	600	15	500	30
孕晚期	900	10	14	1.5	1.7	1.9	2.6	130	6.0	600	15	500	30
乳母	1 200	10	14	1.8	1.7	1.9	2.8	130	7.0	500	18	500	35

注：凡表中数字缺之处表示未定该参考值。 ♯ α-TE 为 α-生育酚当量。
带 * 号有男女之分,例：*800/700,意指"/"符号前为男性数据,"/"符号后为女性数据

附表 4 某些营养素的每次可耐受最高摄入量——矿物质部分

年龄	钙 Ca(mg)	磷 P(mg)	镁 Mg(mg)	铁 Fe(mg)	碘 I(mcg)	锌 Zn(mg)	硒 Se(mcg)	铜 Cu(mg)	氟 F(mg)	铬 Cr(mcg)	锰 Mn(mg)	钼 Mo(mcg)
0~				10			55		0.4			
0.5~				30		13	80		0.8			
1~	2 000	3 000	200	30		23	120	1.5	1.2	200		80
4~	2 000	3 000	300	30		23	180	2.0	1.6	300		110
7~	2 000	3 000	500	30	800	28	240	3.5	2.0	300		160

续　表

年龄	钙 Ca(mg)	磷 P(mg)	镁 Mg(mg)	铁 Fe(mg)	碘 I(mcg)	锌 Zn(mg)	硒 Se(mcg)	铜 Cu(mg)	氟 F(mg)	铬 Cr(mcg)	锰 Mn(mg)	钼 Mo(mcg)
11～	2 000	3 500	700	50	800	*37/34	300	5.0	2.4	400		280
14～	2 000	3 500	700	50	800	*42/35	360	7.0	2.8	400		280
18～	2 000	3 500	700	50	1 000	*45/37	400	8.0	3.0	500	10	350
50～	2 000	3 500	700	50	1 000	37	400	8.0	3.0	500	10	350
孕妇	2 000	3 000	700	60	1 000	35	400					
乳母	2 000	3 500	700	50	1 000	35	400					

注：凡表中数字缺之处表示未定该参考值。
带 * 号有男女之分，例：*37/34，意指"/"符号前为男性数据，"/"符号后为女性数据

附表 5　某些营养素的每次可耐受最高摄入量——维生素部分

年龄	维生素 A (mcgRE)	维生素 D (mcg)	维生素 B_1 (mg)	维生素 C (mg)	叶酸 (mcg)	烟酸 (mg)	胆碱 (mcg)
0～				400			600
0.5～				500			800
1～			50	600	300	10	1 000
4～	2 000	20	50	700	400	15	1 500
7～	2 000	20	50	800	400	20	2 000
11～	2 000	20	50	900	600	30	2 500
14～	2 000	20	50	1 000	800	30	3 000
18～	3 000	20	50	1 000	1 000	35	3 500
50～	3 000	20	50	1 000	1 000	35	3 500
孕妇	2 400	20		1 000	1 000		3 500
乳母		20		1 000	1 000		3 500

注：凡表中数字缺之处表示未定该参考值。